삶의 변화를 일으키는
귀납적 강해설교

변혁적 설교의 이론과 실제
삶의 변화를 일으키는 귀납적 강해설교
copyright ⓒ 김덕수 2010

초판 1쇄 발행 2010년 5월 28일
초판 5쇄 발행 2016년 8월 28일

지은이 김덕수
펴낸이 장대윤

펴낸곳 도서출판 대서
등록   제22-2411호
주소   서울시 서초구 방배동 981-56
전화   02-583-0612 / 팩스 02-583-0543
메일   daiseo1216@hanmail.net

디자인 참디자인(02-3216-1085)

ISBN 978-89-92619-29-5 03230

책값은 뒷표지에 있습니다.
잘못된 책은 교환하여 드립니다.

inductive expository preaching

삶의 변화를 일으키는 귀납적 강해설교

김덕수 지음

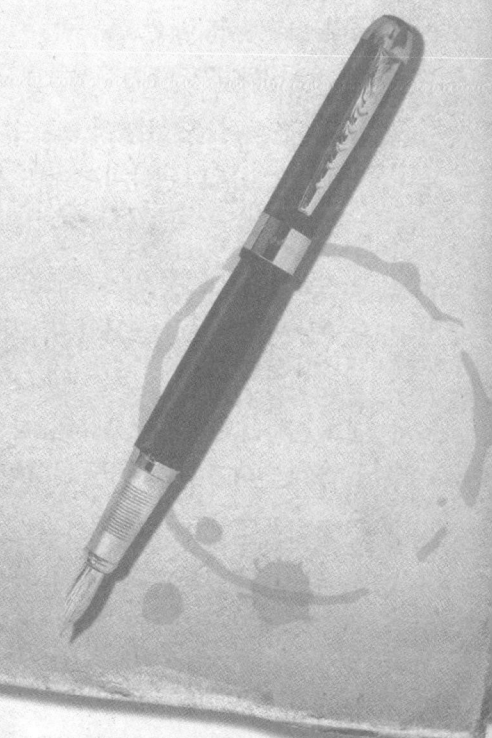

서문

명설교를 꿈꾸기 전에

　신앙생활의 첫걸음을 명설교자를 통해 설교의 감격을 누리며 내딛게 하시고, 무엇과도 비길 수 없는 설교의 고귀한 가치를 경험하며 신앙생활을 하게 하신 것은 하나님의 특별한 은총이었다.
　신학대학원을 졸업하고 처음 목회를 시작할 때, 자연스럽게 나도 언젠가 명설교를 하고 싶다는 꿈을 가졌었다. 그런데 그때 내가 정의 내린 소위 명설교라는 것은, 우선 많은 사람들이 환호하는 설교였다. "어쩌면 저렇게 설교를 잘해?" 하는 사람들의 수군거림을 듣고 싶었다. 둘째로 문학적이고 예술적이어서 읽고 또 읽어도 아름다운 그런 설교였으면 하는 소망이 포함되어 있었다. 셋째로 그 명설교란 것은 사람들이 성경을 깨닫도록 잘 가르쳐 주는 설교였다. 내 설교를 듣는 사람들 입에서 "아~ 이게 이런 의미였구나!" 하는 탄성이 절로 나오는 설교를 하고 싶었다. 마지막 넷째로 내가 말하는 명설교는 사람들을 뒤집어 놓을 수 있는 설교였다. 설교를 들으면 사람들이 회개하고 그 삶이 변하는 분명한 설교이기를 바랐다.

사람들에게 인기 있는 설교자 vs 하나님께 인기 있는 설교자

　항상 나는 바른 설교자인 척했지만, 나 역시 인간인지라 위에서 언급한 명설교에 대한 두 가지 생각(첫 번째와 두 번째 관점)이 마음속 깊은 곳에 자리를 잡고 쉽사리 떠나지 않았다. '교회성장학을 비난하면서도 실전 목회에서 교인 수를 늘리기 위해서는 수단 방법을 가리지 않고 신학과 양심을 파는 그런 목회자들과 내가 뭐가 다른가'라는 생각이 마음 한 구석에서 올라왔지만, 그래도 나도 사람들에게 칭찬받는 인기 있는 설교자가 되고 싶다는 욕망이 좀처럼 지워지지 않았다. 동시에 부족한 내가 보기에도 도대체 주제가 무엇인지 모르겠고 설교 전체의 구성은커녕 앞뒤 내용조차 맞지 않는 소리를 해도, 그저 웃기고 울리며 재미있게만 해주면 은혜를 받았다며 좋아하는 사람들을 보면서 갈등을 겪기도 했다. "왜 저런 설교자들이 대다수의 교인들에게 인기가 있는 걸까?"라는 질문은 곧 "도대체 '은혜'가 무엇이란 말인가?"란 질문으로 이어졌다. 너무나 많은 사람들이(목회자들이라고 해서 예외는 아니다) '은혜를 받는다'는 말과 '감동을 받았다'는 말을 구분도 못하고 있으니 말이다.

설교자의 외면 vs 메시지의 내면

십여 년 전 설교 클리닉에 오셨던 한 목사님의 설교는 본문 해석도 좋고, 설교 구성도 좋고, 표현도 좋고, 담겨진 복음도 분명하여 설교 원고로는 흠잡을 데가 없었다. 그런데 실제 교회에서는 그 목사님의 설교가 다른 동료 부목사님들에 비해 교인들의 사랑을 받지 못하고, 나중에 담임목회를 할 때도 설교사역이 효과적이지 못한 것을 보았다. 굳이 그분의 문제를 찾는다면 불명확하여 알아듣기 힘든 목소리였지, 설교학이 이론적 측면에서만 보면 아무런 문제가 없었다. 물론 설교학에서 말하는 설교 전달 측면에서 감점 요인이 있는 것은 사실이지만 적어도 그분이 전하는 하나님의 메시지는 분명했다. 그런 설교를 사람들이 받아들이지 않는 것을 보면서 설교 현장의 실제에 회의가 들기도 했다. 반면에 어떤 설교자는 성경을 제멋대로 풀고 예화도 어디서 베껴왔는지 맞지도 않는 소리를 하는데도, 교회 안에 다수를 차지하고 있는 여성도들이 그 풍채에 푹 빠져서 흠모의 눈초리로 쳐다보기도 한다. 게다가 목소리까지 좋아서 나긋나긋하고 다정다감하게 말하면 "그 목사님 너무 좋아요. 설교를 너무 잘하세요!"라고 감탄하는 걸 보면서, "신대원은 소명 받은 사람들보다 외모와 목소리 좋은 사람부터 우선 선발

해야 되는가?" 하는 자조의 웃음이 날 때가 있다.

갈등하는 설교자 vs 확신을 주시는 하나님

그러던 내게 설교에 있어서 마음을 다잡고 다시는 흔들리지 않을 전기가 찾아왔다. 예레미야서 1장을 묵상할 때였다. 여호와께서 예레미야를 복중에 짓기 전에 알았고 태에서 나오기 전에 구별하였다고 하시면서 "너를 여러 나라의 선지자로 세웠노라"는 놀라운 말씀이 예레미야에게 임했다. 그러자 그는 나처럼 "나는 아이라 말할 줄을 알지 못하나이다"(렘 1:6)라고 자신 없어 한다. 그러자 주께서는 "너는 아이라 말하지 말고 내가 너를 누구에게 보내든지 너는 가며 내가 네게 무엇을 명령하든지 너는 말할지니라"(렘 1:7)라고 단호하게 못을 박으신다. 그것은 내게 주시는 하나님의 음성이기도 했다. 주께서는 곧이어 10절에서 "보라 내가 오늘 너를 여러 나라와 여러 왕국 위에 세워 네가 그것들을 뽑고 파괴하며 파멸하고 넘어뜨리며 건설하고 심게 하였느니라"며 말씀의 설파자로서의 사명을 나에게 분명히 주셨다. 그것은 더 이상 흔들릴 수 없는 분명한 확신이었다. 사람들이 좋아하든 말든 그것과 상관없이 설교자로서 내가 할 일이 무엇인지, 하나님의 말씀의 종으로 내가 할 일이 무엇인지를 너무도 분명하게 새겨주셨다.

설교자 옆에 서서…

그러나 나를 무릎 꿇고 기도하게 만든 것은 그 부분이 아니라 계속 이어지는 살구나무 가지 비유(환상)였다. 무엇을 보느냐고 물으신 후에 살구나무 가지를 보았다고 대답하자 12절에서 "네가 잘 보았도다 이는 내가 내 말을 지켜 그대로 이루려 함이니라"고 하시는데, 문맥상 앞뒤가 맞지 않아 도무지 무슨 소린지 이해할 수가 없었다. 그래서 묵상이 끝난 후 그 구절을 연구하기 시작했다. 예레미야가 칭찬받은 것은 남들이 보지 못한 것을 보고 깨닫지 못한 것을 깨달았기 때문인데, 이는 하나님의 살구나무 가지를 보고 인식한 것에 달려있다. 이 구절에 대한 이해는 영어 NIV 성경의 하단 난외주에서도 간단히 언급했듯이 살구나무로 번역된 히브리어 샤케드(알몬드나무)와 쇼케드(지켜보다)란 두 단어 사이의 워드플레이에 달려있었다. 자세한 설명은 접어두고, 이 구절이 말하고자 하는 바가 무엇인지만 보기로 하자. 주님께서는 예레미야에게 말씀전파(설교)의 사명을 맡겨주시고는 예레미야가 설교할 때 그 입을 통해 나간 자신의 말씀이 성취되는가를 지켜보고 서 있겠다는 것이다(NIV: I am watching to see that my word is fulfilled.). 그렇다면 주님의 말을 내 입에 두고(렘 1:9) 나로 뽑고 파괴하며 넘어뜨리며 건설하며 심는 설교의 사명(렘 1:10)을 주신 것이 사실이라면, 12절의 이 말씀도 사실이 아니겠는가? 주님은 내가 설교할 때마다 내 입을 통해 나가는 하나님 말씀이 성취되는 것을 지켜보고 서 계시겠다는 것 아닌가?

갑자기 연보궤 앞에 마주 앉아서 부자들이 돈을 넣는 것과 자기의 생활비 전부인 두 렙돈을 넣는 가난한 과부의 손길을 지켜보고 계시던 예수님의 모습(막 12:41-44)이 떠올랐다. 예레미야가 설교할 때 임재하셔서 바라보고 계시던 그 하나님이, 헌금함 앞에 앉아 바라보고 계시던 그 예수님이, 내가 설교할 때에도 임재하셔서 옆에서 쳐다보고 계시다면 나는 어떻게 설교해야 하겠는가라는 엄청난 충격이 회오리처럼 일어났다.

그 이후 명설교에 대한 나의 처음 두 가지 생각은 사라졌다. 12절 말씀을 통해 새롭게 된 후 10절을 다시 보자, 문학적이고 예술적인 설교를 추구하는 것이 얼마나 헛된 일인지 깨달을 수 있었다. 아무리 자신의 설교가 문학적 혹은 예술적 설교라고 자부해도 그 설교에 능력이 없고 설교를 들은 교인들의 삶이 변화되지 않는다면, 그것은 단지 자기 설교의 수준이 이렇게 높다는 설교자의 자기만족일 뿐이요 설교자 스스로 생각하기에나 명설교일 뿐, 결코 좋은 설교라 할 수 없음을 인정하게 되었다. 그래서 글로 보기 위한 설교가 아니라 귀에 들리는 설교를 추구하게 되었다. 그리고 명설교에 대한 세 번째 생각, 즉 교인들이 하나님 말씀을 제대로 깨닫게 하는 설교는 강해(exposition)에 대한 관심으로, 그리고 네 번째 생각인 삶의 변화를 일으키는 설교는 변혁적(transformation) 설교에 대한 관심으로 강화되어 이제 내 옆에 서서 설교하는 나를 지켜보고 계시는 주님 앞에 부끄럽지 않은 설교를 하려고 노력하게 되었다. 그 노력은 지금에 이르러 신학생들과 목회자에게 변혁적 설교, 본문의 메인 아이디어에 기초한 귀납적 강해설교를 가르치는 삶으로 이어지게 되었다. 물론 명설교에 대해 초기에 가졌던 나의 잘못된 첫 번째와 두 번째 관점은, 사람들의 귀에 들리는 설교, 사람들이 알아들을 수 있는 설교, 생생한 표현력을 갖춘 설교란 측면으로 바뀌어 강조되고 있다.

나도 한번 명설교를 해보겠다고 꿈꾸기 전에, 당신의 설교를 옆에서 지켜보고 계시는 주님 앞에 부끄럽지 않은 성경적 설교, 사람들의 귀에 들리되 강해적이며 삶의 변화를 일으키는 생생한 설교를 하는 설교자가 되기를 기대한다. 본서가 바로 그 일에 쓰일 수 있으면 좋겠다.

이 책은 그런 소망에서 출발한 책이다. 많은 설교학 책이 있었지만, "과연 저렇게 이론적인 설교학을 공부한다고 실제로 강단에서 설교를 제대로 할 수 있을까? 왜 현장에서 청중들의 귀에 들리는 설교를 할 수 있도록 실제적으로 가르쳐 주는 책을 보기가 그토록 어려운 것일까?" 하는 궁금증이 내게는 사라지지 않았다. 게다가 "소위 명설교라는 것을 그렇게 오래 듣고도 사람들의 삶이 변하지 않는 데에는 어떤 문제가 있는 것일까?"라는 질문을 나 자신에게 하며, 만일 주께서 기회를 주신다면 청중들의 삶을 변화시킬 수 있는 설교, 교회 현장 강단에 실제로 도움이 되는 설교학을 가르쳐야겠다는 마음을 가졌다. 주님께서는 그 간절한 마음을 긍휼히 여기시고 큰 은혜를 베푸셔서, 지난 십여 년 동안 신학대학원에서는 목회후보생들을, 그리고 기독교 전문대학원에서는 박사과정 목회자들을 가르치고 훈련시킬 수 있는 영광스러운 기회를 주셨다. 이제 그 열매를 이 한 권의 책으로 담아 모든 설교의 주님되신 예수 그리스도께 올려드린다.

백석대학교 신학대학원 방배동 연구실에서
여러분과 함께 말씀의 종된 김덕수

| 목차

서문 _ 4

01 설교의 의미를 찾아서 _ 11
02 기독교식 토크에서 성경적 설교로 나아가기 _ 27
03 강해설교란 무엇인가? _ 55
04 본문석의(Exegesis)를 통해 설교의 메인아이디어 찾기 _ 87
05 이성과 함께 감성까지 터치하는 설교 _ 123
06 변화의 과정을 이해하는 설교 _ 141
07 공동체를 통해 변화를 경험하는 설교 _ 159
08 플롯과 클라이맥스가 있는 설교 _ 169
09 설교 아웃라인 만들기 _ 187
10 전환문 작성법과 설교 개요문 작성 연습 _ 221
11 창조적인 도입과 마무리 _서론과 결론을 넘어서서 _ 249
12 사람을 움직이는 예화 사용 방법 _ 293
13 설교 원고 작성법 _사람의 마음을 움직이는 표현력 _ 315
14 사람의 마음을 움직이는 설교 전달(Delivery)기법 _ 357
15 사람을 변화시키는 설교자 _ 377
16 좋은 설교는 무엇으로 판단되는가 _ 395

책을 덮는 말 _ 407

부록 _ 411

inductive expository preaching

01

설교의 의미를 찾아서

inductive expository preaching

01
설교의 의미를 찾아서

신학대학원에서 설교학을 가르친다고 하면, 적지 않은 사람들이 호기심 어린 눈으로 "어떤 설교가 좋은 설교입니까? 누가 우리나라 최고의 설교자라고 보십니까?" 같은 질문을 자주 해온다. 그들이 대답을 기다리며 자기 머릿속에 후보로 올려놓은 설교자들은 거의 대형교회 유명 목사들이었다. 그런데 사람들이 많이 모이는 큰 교회 목사는 다 훌륭한 설교자인가? 아무래도 대형교회 목사라면 대체로 설교를 못하지는 않을 것이다. 그러나 몇만 명이 모이는 교회들 중에는 소위 이단으로 여겨지는 교회도 있다는 점도 생각해 볼 필요가 있다. 그렇다면 사람들이 많이 모이게 선교하는 것이 과연 설교를 '잘'하는 것임을 보장해 줄 수 있을까? 이 문제에 대해서는 실증적 혹은 결과론적으로만 볼 것이 아니라 성경적인 시각으로 봐야 한다. 그렇다면 과연 설교를 잘한다는 것이 무엇이고, 어떤 것이 좋은 설교인가? 사람들이 좋아하는 인기 있는 설교자는 다 명설교자인가? 이런 것들이 먼저 우리 설교자들이 가져야 할 근본적인 질문이어야 할 것이다.

아내와 함께 대학로에 있는 한 소극장에서 '삼류배우'란 연극을 본 적이 있다. 평생 연극이 좋아 연극을 했지만 주연배우로 인기를 끌지 못하고, 나이가 들자 조연도 아닌 단역밖에 주어지지 않는 영진이 주인공이었다. 그는 마흔 아홉 나이에 드디어 연극배우로서 평생소원이었던 햄릿 배역을 힘들게 얻어낸다. 우리를 슬프게 하는 것은, 그가 열심히 준비를 했지만 겨우 얻어낸 햄릿 배역마저 흥행을 먼저 고려하는 기획자에 의해 TV에 출연하는 인기 동료 배우에게 빼앗기게 된다는 점이다. 그 결과 영진은 후배 연극인들에게는 물론 자식에게마저 무시를 당하게 된다. 그는(강태기 분) 이 아픔 속에서 다음과 같이 읊조린다.

> "난 경마장엘 자주 가지. 거기서 난 정신없이 사력을 다하는 말을 보면 꼭 연극배우 같다는 생각을 해. 배우도 오로지 연기가 좋아서 무대에서 전력을 다해 연극을 하지. 그런데 말들도 감정이 있어. 왜 아무리 기수가 채찍질을 해도 안 되는지 알아? 때로는 그 기수와 뛰기 싫은 거야. 말들은 등수와는 상관없이 뛰기만 하지. 그런데도 사람들은 그놈들에게 등수를 주지. 그래봐야 1초 차이일 뿐인데…….
> 신기한 건 똑같은 말들이 다음에 다시 뛰면 등수가 바뀐다는 거야. 우리도 그래. 우리에겐 일류배우도 삼류배우도 없어……."

사람들이 조롱하는 소위 삼류배우인 영진은 돈도 없고 자식들의 인정마저 받지 못하지만 왜 그런 삶을 치열하게 살아가는 것일까? 순수한 연극의 열정으로 불태운 30년간의 삶을 담아 영진은 다음과 같이 외친다.

> "나는 돈도 못 벌고, 주인공 한번 제대로 못하고, 유명하지도 않은 삼류배우이지만 돈 많은 부자들을 울고 웃게 하는 일류직업을 가졌어. 내 인생에서 나는 일류야! 남들은 '삼류인생'이라 하지만 난 사람들에게 감동을 주는 일류직업을 가지고 있어."

이 연극은 나에게 한 연극배우의 인생보다 더 많은 것을 말해 주었다. 그 연극배우는 정신없이 사력을 다해 뛰는 말을 보면 연극배우 같다고 했지만,

나는 설교자 같다는 생각이 든다.

누가 일류 설교자일까?

하나님은 등수를 준 적이 없다. 사람들이 등수를 매길 뿐이다.

우리 설교자에게는 일류도 삼류도 없다.

지금 이 설교의 순간이 생애 마지막 순간인 것처럼 피를 쏟는 심정으로 복음을 전한다면 그가 일류이다.

돈도 못 벌고 유명하지도 않지만, 우리의 설교를 통해 돈 많고 유명한 사람들의 삶이 바뀐다면 우리가 바로 일류 설교자이다.

이것이 우리 설교자의 자존심이다.

여기 설교에서 양보할 수 없는 마지막 선이 있다.

그것은 그 설교를 듣는 사람들의 삶이 바뀌느냐 아니냐이다.

아무리 많은 사람들이 그 설교자를 좋아하고 수많은 사람들이 구름같이 따라다닌다 할지라도, 그 설교를 들은 사람들이 1년이 지나고 2년이 지나도 변하지 않고 그대로라면 그 설교는 분명히 무엇인가 잘못된 설교다.

목회자들은 왜 설교학을 배우고, 왜 설교 세미나를 좇아다니는가? 사람들을 많이 모으고 교회를 부흥시키기 위해서인가? 하나님을 모르던 사람들이 그 설교를 듣고 거듭나고, 하나님을 만난 사람들이 변하고 성숙하고 헌신하여 교회가 자라가면 좋다. 그러나 아무리 교인들이 많이 모여도 그들의 삶이 변하지 않고, 단지 그 설교가 좋아서 따라다니는 사람만 늘어난 것이라면 과연 그것이 우리 주께서 원하시는 설교일까?

설교의 목적이 무엇인가? 존 파이퍼(John Piper)는 설교의 목표를 '피조물의 기쁜(자발적인) 순종을 통해 드러나는 하나님의 영광'이라고 분명히 선언한다. 하나님께 영광을 돌리는 것은 죄로 물들어 하나님을 거부하던 사람들이 즐겁게 그리고 기꺼이 하나님께 순종할 때 이루어진다.

그렇기 때문에 본서는 설교학 그리고 설교의 기술을 말할 때 다른 어떤 것이 아닌 바로 이점-삶의 변화를 일으키는 설교, 변혁적 설교-에 초점을 둘 것이다.

그리고 본서는 21세기 한국교회 강단을 위해 성경적으로 건강한 설교, 동시에 청중의 삶의 변화를 일으킬 수 있는 실제적 설교 작성법을 위한 균형 잡힌 방향을 제시하고자 한다. 현재 우리 한국교회에는 한편으로는 목회자 자신이 말하고 싶은 것을 주장하며 성경을 끌어다 쓰는 형태의 설교도 있지만, 그래도 또 다른 한편에는 성경적인 설교를 하고자 하는 진지한 설교자들이 많다는 점에서 소망이 있다.

안타까운 점은 성경적 설교를 하려고 몸부림치는 설교자들 중에는 전통적인 3대지 설교를 중심으로 한 강해설교 옹호론자들의 주장과 신선한 느낌으로 다가오는 이야기체 설교를 중심으로 하는 신설교학파의 주장 두 흐름 가운데서 혼란을 느끼는 사람들이 많다는 것이다.

과연 서론·본론·결론 방식의 논리적 설교만이 유일한 대안인가, 아니면 반대 그룹이 말하는 것처럼 그것은 철저하게 잘못된 것이며 이야기체만이 바른 길인가?

이와 관련해 설교의 본질에 대한 성경신학적인 검토와 함께 우리나라 설교의 상황에 대한 이해 속에서 건강한 설교의 모델을 찾아보고자 하는 것이 이 책의 목적 중 하나다. 그것은 상아탑의 이론적 설교학에서 본의 아니게 종종 잊게 되는, 그 설교를 준비하고 행하는 이 땅의 설교자의 현실과 그 설교를 듣는 우리나라 청중의 현실과 문화를 검토할 필요가 있다는 것을 의미한다. 나는 그 컨텍스트(context) 속에서 삶의 변화를 일으킬 수 있는 성경적인 설교 작성법을 다루되, 여러 실제적인 설교 사례들을 통해 구체적으로 알아보고자 한다.

우리 한국교회를 새롭게 하기 위한 출발점이 되어야 할 강단 갱신을 위하여, 이제 우리 함께 **삶의 변화를 일으킬 변혁적 설교학**(Transformational Preaching)**으로의 여행**을 떠나 보자.

설교의 신학

설교의 중요성을 모르는 사람은 없다. 그러나 설교에 목숨 걸겠다는 사람을 보면, 나는 비록 설교를 가르치는 사람이지만 설교에만 목숨을 건다고 목회가 잘되는 것이 아니라고 조언을 하곤 한다. 설교는 물론 잘해야 하지만, 교회를 건강하게 세워가기 위해서는 설교 외에도 잘해야 할 부분이 많다는 사실을 꼭 지적해 주곤 한다. 그럼에도 불구하고 교인들의 입장에서 교회에 가거나 교회를 선택할 때 설교만큼 중요한 것은 없을 것이다. 설교가 목회의 모두는 아니나 목회의 꽃인 것은 사실이다.

설교의 위치

목회에서 설교의 위치는 무엇인가? 설교는 교회 부흥의 길이기에 중요한 것이 아니라, 목회의 본질적 요소 때문에 중요하다. 설교의 위치는 설교란 무엇인가에 대한 이해와 관련되어 있다.

하나님의 백성 곧 이스라엘은 무엇에 의해 형성되고 보존되어 왔는가? 선포된 하나님의 말씀에 의해서이다. "쉐마 이스라엘!" 즉 "이스라엘아 들으라"(신 6:4)는 말씀 선포를 통해 이스라엘은 형성되었고, 킬린저(Killinger)가 지적했듯이 그 선포되는 말씀을 듣고 믿음을 지켰을 때 그들은 하나님의 백성이었고 그렇지 않았을 때 그들은 하나님의 백성이 아니었다(호 1:9). 그것은 매우 간단했다.

그래서 초기 교회가 세워질 때 사도들이 그랬듯이, 종교개혁 전후에 위클리프, 후스, 츠빙글리, 칼빈, 루터 등은 배운 자나 못 배운 자나 모두 하나님의 말씀을 그들의 언어로 듣고 읽을 수 있게 하는 것을 가장 중요하게 여겼다. 교회 역사를 돌아보면 진정한 부흥기에는 분명한 하나님 말씀의 선포가 있었음을 우리는 확인할 수 있다.

왜 설교하고자 하는가?

그렇다면 왜 설교하고자 하는가? 설교의 중요성, 설교를 하고 싶은 이유는 사람들 앞에 나서기 좋아하는 어떤 사람들의 소원처럼 나도 사람들 앞에 서서 말하고 싶어서도 아니요, 교회 부흥의 제일 큰 요인이기 때문도 아니다. 사실 그런 사람들이 진정한 하나님 말씀 선포의 방해물인지도 모른다. 당신이 진정한 하나님 말씀의 종이라면 사도처럼 "만일 복음을 전하지 아니하면 내게 화가 있을 것이로다"(고전 9:16)라는 부담 때문에 설교해야 할 것이다. 이 말은 내가 외치고 싶어서, 설교하고 싶어서가 아니라 다른 사람들을 위한 사역으로서 설교의 필요성과 중요성을 말하는 것이다. "내가 그 앞에 거치는 것을 두면 그가 죽을지니 이는 네가 그를 깨우치지 않음이니라. 그가 그의 죄 중에서 죽으려니와 그의 피 값은 내가 네 손에서 찾으리라"(겔 3:20)는 말씀처럼 내가 하나님의 말씀을 바로 전하지 않으면 사람들이 멸망할 것이고, 먼저 하나님의 말씀을 알고 맡은 자로서 그들을 깨우쳐야 할 부담을 느끼는 자이기에 설교하는 것이다. 그렇지 않은 자들은 잠잠해야 할 것이다.

설교자의 영광

그런 자세로 설교하는 자에게는 영광이 있다. 하나님의 영광스러운 말씀을 대언하는 영광보다 더한 것이 어디 있겠는가? 마틴 로이드존스는 "설교 사역은 사람이 부름을 받을 수 있는 것들 중에서 가장 고상하고 가장 위대하고 가장 영광스러운 사명이다"라고 했다. 필립스 브룩스(Phillips Brooks)는 예일대학에서 한 설교학 특강에서 "우리는 서로 기뻐합시다. 사람이 할 수 있는 좋은 것들과 행복한 것들이 아주 많은 세상 가운데서 하나님께서는 우리에게 가장 좋은 것과 가장 행복한 것을 주셨습니다. 우리를 그분의 진리의 설파자로 만들어 주셨으니 말입니다"라고 했다. 그런 바른 설교의 신학을 가진 자만이 이 영광스러운 일을 맡을 자격이 있다.

설교의 중요성

목회에서 설교의 중요성을 모르는 사람이 어디 있겠는가? 어떤 사람은 이런 얘기 그만 두고 어서 교회 부흥을 일으킬 수 있는 설교의 기술이나 빨리 가르쳐 달라고 재촉하고 싶을지 모른다. 그러나 왜 설교가 참으로 중요한가를 모르면 엉뚱한 관점에서 설교를 하게 될 것이기에 설교의 중요성을 성경적으로 바로 아는 것이 중요하다. 왜 설교가 중요한가 하면, 이것이 하나님이 사람들을 구원하여 하나님 나라를 확장하는 길로 정하신 방법이기 때문이다. 사람들을 구원하여 하나님께로 인도하는 데 가장 중요한 것이 무엇일까? 멋진 조명과 웅장한 음향시설, 좋은 프로그램과 현대적인 시설, 다양한 멀티미디어 환경보다 중요한 것은 복음을 말로 선포하는 것이다. 고린도전서 1:21을 보면 "전도의 미련한 것으로 믿는 자들을 구원하시기를 기뻐하셨다"고 한다. 하나님은 어떤 방법으로 사람들을 구원하시기로 작성하셨다고 하는가? 전도란 미련한 방법(*morias*- foolishness)이다. 여기서 '전도'라고 번역된 말은 오늘날 영어의 evangelism의 의미보다는 헬라어 *kerygmatos*로서 '선포' 혹은 '설교'에 가깝다. 사실 당시에 더 좋은 방법이라면 그리스 로마 계열 사람들에게는 논리적이고 합리적이며 설득력 있는, 그리고 수사학적으로 우아하며 새로운 철학적 말장난일 것이고, 유대인들에게는 표적과 기적을 보여주는 방법일 것이다. 그런데 그리스도의 십자가의 복음을 설교한다는 것은 그 두 무리에게 지극히 어리석은 일이었다. 그럼에도 불구하고 하나님은 이런 복음 선포라는 설교를 통해 사람들을 구원하시기로 작정하신 것이다. 사도행전 4:1,20,29,31과 5:20,40 등 사도들의 행적을 보라. 어떤 다른 사역과 달리 설교가 유일한 사역이며 최후의 사역이다. 그래서 설교가 중요한 것이다.

설교자의 자세

이처럼 설교의 진정한 중요성을 제대로 인식한다면 함부로 설교할 수 없을 것이다. 나는 어느 날 아침 하나님 말씀을 묵상하다가 예레미야 1:12에 부딪히는 경험을 한 후부터 설교의 자세를 바꾸게 되었다. 우리 개역성경은 의미가 조금 모호한데 NIV나 NASB가 잘 번역해 놓은 것처럼, 그 의미는 '나는 내 말이 성취되었는지 보기 위하여 지켜보고 서 있노라'는 것이다. 그 순간 성전의 헌금함 앞에 자리를 잡고 앉아서 사람들의 헌금하는 손길을 보고 계시는 예수님, 그래서 과부의 두 렙돈을 넣는 손길을 보시며 이는 자신의 전 재산을 헌신한 것이라고 말씀하셨던 그 예수님이 내가 설교하는 것을 옆에서 지켜보고 계신다는 사실을 깨닫고 전율을 느꼈다. 그 후로는 강단에서 내가 하고 싶은 소리를 함부로 지껄이는 일을 절대로 하지 않기로 마음먹었다. 하나님이 우리가 설교하는 것을 옆에 서서 지켜보고 계시겠다는 것이다. 이 얼마나 두렵고 떨리는 일인가? 당신은 그것을 느끼며 설교하는가? 그렇다면 함부로 설교할 수 없을 것이다.

설교의 본질

이제 설교의 본질에 대해 생각해 보자. 만일 설교가 단순히 교육이거나 열심히 공부해서 가르쳐주는 것이라면 신학자의 설교가 가장 좋을 것이다. 설교가 만일 하나의 가르침이거나 성경 지식의 단순한 전달이라면 명설교가의 설교 테이프를 틀어놓는 것이 훨씬 효과적일 테니, 괜히 설교 준비로 시간을 낭비하는 대신 다른 일에 신경을 쏟는 편이 나을 것이다. 그러나 명설교가의 설교 테이프를 틀어놓는다고 해서 목회가 되고 교회가 세워지고 하나님 나라가 확장되는 것이 아니다. 설교가 무엇이길래 그런 것일까?

설교란 성도를 향한 하나님의 음성을 말씀을 통해 만나고 경험하는 것이며, 기도로 준비한 하나님의 말씀을 성령의 역사하심 속에서 전달하며 성도와 목회자가 하나가 되는 시간이다. 그래서 설교는 하나의 Word event(말씀의 사건)라고 말할 수 있다. 헬라적이지 않은 유대적 기독교는 본래 히브리어의 *dabar*(말씀, 말씀을 전한다)에서 출발하는 것인데, 이것 역시 경험적 사건을 뜻하는 것이지 철학적 개념으로서의 언어가 아니다. 따라서 설교는 하나님의 말씀이 경험되는 하나의 사건이지, 절대로 단순한 기독교 지식의 전달과 교육이 아니다. 이 개념에서 벗어나지 못하기에 설교에 능력이 없는 것이다. 왜 어떤 사람의 가르침은 그렇게 깊이 있고 신학적으로 대단한데도 그 메시지를 통해 사람들이 변화되지 않는지 그 이유를 이제 알겠는가? 신학자가 설교하면 사람들이 더 잘 변화되어야 할 텐데 왜 항상 그렇지는 않은지 그 이유를 이제 알겠는가? 설교는 지식 전달과 가르침 이상이다. 설교는 살아계신 하나님의 말씀과의 만남을 일으키게 하며 로고스를 경험하는 순간이다.

설교의 기능

말씀이 경험되고, 살아있는 말씀과의 조우가 설교임을 분명히 알고, 설교신학에 바로 선 설교자가 제대로 설교한다면 어떤 일이 일어날까? 설교의 기능이 무엇이란 말인가?

당신은 예배 후 문 앞에서 악수를 할 때 교인이 "목사님 제가 찾아뵙고 상담 드리려고 했는데 이제 그럴 필요가 없네요. 오늘 아침의 설교가 저의 문제를 풀어주고 필요를 채워주기 때문입니다"라고 말하는 것을 어떻게 설명할 수 있는가? 설교의 첫 번째 기능은 치유이다. 그리고 설교의 두 번째 기능은 문제의 해결이다. 한 사람의 문제를 어떻게 해결할 수 있을까? 부패한 교회를 어떻게 새롭게 할 수 있을까? 요한복음 15:3의 "너희는 내가 일러준 말로 이미 깨끗하여졌으니"라는 말씀처럼 한 개인의 성결과 문제 해결도 말씀으로 이루어진다. 또한 에베소서 5:26에서 보듯이 주께서는 자신의 교회를 "물로 씻어 말씀으로 깨끗하게" 하시기에 교회의 거룩과 문제 해결도 말씀으로 가능하다. 또한 성경적인 설교를 들으면 사도행전 2:37의 "마음에 찔려 베드로와 다른 사도들에게 물어 이르되 형제들아 우리가 어찌할꼬" 하였던 반응의 예에서 볼 수 있듯이 사람들의 마음이 찔려 변화가 일어나게 되어있다. 마지막으로 설교의 기능은 예레미야 15:16 "내가 주의 말씀을 얻어 먹었사오니"란 말씀, 단단한 음식으로 비유된 히브리서 5:9-14의 말씀에서 보듯이 하나님 백성들에게는 생명의 양식이 되고 공허함을 채워주는 역할을 한다. 이처럼 설교는 우리가 의도했던 것을 넘어 매우 놀라운 기능을 하기에 목회에서 가장 중요한 부분이라 하지 않을 수 없는 것이다. 당신은 이런 기대를 가지고 설교에 임하는가? 아니면 단순히 공부한 것을 가르치고 알리려고 강단에 서는가?

설교자의 책임

제대로 된 설교는 이런 기능을 하기에 설교자에게는 또한 커다란 책임이 부여된다. 바른 기독교의 모습을 회복하도록 선지자적인 조언을 한 사람 중의 하나인 쟈크 엘룰(Jacques Ellul)은 그래서 "증인은 큰 진리들을 가볍게 선언할 수 없다. 바로 이런 이유로 인해 설교는 가장 무시무시한 모험인 것이다. 나는 하나님을 거짓말쟁이로 만드는 실수를 할 권리가 전혀 없다"고 한 것이다. 내가 하나님 말씀을 제대로 이해하지 못하여 엉터리 해석을 하고 자신이 하고 싶은 말로 엉터리 설교를 하여 교인들이 하나님의 뜻을 잘못 이해하게 만든다면 하나님을 거짓말쟁이로 만드는 것이기에, 이것은 말씀의 증인으로 부름 받은 설교자에게는 치명적인 과오가 될 것이다. 그래서 말씀 전하는 것은 참으로 엄숙한 도전이라 아니할 수 없다. 야고보서 3:1을 보면 "선생된 우리가 더 큰 심판을 받을" 것이라고 했는데, 오늘날 우리 설교자의 태만과 무능으로 인해 진리가 왜곡돼서 전달되는 것에 대해 하나님 앞에 책임감을 느끼고 있는 사람은 과연 얼마나 될까?

바울은 다메섹 도상에서 놀라운 경험을 하고 특별한 은사를 많이 받았던 사도지만, 고린도후서 2:16을 보면 그는 이런 책임을 깊이 느끼고 "누가 이 일을 감당하리요?"라고 스스로 묻는다. 우리 같은 부족한 사람들이 그래도 이런 말씀 전달 사역을 감당할 수 있는 이유는 무엇일까? 사도는 오늘날 우리와는 조금 다른 환경에 놓여있기는 했지만 그에 대한 답을 데살로니가전서 5:24에서 이렇게 제시한다. "너희를 부르시는 이는 미쁘시니 그가 또한 이루시리라!" 우리는 부족하지만 오직 주님의 신실하심 때문에, 그리고 그분의 힘 주시고 붙잡아 주시고 능력 주시는 은혜 때문에 그 일을 감당할 수 있는 것이지 우리 스스로의 능력으로는 감당하기 불가능한 직무이다. 다만 우리가 할 도리는 설교자의 책무를 깊이 느끼고 최선을 다하는 것뿐이다. 주님과 주의 말씀을 잘못 전하는 오류를 범치 않기 위해 최선을 다해야 하는 것이다.

설교의 결과와 효과

그런데 아무리 최선을 다했다고 해도, 아무리 설교 경험이 많더라도 하나님의 종이라면 설교 후에는 항상 부족함에 대한 미련이 남고, 귀한 하나님의 말씀을 좀 더 잘 전했으면 좋았을 걸 하는 아쉬움에 사로잡힐 수 있다. 내가 한 설교가 얼마나 효과적인지 설교의 결과를 생각할 때면 마음에 부담을 가지게 된다. 그런데 누가 설교의 응답을 주는 것인가? 잠언 16:1을 보면 "마음의 경영은 사람에게 있어도 말의 응답은 여호와께로부터 나오느니라"고 했다. 말의 응답이 하나님께 달렸다면 우리 설교의 응답과 결과 역시 주님으로부터 난다는 사실을 인정하고 믿음으로 강단을 나설 수 있어야 한다.

엉거(Unger)는 오늘날 강단의 영광은 빌려온 광채라며 하나님의 영광이 강단으로부터 떠나고 있다고 하지만, 어떤 사람들은 내가 이렇게 설교를 잘했으니 너희들은 감동받을 것이라고 생각하여 우쭐해 하기도 한다. 그러나 우리가 아무리 세상이 인정하는 명설교자라 해도 사람을 변화시키고 하나님의 일을 성취하는 것은 우리의 능력이 아니라는 사실을 잊어서는 안 된다. 그러니 괜히 우쭐해 하지도 말고, 우리의 부족함 때문에 지나치게 고통스러워하지도 말자. 사람을 변화시키고 주의 뜻을 이루는 것은 하나님의 일이므로 우리는 다만 최선을 다해 설교하고 그 결과와 효과는 하나님께 맡기고 담대하게 강단을 나서면 되는 것이다. 그런 신학 속에서 사역해야 평생 건전한 말씀 사역을 감당할 수 있다.

더 잘 설교를 배우고 싶은 신학도와 목회자를 위하여

목회자라면 누구나 설교를 잘하기 원할 것이다. 신학생들도 마찬가지로 설교를 잘하고 싶을 것이다. 그러나 일단 신학을 공부하다 보면 설교와 목회라는 궁극적 목표와 사명보다는 신학공부 자체에 관심을 갖게 되는 경우가 많다. 이것저것 몰랐던 것을 배우는 즐거움도 좋고, 새로운 것을 습득하는 것은 또 얼마나 즐거운 일인가! 그러나 신학공부 자체가 때로는 우리가 무엇 때문에 부름을 받았고, 무엇 때문에 신학을 하고 성경을 연구하는지 잊게 만들 때가 있다. 신학도나 목회자는 신학서적을 읽고 주석을 볼 때마다 항상 지금 왜 이것을 보는지 잊지 말아야 한다. 그것은 궁극적으로 목회를 하기 위해서이고, 좁게는 설교를 위해서이다.

우리나라 대부분의 신학대학원들도 이러한 교육목표를 잊지 말고 분명히 하여, 교과과정 또한 그 목표에 맞추어 수정해야 할 것이다. 많은 신학자들은 자신이 교육하는 것이 궁극적으로 설교자에게 도움이 되기 위한 것임을 잊고 있다. 반면 미국의 일부 신학대학원은 신약과 구약은 물론 모든 과목들이 철저하게 성경강해를 위해 맞춰져 있어서 졸업생들이 현장에서 타교 출신들보다 설교와 교육에서 탁월하다는 평을 받고 있다. 신학은 이론을 다루는 것이고 설교와 목회는 실천이라는 이원론적 사고에서 벗어나야 한다. 그리고 설교학을 수사학이나 효과적 커뮤니케이션 이론 정도로 보지 말아야 한다.

오거스틴은 기독교 교의학 4권 혹은 기독교 교육론에서 "만약 당신이 수사학에 대해 배우길 원한다면 세속 학문을 가르치는 학교에서 배우라"고 조언한다. 그는 수사학을 무시하는 것이 아니다. 그의 저술에서도 수사학을 다루고 있지만, 설교는 수사학을 넘어선 그 무엇이라는 것이다. 설교학 책은 단순히 문예적 기법이나 수사학을 다루는 책이 아니다. 토마스 롱(T.

Long) 같은 신학자 역시 "대중 심리학과 대중 사회학을 수용하며 그것들을 잣대로 삼아 신학을 그런 이론들에 끼워 맞추기 위해 이리 고치고 저리 수정하는 그런 설교학에 대한 책들이 얼마나 많은가? 그러나 어거스틴은 달랐다. 어거스틴에게는 신학이 모든 것을 통제했다. …… 설교자들은 절대 유창한 설교만을 하기 위해 분투해서는 안 된다. 설교자들은 무엇보다도 먼저 진리를 전파하기 위해 분투해야 한다"고 지적한 바 있다.

그럼 진리의 전파자, 말씀의 종, 하나님의 설교자는 설교에 대해 어떤 자세로 접근해야 할까? 그것은 먼저 기독교식 토크와 성경적 설교에 대한 분명한 차이를 이해하는 것에서부터 출발해야 할 것이다.

02

기독교식 토크에서 성경적 설교로 나아가기

inductive expository preaching

02
기독교식 토크에서 성경적 설교로 나아가기

'토탈 이클립스'라는 영화가 있다. 아그네츠 홀란드라는 폴란드 감독이 만든 이 영화를 본 사람이 많지는 않겠지만, 조각 미남 L. 디카프리오를 보기 위해 관람한 여성들이 있을 것이다. 이 영화는 프랑스의 두 천재 시인의 이야기로, 현대시의 아버지라 불리는 폴 베를렌과 우리가 잘 아는 시인 아서 랭보에 대한 것이다. 영화 속에 폴 베를렌과 랭보 두 사람이 다투는 장면이 나오는데, 그때 랭보는 "당신은 시를 어떻게 쓰는지 알지만, 나는 시를 왜 쓰는지 안다"고 쏘아붙인다. 현대시의 작법대로 잘 쓰인 시보다는 가슴에서 솟구치는 랭보의 시를 지금도 많은 사람들이 애송하고 있다. 우리 설교자들 가운데는 설교를 어떻게 만드는지 잘 아는 사람들이 있다. 그런가 하면 다른 어떤 사람들은 자신이 왜 설교를 하는지를 분명히 알고 있다. 앞 단원에서 본 것처럼 설교의 신학이 분명하여 하나님의 심장으로 설교를 하는 사람이 있는가 하면, 멋진 커뮤니케이션 이론과 현대 설교의 문학적 기법에 의해 명설교 원고를 작성하는 사람이 있다.

당신은 어느 쪽인가?

현대 강단의 위기

많은 사람들이 현대 강단의 위기를 논한다. 우리 한국교회에서는 5년 전에도 이런 이야기가 있었고 10년 전, 20년 전, 아니 심지어 30년 전에도 다들 이 문제를 언급했던 것으로 기억하는데, 아직까지도 별로 달라진 것이 없는 이유는 무엇일까? 현재 설교자들은 다들 신학교를 졸업한 분들인데 대체 무엇이 문제란 말인가? 많은 이들이 지적하는 것처럼 신학교육의 문제라면 나도 그 영역의 한 부분을 담당하고 있기에 낯이 뜨겁지 않을 수 없다. 그래서 때로 묻고 싶다. 설교학은 신구약이나 조직신학과 달리, 목회에 성공한 소위 대형 교회의 인기 있는 목사님이나 목회 경험이 많은 목회자라면 누구나 가르칠 수 있는 분야인가? 아니면 신학교를 졸업하고 유학 가서 박사학위만 받아오면 가르칠 수 있는 신학 이론 중의 하나인가?

현대 강단의 위기는 과연 신학교만의 문제인가? 어떤 사람은 현대 교회 설교자들의 문제라고 언성을 높이고 싶을 것이다. 그러나 무엇이 그들을 그렇게 만들었을까? 먼저 현대 교회의 교인들도 그 책임을 면제받을 수 없음을 지적하고 싶다.

1. 교인들:

오늘날 교인들이 부흥회나 집회에 초청해서 설교를 듣고 싶어 하는 설교자는 누구일까? 대부분의 한국교인들이 모시고 싶어 하는 설교자를 떠올려 보라. 그리고 그들의 설교는 대개 어떤 특징을 갖는지 잘 생각해 보라. 비록 대부분의 성도들이 힘든 시대를 살고 있다는 점을 부인할 수 없지만, 교인들이 찾는 설교자가 혹시 우리의 자존감을 높여서 자신이 얼마나 귀중한 존재인가를 일깨워 주고, 잘되고 축복받고 최고가 되는 비결을 알려주며, 개그맨보다 더 웃기는 말과 표정으로 재미를 선사하는, 한 마디로 우리의 자아를 즐겁게 해주는 설교자는 아닌가? 그래서 신학교를 졸업할 때는 복음에 사로잡힌 전도자가 되기로 각오했던 설교자들도 힘든 목회의 현실 속에서 살아남기 위해 개그맨과 부흥사로의 변신을 각오하는 것이 아닐까? 대다수의 교인들이 그런 목회자를 원하고 그런 교회가 부흥하기에 설교자들이 그렇게 달라지도록 압력을 받고 있지는 않은가?

왜 교인들은 그런 설교자를 원할까? 죄인들은 자신들을 불편하게 하는 진리를 용납하지 않는다. 자신을 편안하게 하는 거짓말을 듣기 원하고, 자아를 즐겁게 하고 자아를 높이는 설교를 찾고, 이런 요구에 부합하는 설교자는 선풍적인 인기를 모으는 것이다. 그래서 설교는 오락이 되고, 어떤 교회는 조폭적 언어와 개그로 얼룩진 강단을 갖고 있는 것이다. 이런 교인들의 요구에 덩달아 춤추지 않기 위해서는 목회자가 성경적 설교의 확고한 신학을 가지고 있어야 한다. 설교학은 단지 커뮤니케이션 기법을 다루는 과목이 아니다. 기법을 논하기 전에 먼저 분명한 설교의 신학을 세워야 한다.

2. 설교자:

이처럼 현대 강단의 위기는 교인들의 문제이기도 하지만, 그 장단에 춤추는 사람들의 문제이기도 하다. 주님의 피리에 춤추지 않는 설교자들이 문제다. 누가복음 7:32에서 주님께서 말씀하신 것처럼 "아이들이 장터에 앉아 서로 불러 이르되 우리가 너희를 향하여 피리를 불어도 너희가 춤추지 않고 우리가 곡하여도 너희가 울지 아니하였다 함"과 같은 강단의 현실이 안타깝다. 하나님의 종, 진정한 말씀의 사자라면 다음 질문 앞에서 분명한 결단을 내리고 평생 흔들리지 말아야 할 것이다.

> 나는 사람들이 듣기 원하는 메시지를 전할 것인가,
> 아니면 하나님께서 전하기 원하시는 메시지를 전할 것인가?

물론 이 두 가지가 항상 서로 대립되지는 않는다. 그러나 오늘날 부패한 교회의 사조에서는 이 두 가지가 서로 방향을 달리한다. 그럴 때에 당신은 어떻게 할 것인가?

참된 설교자라면 사람들이 싫어해도 마땅히 전해야 할 것을 전해야 한다. 그러므로 누가 훌륭한 설교자요 누가 참된 설교자인가에 대한 질문은 무엇을 전할 것인가에 대한 문제로 귀착되지, 결코 설교의 기법 문제에 국한되지 않는다.

우리는 설교할 때마다 신명기 18:20 말씀을 잊지 말아야 한다. "내가 어떤 선지자가 내가 전하라고 명령하지 아니한 말을 제 마음대로 내 이름으로 전하든지 다른 신들의 이름으로 말하면 그 선지자는 죽임을 당하리라 하셨느니라"

그러면 어떤 사람들은 다시 묻고 싶을 것이다. 그 말씀이 하나님의 말씀인지, 설교자가 방자하게 한 말인지 우리가 어떻게 알 수 있단 말입니까? 이런 질문이 나올 줄 주님은 아셨다. 그래서 바로 다음 절 21-22절을 보면 이렇게 답해 주신다. "네가 마음속으로 이르기를 그 말이 여호와의 이르신 말씀인지 우리가 어떻게 알리요 하리라. 만일 선지자가 있어 여호와의 이름으로 말한 일에 증험도 없고 성취함도 없으면 이는 여호와께서 말씀하신 것이 아니요 그 선지자가 제 마음대로 한 말이니 너는 그를 두려워하지 말지니라." 이 엄중한 하나님의 말씀, 신명기 18:22을 주목해 보라. 그가 한 설교로 말미암아 죄에 대한 회개가 일어나고, 사람들이 거듭나고 변화되고, 교회가 달라지고 하나님의 일이 일어나지 않는다면 그것은 바른 설교가 아니라는 것이다. 그가 아무리 큰 교회의 목사요 인기 있는 부흥강사라 할지라도 당신은 그의 설교의 문제점에 대해 지적하는 것을 두려워하지 말라는 것이다. 그는 하나님의 말씀을 전하는 것이 아니라 자신의 말을 하는 방자한 자이므로 두려워 말라는 것이다.

그럼 어떻게 해야 우리도 이런 문제에서 벗어나서 하나님께 쓰임 받는 바른 설교자가 될 수 있을까? 성경적 설교를 하기 위해서는 본문의 건실한 석의를 통해 말씀의 저자인 주님의 뜻을 분별하고 그것을 설교로 옮기는 훈련이 필요하다. 문제는 신학대학원에서 그러한 석의 훈련(Exegesis Training)을 제대로 받아 효과적으로 설교를 하는 사람을 찾아보기 힘들다는 것이다.

미국에서 제2차 대각성 운동을 일으킨 주역인 조나단 에드워즈의 역사적 설교를 기억하는가? 그것은 '하나님의 손안에 있는 죄인들'이란 명설교였다. 주목해 볼 점은 그의 설교는 오늘날 설교학 실습 시간에서 A+를 받기 힘들 정도로 설교 전달 기법에서는 별로 잘된 점이 없다는 것이다. 다만 그는 복음에 나타난 하나님의 뜻을 정확히 꿰뚫었고, 성령님을 의지하고 기도로 준비한 그 말씀을 또박또박 읽어 내려갔을 뿐인데 하나님께서 그 말씀을 사용하시고 역사하셨다. 문학적이고 멋진 현대 설교 기법과 관계없이 단지 하나님의 심장과 복음의 정수를 그저 생생하게 전했을 뿐이며, 성령님을 의지하고 말씀에 의지하여 증거했을 뿐이다. 그러므로 설교 작법과 전달 기법이 중요하지만, 그것은 어디까지나 설교 내용 다음이라는 점을 잊지 말라.

현대 강해설교의 아버지라 불리는 해든 로빈슨(H. Robinson)도 그래서 "어떤 설교자는 설교의 내용보다도 그 전달 방법에 더 공을 들이기도 한다"고 지적한 것이다. 우리가 잘 알듯이 사도행전 6:2은 "하나님의 말씀을 제쳐 놓고 접대를 일삼는 것이 마땅하지 아니하니(개역개정)"라고 한다. 그런데 접대(공궤:개역)가 잘못된 일인가? 개여개정이 '접대'라고 이상하게 번역해 놓았지만, 원 의미인 구제와 사회복지 사역은 교회가 마땅히 할 일이 아닌가? '음식 베푸는 일'로 표준새번역이 번역하고 공동번역이 '식량배급'이라고 번역한 이 일은 목회자가 할 일이 아닌가? 본문은 사도들이 해야 할 많은 사역 가운데 우선순위에 있어서는 말씀 사역이 앞선다는 것을 강조하는 것이다. 마찬가지로 설교에서 공궤하는 것은 무엇일까? 본문 즉 성경 말씀이 말하는 바를 제대로 찾아내기 위해 석의를 하고, 그렇게 해서 찾아낸 본문의 중심 사상을 선명하게 전하는 것보다 사람들을 재미있게 하고, 설교를 번지르르하게 치장하고, 현대 문학적 기법에 따라 멋지게 말하는 설교 기법에 더 공을 들이는 것이 아닐까? 이처럼 설교자들도 현대 강단의 위기를 강화시키는 데 일조하고 있음을 인정하고 우리의 설교 방식을 새롭게 해야 할 것이다.

3. 현대사회의 사조와 실용주의

사실 오늘날 목회를 하기 가장 힘들게 만드는 것은 권위가 사라졌다는 점이다. 30년 전만 해도 설교자가 어떤 말을 하면 사람들이 귀를 기울여 듣고, 다 이해되지 않아도 그의 권위를 인정했기에 그 말을 받아들이고 순종하려고 노력했다. 심지어 교회를 다니지 않는 사람들도 목사님을 존중하고 말씀에 귀를 기울이려고 했다. 그러나 지금 신대원을 졸업하고 목회 현장에 뛰어드는 사람들은 매우 힘든 시대에 목회를 시작하는 것인데, 이유인즉 목회자의 권위, 설교자의 권위가 사라졌기 때문이다. 이것은 한두 설교자의 노력으로 극복되기 힘든 부분이다. 사회 자체가 이미 탈권위주의 사회로 진입해 버렸기 때문이다. 목회자는 권위를 찾기 위해 경건해 보이는 시커먼 가운에 의존해보기도 하고, 로마 가톨릭의 사제들처럼 로만 칼라를 하기도 하고, 때로는 사회 각 분야의 전문가처럼 정치·경제·음악·과학에 대해 아는 체도 해본다. 그리고 예배실 가장 높은 곳, 커다란 강대상 뒤에서 호령을 해보기도 한다. 그러나 그런 것으로 권위를 회복할 수 있는 것이 아니다.

영적 리더십에서도 다루지만, 설교자 자신의 성품과 인격 그리고 영성이 없다면 우리는 진정한 존경을 받지 못할 것이고 우리의 설교는 권위를 상실할 것이다.

그러나 가장 중요한 설교의 권위는 설교자의 인격과 성품이 아니라 본문, 하나님 말씀에 달려있다. 당신의 설교 속에 하나님의 말씀의 영광이 드러나고, 하나님 말씀의 권위가 드러나야 강단에 능력이 생기고 설교의 권세가 회복될 것이다.

그런데 현대 강단의 문제는 현대 교인들과 설교자라는 인적 측면뿐 아니라, 이 시대의 사조 로 인한 문제이기도 하다.

그것은 한마디로 말해 현대사회를 끌고 가는 실용주의의 천박함 때문이다. 이 시대 뛰어난 실천신학자인 윌리엄 윌리몬(William Willimon)은 다음과 같이 지적했다.

> "나는 우리 미국인들이 특히 이런 문제 중심적, 인간 중심적인 설교에 매력을 느끼고 있다고 생각한다. 우리들은 실용주의적이고, 목표지향적이며, 문제 해결을 추구하는 국민이다. …… 공리주의에 사로잡힌 설교, 즉 어떤 즉각적이고, 간단하며, 유용한 해결책을 추구하는 설교, 복음의 진리를 선포하는 대신에 어떤 다른 목적을 위하여 -심지어 그 목적이 목자의 보살핌, 가르침, 교회 또한 상담과 같은 숭고한 목적인 경우라도- 설교를 이용하는 설교는 수단으로 이용되고 남용되는 설교이다. 나는 설교를 '사람들의 실제 문제'에서 시작해야 한다는 포스딕(Fosdick)의 견해에 동의하지 않는다. 사람들의 요구로부터 시작하는 설교자는 인간의 문제에 대한 인간적인 해결책 이상을 제공하지 못할 것이다."

한국 보수 교회에는 포스딕의 후예를 자처하는 사람은 적지만, 그럼에도 불구하고 현대 설교학의 새로운 사조는 그 영향 속에 있고, 현대 강단은 위에서 지적한 실용주의와 공리주의의 사조에서 벗어나지 못하고 있다. 교회성장학의 문제를 논하면서도 설교는 실용주의 관점에서 하는 것은 이중적이지 않은가? 다 동일 선상에 있음을 깨달아야 한다.

그렇다면 이런 문제의 해결책은 무엇일까? 설교자는 새로운 설교학의 흐름에 민감하여 뒤떨어지지 않으려고 노력하기보다 성경적 설교의 본질에 뒤떨어지지 않으려고 노력하며 석의에 기초한 성경적 메시지를 찾는 훈련에 우선 자신을 드려야 할 것이다. 그리고 성도들에게 바른 설교가 무엇이고 어떤 메시지를 기대해야 할지도 알리고, 또한 그런 설교의 맛을 알게 해서 교인들도 변하도록 해야 한다. 그리고 시대의 사조가 무엇이든지 간에 쉽고 빠른 성공의 비결과 인기 비법에 빠져들지 않겠다는 분명한 각오와 결단이 있어야 한다.

기독교식 토크와 성경적 설교의 차이

이제 참된 설교와 잘못된 설교는 어떤 점에서 다른가부터 분명하게 짚고 넘어가자. 이 책의 중반에 나오는 설교 기법에 대한 부분부터 보려고 책장을 빨리 넘기지 말라. 평생 사역 후에 하나님께 칭찬받는 종이 되고 싶다면, 이 부분을 이해하고 그렇게 사는 것이 훨씬 중요하다.

설교자 가운데는 다음 두 가지 극단적 특성을 보이는 경우가 있다.

하나는 극단적 성경해설론자로서의 설교자이다. 킬린저도 지적한 적이 있지만 무언가 좀 배운 설교자는 항상 자신의 의견을 전하고 싶은 유혹을 받는다. 공부를 많이 하면 할수록 그 유혹은 더 심해지는데 신학자들은 설교에서 신학을 논하고, 성경연구가들은 성경해설이 설교라고 생각한다. 교인들은 그런 설교를 힘들어하는데도 말이다.

그 반대편에는 커뮤니케이션 중심론자로서의 설교자들이 있다. 그들은 성경의 메시지를 정확하게 전하는 것보다는 사람들에게 어필할 수 있도록 말을 잘하는 기법을 더 중시한다.

대부분의 설교자는 이 두 가지를 동시에 다 만족시키고 싶겠지만 현실적으로 쉬운 일은 아니다. 사실 성경적 설교는 이 두 극단 사이의 갈등을 통과해야 한다.

분명한 것은 이것이다. 고린도후서 2:17a "우리는 수많은 사람들처럼 하나님의 말씀을 혼잡하게 하지 아니하고 곧 순전함으로 하나님께 받은 것 같이", 그리고 고린도후서 4:2a에서 "이에 숨은 부끄러움의 일을 버리고 속임으로 행하지 아니하며 하나님의 말씀을 혼잡하게 하지 아니하고 오직 진리를 나타냄으로"에서 사도가 천명했듯이 우리도 하나님 앞에서와 그리스도 안에서 오직 진리만 나타내는 설교를 해야 한다는 것이다. 하나님의 말씀을 화려한 수사학적 문학과 신학적 주장과 자신의 논리로 혼잡하게 하지 않고, 주님께 우리가 들었듯이 쉽고 명료하게 그리고 단순하게 전하는 것이다. 기본으로 돌아가야 한다는 것이 설교에서도 중요하다.

필자의 고든-콘웰(Gordon-Conwell) 신학교 M. Div. 과정의 은사이며, WBC 시리즈의 『호세아서 주석』과 구약성의 방법론 교과서이자 베스트셀러인 『어떻게 성경을 읽을 것인가?』의 저자인 더글러스 스튜어트(Douglas Stuart) 교수는 수업 중에 다음과 같이 지적한 바 있다. "나도 주말에는 목회를 하는 설교자인지라 이 시대의 인기 있는 설교들을 귀담아 듣는데, 오늘날 설교는 설교자마다 조금씩 달라 보여도 실제로는 공통적으로 다음과 같은 방식으로 전개되는 것 같다. 과연 그러한지 들어보라"고 하셨다.

1. 설교 전에 본문인 성경 구절이 읽혀진다.
2. 설교가 시작되면 설교자는 관심을 끌 수 있는 얘기를 한다. 처음에는 초점이 뭔지 잘 알 수가 없다. 이때 하는 이야기는 주로 재미있는 얘기나 조크가 많다.
3. 설교자는 앞에서 한 얘기에서 한 가지 레슨을 끌어낸다. 이것이 설교의 첫째 포인트가 된다.
4. 어떤 설교자는 그 초점을 본문과 연관시킨다.
5. 이제 다음 포인트로 전환을 시도한다. 이 과정에서 성경 구절을 인용할 때도 있고 그렇게 하지 않을 때도 있다.
6. 다른 이야기를 꺼내서 설교의 다음 포인트로 삼는다.
7. 이 단계는 선택 사항인데 어떤 설교자는 그 포인트를 성경 본문과 연관을 짓기도 한다.
8. 이제 설교자는 여러 가지 다양한 관찰을 시도한다. 그 중 일부는 성경적 연계성을 갖기도 한다.
9. 설교가 마쳐질 때가 가까워 오면 마지막 포인트로 넘어간다.
10. 마지막 포인트도 또 다른 이야기를 예화로 삼아 설명한다. 이때 하는 이

야기는 주로 슬프거나 진지하다.
11. 설교자에 따라 이 포인트를 성경과 연결시키기도 한다.
12. 마지막으로 설교자의 개인적 도전이나 충고를 함으로 설교를 결론짓는다.

모두가 동의를 하자 D. 스튜어트 교수는 학생들에게 심각한 질문을 던졌다. "이런 방식으로 하는 설교의 약점은 무엇일까?"

많은 토론 후에 그는 최종적으로 이렇게 결론을 내렸다. 여러 가지 좋은 점도 있고 이러저러한 문제점도 있겠지만, 이런 방식의 설교의 제일 큰 문제점은 교인들이 하나님이나 말씀으로부터 직접 배우지 못한다는 데 있다.

그것은 목회를 준비하는 신학생들에게 큰 충격을 던져 주었다. 구약학자가 설교에 대해 말한 것이다. 그것도 깊이 있는 통찰력으로!

그 위대한 신학자요 존경받는 목회자는 이렇게 말을 이었다. "오늘날 강단에는 성경적 설교가 있는가 하면 설교처럼 보이지만 설교가 아닌 단지 '기독교식 토크(Spiritual Talk)'에 불과한 것이 있다."

그가 말한 'Spiritual Talk'를 '영적 이야기'라고 번역하면 필자가 이야기체 설교를 전적으로 거부하는 것과 같은 오해를 남길 소지가 있기에 본서에서는 '기독교식 토크'라고 부르기로 하겠다. 이는 전통적인 논리적 강해나 이야기체 설교와 같은 설교 방식과 관계없는, 어떤 설교적 경향성을 의미한다. 이것은 설교처럼 들리고 영적인 이야기처럼 들리지만 그냥 기독교적 토크에 불과한 것이다. 그렇다면 '기독교식 토크'와 '성경적 설교'는 어떻게 다른가?

기독교식 토크	성경적 설교
이야기가 주종을 이룬다.	본문 설명이 주종을 이룬다.
말하려는 주제가 중심이다.	성경 본문이 설교의 중심이다.

예화 선정에 매우 주의를 기울인다.	해석의 정확성에 가장 큰 주의를 기울인다.
본문이 주장의 일부를 지원한다.	본문이 설교자의 모든 주장을 만들어낸다.
서론은 사람의 관심 집중에만 초점을 맞춘다.	서론은 궁극적으로 본문에 초점을 맞춘다.
결론은 목사의 훈계와 교훈이다.	결론은 본문의 핵심이고 삶의 실제적 적용이다.

이런 차이가 사소해 보이지만 두 방식 설교의 궁극적이 차이는 심각하다. '기독교식 토크' 방식의 설교를 하면 누가 최종 권위를 갖게 되는가? 설교자이다. 누가 영광을 받게 되는가? 설교자가 영광을 받게 된다. 그래서 사람들은 "나는 우리 목사님 설교가 제일 좋아. 나는 다른 사람들의 설교는 귀에 잘 안 들어와. 우리 목사님이 최고야!"라고 말하는 것이다. 반면 성경적 설교에서 최종 권위는 어디에 있게 될까? 그것은 성경이다. 하나님의 말씀이 최종 권위(ultimate authority)가 된다. 또한 성경적 설교를 하게 되면 누가 영광을 받게 되는가? 설교자가 아니라 말씀의 영광이 드러나고 하나님이 영광을 받게 된다.

'오직 주께 영광!'이라는 구호를 외치면서도 기독교식 토크 방식의 설교를 통해서 목회자 자신이 권위가 되고 자신이 영광을 취하는 경우가 얼마나 많은가?

여기서 말하는 '기독교식 토크'에 대해 성경은 무엇이라고 할까? 디모데후서 2:16은 "망령되고 '헛된 말'을 버리라"고 경고한 '헛된 말'이 여기에 해당한다. 성경이 모든 주의 일꾼들에게 권면하듯이 우리가 사역을 하면서 버려야 할 것이 있는데, 그 중 하나는 바로 헛된 말(kenophonia)이다. 존 스토트는 디모데후서 강해에서 이것을 공허한 말(empty talk) 혹은 잡담(chatter)이라고 했다. 여기서 '망령되다'라는 것은 경건성이 없다 혹은 신적인 면이 없다(godless)는 말이다. 이런 것이 바로 오늘날 강단에서 설교란 이름으로 행해지고 있는 '기독교식 토크'이다. 그런데 이런 방식의 말하기, 이런 설교를 버려야 할 이유는 무엇일까? 디모데후서 2:16 하반부에서 분명히 그 이유를 밝히고 있다. "그들은 경건하지 아니함에 점점 나아가나니." 그런 설교는 듣기에는 좋고, 그래서 많은 사람들이 따르고 좋아할지는 모르지만 아무리 들어도 교인들의 삶이 달라지지 않고 경건성을 갖지 못한다는 점을 성경은 지적하고 있는 것이다. 그럼에도 불구하고 지금까지 하던 방식이기에, 이렇게 해서 교인들이 꽤 모였다는 이유로 계속하겠다고 고집할 수 있는가?

당신은 이렇게 반론을 제기하고 싶을지도 모르겠다. "우리 목사님은 성경적 설교하는데 교인들이 다 자요. 그래도 '기독교식 토크' 형태의 설교가 낫지 않나요?" 분명히 알아야 할 것은 다음에 살펴보겠지만 설교는 강의가 아니라는 점이다. 성도들을 졸게 만드는 것은 성경적 설교를 해서가 아니라, 그가 설교의 기본 구조를 잘 모르거나 그의 설교 속에 설교적 요소가 부족하기 때문일 것이다. 성경만 잘 얘기하면 되는 것이 아니라 설교라면 마땅히 설교적 요소를 갖춰야 한다. 그렇지 못하기 때문에 성경적 설교는 재미없고 지루하다는 오해를 받는 것이다. 또 다른 반론은 이런 것이다. "그래도 기독교식 토크가 현실적으로 더 효과적이지 않은가요? 그렇게 하는 목사님들 교회가 다 커졌지 않습니까?" 그런데 이는 예수님께서 받았던 광야의 유혹과도 같다. 이것이 바로 설교자가 받는 시험이다. 필자의 다른 저서 『리더십 다이아몬드』(두란노 아카데미)에서도 밝혔듯이, 사역은 효율성(efficiency)의 문제가 아니라 효과성(effectiveness)의 문제이다. 무엇이 더 효율적인가 하는 것보다 무엇이 더 중요한가, 어떤 것이 장기적으로 더 효과적인가를 생각해야 한다.

당신이 만일 주의 종이라면, 설교 사역에 대한 성경적인 기준은 분명하다.

"하나님의 보내신 이는 하나님의 말씀을 하나니"(요 3:34).

성경적 설교와 아닌 것의 본질적 차이는 설교자가 이 말씀대로 하느냐 하지 않느냐에 달려 있다.

사도는 말씀을 바르게 전파하라고 도전하며 마지막 때의 증상으로 사람들이 귀를 진리에서 돌이켜 허탄한 이야기를 좇을 것(딤후 4:4)이라고 했다. 이 '허탄한 이야기'(muthos)가 바로 여기에서 기독교식 토크라고 지칭한 것을 말한다. 당신은 하나님의 말씀, 진리를 전파하는가, 혹은 허탄한 이야기로 강단을 채우는가?

위에서 언급한 기독교식 토크의 특징이 전혀 없어야 성경적 설교라는 말은 아니다. 기독교적 토크가 갖고 있는 효율적인 특성들을 완전히 무시하지는 못하더라도, 최소한 지금까지 강조해 온 성경적 설교의 특징을 잃어서는 안 된다. 설교는 하나님의 말씀이어야지 단순히 명상적 언어나 성공 비법 강좌가 되어서는 안 된다. 아무리 종교적이고 영적으로 들릴지라도 명상의 메시지는 결코 죽음과 생명에 대해 묻는 말이 될 수 없다. 종교적 토크가 사람들을 살릴 수 없다. 설교는 우리가 오래 생각하고 연구하고 짜낸 멋진 말을 하는 시간이 아니라, 하나님의 계시에서 시작되는 것이다.

그러므로 에드먼드 스타임리가 지적했듯이 성경으로 시작하고 성경으로 끝내는 설교라고 해서 반드시 성서적인 설교는 아니다. 이단들도 그렇게 하고 훌륭한 연사도 그렇게 말할 수 있지만 그것은 설교가 아니다.

300여 년 전 미국 뉴잉글랜드에서 참된 부흥을 일으켰던 코튼 매더(Cotton Mather) 목사는 설교자의 목표는 사람의 영혼 속에 하나님의 주권과 영광이 보전될 수 있도록 하는 것이라고 말했다. 오직 성경적 설교로 미네소타 지역에서 미국에서 가장 건강하며 모범적인 교회 중 하나를 일궈 낸 존 파이퍼 목사는, 설교의 영광은 하나님의 영광을 나타내고 경험하는 것인데 사람들은 자기주장을 하고 있다며 안타까워했다. 그러면서 설교의 목표는 피조물의 기쁜(자발적인) 순종을 통해 드러나는 하나님의 영광임을 분명히 선언했다. 그야말로 진정한 칼빈주의자요 성경학도이다.

하나님은 말씀하신다. "어찌 내 이름을 욕되게 하리요 내 영광을 다른 자에게 주지 아니하리라!(사 48:11)" 설교를 통해 하나님의 영광을 가로채지 말자. 설교자의 자세는 이것이다. "우리는 우리를 전파하는 것이 아니라 오직 그리스도 예수의 주 되신 것과 또 예수를 위하여 우리가 너희의 종 된 것을 전파함이라"(고후 4:5). 자신의 주장을 전파하고 자신을 드러내는 설교를 그만 두자. 오직 예수님이 모든 일에 있어서 우리 모두의 주인임을 분명히 드러내는 설교를 하자. 그것이 한국교회를 새롭게 하고 교계를 바로 잡는 최우선적인 길이다.

성경적 설교의 출발점, '그리스도 중심적 설교'

이런 성경적 설교의 한 측면으로 그리스도 중심적 설교가 있다.

설교에서 이 주제가 강조되게 된 배경을 생각하면 참으로 안타깝다. 설교에서 그리스도는 실종된 채 얼마나 설교자 자신의 주장만 만발했으면 그리스도를 강조하게 되었을까? 오래전 필자가 사역하던 교회에서 부목사 1명을 충원하려고 공지를 하자 수십 명의 목사님들이 지원을 한 적이 있었다. 그런데 후보자들의 설교를 검토하다 보니, 기독교적으로는 다 좋은 이야기들이었지만 설교 속에 복음이 분명히 나타나고 그리스도의 십자가가 드러나는 설교는 단 두 편밖에 없었다. 이는 그때 당시에만 국한된 사건이 아니다. 그 전에도 그런 경향은 쭉 있어왔고, 지금 역시 크게 다르지 않다. 사실 이는 세계대전 후 유럽 교계에 극심했던 현상이다. 그런 현상에 대한 자성으로 1940년대 화란 개혁교회에서 B. 홀베르다(Holwerda)의 '설교에 있어서 구속사'란 글이 나오게 되었다.

구속사적 설교 혹은 기독론적 설교, 그리스도 중심적 설교는 모두 같은 맥락에서 강조되는 설교의 측면인데, 그것은 성경의 모든 기사들을 상호관계 속에서 파악하고 그들 상호간의 내적 단일성, 곧 구속사의 중심인 예수 그리스도와의 관련성 속에서 이해하고자 하는 것이다.

사실 설교할 본문 안에서 구원의 취지를 밝혀내지 못한다면, 우리의 말이 모두 옳은 말이라도 그것은 전적으로 잘못된 설교가 될 수 있다. 교장 선생님의 훈시와 설교가 별로 다르지 않을 수도 있다는 말이다. 구원자 예수 그리스도의 사역과 상관없이 도덕적인 행동만 권고하는 것은 설교를 단순한 바리새주의로 전락시키는 것이며, 하나님의 구속사와 관계없이 인생에서 성공하는 비결만 가르치는 것은 설교를 명사 초청강연과 다를 바 없는 것으로 전락시키는 것이다.

커비넌트 신학교의 설교학 교수요 총장이었던 브라이언 채펠은 '명상'이란 라디오 프로그램의 한 부분을 녹음해 신학생들에게 들려주고 반응을 평가하게 했더니 잘못된 점을 못 찾더라는 이야기를 그의 저술에 남기고 있다. 일반 교인들도 분별력을 가져야겠지만, 목회 후보생들조차 설교와 설교가 아닌 것을 구별 못한다는 사실은 놀랍지 않은가? 종교적 강론이나 명상 프로그램을 들려줘도 그것이 설교인지 아닌지 구분하지 못하는 목회자가 우리나라에는 없을까?

어떤 설교자가 성경 말씀을 정확하게 인용하고 도덕적으로 정당한 주장을 내세우며 서로 사랑하라고 권고했어도, 그 사람이 이단이나 사교집단 지도자인 경우도 있다. 그런 설교를 구별하지 못하고 목회자들까지 동조하여 이단들이 늘어나고 있는 현실에서, 제대로 말씀으로 무장되어 분별력을 갖춘 교인들을 기대하는 것은 너무 무리일까? 교인들에게 그런 기대를 하기 전에 우리 목회자들부터 바른 설교와 설교 아닌 것을 구별할 수 있는 분별력을 달라고 기도해야 할 것이다.

기독교 상담학자로도 알려진 실천신학자 제이 아담스(Jay Adams) 교수는 그의 설교학 책에서 "만약 여러분이 유대교인들이나 유니테리안주의자들도 용납할 수 있는 설교를 한다면 그것은 근본적으로 잘못된 설교이다. …… 설교를 특별하게 만들어 주는 것은 그리스도의 구원과 성화의 능력이 설교 곳곳에서 배어 나오게 하는 것이다. 여러분이 전하는 설교의 중심에 예수 그리스도가 있어야 한다"고 주장했다. 그의 상담학이나 설교학 모든 부분을 전적으로 동의하기는 어려울지라도 이 주장에 대해서만은 나는 마음을 다해 "아멘" 하고 싶다.

앞에서도 언급했던 윌리엄 윌리몬 교수는 요즘 같은 다원주의 시대에서 기독교는 예수 그리스도에 대해 설교하기 어렵고, 많은 설교자들이 모호하게 설교한다고 꼬집었다. 무슨 의미인지 모를 사랑, 불쌍히 여김, 적극적 사고방식과 긍정적 자세, 자기 성취 등 모호한 문화적 언어를 가르친다고 그는 목소리를 높였다. 그러면서 윌리몬은 "기독교의 독특함(peculiarity)을 숨기지 말라!"고 충고한다. 설교가 일반 종교 강론과 다른 점, 설교가 도덕 강론이나 성공 비결 강의와 다를 수 있는 점은 기독교의 독특성인 '예수가 그리스도요 그가 우리를 구원하기 위하여 십자가에서 죽고 부활하셨다'는 사실이다! 윌리몬은 기독교의 독특성을 살리는 설교를 할 것을 권면하며 "우리 설교자에게 가장 위대하고 신나는 도전은 예수가 하나님이었다는 것이 아니라, 하나님이 예수였다는 사실이다"라고 했다. 이 주장의 전반부만 듣고 나면 어떤 조직신학자는 그를 이단이라고 매도하고 싶을 것이다. 그러나 항상 말은 끝까지 들어봐야 한다. 그리고 그가 이런 말을 하는 의도를 파악하는 것이 중요하다. 성경 본문을 석의하는 것도 바로 이런 훈련을 위해서가 아닌가? 그가 말하고자 하는 바는 무엇이었을까? 그것을 제대로 이해하지 못한다면 당신은 신학적 훈련이 부족한 것이고, 그 말의 의도를 이해해서 그렇게 설교하지 못한다면 당신은 또한 설교적 훈련이 부족한 것이다.

그의 주장의 전반부인 '예수가 하나님이었다는 것이 아니라'는 이런 의미이다. 선교 현장에서 볼 때 범신론자들은 예수가 하나님이요 예수가 신이라는 사실에 동의한다. 일본 선교가 왜 어려운가? 예수를 자신들이 그동안 섬겨왔던 신 중의 하나로 인정하는 것은 어렵지 않다. 그런데 기독교의 독특성은 '그 하나님이 예수이다'라는 사실에 있다. 즉 그들이 그토록 섬기고 추구했던 신이 바로 예수라는 사실을 이해시키는 것이 핵심이다. 예수는 여러 신들 중의 하나가 아니라 당신들이 섬기던 신 중의 참 신이며, 하나님이 바로 예수 그분이라는 사실을 인식시키는 것이 복음의 독특성을 살리는 것이다. 따라서 윌리몬의 이 지적에 신학적으로 불편함을 느끼는 것은 단지 조직신학적인 입장에서만 봤기 때문이며, 설교자의 도전은 이런 기독교의 본질을 사람들에게 선명하게 전하는 일에 있다. 그것이 설교이다. 이런 방식의 바울 설교에 대해서 궁금한 사람들은 사도행전 17장의 아레오바고 설교를 연구해 보면 좋을 것이다.

인간의 말인 설교가 하나님의 말씀이 될 수 있는 것은 예수 그리스도가 거기에 현존하신다(임재)는 사실 때문이다. 지금까지 강조한 바는 그리스도 중심적 설교라고 해서 도덕적 행위를 전혀 제시하지 않는다고 말하는 것이 아니다. 다만 모든 선한 것에 대한 이야기가 궁극적으로 우리를 구원하고자 하는 하나님의 구원사와 그 중심에 서 있는 그리스도에 대해 제대로 드러내야 한다는 것이다. 그리스도의 부활에 의하여 새로워진 인간의 입을 통하여 나오는 것이 바로 십자가의 말씀이어야 한다. 만일 십자가와 부활의 주님을 잃어버리고 자신의 연설자로서의 능력을 과시하기 시작한다면 그는 설교자가 아니며, 그것은 더 이상 설교라 할 수 없다.

그러므로 채펠의 말처럼 강해설교는 그리스도 중심의 설교가 되어야 하며, 그레이다누스(S. Greidanus)의 표현에 따르자면 우리는 구속사적 설교를 해야 하는 것이다.

그리스도 중심적 설교 즉 구속사적 설교를 하기 위한 준비

그러면 어떻게 강해설교를 하며, 어떻게 우리의 모든 설교에 구속적 요소를 가미시킬 수 있을까? 그것이 우리의 관심사일 것이다. 성경에서 복음서나 바울서신 일부를 제외하면 그리스도의 대속, 죽음, 부활에 대해 직접 언급하지 않는 구절이 많은데 말이다.

그 길은 우선 성경신학을 열심히 공부하는 것이다. 예를 들어 게르할더스 보스(Geerhardus Vos)의 『성경신학』이란 저술을 보면 계시는 구원의 행위와 연결되어 있으며 결코 분리될 수 없음을 지적하며, 계시는 구원에 대한 설명이라고 명시한다. 물론 성경을 읽다보면 특히 구약에서는 구속의 요소가 씨앗의 형태로만 나타나 있기도 하다. 그러나 본문에 구속적 측면이 단지 씨앗 형태로 나타나 있어도 완벽한 열매를 본 입장에서 전체 그림 속에서 이야기할 수 있어야 한다. 설교할 본문을 그리스도 중심적으로 해석한다는 말은 본문을 구속사의 관점에서 보는 것이라는 말과 다르지 않다.

그리스도 중심적, 구속사적 설교를 한다는 것은

그리스도 중심적 설교를 한다는 것은 하나님을 다루지 않고, 성령님이 나타나지 않는다는 말이 아니다. 진정한 하나님 중심의 설교는 곧 그리스도 중심의 설교가 된다. 우리를 구원하시기 원하는 하나님을 참으로 제대로 드러내려면 그 정점에 나타난 그리스도의 십자가를 언급하지 않을 수 없는 것이다. 어떤 이들은 이 부분에 부담을 느낀 나머지 "예수님을 언급하지 않아도 기독교적 설교를 할 수 있지 않은가?"라고 질문할 수도 있다. 신약뿐 아니라 구약에서는 더욱 그런 부담을 많이 느낄 수 있을 것이다. 이 점에 대해 골즈워디(G. Godsworthy)는 오히려 이렇게 반문한다. "당신은 왜 예수님을 언급하지 않고서 설교를 하려고 하는가?" 그가 잘 지적한 것처럼 하나님을 보기 위해 무엇을 살펴보면 가장 좋을까? 우리가 어떻게 살아야 하는지 알 수 있는 가장 쉬운 길은 무엇일까? 예수님의 삶을 보는 것이 아닌가? 그렇다면 오히려 우리는 왜 그리스도를 언급하지 않으려고 하는지, 우리 자신에게 물어야 할 것이다.

구약을 다룰 때도 그리스도 중심적으로 해야 하는 이유는 성경의 계시 방식이 창조 이후의 모든 구약의 사건이 예수님의 사건을 통해 새 창조(종말)로 접근하는 방식을 택하기 때문이다. 즉 하나님께서 모든 성경의 독자들을 그리스도에게로 인도하는 계시적 구조를 통해 역사하시기 때문이다.

사실 우리 설교자들은 항상 새로운 것을 말해야 한다는 강박관념에 잡혀 살 필요가 없다. 로렌스 커닝험과 키스 이건이 지적한 것처럼 우리가 함께 모여 복음을 듣고 응답함으로써 살아계신 예수가 우리의 구주이심을 확인하는 것이다. 그렇게 함으로써 우리는 교회가 시작될 때부터 얘기되어 온 예수님의 이야기 안으로 들어가는 것이다. 그것이 설교이고, 그것이 목회이다.

그리스도 중심적 설교의 범위

그렇다면 그리스도 중심적인 설교를 한다는 것은 무엇을 다루는 것인가? 오직 십자가의 대속적 죽음 교리만 가르치는 것이라고 제한적으로 생각할 필요가 없다.

본문을 통해 예수님이 누구이신가를 다루고, 십자가와 부활뿐 아니라 그의 행적을 통하여 예수님의 사역을 관련지어 설명하고, 사도들의 설교가 그랬듯이 하나님 나리에 대한 예수님의 가르침을 언급하여 하나님의 구속사역의 흐름을 전달하면 되는 것이다.

베드로와 바울이 그리스도를 전했다면(설교했다면) 우리도 그리스도를 전해야 한다.

예수님과 사도들의 설교 방식

이런 그리스도 중심적 설교는 현대에 들어서서 처음 시작된 방식이 아니다. 사실 예수님 자신이 하셨고, 교회를 세워가며 사도들이 했던 설교의 방식이다.

먼저 예수님의 사역을 보자. 누가복음 24:27을 보면 예수님은 "이에 모세와 모든 선지자의 글로 시작하여 모든 성경에 쓴 바 자기에 관한 것을 자세히 설명"하셨다. 모세와 선지자의 글 즉 오경과 선지서 등 당시 그들이 가지고 있었던 성경이 모두 자신 그리스도에 대해 쓴 것임을 강해하셨다는 것이다. 또한 요한복음 5:39을 보자. 주님은 "너희가 성경에서 영생을 얻는 줄 생각하고 성경을 연구하거니와 이 성경이 곧 내게 대하여 증거하는 것이니라"고 하셨다. 당시에 그들이 가지고 있었던 성경 즉 구약이 말하는 것이 무엇인가? 예수 그리스도에 대한 증거라는 것이다. 따라서 구약을 읽으며 사도행전 8:36에서 빌립이 그랬듯이 그리스도에 대해 증명하지 않는다면 이는 잘못된 것이다. 주님은 곧 이어 요한복음 5:46에서 모세의 모든 가르침 곧 구약, 특히 오경이 모두 나 곧 그리스도에 대하여 기록한 것임을 분명히 지적하고 있다.

사도들의 설교 방식도 점검해 보라. 바울도 설교나 서신서 전개를 할 때 먼저 복음과 그리스도를 적시한다. 그러므로 우리의 설교도 사도행전 20:27에서 "이는 내가 꺼리지 않고 하나님의 뜻을 다(whole counsel of God) 여러분에게 전하였음이라"는 사도들의 자세와 같아야 하지 않겠는가? 여기서 하나님의 뜻을 다 전했다는 것은 하나님의 구원사 전반을 의미한다. 사도행전에 나타난 베드로의 설교 방식도 연구해 보라. 동일한 것을 볼 수 있을 것이다.

따라서 비록 구속사적 혹은 그리스도 중심적 설교가 조금 복잡하고 어려워 보여도, 구약의 사건에서 하나님의 뜻과 현재로 직접 넘어가려는 설교자의 유혹에서 벗어나 그리스도 중심적 설교를 해야 한다.

구속사적 설교를 할 때 주의할 점

그런데 일부 설교자들은 선한 의도이기는 하나 구속사적 설교 혹은 그리스도 중심적 설교를 해야 한다는 강박관념 속에서 지나친 혹은 잘못된 설교로 흘러가기도 한다.

성경 내용과 문맥과 관계없이 시종일관 그리스도를 언급하고 무조건 예수님을 등장시키면 되는 것이 아니다. 발람의 나귀 이야기를 하면서 그 나귀가 예수님이 탄 동물과 같은 것이므로 그 사건을 그리스도의 예루살렘 입성과 연관 지어 이야기하는 것은 그리스도 중심적 설교가 아니다. 기생 라합이 정탐꾼들을 탈출시키는 사건에서 빨간 천이 나온다고 이것이 우리를 구원하는 그리스도의 보혈을 상징하는 것이라고 한다거나, 아브라함이 아들 이삭을 바치러 갈 때에 이삭이 등에 지고 간 장작이 나무라고 십자가를 지고 가는 하나님의 아들 예수의 예표라고 하는 것은 강해가 아니라 신학자들이 그토록 경계하는 영해에 불과하다. 산만 나오면 모두 갈보리 언덕과 감람산으로 여기지 않아도 된다.

이런 방식으로 설교하는 것은 건전한 석의 훈련이 되어 있지 않은 결과이며, 성경의 메시지가 아니라 그렇다고 추정하는 자신의 생각을 말한 것에 불과하다.

이와 유사한 영해적 설교가 최근 다시 고개를 들고 있는데, 매트릭스와 스타워즈 같은 영화를 통해 설교할 때 자주 벌어지는 현상이다. 영화 얘기를 잔뜩 했건만 예수님과 하나님의 구원사는 전혀 언급되지 않고 설교가 끝나는 것은 현대의 지나친 예표론(typology)이요 또 하나의 유추(analogy)에 불과하다.

성경은 예표와 상징을 인정한다. 그러나 문맥과 본문이 정하고 객관적으로 인정되는 일정 범위 내에서만 그러하다. 풍유나 무조건 비슷한 것을 끌어대는 유추 방식의 설교는 건전한 강해설교의 최대의 적인 영해로 흘러가게 만드는 경향이 있다. 석의 훈련 없이 절대로 문맥과 본문의 의도를 무시한 영해를 습관화해서는 안 된다.

올바른 강해를 한다는 것은 예수님을 본문에 강제로 집어넣거나 아무 구절에서나 십자가와 보혈을 언급하는 것이 아니라, 하나님이 세우신 구원 계획과 그 계시 안에서 본문이 어떤 역할을 하고 어떤 위치에 있는지를 살펴보고 그리스도와의 관련성을 설명하는 것이다. 어떤 본문에서든 그리스도의 흔적을 찾아내기 위해 무조건 대입하고 성경의 모든 사건을 전부 대속으로 연결 지으라는 말이 아니다. 그리스도가 직접 언급되지 않은 본문에서 예표론적 혹은 영해 방식으로 무조건적 혹은 기계적으로 예수를 끌어다댈 것이 아니라, 그리스도 중심적 관점으로 본문에 접근하고 예수님을 통해 사람들이 우리를 구원하시는 하나님께 나아가게 하면 되는 것이다. 하나님의 전체적인 구속사 안에서 본문이 어떤 위치를 차지하고 있으며 무엇을 말하고 있는지 그 흐름을 다루면 된다.

이런 측면에서 그레이다누스는 비록 구속사적 설교를 강조하지만 동시에 지나친 그리스도 중심적 설교의 위험성을 언급하는 것도 잊지 않는다. 즉 그리스도 중심의 설교를 만들기 위해서 반드시 성육하신 그리스도를 직접 언급해야 한다는 제한된 틀로 인해 설교의 역사 속에서 얼마나 많은 탈선이 있어 왔는지를 지적하며, 그는 "어떤 우여곡절을 겪더라도 결국은 골고다 언덕에 안착하게 하라는 명령을 듣지 않아도 된다. 왜냐하면 그리스도는 그 구속사역을 직접 언급하지 않더라도 본문에서 말하고 있는 구속 역사의 한 시점에 이미 나타나고 있기 때문이다"라고 했다. 따라서 완전한 성경신학적 이해 속에서 본문을 잘 다루는 신학적 훈련이 선행되어야지, 그러한 구속사적 관점이 미비한 상태에서 구속사적 설교의 기법만 배우고 전통적인 부흥사 방식으로 그리스도 중심적 설교를 작성하려고 시도하다가는 영해로 빠질 수 있음을 알아야 한다.

구속사적 설교가 청중에게 어렵게 느껴지는 이유와 극복 방안

그리스도 중심적 설교 혹은 구속사적 설교를 어떻게 하는지 구체적인 방안은 그레이다누스의 『구약에서의 그리스도』 혹은 골딩게이의 『성경신학적 설교 어떻게 하나』와 같은 책들에서 참조할 수 있으므로 본서에서는 생략하도록 하겠다. 그런데 문제는 이런 그리스도 중심적 설교 혹은 구속사적 설교가 중요하기는 하지만, 일반 교인들은 그런 설교를 어렵다고 느끼거나 지루해 하며 기피할 수 있다는 점이 문제이다. '그 이유는 무엇일까? 어떻게 해야 이 문제를 극복할 수 있을까?' 하는 질문이 구속사적 설교의 신학적 의미를 찾는 것보다 더욱 중요한데, 일부 목회자들은 단지 구속사적 설교라는 주제 자체에만 빠져있어 안타깝다. 이제 구속사적 설교의 한계를 극복하기 위해 우리가 알아야 할 부분을 하나씩 살펴보자.

구속사적 설교가 청중에게 어렵게 느껴지는 이유는 무엇보다도 대부분의 구속사적 설교들이 본문과 청중과의 관련성을 드러내주는 데 실패하기 때문이다. 구속사적 관점만을 강조하면서 너무나 신학적인 해설로만 끝나거나 구속사란 신학적 주제와의 관련성을 찾는 수준에서 끝나면서 본문의 의미(meaning) 찾기에서 멈출 뿐, 설교가 가져야 할 오늘날의 청중에게 와 닿는 의향적 의의(significance)를 제시하지 못하기 때문이다. 앞으로 살펴보겠지만 설교는 본문과 청중과의 접촉점을 찾는 허메뉴틱스(hermeneutics)까지 가야지 의미만 찾는 해석(interpretation)에 머물면 안 된다. 바빙크 역시 "우리 시대의 많은 설교들이 어떤 구속사적인 사상에 관한 빛나는 강화요 심오한 강의들이지만, 그것들은 진정한 의미에 있어서 설교가 아니다. …… 아무리 빛나고 또 심오한 것이라 해도 그것들은 우리를 진정으로 움직이지는 못하는 강화들이다. …… 이런 설교자들은 청중석에 있는 사람을 잊어버렸다"고 지적했는데 귀담아 들어야 할 충고이다. 그는 오늘날 신학자들과 달리 설교자가 취해야 할 입장을 제대로 이해했다고 볼 수 있다. 구속사적 설교도 결국 그것이 오늘날 청중에게 무슨 의미를 갖느냐에 대한 문제가 다뤄질 때 신학 강론을 넘어 비로소 설교가 되는 것이다.

구속사적 설교를 성도들이 지루하게 여기고 어렵게 생각하는 두 번째 이유는 구속사적 접근을 통해 본문에서 얻은 메시지의 선포보다 설교자가 해석학적 혹은 신학적 설명에 시간을 너무 많이 쓰기 때문이다. 설교는 구속사적 접근을 통해 얻은 '메시지'를 전하는 것이지, 구속사적 방법 자체나 해석

과정을 강의하는 시간이 아니다.

세 번째로 구속사적 혹은 신학적 얼개는 있는데 설교 구조와 전개 방식에 대한 설교학적 이해와 기술이 부족한 채로 설교를 하기 때문에 교인들이 듣기 힘들어하고, 결국 그 설교를 어렵게 생각하는 것이다.

그러므로 구속사적 설교에서 성경신학적으로 잘 해석되면 그게 곧 설교라는 생각은 버려야한다. 설교적 요소도 구속사적 요소 못지않게 중요하기 때문이다. 청중에게 잘 들려지게 하기 위해 구속사적 요소도 중요하지만 설교의 기본적인 구조와 여러 가지 설교학적 기법들이 더욱 연구되고 훈련되어야 한다. 이처럼 성경적 설교를 청중들이 어려워하는 이유는 무엇보다도 목회자들의 설교학적 문제 때문이다. 이런 면에서 목회자들은 설교 측면에서 잘 훈련되어야 한다.

강해설교가 그렇듯이, 구속사적 설교는 설교 유형의 하나가 아니라 모든 설교가 가지고 있어야 할 근본적 특성이다. 그러므로 훌륭한 설교자가 되기 위해서는 설교학적 기술과 함께 석의 능력과 해석학적 능력, 그리고 성경신학과 구속사적 관점 형성을 위한 훈련이 수반되어야 한다. 강해설교와 바른 성경적 설교는 항상 하나님 말씀의 권위 아래 서 있는 설교자, 바로 그 설교자의 성경적 접근 방식을 따르겠다는 결단에서 시작된다.

십자가와 설교

구속사적 설교와 함께 우리가 생각해봐야 할 부분은 십자가와 설교에 대한 부분이다.

설교의 목표는 무엇인가? 하나님의 권능을 나타내는 것이다. 모든 설교는 하나님의 주권적 은혜를 전파하는 것이어야 하고, 하나님의 거룩하심이 설교 전체에 흐르고 있어야 한다. 토마스 존스(Thomas F. Jones)는 "진정한 기독교 설교의 중심에는 예수 그리스도의 십자가가 있어야만 한다. 설교로 부르심을 받은 사람들은 그리스도를 설교해야 한다. 왜냐하면 하나님으로부터 온 메시지는 이외에 다른 것이 없기 때문이다"라고 했다. 그렇다고 설교에 삶의 여러 측면을 다루지 말라는 말이 아니다. 사도 바울 역시 윤리적 권면을 많이 했지만 "내가 너희 중에서 예수 그리스도와 그가 십자가에 못 박히신 것 외에는 아무 것도 알지 아니하기로 작정하였음이라(고전 2:2)"고 분명히 말하고 있다. 우리도 그리스도와 그의 십자가보다 다른 것을 말하는 데에 열심을 내서는 안 된다.

설교에서 십자가가 중요한 이유는 무엇일까? 그리스도의 십자가를 통해 하나님께서 설교에 있어서 다음 두 가지를 극복하셨기 때문이다.

첫째로 객관적 측면인데, 십자가는 인간의 교만에 대항하는 하나님의 공의의 외부적 장애물을 제거한다. 어떻게 완악하게 하나님께 저항하는 죄인에게 하나님의 의를 전할 수 있겠는가? 그 완악함을 깨는 것이 십자가이다. 십자가를 통해 하나님께서 성취하신 것이 설교의 유효성의 보증이요 설교의 근거가 된다. 십자가가 없다면 설교는 아무런 근거도 가질 수 없다.

둘째는 주관적 측면으로, 십자가는 하나님의 영광보다는 자기 자랑을 즐거워하는 우리의 내적인 죄를 해결한다.

고린도전서 1장과 2장을 보면 고린도 교인들이 매우 교만했기 때문에 설교의 목표를 이룰 수 없음을 엿볼 수 있다. 고린도 교인들은 헬라의 웅변적 기술에 매혹되어 있었고 지적인 힘과 철학적인 분위기에 빠져 있었다. 오늘날에도 특정 신학자들과 목회자를 추종하는 사람들이 있는데, 고린도 교인들도 자신이 좋아하는 선생들을 따라다녔다. 그들에게 십자가에 사로잡힌 사도 바울은 이렇게 말한다. "아무 육체도 하나님 앞에서 자랑하지 못하게(고전 1:29)하겠다고. 그리고 "자랑하는 자는 주안에서 자랑하라"(고전 1:31)고! 바울에게 설교 사역의 궁극적 목적은 무엇이었는가? 그것은 "너희 믿음이 사람의 지혜에 있지 아니하고 다만 하나님의 능력에 있게 하려 하였노라"라는 고린도전서 2:5 말씀에 잘 나타나 있다. 설교자가 아닌 하나님이 존경받게 하는 것이 바로 모든 설교자가 가져야 할 태도라고 성경은 가르치고 있는 것이다.

　설교에 있어서 십자가가 중요한 이유는 설교를 듣는 청중과 설교자의 교만을 십자가에 못 박게 하기 때문이다. 갈라디아서 6:14에서 사도는 "십자가 외에 결코 자랑할 것이 없으니 그리스도로 말미암아 세상이 나를 대하여 십자가에 못 박히고 내가 또한 세상에 대하여 그러하니라"고 말한다.

　이런 점에서 십자가는 첫째로 설교의 객관적 유효성의 근거이며, 둘째로 주관적 겸손의 근거라 말할 수 있다. 십자가를 통해 우리는 설교에 나타난 하나님의 영광을 주목할 수 있고, 설교자가 가질 수 있는 교만을 떨쳐 버릴 수 있는 것이다.

　이런 의미에서 이 시대 가장 위대한 설교자 중의 하나인 존 파이퍼가 고린도전서 1:17에 근거하여 "설교자가 십자가에 못 박히지 않았다면 그 설교는 무효이다!"라고 선언한 것이 우리 가슴에도 새겨지기를 바란다.

inductive expository preaching

03

강해설교란 무엇인가?

inductive expository preaching

03
강해설교란 무엇인가?

전 세계에서 할리우드 영화에 맞설 수 있는 영화의 힘을 가지고 있는 나라, 그런 관객을 가진 몇 안 되는 나라 중의 하나가 우리나라라고 생각한다. 그렇지만 영화 평론가들은 현대 한국 영화의 비애를 말한다. 그들은 현대 한국 영화는 조폭과 개그판이라고 비판한다. 해외 영화제에서 상 받는 영화도 적지 않았지만, '고양이를 부탁해'와 '와이키키 브라더스' 같은 좋은 영화들은 걸 상영관조차 얻지 못하는 현실을 지적한다. 나중에 '와이키키 브라더스'는 뮤지컬로도 만들어졌고 '고양이를 부탁해'는 영화팬들이 돈을 모아 상영관을 빌려 재상영하는 일도 있었지만, 이쨌든 우리니라에서는 '친구'와 '조폭마누라'처럼 폭력 혹은 폭력과 개그 코드의 결합이 흥행을 보장한다. '국가대표' 같은 영화가 입소문을 통해 화려한 CG와 비주얼을 앞세운 '해운대'를 후반에 많이 따라잡기는 했지만, 아직도 한국 영화계에서는 메시지보다는 폭력과 선정성 혹은 액션의 영향력이 우세하다.

그런데 영화만 그러한가? 우리나라 교인들의 설교 선호도 역시 이와 유사하다. 오늘날 우리나라에서 인기 있는 설교자들, 각 교회 부흥집회 초청 1순위로 꼽히는 설교자들은 대개 어떤 분들인지 생각해 보자. 여러분의 머리에 떠오르는, 거의 대부분의 교회가 원하는 부흥사의 설교는 어떠한가? 일부 전통적인 부흥사들은 설교 시간에 욕을 하고 상스러운 말을 하기도 한다. 그래도 청중들은 깔깔거리며 웃고 좋아한다. 물론 우리나라 교인들의 정감과 감각에 호소하는 것은 일부 신학적 강론 선호파에 비해 설교적 감각이 있는 것이라 말할 수 있을지 모르겠다. 그러나 언어폭력적 설교나 재담꾼 혹은 익살꾼 타입의 부흥사들이 청중들의 성원을 힘입어 대세를 이루고 있는 현실이 과연 건강한 교회의 모습이라고 할 수 있겠는가?

누가복음 15장 11-32에 나오는 소위 탕자의 비유를 가지고 설교한 어떤 설교자의 다음과 같은 설교 개요를 설교 세미나에 참석한 목회자들에게 보여주었다.

    I. 그의 광증
        1. 그는 깡통(tin)을 원했다.
        2. 그는 죄(sin)에 굴복했다.
        3. 그는 친족(kin)을 버렸다.
    II. 그의 악함
        1. 그는 개들에게로 갔다.
        2. 그는 돼지와 함께 먹었다.
        3. 그는 모든 옷을 저당 잡혔다.
    III. 그의 기쁨
        1. 그는 보증의 표를 받았다.
        2. 그는 송아지 고기를 먹었다.
        3. 그는 즐거운 춤을 추었다.

설교자들과 신학생들 모두 이 개요에 관심을 보이더니 이내 이 설교를 받아쓰기에 바빴다. '그의 광증, 그의 악함, 그의 기쁨'으로 전개되며 재치 있는 소지로 구성된 설교에 그들은 감탄했다. 하지만 곧이어 이 설교가 매우 잘못된 설교라고 말하자 그들은 머쓱해하거나 의아해하고, 심지어 일부는 놀라기까지 했다. 무엇이 잘못된 설교인지 지적할 수 있는 설교자는 별로 없었다. 그것이 우리 한국교회 강단의 현실인지도 모른다. 설교자도 그러한데 하물며 교인들은 오죽하겠는가? 누가복음 15장의 소위 '탕자의 비유'로 알려진 이 이야기의 초점은 탕자에게 있지 않다. 예수님은 이 비유를 통해 집 나간 아들을 기다리시며 그가 돌아오기를 바라시는, 그리고 돌아온 죄인을 기뻐 받으시는 하나님을 15:2에 나오는 청중인 바리새인과 서기관들과 (그들과 별로 다르지 않은) 우리들에게 전하고자 했던 것이다. 이 본문을 통해 하나님과 그의 사랑을 설교하지 않으면 위의 사례처럼 아무리 멋진 대지로 설교를 구사해도 본문을 제대로 드러낸 좋은 설교라고 말할 수 없는 것이다.

그럼 설교란 무엇이란 말인가? 설교가 무엇인지 그 정의부터 차근차근 하나씩 짚고 넘어가자.

설교의 정의

수많은 설교학자들이 설교가 무엇인가에 대해 정의했지만 필립스 브룩스(Phillips Brooks)의 다음과 같은 정의의 범위를 벗어나지 못한다. 그는 설교란 '사람들을 향한 사람들에 의한 진리의 전달'이라고 정의한다. 이 정의에는 두 요소가 포함되어 있는데, 진리(성경 본문이 전하고 있는 하나님의 말씀)와 사람에 대한 요소이다.

그 이후에 바우만(Baumann)은 설교를 '행위의 변화를 일으키려는 명백한 목표를 가지고 한 사람이 다른 사람에게 성서적 진리를 전달하는 것'이라고 정의했지만, 행위의 변화란 목표를 추가한 것 외에는 브룩스의 정의와 다르지 않다. 이 정의에 나타난 설교의 3요소는 첫째가 성경적 진리, 둘째가 인간에 대한 요소인 커뮤니케이션, 그리고 셋째가 삶의 변화라고 볼 수 있을 것이다.

설교에 대한 정의를 간단히 확인해 보았다면 이제 이런 질문이 생길 수 있다. 그렇다면 성경적 설교는 무엇이고, 비성경적 설교는 어떤 것인가? 무엇이 비성경적 설교냐고 물어보면 사람들은 정통교리가 아닌 것을 설교하는 것, 혹은 설교자가 하고 싶은 소리를 하는 것이라는 대답을 한다. 그런데 비성경적 설교가 가능한가? 불가능하다. 그건 설교가 아니기 때문이다. 정의상 설교는 하나님 말씀 즉 성경에 근거한 것이어야 하기 때문에 비성경적인 것은 이미 설교가 아니고, 따라서 그런 표현은 논리적으로 모순이다. 모든 설교는 성경적이어야 하며, 그렇지 않은 것은 애초에 설교가 아님을 분명히 알아야 한다. 이때 주의해야 할 것은 설교하면서 성경 몇 구절을 인용한다고 그것이 성경적인 설교라는 단순한 생각이다. 존 녹스(John Knox)가 언급했듯이 성경 본문을 기초로 전혀 비성서적 설교를 할 수도 있고, 본문에 심하게 매달리지 않고도 매우 성서적인 설교를 할 수도 있기 때문이다.

물론 설교자는 자신을 나타내거나 자기주장을 교인들에게 펴기 위해 강단에 서는 것이 아니다. 따라서 설교자들의 최후의 질문은 제임스 스튜어트(James S. Stewart)가 잘 말했듯이 "오늘 이 설교를 통해 교인들이 하나님을 만났는가, 아니면 만나지 못했는가?"여야 한다. 설교 가운데 그리스도의 인격이 그 설교를 지배해야 하며 하나님의 현존하심이 나타나야 한다.

그러므로 도날드 밀러(Donald G. Miller)가 지적한 것처럼 복음을 설교하는 것은 단순히 말로 전하는 것뿐만 아니라 행동에 영향을 미치는 것을 의미한다. 설교한다는 것은 단순히 강단에 서서 유창하고 효과적으로 말하는 것만을 의미하지는 않으며, 흥미로운 신학을 명쾌하게 전개하는 것을 의미하지도 않는다. 그의 표현처럼 설교한다는 것은 살아계셔서 구속활동을 전개하시는 하나님이 설교자를 통하여 인간과 생동적으로 만나는 과정에서 자신의 구속활동을 재현하시는 역동적인 사건에 참여하는 것을 의미한다. 진정한 설교는 성육신 사건을 그 시대 안으로 확장시키는 것이요, 십자가와 부활 사건을 과거의 오랜 사실로부터 현재의 살아있는 현실 속에서 경험되도록 변형시키는 것이다.

설교의 종류

이제 설교의 유형에 대해 알아보자. 설교는 기본적으로 어떤 형태가 있을까? 설교의 **기본 유형으로는** 1. 본문설교, 2. 주제설교, 3. 성서-주제설교의 세 가지로 크게 나눌 수 있다.

1. 본문설교 (Textual Sermon)

본문설교란 한두 구절의 성경 말씀에 기초한 설교이다. 특별히 설교 주제와 대지들을 모두 본문에서 취하는 모습을 자주 보인다. 성경 본문을 전반적으로 묵상하며 고찰하고, 본문에 흐르는 사상의 발자취를 따라서 본문 안에 있는 단어 하나하나를 진지하게 연구하고 토의하며 완성해 나가는 설교이다.

예를 통해 살펴보자. 시편 23편도 아니고 시편 23편 1절 한 절을 가지고 한 설교자는 '예수님은 나의 목자'란 설교를 다음과 같이 하였다.

1. 확실한 관계: 주는 나의 '목자'시니
    - 주님과 나와의 관계에서 그는 목자(shepherd)란 사실을 논의한다.
2. 인격적 관계: 주는 '나의' 목자시니
    - 두 번째로 주님은 당신의 목자, 인류의 목자가 아니라 '나의(my)' 목자임을 강조한다.
3. 현재의 관계: 주는 나의 목자'시다'
    - 셋째로 그는 과거에 나의 목자였다거나 앞으로 나의 목자가 되어 주실 것이라는 것이 아니라 바로 지금 나의 목자시다(is)란 사실을 말한다.

마틴 로이드존스 외에도 국내에도 이런 방식으로 성경 본문의 한 단어 한 단어를 파고들어 설명하는 본문설교를 하는 설교자들이 종종 있는데 이런 설교의 장점은 무엇일까?

그것은 설교가 성경적으로 가까이 갈 수 밖에 없다는 점이다. 그리고 설교자는 물론 성도에게도 깊이 있는 성경 연구의 기회가 제공된다는 점이다. 또한 무엇보다도 설교자 자신의 개인적 감정이나 잡다한 이야기가 끼어들 여지가 줄어든다는 점이 장점이다.

그러나 단점으로는 우선 설교자가 관심을 가지고 있는 본문만 교인들이 먹게 된다는 점이다. 예를 들어 스가랴서의 어떤 본문을 이런 식으로 파고들어 설교할 수 있는 사람은 적을 것이다. 또한 이 방식의 설교가 대개 성경적으로 보이지만 때로는 자기 합리화의 도구로 쓰일 가능성이 많다. 이단들을 보면 특정 본문을 정확하게 석의하지 않은 상태에서 이런 방식으로 단어 하나하나를 파고들거나 때로는 각 단어의 헬라어를 언급해 가며 자신의 생각을 합리화하는 일이 많다. 이런 현상은 두 번째 단점으로 이어지는데, 본문 설명 혹은 주석이 문제가 된다. 본문을 전체적인 문맥 속에서 적절하게 이해하고 그에 따라 해석하기보다는 자신의 관점으로 왜곡하여 오용하기 쉽다. 세 번째 단점으로 설교에서 중요한 요소인 통일성보다는 자구와 단어를 파고들다 보니, 단편적인 부분에 머물 수가 있다는 점이다.

2. 주제설교 (Topical Sermon)

이런 본문설교와 다른 유형의 설교로 주제설교가 있다. 주제설교(Topical Sermon)는 19세기에 특히 유행해서 지금까지 많은 설교자들에게 사랑받고 있는 방식이다. 1차와 2차 세계대전 후에 자유주의 신학 계열의 교회에서 이런 설교 방식이 시작되었다. 혹자는 제목설교라고도 하지만, 의미로는 주제설교라고 하는 것이 더 좋겠다. 이 설교 방식은 본문과 상관없이 자신이 말하고자 하는 주제로부터 대지를 뽑아내서 하는 설교이다. 예를 들어 인간과 문화, 사랑의 본질 같은 제목과 주제의 설교이다.

장점으로는 가장 쉬운 설교 형태라는 점이다. 성경의 어느 특정한 본문과 주제와의 본문상의 관계성이 없음에도 그 본문에 나타난 표면적 사건이나 특정 어휘를 이용해서 설교자가 말하고 싶어 하는 특정 주제나 관념을 중심으로 설교를 전개하는 것이다. 목회자들이 이런 설교 방식을 선호하는 이유는 본문설교에 비해 성경 연구를 많이 하지 않고도 설교할 수 있기 때문이다. 이것은 설교자에게 더 큰 자유를 부여해 주고 본문의 제약을 덜 받는다는 장점으로 이어지지만, 이것이 긍정적인 장점이라고 할 수는 없겠다. 그러나 설교의 통일성 유지에 가장 용이하고 설교목적과 방향을 유지하는 데 좋다는 장점이 있다. 또한 주제가 대개 현대적 취향이고 청중이 관심을 갖고 사는 현실을 다루기 때문에 교인들에게 흥미를 주고 이해에 용이하여 인기 있는 설교 방식이다. 이런 주제설교 방식은 어떤 것을 말하는지 다음 예를 통해 쉽게 감지할 수 있을 것이다.

제목: 효과적인 증거(마 5:11-16)

전교인 총동원 전도주간을 앞두고 교인들에게 전도에 대해 격려하기 위해 시행된 이 설교의 주제는 신자의 증거와 소금의 비유이다. 대지를 다음과 같이 하였다.

1. 소금과 같이, 신자의 증거는 고루게 하는 데 있다(골 4:6).
2. 소금과 같이, 신자의 증거는 거룩함에 있다(살전 4:4).
3. 소금과 같이, 신자의 증거는 그 맛을 잃지 않는 데 있다(마 5:13).
4. 소금과 같이, 신자의 증거는 다른 사람의 모범이 되는 데 있다(벧전 2:12).

여러분이 현재 한국교회의 강단을 조금만 돌아보면 이런 방식의 설교가 주류를 형성하고 있음을 쉽게 알 수 있다. 이 설교는 전도에 대해 소금의 비유를 가지고 일관성 있게 전한다는 장점이 있지만, 본문을 제대로 다루지 않고 설교자가 전도에 대해 말하고자 하는 네 가지 사실을, 본문이 아닌 성경 여기저기(골로새서, 데살로니가전서, 베드로전서 등)에서 끌어대서 주장하고 있음을 발견할 수 있다. 물론 셋째 대지 한 개는 본문에서 가져왔지만 설교 시간의 대부분은 설교 본문과 관계없이 전도에 대해 설교자가 말하고자 하는 주제를 위해 할애되고 있음을 볼 수 있다.

설교자나 교인 모두가 좋아하는 이런 주제설교의 단점은 무엇일까? 비성경적인 설교가 되기 쉬운 함정을 안고 있다는 점이다. 심지어 바르트 학파 사람들조차 당시 자유주의자들의 설교의 주종을 이루고 있던 이런 주제설교 방식이 본문 말씀을 제대로 사용하지 않는다고 간주해서 아주 싫어했다. 그러나 자유주의를 맹목적으로 비난하는 보수주의자들도 이런 방식으로 설교하는 것을 보면 할 말을 잃게 된다.

국내에서 이 시대 최고의 강해설교가로 알려진 모 목사는 유학 시절, 설교학 시간에 설교를 한 편씩 써오라는 과제를 받았었다고 한다. 그는 '그리스도인의 사랑이란 어떤 것인가?'란 제목으로 설교를 작성해 제출했는데, 대지는 '그리스도인의 사랑이란 1. 희생적인 것이다 2. 자기 결단적인 것이다 3. 궁극적으로 하나님에게서 기원한 것이다'였다. 유학 전부터 뛰어난 설교로 주목을 받았던 터였는데 그 과제는 B도 C도 아니고 F를 받았다고 한다. 미국에서는 학점 가지고 교수에게 항의를 하지 않는 것이 보통이지만 이 점수를 받고 왜 그렇게 주었는지 묻지 않을 수 없었을 것이다. 그러자 설교학 교수는 "당신의 설교는 근본적으로 전제가 잘못되었다"고 했다고 한다. 무슨 말인가? 제목을 정했을 때 이미 '사랑이 무엇인가'라는 선입관적 사고가 있었고 거기에 대해 말하고자 하는 바가 있었다는 것이다. 그러면서 교수는 "그것은 네 설교이지 하나님으로부터 온 말씀은 아니지 않느냐"고 대답했고, 그 이후 그는 절차탁마하여 오늘날의 명설교가가 된 것이다. 이 사건에서 볼 수 있듯이 설교에서 중요한 것은 본문이 말하고자 하는 바를 먼저 듣고 그것을 말해야 한다는 점이다. 그러나 주제설교는 이 점에서 매우 취약하다는 것을 한국교회 설교자들은 알아야 한다.

많은 사람들이 초기 한국교회의 부흥을 자랑한다. 그런데 그것은 전적으로 성경적 설교에의 헌신에 기인한다고 생각한다. 그러나 6·25 전란 후 가난과 고통 속에 있던 한국교회는 위로의 메시지를 필요로 했다. 실제로 그런 축복과 위로의 메시지로 인해 한국교회는 부흥을 경험했다고 생각한다. 그것은 2차 대전 후의 서구 교회와 마찬가지 현상이다. 고통의 시기에는 위로가 필요하고, 그래서 그런 위로의 메시지를 통해 교회가 컸을지라도 안정이 되고 나서도 여전히 교회 부흥의 비결로 위로와 자존감 높이기와 축복만을 외쳐서는 안 된다는 점을 설교자들은 알아야 한다. 안정기에는 복음을 통한 성숙이 필요하다. 먹고살기 좋아진 현대에는 이런 식으로 설교하면 초기 유입률은 높일 수 있을지 몰라도 장기적으로 교회 출석률은 낮아지게 될 것이다. 성경 본문에 의한 회개와 헌신이 일어나지 못하기 때문이다. 그런데도 다시 교회성장을 위해 축복과 위로의 메시지만을 외칠 것인가? 이제 순수한 복음을 외쳐야 할 때이다. 왜냐하면 축복과 위로의 메시지를 원하던 가난하고 고통 받던 시대의 사람들은 먹고살기 괜찮은 좋은 시대가 오면 어차피 교회를 안 나오기 때문이다. 이런 시대에 성도들에게 진정으로 필요한 것은 순수한 십자가의 복음이다. 교회에 사람을 많이 모아놓는 것이 중요한 것이 아니라, 제대로 된 성경적 공동체를 만드는 것이 선교자의 책임이다. 지금이 십자가의 복음이 더 필요한 시기임을 깨달아야 한다.

"지금 우리가 살펴보고 있는 설교의 3 유형은 설교학의 고전이라 할 수 있는 존 브로더스(John A. Broadus)의 "On the Preparation and Delivery of Sermons (N.Y.: Harper & Brothers, 1944)"와 브라이언 채펠의 "그리스도 중심의 설교 (은성, 164쪽)" 그리고 해돈 로빈슨 교수의 "성경적인 설교준비와 전달 (두란노, 2006)"란 책의 39장 스티븐 매튜슨 교수가 쓴 "본문설교의 독특함은 무엇인가?"는 물론 대부분의 설교학자들이 받아들이는 일반적인 설교 분류 방식이다."

3. 성서-주제(강해)설교: (Biblical-Topical Sermon)

본문설교와 주제설교에 이어, 세 번째 설교 유형으로 성서-주제설교가 있다. 오늘날 강해설교는 이 유형의 선상에 있는 발전된 설교 방식이라고 볼 수 있다.

앞에서 주제설교의 장점과 더불어 본문 사용에 있어서의 문제점을 지적했다. 그러나 모든 주제설교가 다 비성경적이라는 말은 아니다. 예를 들어 주제설교의 한 형태인 교리설교가 그러하고, 또한 지금 말하고자 하는 성서적 주제설교가 그러하다. 예를 들어 헬무트 틸리케의 설교 중 여러 개가 그런 방식의 설교라 볼 수 있다. 이 방식의 설교는 설교자가 본문 말씀 안에 머물러서 본문 말씀 자체가 말하고자 하는 주제와 본문의 주장으로 결말을 맺을 수 있도록 한다. 본문을 다루면서도 그 본문이 말하는 바를 특정 주제로 잘 부각시켜서 명료하게 전달하기에 설교에 질서와 명쾌함을 준다. 선포되는 사상을 자신의 것으로 만들 역량이 없는 대다수의 청중들에게 이것은 본문설교보다 훨씬 쉽다. 본문 혹은 설교 전체를 꿰뚫는 요지에 쉽게 도달하게 설교자가 도와주기 때문이다.

P.T. 포사이쓰(Forsyth)가 지적한 것처럼, 회중은 설교자의 어떤 특정한 창의력으로 말씀을 해석해서 생기는 혼돈보다는 단순한 해석을 더 좋아한다는 사실을 잊어서는 안 된다.

사실 성경적 설교는 본문이 설교자를 발견할 수도 있지만 때로는 탐구하는 설교자가 본문을 발견할 수도 있다는 점에서 이 방식의 설교는 가치를 가진다. 즉 성경 본문에서 시작해 그 안에 포함되어 있는 주제를 발전시키는 것과 함께, 오늘날 우리 교회에 필요한 주제(관심과 필요성)에서 출발하여 설교자가 기도하며 하나님의 음성을 듣기 위해 성경으로 돌아가는 두 방식 모두가 가능하다는 말이다. 그런 점에서 이 세 번째 유형의 설교가 현실적으로 현장 목회자에게 가장 적절한 방식이 될 수 있으며, 다음에 언급하겠지만 이 방식이 발전된 강해설교를 익히는 것이 현대의 어떤 응용된 첨단 설교 기법을 익히는 것보다 중요하다.

설교의 **전개 형태**에 따른 또 다른 분류

앞에서 언급한 세 유형의 설교로 분류하는 것이 가장 일반적이고 포괄적인 방식이겠지만, 설교를 어떻게 전개히느냐에 따라서도 여러 가지로 분류할 수 있다. 우선 국내 일각에서 말하는 분석설교와 서사체 설교로 분류할 수 있을 것이다. 분석설교가 본문의 주장을 서론·본론·결론으로 논리성을 세워 전개하는 방식이라면, 서사체 설교는 그런 논리적 논지 전개보다는 이야기 흐름으로 전달하려는 시도라 할 수 있다.

다음으로 대지설교와 비대지설교가 있다. 분석설교는 대개 몇 개의 대지를 가진 설교이지만 대지가 없는 경우도 가능하다. 마찬가지로 서사체 설교 혹은 스토리텔링 방식은 대개 대지를 사용하지 않지만, 이야기 흐름을 따르면서도 청중을 위해 아주 요령 있게 대지를 사용할 수도 있다. 즉 분석설교는 무조건 3대지 설교이고 대지만 없으면 무조건 이야기체 설교라는 식으로 단편적으로 나눌 것이 아니라, 형태적으로는 대지설교와 비대지 설교로 분류하고 그 안에서 이야기 구조인지 논리 구조인지에 따라 다시 세분할 수 있을 것이다.

설교의 핵심을 전개하는 방식에 따라 설교는 또한 연역적 설교와 귀납적 설교로 나눌 수 있다. 연역직 설교는 설교의 시두에서 걸론을 내려놓고 그것을 하나씩 하나씩 입증해 나가는 방식으로, 전통적인 설교들이 주로 이 방식을 취한다. 그리고 대지만 사용하지 않으면 무조건 귀납적 설교가 아니라, 연역적 설교와 반대로 귀납적 설교는 본문 관찰에서 시작하여 성경이 말하고자 하는 핵심을 찾아내서 그것으로 설교의 결론에 도달하게 하는 방식으로, 서사체 설교, 설화체 설교, 이야기체 설교라고 하는 것들이 주로 이 방식에 속한다. 재미있는 것은 요즘 귀납적 설교에 대한 관심이 많아지자 귀찮은 대지 만들기를 포기한 설교자들 가운데 대지 없는 설교를 하기 때문에 자신의 설교가 귀납적이라고 생각하는 경우가 많다는 것이다. 아웃라인만 없는 것이 아니라 이야기 흐름도 없고 귀납적 특징도 전혀 없는데도 자신의 설교가 귀납적 설교라고 혼자 우기는 일이 많아졌다. 귀납적 설교를 위해서는 본문에 대한 귀납적 접근 훈련이 필요하고, 그것을 귀납적으로 전개하는 훈련이 요구된다. 대지만 쓰지 않고 멋있게 문학적으로 말하면 그것이 다 귀납적 설교 혹은 이야기체 설교라고 생각하는 어리석은 초보적 단계는 이제 벗어나야 할 것이다.

또한 설교의 유형을 대화방식 설교와 독백적 설교로 분류할 수도 있을 것이다. 설교자 혼자 준비해서 일방적으로 쏟아 붓는 독백적 설교가 있는가 하면, 설교 준비 단계부터 시작하여 설교 전달까지 끊임없이 청중과 교류하며 대화하는 자세로 설교하는 방식이 있다. 상담설교를 하는 경우 특히 이런 대화적 요소가 강해야 할 것이다. 그런데 요즘에는 신설교학파의 영향으로 독백적 설교나 선포적 설교는 무조건 나쁘다고 생각하고 다이얼로그 방식의 설교만 옳다는 단순논리가 지배적인 것 같다. 그러나 교리설교와 전도설교 혹은 헌신을 요구하는 설교 등에서는 선포적 설교가 더 적절할 수도 있음을 기억해야 한다. 물론 이런 설교도 청중을 배려하는 대화체로 갈 수 있지만, 성경에 나타난 예언자적 메시지들은 독백적 요소가 더 강하다는 자명한 사실 또한 애써 무시하려고 해서는 안 된다. 여기서 독백적 설교라고 할 때 그것은 모놀로그 설교 혹은 1인칭 설교(해돈 로빈슨과 그 아들 토리 로빈슨이 쓴 책을 참조하라)와 혼돈해서는 안 될 것이다. 1인칭 설교는 선포적 혹은 독백적 설교와 달리, 설교자가 본문의 사건의 당사자인 것처럼 개입하여 마치 연극의 모놀로그 드라마처럼 혼자 전개해 나가지만 대화적 요소가 강하고 대개의 경우 귀납적 설교 방식인 경우가 많으므로 여기서 말하는 독백적 요소를 가진 설교와 대화방식 설교 분류와 혼돈하지 말기 바란다.

설교는 항상 귀납적이어야 하는가?

이렇게 연역적인 설교와 귀납적인 설교가 다르고, 독백적 설교와 대화적인 설교가 다르다. 그런데 어떤 사람들은 무조건 연역적 설교는 구닥다리거나 나쁘고, 오직 귀납적 설교만이 좋다는 식으로 생각한다.

물론 일반적인 상황에서는 귀납적인 설교가 좋다. 설교를 준비해서 전달하는 자나 듣는 청중 모두가 하나님 말씀으로부터 발견의 기쁨을 누리고 함께 어떤 메시지를 찾아내고 결론에 도달하는 것이 즐겁고 좋다. 그러나 항상 귀납적인 설교만이 좋은 것은 아니다. 간혹 연역적 설교가 더 효과적일 때가 있다. 시국이나 상황이 급변하고 청중들이 흥분한 상태여서 안정된 마음으로 관찰하고 생각하여 스스로 결론에 이를 만한 충분한 시간이나 마음의 여유가 없을 때는 귀납적 접근이 효과적일 수 없다. 중차대하고 긴급한 사안을 신속하게 처리해야 할 필요를 앞둔 목회적 상황에서도 그러하다. 또한 교리처럼 일목요연한 교육을 필요로 하는 경우도 그렇다. 이처럼 긴급 상황 혹은 위기에서의 설교, 그리고 주요 결정을 앞두고 있을 때나 교리설교 형태에서는 연역적 접근이 종종 효과적이다.

혹자는 연역적 전개는 무조건 재미없고 귀납적인 것만이 흥미롭기 때문에 청중들에게 흥미를 주기 위해서는 항상 귀납적으로 접근하는 이야기체 설교가 좋다고 주장한다. 그러나 대부분의 이야기는 귀납적이지만 간혹 연역적인 이야기 전개도 있다는 사실을 안다면, 이야기체 설교에 대해 그런 단편적 주장을 하지 못할 것이다. 예를 들어 2008년 우리 영화계에 한 획을 그은 나홍진 감독의 '추격자'(김윤석, 하정우 주연)란 영화가 있다. 누군가의 글처럼 스토리만 놓고 보면 금세 하품이 나올 법도 한데, 123분 동안 팽팽한 긴장감이 계속될 수 있는 이유는 무엇이었을까? 한 누리꾼은 이를 "패를 미리 다 보여주고도 판을 갖고 노는 영화"라고 했다. 인터넷을 조회해보니 "두 시간 동안 지루하지 않아서 스크린에서 눈을 떼지 못했네요. 저 영화 보다 잘 조는데 요번 영화 안 졸았어요^^"라는 글도 있었다. 한 영화 칼럼니스트는 "추격자는 '범인은 누구인가? 범인을 잡을 수 있을 것인가?'에 주목하는 범죄와 살인을 다룬 기존 한국 영화들의 일반적인 스토리 구조와는 전혀 다른 접근법을 지닌 새로운 형식의 영화다. 추격자는 범인의 정체가 초반에 공개되는 스토리 형식의 전복을 통해, 그 놈이 뻔히 범인임을 알면서도 잡지 못하는 아이러니한 사회구조의 현실과 무관심과 냉대 속에서 죽어가고 있는 피해자에게 주목한다. 이러한 시점의 차별화를 통해 전형적 영웅의 모습과는 거리가 먼 유일한 '추격자'의 내적 변모를 흡입력 있게 그려내는 추격자는, 범인을 쫓는 한 남자의 절박한 심정을 관객에게 전이시키며 관객의 심장을 두근거리게 하는 긴박감과 가슴 울컥한 감동을 통해 2000년대 한국사회가 걸어온 자화상을 관객과 함께 고민하는 영화가 될 것이다."라고 했다. 추격자란 영화는 전통적인 귀납적 전개의 틀을 깨고 오히려 연역적인 전개를 했음에도 불구하고 그 어떤 귀납적인 영화도 보여주지 못했던 긴박감과 몰입을 이끌어냈다. 따라서 무조건 귀납적 설교만이 청중에게 흥미를 주고 연역적인 설교는 그렇지 못하다는 단순한 주장을 펴지 말아야 한다. 역사적으로 볼 때에도 연역적인 설교들 역시 뛰어난 흡입력을 가지고 청중들을 하나님과 그 말씀 앞으로 끌어가고 변화시킨 일이 많았음을 인정하고 그 차이가 무엇인지 알려고 해야지, 무조건 배척해서는 안 된다. 따라서 일반적으로는 귀납적 전개가 효과적이고 유용하므로 그것을 익혀야 하지만, 때에 따라 적절하게 연역적 설교도 구사할 수 있기를 바란다.

신설교학파의 강조점과 장단점

이제 여기서 귀납적 설교를 다시 주목하고 이야기체 설교의 바람을 일으킨 신설교학파의 주장에 대해 간단히 알아보자.

프레드 크래독으로 대표되는 신설교학파가 지적하고 있는 전통적인 설교의 주된 특징은 무엇인가? 무엇보다도 너무 교리적이란 점이다. 물론 신앙생활에서 교리는 중요한 위치를 차지한다. 그러나 나는 교리적인 것이 문제가 아니라 전통설교가 살아있는 진리를 자꾸 관념적이고 철학적으로 바꾸는 것이 문제라고 생각한다. 성경의 사건들과 이야기, 비유, 찬송까지도 모두 조직신학적으로 재구성하여 교리적으로 가르치려고 든다. 뿐만 아니라 설교가 너무 일방적이고, 높은 강단 위에서 아래를 향해 내리꽂는 권위주의적 명령형이 주종을 이룬다. '나는 말하고, 너는 들으면 된다'는 사고방식으로 설교가 진행된다.

이런 문제점 속에서 신설교학파는 설교가 1. 삶의 정황이나 문제점에서 출발할 것을, 2. 회중이 설교자와 상호작용해야 함을, 3. 회중이 설교에 참여하여 설교자와 함께 결론에 도달할 것을, 4. 권위적 혹은 명령식인 일방적 설교에서 탈피할 것을, 5. 논리보다 경험이 중시될 것을, 그리고 6. 회중의 기대감과 예상을 뛰어넘는 흥미를 가져야 함 등을 강조한다. 사실 신설교학파가 아닌 설교자들 가운데서도, 예를 들면 뛰어난 강해설교가들은 이런 특성들을 거의 다 가지고 있는 편이다. 그러나 신설교학파에서는 앞의 3번 사항을 발전시켜서 설교자가 결론을 내리거나 어떻게 살라고 교인들에게 요구하지 말아야 함이, 그리고 5번이 강조되다보니 설교에서의 논리성에 대한 부정적인 인식이, 또 6번 사항을 위해 이야기체 설교의 경우 잘 짜인 플롯(plot -이에 대해서는 유진 로우리 등이 잘 설명했다)을 가져야 한다는 주장이 부각되며 차별화되었다. 그들의 주장은 포스트모던 시대에 들어선 청중들에게 도움이 되는 좋은 설교의 특징들을 많이 지적한 점에서 주목받아야 하며, 여기에서 배울 부분 또한 많다.

전통적 설교 개념에 젖어있는 설교자들은 이런 새로운 자각을 통해서 많은 것을 배워야 한다. 그렇다고 해서 신설교학파에게 이의가 제기되지 않는 것은 아니다. 결론을 강요하거나 짜내지 않고 청중을 세심하게 배려하며, 그들의 해석적 능력과 자율성을 존중하여 자발적 참여의 기회를 제공하고, 회중이 스스로 각자의 결론을 끌어내도록 열어놓는 민주적인 방식이 되어야 한다는 의도는 매우 좋아 보이지만, 성경적으로나 목회적으로 이것은 무엇을 의미하고 어떤 결과를 낳는지도 깊이 살펴보아야 한다. 특히 이야기체 설교를 주장하는 사람들의 말처럼 과연 성경 전체가 내러티브 형태로만 구성되어 있는가? 성경의 내러티브적인 측면을 무시하고 일방적으로 명제적 설교를 하는 것은 잘못된 것이지만, 만일 성경에 명제적인 부분이 있다면 그 역시 적절한 방식으로 다뤄져야 할 것이다. 그리고 이야기 방식으로 설교가 전개될 때 그리스도 중심성보다는 인간의 실존적 필요를 만족시키기 위한 개인주의적인 면이 더 강조되지는 않은가라는 의혹도 진지하게 받아들이고 자성해 봐야 할 것이다. 게다가 신앙공동체를 세우기보다는 단지 영상적이고 감각적인 언어와 재미난 이야기를 통해 청중에게 찰나적 해답을 제공하는 데 집착하고 있는 것은 아니냐는 질문도 진지하게 받아들이고 발전시켜 나가야 할 것이다.

신설교학파의 주장이 매우 바람직하게 들리지만 이런 경향으로 인해 실제 국내 목회 현장에서 발생하는 문제점들은 또한 무엇일까?

우선 대부분의 교인들은 오랜 세월 학교와 사회에서 연역적 교육과 사고로 자라왔다. 따라서 설교자도 귀납적으로 접근하는 것이 쉽지 않고, 설령 설교자가 귀납적으로 접근해도 청중들이 그것을 소화하여 스스로 결론을 찾아내는 데에 어려움을 느끼고 있다. 그래서 신설교학파의 설교를 듣고 나면 매우 세련되고 멋져 보이기는 한데 설교의 요지가 불명확하며 핵심이 무엇인지 모르겠다는 불만이 제기된다. 이로 인해 목회적으로 힘든 일이 발생하고, 결국 전통적 설교로 돌아서게 되는 것이다. 둘째로 이야기가 주종을 이루다 보니 설교를 이야기 혹은 설교자의 경험으로 여겨 말씀의 권위가 약화되어간다는 점이다. 셋째로 한국교회는 기독교라고는 하지만 불행하게도 유교문화에 뿌리박고 있는 면이 많은데, 신설교학파의 설교가 뿌리내리고 있는 탈권위적 성격의 장점을 제대로 살리지 못하여 도리어 권위 없는 기독교의 혼란과 리더십 부재로 이어지는 부작용을 낳게 되었다. 넷째로 이런 방식의 설교를 듣는 청중들이 하나님보다는 설교자에게 초점을 맞추게 되고, 다섯 번째로 말씀보다는 이야기와 사건에 초점을 맞추게 되는 점들이 지적된다. 여섯 번째로 연역적 교육의 산물인 설교자들에게도 어려움을 안겨준다. 갑자기 설교학 시간에 잠시 배운 대로 귀납적 접근을 해보려고 해도 쉽지 않고, 특히 설교적 기본 틀이 형성 안 된 초보 설교자나 플롯 구사와 문학적 소양이 약한 설교자들에게는 큰 어려움이 따른다. 결국은 대지는 사용하지 않고 예화만 잔뜩 사용한 채 귀납적 특성도, 신설교학파의 강점도 살리지 못한 어설픈 설교로 끝나는 경우가 많이 발생한다. 최근에서야 귀납적 교육과 논술교육을 강화하고 있는 한국에 비해 훨씬 오래 전부터 귀납적 교육을 강조해왔던 미국사회에서도 이런 현상은 별반 다르지 않게 나타나고 있어서, 이야기체 설교를 시도했던 젊은 목회자들이 목회 연륜이 생기면서 결국 강해설교 방식을 찾게 되는 이유가 되기도 한다.

강해설교(Expository Preaching)란 무엇인가?

그렇다면 우리가 추구하는 성경적 설교란 무엇이고, 특히 강해설교라고 하는 것은 무엇인가?

도널드 밀러(Donald Miller) 같은 이는 "모든 참된 설교는 강해설교이고, 강해가 아닌 설교는 설교가 아니다"라고까지 하는데 왜 이처럼 극단적으로 보이는 말까지 하는 것일까?

성경의 설교 형태에 대해 살펴보자. 구약 특히 느헤미야 8:5-8은 참된 부흥이 어디서 오는지 우리에게 잘 알려주고 있다. 훼파된 성읍을 쌓고 성전만 잘 건축하면 되는 것인가? 아니다. 참된 부흥은 지도자 에스라가 한 일에서 볼 수 있듯이, 하나님의 율법책을 낭독하고 그 뜻을 해석하여 백성으로 그 낭독하는 것을 다 깨닫고(이것이 강해이다) 그렇게 살게 만드는 데에서 온다. 윌리암 블락의 지적처럼 그는 백성을 즐겁게 해주려고 재미있는 얘기를 하지도, 기발하게 전하지도 않았고 웅변을 하지도 않았다. 그는 다만 하나님의 말씀만을 전했다. 한 장 한 장씩 그 말씀을 설명하고 적용했던 것이다.

신약에서는 여러 형태의 말씀 전파가 나온다. 마태복음 28:20처럼 말씀을 가르치는(디다스코) 것과 요한계시록 1:2처럼 하나님 말씀을 증거하는(마르투레오, 요 1:7-8도 그러하다) 것도 있지만, 마태복음 3:1에 나타난 요한의 설교, 마태복음 4:17에 나타난 예수님의 설교, 그리고 사도행전 28:31에서 바울의 설교에 나타난 케루소 등이 있다. 특히 케루소에 해당하는 말씀선포는 복음전파란 유앙겔리조와 교환적으로 쓰이며 사도적 설교의 주요 부분으로 나타난다. 이와 함께 사도행전 28:23에서 보듯이 바울이 교회를 세워가며 아침부터 저녁까지 하나님 나라를 증거했다는 표현에 해당하는 엑티쎄미란 동사에서 사람들은 석의(exegesis)란 단어와 때로 강해하다의 expose란 영어 단어와 연관 짓기도 한다. 혹자는 요한복음 1:18, 누가복음 24:35, 사도행전 10:8; 15:12; 21:19에서 사용된 엑세게오미아에서 근거를 찾고 거기서 강해의 영어 유의어인 expound란 단어의 연결성을 찾아보기도 한다. 강해란 단어의 기원을 이런 헬라어에서 찾아보려는 것은 조금 억지스럽지만, 이런 단어들의 용례를 연구해보면 성경이 말하는 설교의 특성이 어떤 것인지 짐작할 수 있을 것이며 하나님 말씀의 원래 의미를 탐구해 증거하는 것이 강해한다는 것임을 알 수 있을 것이다. 그래서 존 브로더스(John Broadus)는 강해설교를 본문의 강해에 치중한 설교로서, 설교 전체의 사고 내용이 성경에서 나오는 설교라고 정의한다.

그러나 강해설교가 무엇인가에 대한 정의를 분명히 하고 싶다면, 아무래도 현대 강해설교의 아버지라 할 수 있는 해돈 로빈슨(Haddon Robinson)의 정의에서 출발하는 것이 합당할 것이다.

국내에 '강해설교'란 제목으로 번역된 그의 저서 초판에 나타난 강해설교의 정의는 다음과 같다.

『성경 본문의 배경에 관련하여 역사적, 문법적, 문자적, 신학적으로 연구하여 발굴하고 알아낸 성경적 개념, 즉 하나님의 생각을 전달하는 것으로서, 성령께서 그 개념을 우선 설교자의 인격과 경험에 적용하시며, 설교자를 통하여 다시 회중들에게 적용하시는 것이다』

그런데 이것이 어떤 의미인지 명료하지가 않고, 해돈 로빈슨의 영문서적으로 설교학을 배운 저자에게는 그 정의에 있어서 혼란스러운 면이 있어서 원문을 다시 찾아보았다. 그것은 다음과 같았다.

Expository Preaching
- the communication of a biblical concept, *(하나님의 생각?)*
derived from and transmitted through
a historical,
grammatical,
literary(문자적?) study of a passage in its context, *(신학적으로?)*
which the Holy Spirit first applies
to the personality and experience of the preacher,
then through him to his hearers.

그런데 국내 번역본에 해돈 로빈슨의 정의라고 소개된 문장 중 강해설교가 '하나님의 생각'을 전달하는 것이란 표현은, 영문에서 보듯이 해돈 로빈슨의 원래 정의와 조금 다른 것을 알 수 있다. 영문 정의의 두 번째 문장이 말하고 있는 것은 강해설교란 '성경적 개념의 커뮤니케이션'이라는 것이었지 '하나님의 생각'이라는 부분은 없다. 이것은 번역자의 첨가이다. 게다가 그 개념이 어떤 과정을 통해 derived from and transmitted through 되었는가를 설명하는 것이고 '발굴하고 알아낸' 것이라고 한 것도 의미에 있어서 차이를 보인다. 더 중요한 것은 전달해야 할 '성경적 개념 즉 하나님의 생각'을 어떻게 찾아내는지 그 방법론을 설명하고 있는 첫 문장을 보면, 성경 본문의 '배경에 관련하여' 역사적, 문법적, 문자적, 신학적 연구를 해야 한다고 번역문에 소개되어 있는데, 강해설교를 하기 위해 우리는 배경에 대해 역사적, 문법적, 문자적 연구를 해야 한다는 것은 매우 이상한 말이 아닐 수 없다. 그런 말은 아마도 영문 정의 여섯 번째 줄의 'study of a passage in its context'란 부분에서 온 것 같은데, 원래 해돈 로빈슨이 말하고자 했던 것은 본문을 '그 문맥 속에서' 연구해야 한다는 것이었다. 즉 그 문맥 속에서 본문을 연구해야 한다는 말이 본문의 배경에 관련해 문법적, 문자적 연구를 하라는 말로 의미 전달이 잘못되어 버렸다. 그 다음에 본문 연구 방법으로 소개된 것을 보면 '문자적'으로 연구하라고 했는데, 그것은 해돈 로빈슨 교수의 정의 어느 부분에 있는가? 아무리 찾아보아도 없다! 어떤 사람은 'literary study'라는 말이 있지 않느냐고 반문하고 싶겠지만 그것은 장르 연구와 같은 '문학적 연구'를 말하는 것이지 문자적 연구가 아니다. 문자적이란 말은 영어에서는 literal이지 literary가 아니다. 그 다음으로 '신학적으로' 연구하는 것이라고 했는데, 그것은 원래 정의 어느 부분에 있는가? 역시 없다. 그것 역시 헬라어 성경이나 히브리어 성경연구에서 Textual Criticism에서 서기관들이 의미를 좀 더 부드럽게 만들기 위하여 자기도 모르는 사이에 종종 범하는 첨가의 오류처럼 번역자의 첨가 오류에서 나온 것이다.

　이런 사실들을 지적하는 이유는 그 번역서의 수준이나 번역자를 폄하하려는 것이 아니다. 다만 강해설교의 정의를 내린 해돈 로빈슨은 이 시대 인물이고 그가 정의하는 데 사용한 언어가 현대사회에서 가장 많이 사용되는 오늘날 살아있는 언어인 영어임에도 의미를 정확히 전달하는 것이 이렇게 어렵다면, 수천 년 전에 쓰였고 현재 사용하지 않는 고어인 히브리어와 헬라어로 쓰인 성경을 언어적, 문법적, 문자적 간격을 무시하고 가볍게 대하고 대충 전달하려고 할 때 원저자인 하나님의 말씀을 과연 정확히 전달할 수 있을지 생각해 보자는 데에 있다. 즉 석의 훈련을 제대로 받지 않고 과연 바르게 성경 말씀을 전달할 수 있을지, 역사적 문법적 연구와 같은 석의 훈련 없이 강해를 제대로 할 수 있는지 깊이 생각해 보아야 할 것이다.

　이제 해돈 로빈슨 교수가 했던 강해설교의 정의를 그 의미를 살려 역동적으로 다시 정리해 보면 다음과 같다.

강해설교란,
　　성경적 개념을 커뮤니케이션하는 것인데
　　　(그 개념은)
　　　본문을 그 문맥 속에서
　　　　역사적,
　　　　문법적,
　　　　문학적 연구를 통하여 전달되어 온 것을 찾아낸 것인데
　　　(그 개념을) 성령께서
　　　　설교자의 인격과 경험에 먼저 적용하시고
　　　　그 후에 설교자 자신을 통하여 그의 청중들에게 적용하는 것이다

　이 정의에서 알 수 있듯이, 강해설교라는 것은 형태적으로 '첫째로, 둘째로, 셋째로…' 하는 대지를 사용하는 설교냐, 아니면 이야기체 설교냐 하는 것과는 전혀 관계가 없다. 현대 강해설교를 주창한 해돈 로빈슨이 지적하고 싶었던 것은 성경 한 구절을 읽고 하고 싶은 소리를 하거나 그 구절의 단어의 원어적 의미를 해설하는 것이 아니라, 어떤 본문을 그 전후 문맥 속에서 연구하되 역사적, 문법적, 문학적 연구와 같은 석의 과정을 통하여 원저자인 하나님의 말씀이 원래 뜻했던 개념을 찾아내서 그것을 청중들과 커뮤니케이션하고 성령님의 도우심을 통해 삶 속에 적용하도록 하는 것이다. 따라서 강해설교는 대개 성경의 한두 구절보다는 다소 넓은 범위의 성경 본문을 석의하여 그 뜻을 찾아내서 해설하고 적용하게 하는 것이라고 할 수 있다. 즉 설교에 나오는 모든 주장이 직접 성경 본문에서 나오고, 설교 개요는 본문 석의 결과 찾아낸 하나의 주요 사상을 중심으로 전개되는 일련의 점진적인 개념을 펼치는 것이다.

　즉 강해설교가 본문설교와 다른 점은 보통 본문이 한두 절 이상의 조금 넓은 범위를 다루고, 설교 대지 혹은 개요가 모두 본문에서 나온다는 것이

다. 그러나 가장 중요한 것은 설교에서 다루게 되는 내용이 우선 본문과 그 문맥에 집중된다는 점이기에 심지어 어떤 주제적, 신학적, 역사적, 전기적 설교로 보이는 것도 잘 훈련된 강해설교가가 행할 경우에는 본문에 기초한 강해설교인 경우도 있다는 점을 주의해야 할 것이다. 또한 사실은 본문을 그 문맥 속에서 의미 단락으로 다루게 된다는 것을 강조한 것뿐이지, 강해설교의 정의는 본문 길이의 문제도 아니라는 점을 지적하고 싶다. 결론적으로 강해설교란 3대지 설교와 같은 어떤 외적 형태적 틀을 말하는 것이 아니라 성경 본문을 접근하는 설교의 철학과 자세라고 보는 것이 더 적절할 것이며, 다만 바른 강해를 하기 위한 석의 훈련이 기초가 되어야 한다는 점을 주목해서 보기 바란다.

강해설교의 아버지라 일컬어지는 해돈 로빈슨의 위 정의 외에도, 제임스 브래거(James Braga)는 "본문을 하나의 주제와 연관시켜 해석하고, 설교 자료가 대부분 직접 본문에서 이끌어 낸 것이 강해설교"라고 말한다. 대지는 하나의 주제를 중심으로 한 일련의 점진적 사고로 구성된다는 점 역시 지적한다. 다니엘 바우만(Daniel Baumann)은 "강해설교란 주제와 대지가 본문에서 나오고, 중심 내용은 다른 성경 구절에서 빌려 오지 않고 본문으로부터 전개된다. 하나의 목표와 주제에 의해 통일성을 갖게 되며 과거와 현재의 간격을 메운다"고 말한다. 달라스 신학교의 라메쉬 리처드(Ramesh Richard)는 "올바른 *해석* 방법을 통해 얻어진 성경 본문의 *중심 명제*를, 경건한 삶을 추구할 수 있도록 지성을 깨우치며 가슴에 호소하여 삶을 변화시킬 목적으로 효과적인 의사 *전달*의 방법을 통해 현실에 맞게 전달하는 것이다"라고 했다. 이 모든 정의는 해돈 로빈슨의 정의를 나름대로 쉽게 표현하고 자신의 강조점을 더한 것뿐이다. 따라서 강해설교를 정의할 때는 해돈 로빈슨의 정의를 잘 익혀두고 거기서 출발하는 것이 좋겠다.

강해설교의 특징

이제 강해설교를 좀 더 잘 이해하기 위하여 강해설교의 특징을 알아보자.

1. 강해설교는 해석학적 성실성을 보인다.

그 설교를 들어보면 본문의 의도가 드러난다. 즉 설교자는 진리의 전달에 집중하기 때문에 성경 본문이 설교를 좌우한다는 느낌을 받게 될 것이다.

2. 강해설교는 논리적 통일성을 보인다.

설교 전체가 석의 결과 찾아낸 한 가지 개념 즉 메인 아이디어에의 결집성(cohesion)을 보인다. 또한

3. 강해설교에는 움직임(movement)의 흐름과 방향(direction)이 있다.

20-30분간 계속되는 설교자의 언어에는 메인 아이디어를 향한 흐름과 방향성이 분명하되, 정지된 듯한 느낌이 아니라 메인 아이디어란 종착지를 향한 역동적 움직임을 느끼게 해준다. 이러한 강해설교에 대한 전통적 정의에도 불구하고 설교에 있어서 움직임에 대한 강조가 버트릭과 같이 최근의 신설교학자들이 처음 지적한 것처럼 생각하는 것은 옳지 않다. 제대로 된 강해설교는 항상 본문의 핵심 사상을 향한 역동성이 있어 왔다. 그리고 본문의 중심 사상이 드러나는 클라이맥스를 향한 움직임이 있는 것이지, 철학적, 신학적 강론을 일삼는 일부의 설교처럼 졸리고 지겨운 강의가 아니다. 게다가

4. 강해설교는 삶에 대한 적용성이 분명히 나타나는 설교이다.

강해설교가들은 항상 오래된 성경 본문의 현대적 적실성(relevancy)을 제대로 다루는 사람들이다. 강해설교의 정의에서 볼 수 있듯이 진리의 현재성과 오늘날 회중의 삶에의 적용이 분명하다. 그저 어떤 개념을 잘 해설하고 마치는 설교가 아닌 것이다. 다만 그 적용도 본문의 목적이나 의미에서 벗어나지 않아야 할 것이다.

그러면 설교를 듣는 입장에서는 어떨 때에 좋은 강해설교라고 느끼게 될

까? 첫째로 그 설교 속에 주권자이신 하나님의 뜻이 정확히 표현되고 있다고 느껴지는 설교이다. 강해설교가라면 '나는 이렇게 주장한다. 나는 이렇게 말하고 싶다'가 아니라 '하나님이 말씀하시기를'이라는 표현이 더 자주 나올 것이다. 바르트(Karl Barth)가 말한 것처럼 사람들이 도움을 얻으려고 우리에게로 올 때, 그들은 삶에 관하여보다는 그들의 삶을 넘어선 곳에 계시는 하나님에 관해 많은 것을 배우기를 원한다. 그러므로 하나님에 대하여 그리고 하나님의 뜻에 대하여 말씀을 증언해야지 성공적인 삶의 비결만 말하는 것으로 끝나서는 안 된다.

둘째로 성경의 저자인 성령이 직접 사람들을 접하게 하는 설교이다. 혼자 재미있게 이야기를 구사하고 내가 주장하는 것으로 일관하기보다는 강해설교의 정의에 나타나듯, 성령께서 설교를 준비한 설교자의 삶을 먼저 터치하신 경험이 있기에 설교 중에 성령님께 의지하는 모습을 보이고 주의 성령께서 역사할 여지를 드리는 설교여야 한다. 셋째로 강해설교를 통해 하나님의 계시가 드러나고 그 결과 교회에 사역이 일어나게 되는 설교이다. 몇 년을 재미있게 들었지만 하나님의 일이 일어나지 않는다면 아무리 많은 사람들이 좋아하는 설교라 해도 참된 강해설교일 리 없다. 넷째로 좋은 강해설교는 하나님의 권위로 말하고, 그래서 성도들이 하나님의 목소리를 듣게 되지 절대로 목사 자신의 권위를 내세우지 않는다. 무엇보다 강해설교를 들어 보면 성령께서 역사하셔서 설교자 자신이 끊임없이 성숙한 인격으로 변화되어 간다는 사실을 교인들이 느끼게 되고, 그 결과 변화된 청중을 낳게 된다. 그들은 몇 년을 교회를 다녀도 변치 않는 교인들로 남아있을 수 없을 것이며, 이런 변화된 형제자매들의 삶을 통해 간증이 일어나게 될 것이다.

강해설교의 구성

그렇다면 바른 강해설교는 어떤 요소를 가지고 있을까?

우선 메시지의 원천이 분명하다. 그것은 설교자의 사상이 아니라 성경이다. 또한 강해설교는 석의 흔적이 드러난다. 본문에 담고자 했던 하나님의 원래 의도를 설교자가 찾고자 노력했던 흔적이 보인다. 학적 연구의 세부사항을 지루하게 말하지는 않지만, 설교자가 본문을 다각도로 연구했다는 것을 청중은 느끼게 될 것이다. 세 번째로 해석적 요소를 가지고 있다. 석의한 결과 본문의 원래 의미는 이것이라는 신학교수와 같은 정의에서 끝나지 않고, 그것이 오늘 우리에게 무엇을 의미하는가를 다루는 해석적 요소가 있다. 넷째로 뛰어난 설교 구성과 조직의 요소를 갖추고 있다. 적절한 전달을 위해서는 효과적인 커뮤니케이션 구조가 필요한데, 논리적 전개나 이야기 방식의 잘 짜여진 구성을 갖고 있다. 그리고 마지막으로 오늘날에 맞는, 청중에게 적절한 적용성이란 요소를 드러낸다. 이런 요소를 갖추고 있는 것이 강해설교이다.

설교 방향에 대한 극단적 두 관점

목회자들은 종종 설교에 대해 다음과 같은 두 가지 극단 속에서 방황하게 된다.

첫째로 설교는 오직 신학적이어야 한다는 생각이다. 그들은 끊임없이 성경 구절들을 나열하고 해석한다. 교리적 진달은 훌륭한 것이지만 청중들의 귀에 들리지 않고, 교인들의 삶과 전혀 연계성이 없는 천상의 강론이라고 사람들이 여긴다.

둘째로 포스딕(Harry Emerson Fosdick)이 지적한 것처럼 설교가 청중의 실제 관심사와 연결되어 있지 않아서 사람들이 흥미 없어 한다는 사실에 붙들려서 설교는 실제 문제를 다루는 것이어야 한다는 생각에 매어 사는 사람들이 있다. 그 결과 현대 강단에 철학과 심리학을 불러들여 불신의 도랑을 파고 홍수의 문을 열었다는 비난을 받는 데까지 이르기도 한다. 즉 하나님이 원하시는 것을 전하기보다 청중이 듣기 원하는 것을 전해야 한다는 강박관념에 사로잡힌 사람들이다. 이때 우리는 "때가 이르리니 사람이 바른 교훈을 받지 아니하며 귀가 가려워서 자기의 사욕을 따를 스승을 많이 두고"(딤후 4:3)란 하나님의 말씀을 통해 한 쪽으로 치우치지 말아야 할 것이다. 바른 강해설교는 이 두 극단 속에서 균형을 잡는 것이다.

지금까지 설명한 것처럼 강해설교는 설교의 특정 형태에 의해서라기보다 설교의 형성 근원과 그 과정에 의해 정의된다. 강해설교는 성경 원저자의 생각을 잘 드러내 주는 설명과 함께 오늘날 청중의 필요에 적절하게 그 말씀을 잘 적용해 주는 것이다.

따라서 강해설교가는 성경적인 메시지를 청중의 삶에 신실하고 적절하게 연관시키는 숙련공이다. 다만 성실한 성경연구 그 자체가 효과적인 설교를 낳지 않는다는 점은 주목하고 넘어가기 바란다.

강해설교가 아닌 것

그런데 제임스 콕스(James Cox)가 잘 지적한 것처럼 어떤 성경 본문에 대해 길게 이야기하고 그 역사적 배경과 원어의 의미를 상세하게 다루면서도, 강해설교로서는 실패작이라고 할 수밖에 없는 그런 설교를 얼마든지 할 수 있다. 그렇다면 무엇이 강해설교인지 좀 더 파고들 필요를 느낄 것이다.

이제 그럼 강해설교가 아닌 것은 무엇인가 살펴보자. 이를 통해 무엇이 강해설교인지 좀 더 쉽게 이해하게 될 것이다.

1. 강해설교는 주석하는 것이 아니다. 어떤 이들은 연속 주해설교 혹은 내리설교라고 하며 그런 것이 강해설교라고 생각하지만, 강해설교는 앞에서 본문설교와의 차이점을 지적한 것처럼 본문 주해나 주석 작업이 아니다. 단순한 주석들의 사실 수집이 아니라 그런 세부 사항들이 중심 메시지 속으로 녹아 들어가 있어야 한다.

2. 강해설교는 논리적 배열이 없거나 즉석에서 떠오르는 생각을 나누는 것이 아니다.

3. 강해설교는 또한 깊이 있고 폭넓은 본문 연구 없이 주장, 제안을 모아 놓는 것이 아니다.

4. 아무리 학적인 석의라도 본문이 말하는 명백한 주제를 점진적으로 전개하는 어떤 발전적 요소가 없는 것은 강해설교가 아니다.

5. 설교자가 말하고자 하는 특정 주제를 '첫째, 둘째, 셋째'라는 식으로 단순히 나열하는 것은 강해설교가 아니다. 그 대지 사이에 본문의 중심 사상과의 연계성과 점진성을 보이는 수사학적이고 설교적 요소가 있어야 한다.

6. 본문 중 특정 부분만 사용하는 제목설교도 강해설교가 아니다.

7. 주일학교 공과 타입의 강론도 강해설교가 아니다. 구조와 수사학적 요소가 있어야 한다.

8. 관련 성경 구절을 많이 나열하는 것도 강해설교가 아니다.

9. 서로 상관성 없는 특정 제안들과 설교자 개인적 생각들을 나열한 것도 강해설교가 아니다.

10. 그리고 QT한 것을 예화를 섞어 잘 말하는 것도 강해설교가 아니다.

비록 필자는 QT 옹호론자이며 QT를 강조하고 훈련시키는 사역을 해왔지만, 여기서 QT가 설교가 될 수 없는 이유를 조금 더 언급하고자 한다.

QT란 무엇인가? 그것은 본질적으로 하나님과 나만의 개인적 교제가 초점이다. 하나님께서 말씀과 기도를 통해 내게 사랑한다고 이야기하시고 이렇게 달라지면 좋겠다고 권면해 주시는 개별적 말씀을 청중과 교회에 그대로 적용시키는 것은 설교가 아니다. 설교란 것은 본질적으로 교회를 향한 하나님의 말씀이다. QT할 때와 마찬가지로 성경을 읽고 묵상하고 기도하며 준비하지만, 설교는 공동체란 다수의 청중을 향해 하나님께서 하시는 메시지를 듣고 전달하는 것이다. 그것이 왜 QT한 것을 발전시켜 설교로 만들 수 없는가 하는 가장 중요한 이유이다. 물론 QT할 때 묵상했던 것을 발전시켜 교회를 향한 적용을 만들 수는 있다. 그러나 그런 식으로 계속 하게 되면 QT 시간에 하나님이 내게 주시는 하나님의 개인적 음성을 못 듣게 된다. 왜냐하면 하나님과 나와의 교제에 집중해야 할 개인적 경건의 시간에 항상 교회에 할 말, 회중에게 전할 말을 찾기 때문이다. 결국 설교자 자신은 하나님과의 깊고 밀도 있는 교제를 놓치게 되고, 교회는 하나님께서 하실 말을 놓치게 되기 때문이다. 설교를 잘하고 싶은가? 그렇다면 개인적 경건생활을 하라. QT는 자신을 위한 개인 경건의 시간으로 삼고, 설교 준비를 할 때는 '하나님께서 주의 백성에게, 교회에 하시고자 하는 말씀을 하옵소서'라고 엎드리고 연구해야 할 것이다. 또한 설교는 구성이 있고, 일관성이 있고, 주제의 점진적 발전이 있는 커뮤니케이션 형태인데 QT는 그런 것과 관계가 없다. 따라서 QT한 것이 직접 설교가 될 수 없고, 만일 그렇게 하면 설교가 발전하지 않는다.

지금까지 강해설교가 아닌 것을 살펴보았지만, 무엇보다 가장 잘못된 것은 본문을 잘못 해석해서 주장하는 것이라 하겠다. 그런 설교자가 되지 않기 위하여 석의 훈련을 받고 성경을 바르게 강해하는 설교자가 되기 바란다.

– 설교는 함께 만들어가는 것이다

지금까지 설교자가 바른 강해를 하기 위한 석의 훈련과 노력을 강조했지만, 설교는 설교자 혼자 만들어가는 것은 아니다.

전통적 설교의 개념 가운데 잘못된 것은 설교를 청중들과 정면 대결하는 것으로 여기는 것이다. 하지만 오히려 그들에게 다가가려는 시도가 필요하며, 그들의 내면을 파고 들어가 그들의 흥미, 그들의 관심, 그들의 열심에 호소해야 한다.

설교할 때 우리는 우리 자신의 강단이 아니라 공동체의 강단에 서 있는 것이다. 우리는 스스로 선 것이 아니라 하나님에 의해 부르심을 받고, 하나님에 의해 지속되며, 하나님에 의해 돌보심을 받고 있는 하나님의 공동체와 하나가 되라고 사람들을 초청하는 것이다. 그러므로 공동체에 대한 인식이 우리가 어떤 존재인지, 우리가 어떤 메시지를 전해야 할 것인지를 결정해 준다. 설교자 나 혼자의 일이 아니라 교회 공동체와 함께 설교는 만들어져 가야 한다.

그렇다면 좋은 설교를 하기 위해서는 무엇이 가장 필요할까? 설교자의 첫째 되는 소명은 무엇보다도 청중인 교인들을 사랑하는 것이다. 설교의 기술을 배우는 것이 아니다. 설교를 잘하고 싶다면 청중을 사랑할 수 있게 해달라고 기도해야 할 것이다. 교인들 즉 공동체를 이해하지 못하면 설교할 내용도 없어지는 것이다. 설교 자체만 사랑하고 설교 준비만 열심히 하는 것으로는 부족하다. 신학을 사랑하는 것도, 하나님을 사랑하는 것만으로도 부족하다. 우리는 공동체와 사람들을 사랑해야 하며 공동체를 통한 하나님의 비전을 사랑해야 한다. 그 후에야 우리는 설교할 수 있다. 또한 하나님의 말씀인 성경을 잘 드러내야(Expose: 강해) 한다. 교인들은 화려하고 예술적으로 표현된 설교, 목회자 개인의 철학이나 윤리 이론을 듣기 위해 바쁜 일정을 쪼개 주일날 교회에 나오는 것이 아니다. 공동체 안에서 매일의 삶에 대한 하나님의 보호하심을 발견할 수 있도록 도와주는 말씀을 듣고 깊이 생각하면서 하나님과 만나기 위해 공동체가 위임한 목회자의 말씀을 들으려고 교회를 찾아오는 것이란 길린저의 지석을 잊지 않는다면, 우리는 강해설교 외에 또 다른 설교를 하겠다는 마음을 가질 수 없을 것이다.

효과적 설교

이런 관점에서 이제 효과적인 설교란 무엇인지 판단할 수 있을 것이다. 효과적인 설교란 목회자가 성도들의 필요와 갈망을 이해하고, 그들과 함께 그 고통을 나누려는 마음을 가지고 하나님께 묻고, 그 답을 들어 청중들에게 말해 주는 것이다. 거친 세상을 힘들게 살아가며 교인들이 하나님께 묻고 싶은 질문을 듣고 대신 하나님께 물어주고, 그에 대한 하나님의 응답을 듣고 증언해 주는 것이 설교이다. 따라서 성도들을 사랑하지 않고, 성도들의 처지를 모르고, 공동체로부터 유리된 사람에게 효과적 설교란 불가능하다. 위대한 청중이 있어야 위대한 설교자가 나오는 것이다.

그리고 예배가 끝난 뒤 교회 입구에서 악수하며 설교가 좋았다는 칭찬을 듣는 것보다 교회 문을 나서서 가정과 직장으로 돌아가서 그들이 변화된 삶을 사는 것으로 우리의 설교가 얼마나 좋은 설교였는지 판단되어야 할 것이다.

inductive expository preaching

04

본문석의(Exegesis)를 통해 설교의 메인아이디어 찾기

inductive expository preaching

04
본문석의(Exegesis)를 통해 설교의 메인아이디어 찾기

석의가 필요한 이유

모든 사람은 의도적이든 의도적이지 않든 다 해석을 하고 있다. 성경을 읽을 때 뿐 아니라 무엇을 보고 들을 때도 모두 일종의 안경을 쓰고 각자의 렌즈를 통해 이를 받아들인다. 빨간 색안경을 쓰고 보면 세상이 다 빨갛게 보이고 파란 색안경을 쓰면 세상이 다 파랗게 보이듯, 우리는 자신이 쓰고 있는 색안경에 의해 세상을 바라보고 성경을 받아들이게 된다. 우리는 문화속에 사는 인간이기에 이 색안경을 완전히 벗어 버린다는 것은 사실 어려운 일이지만, 성경을 읽고 하나님의 말씀을 바로 이해하여 그 뜻을 선명히 전하는 것을 목표로 하는 설교자는 가능하면 그 색안경을 벗어 버리고 하나님 말씀을 조금이라도 선명하고 투명하게 보려고 노력해야 할 것이다.

성경적인 설교를 하기 위하여 석의를 해야 한다고 강조하는 이유가 바로 여기에 있다. 석의나 해석 훈련을 받은 사람은 적지만, 모든 사람은 성경을 읽고 또한 설교를 들을 때에 하나님의 말씀을 나름대로 해석하고 있기 때문이다.

설교를 제대로 하기 위하여 석의를 해야 하는 이유는 우리가 가지고 있는 성경을 통하여 하나님의 뜻을 이해하려고 할 때 21세기를 사는 우리와 우리 앞에 펼쳐져 있는 성경 사이에는 커다란 간격이 있기 때문이다. 그 간격은 성경이 쓰인 언어가 다르고, 그 언어의 문법 구조가 우리가 사용하는 말과 다르고, 때로 2천 년이나 되는 시간의 차이가 있고, 공간적으로 지구의 반대편에서 벌어진 상황 속에 메시지가 녹아 있고, 그로 인해 발생한 문화의 차이도 너무 크기 때문에 생긴다. 따라서 성경을 정확히 해석하고 이해한다는 것은 그리 간단한 일이 아니다. 혹자는 기도만 많이 하면 된다고 하지만 그렇지 않다. 예를 들어 다말이 얼굴을 가리고 에나임 문에 앉아 있자 그녀를 창녀로 안 시아버지 유다가 며느리 다말과 잔 창세기 38장의 사건을 보자. 21세기를 사는 우리가 도무지 이해할 수 없는 그 사건은 어떻게 설명될 수 있으며, 그때 유다가 준 약조물인 도장과 끈은 도대체 어떤 것일까? 그 도장은 인감도장 같은 것인가? 끈은 갓끈이란 말인가, 아니면 신발끈이란 말인가? 이런 것은 아무리 기도 많이 하는 사람이라도 저절로 알아지는 것이 아니다. 따라서 수천 년의 간격을 넘어 그 당시의 문화 속으로 들어가서 성경 본문이 말하고자 하는 바를 전하기 위해서는 석의 훈련이 기본적으로 되어 있어야 한다.

신학적 혹은 해석학적으로 부주의한 설교들

고린도전서 4:1-5를 본문으로 한 설교 하나를 보자. 그 설교자는 세 번째 대지에서 4절에 근거하여 '함부로 판단하지 맙시다'라고 설교했다. 목회하며 겪는 교회 안의 많은 잘못된 판단 문제를 해결하기 위해 우리는 종종 이런 설교를 한다. 그 설교자는 그 대지 하에서 "판단은 하나님의 소관이고 참된 일꾼은 오직 그 비밀을 전하기만 하면 되기 때문입니다. 다시 말씀을 드리지만 판단은 하나님의 영역이라는 뜻입니다"라고 자상하게 설명했다. 그런데 한 장만 더 넘겨서 고린도전서 5:12을 보면 성경은 우리에게 판단할 수 있고, 또한 판단하라고 한다. 그럼 한 성경이, 한 하나님께서 다른 소리를 하신 것인가? 4장에서 함부로 판단하지 말라고 할 때 그 본문이 말하고자 한 것은 무엇이며, 전후 문맥인 5장과의 관계 속에서 우리는 그것을 어떻게 이해해야 할까? 석의 훈련이 제대로 되지 않은 부주의한 설교자는 선한 의도에도 불구하고 이런 단편적이고 편협하며 잘못된 설교를 할 수 있다.

한 유명한 목사님은 창세기 24:10-24을 본문으로 설교하며 "우물가는 뭡니까? 교회가 바로 하나님의 우물가인 것입니다. 성령은 교회에서 성도를 기다리는 것입니다. 하나님이 택할 자를 기다리는 것입니다"라고 한다. 우물가가 교회이고, 성령님은 우물가에서 하나님이 택할 자를 기다리고 계신가? 그 다음 부분은 "약대는 뭡니까? 물 달라고 고함치는 것이 약대인데 신랑 약대도 있고 마누라 약대도 있고 자식 약대도 있고 시아버지, 시어머니, 친정 식구들, 이웃들 약대들이 많습니다. 하나님께서는 우리에게 시련의 약대들을 많이 데리고 옵니다"라 고 설명했다. 물 달라고 고함치는 것이 약대이고, 신랑 약대, 마누라 약대, 자식 약대, 시어머니 약대 등이 있다는 식의 설교는 정당한가? 본문이 말하고자 하는 바가 그 설교자의 주장처럼 과연 시아버지, 시어머니에게 사랑의 물을 마시우는 사랑의 수고를 하는 것이 다인가? 아무리 그가 유명한 설교자이고 그의 교회가 대형교회라도 그 설교가 하나님 말씀을 바르게 증거하고 있는가는 다른 문제이다.

사도행전 11:19-26을 본문으로 한 또 다른 인기 있는 설교자의 설교를 보자. 그는 바나바에 대한 설교를 하며

> "칭의의 의미가 무엇입니까? 아직 완전하지 않은 존재지만 그렇다고 취급해 주는 것입니다. …… 갓난아이가 말을 못 알아듣지만 엄마는 마치 말을 알아듣는 것같이 취급해 줍니다. 그랬더니 나중에는 그 언어를 알아듣습니다. 개의 얘기도 했지요? 개를 사람과 비슷하게 취급해 주니까 사람과 비슷하게 변화가 되더라는 것입니다. 이것이 바로 은혜의 시각입니다"

라고 한다. 과연 칭의가 말을 못 알아듣는 아이가 말을 알아듣는 것처럼 대하거나 개를 사람 비슷하게 취급해 주는 것과 같은 것인가? 본문에서 어

떻게 칭의 얘기를 끄집어 낼 수 있는지도 의아하지만, 칭의는 그런 것이 아니다. 게다가 개를 사람 비슷하게 취급해 주니까 사람과 비슷하게 변화가 되더라는 것이 은혜의 시각이라는 것도 신학적으로 매우 부적절한 설교이다. 그런 것은 피그말리온 효과 정도로 설명을 했어야 했다. 그 유명 설교자는 계속해서

> "바나바는 은혜가 무엇인지를 알았고 은혜의 시각으로 살아갔던 사람입니다. 우리 주변의 많은 사람들 가운데 예수를 믿는다고 하면서도 은혜를 모르는 사람이 있습니다. …… '누가 없는 소리를 했니?' 이런 말을 제일 많이 합니다. 사실을 말한다고 해서 다 바람직한 것이 아닙니다. 누구든지 어떤 사람의 약점을 붙들고 늘어지면 누구라도 악인을 만들 수 있습니다. 의인은 없나니 하나도 없고 인간은 누구나 다 연약함이 있기 때문에 그렇습니다"

라고 이어 간다. 사실을 말하는 것이 다 바람직한 것이 아니라는 것이 본문의 교훈인가? 그리고 로마서 3:10의 "의인은 없나니 하나도 없으며"라는 말이 과연 단순히 모든 사람에겐 다 약점이 있다는 뜻인가? 전형적인 석의 (exegesis와 반대되는 eisegesis(자신의 주장을 위해 본문에 내 관점을 집어넣어 해석하는 것))의 사례이다.

그가 마가복음 2:1-2를 본문으로 한 '강력해지기 위해서는 단순해지라'는 제목의 설교를 보면 이런 습성을 다시 확인할 수 있다. 중풍병에 걸린 한 사람을 네 명이 주님께 메고 가서 치유 받게 했던 잘 알려진 사건을 본문으로 한 설교이다. 그는 '이 사건을 통해서 1년 동안 믿음 안에서 강력하게 사는 원리가 무엇인지를 발견'하기를 촉구하며 다음과 같은 세 가지 원리를 제시한다.

1. 단순성! 강력해지기 위해서는 단순해져야 합니다.

    2. 성실성! 성실은 재능을 이깁니다.
    3. 전문성! 전문성이 일해야 바람이 일어납니다.

그런데 본문이 가르치는 것이 과연 단순성, 성실성, 전문성이라는 강해지기 위한 조건들인가? 중풍병자 치유 사건이 등장하는 본문의 교훈이 교인들이 강력해져야 한다는 것인가? 둘째 대지를 설명하며 그는 "네 명의 친구들의 성실성이 병든 친구들을 고쳤습니다. 우리 삶의 많은 난제들도 성실이라는 능력을 가지고 이겨낼 수 있는 믿음의 거룩한 종이 되기를 바랍니다"라고 하지만, 과연 친구들의 성실성이 병을 고쳤는가? 이 사건의 가르침은 예수님의 치유에 있지 않은가? 세 번째 대지를 설명하며 그는 '전문성은 세상을 뒤집어엎는다'라고 주장하며 "여러분, 사도행전 2장에 나오는 사건이 무엇입니까? 오순절 다락방에서 열흘 동안 간절히 간구했을 때 그들에게 성령이 임했습니다. 120 문도들이 다 영적 고기압이 된 것입니다. …… 우리는 어느 분야에서 스스로 전문가가 되어 주어야 합니다. 그러면 현격한 차이로 인해 이 세상이 변화됩니다. 다 뒤집어엎는 것입니다"라고 강력히 주장한다. 오순절 성령의 임하심이 과연 전문성과 관련이 있는 것이며, 그것이 우리가 전문가가 되어야 한다는 주장으로 이끌어주는가? 세상을 뒤집어엎기 위해서 필요한 것이 하나님의 일인가, 아니면 전문성의 현격한 차이인가? 강력한 달변의 그 메시지를 듣는 청중은 이런 사실을 분별할 능력을 상실하고 그저 매료되어 빠져 들어갈 뿐이다. 안타까운 것은 신학생과 목회자들까지 이런 유의 설교가 과연 성경적이고 하나님 말씀을 제대로 해석한 것인지 분별치 못하는 경우가 있다는 점이다.

우리가 잘 아는 가나의 혼인 잔치 사건을 다룬 또 다른 설교자의 요한복음 2:1-10 설교를 보자. 이 설교자는 1. 잔칫집에는 주인 의식이 있는 이가 필요하다 2. 잔칫집에는 희생하는 일꾼이 필요하다 3. 잔칫집에는 마리아 같은 동역자가 있어야 한다는 대지로 설교를 했다.

연회장에는 헤드 웨이터가 있고 가나의 혼인 잔칫집에는 하인들이 있었듯이 희생적 일꾼이 필요하다는 하는 것이 이 기사의 교훈인가? 마리아는 예수님께서 시키는 대로 하라고 하인들에게 잘 말해주었기에 마리아 같은 동역자가 있어야 한다는 것이 과연 가나의 혼인잔치 사건이 말하고자 하는 교훈이란 말인가? 본문의 의도와 전혀 관계없는 목회자 중심의 주제설교일 뿐이다.

시편 122:1-9을 본문으로 '주여 성전을 사모합니다'란 제목의 한 유명 설교자의 설교를 하나 더 보자. 그는 "유명한 셰익스피어도 말하기를 '이 세상은 마음 나름이다. 세상에는 복이나 화가 따로 없다. 다만 생각 여하에 따라 이렇게도 저렇게도 되는 것이다'라고 말했습니다. 정말 이것은 성서적인 말입니다. …… 참 성공은, 이 세상에 모든 귀한 것은 다 내 마음 안에, 생각 속에 있다는 것을 성경은 말씀하고 있는 것입니다"라고 한다. 과연 그런 주장이 성서적인가? 그 설교는 계속해서 "시계 하면 스위스입니다. 제일 좋은 시계는 스위스제입니다. 결혼 예물도 스위스제를 사야 괜찮습니다. 스위스는 복 받은 나라입니다. 어디에서 왔느냐? 하나님을 첫째로 여기는 성전중심입니다. 그 민족의 생각이 그 민족을 평화의 나라로 이끌어 가는 것입니다"라고 이어진다. 본문에 성전에 관한 언급이 여기서 나오기는 하지만 본문의 교훈과는 전혀 관계가 없다. 게다가 결혼 예물로는 스위스 시계가 좋다는 언급이 설교에서 적절한 것인지도 의문이지만, 그 스위스가 축복받은 것이 성전중심이기 때문이라는 것은 무엇에 근거한 것이며, 그것이 본문 시편 122편과 무슨 관계가 있는 것인가? 이런 설교는 안타깝게도 교회가 크다고 설교가 다 성경적인 것은 아니라는 사실만 입증시켜 줄 뿐이다.

말씀을 잘 묵상하고 잘 설교한다고 알려진 또 다른 설교자의 '경배하는 인생'이란 제목의 마태복음 2:1-12 예수님 탄생에 관한 설교를 보면, "박사의 권위를 땅에 내려놓고, 박사의 모자를 내려놓고, 박사 중의 박사인 아기 예수께 무릎을 꿇고 경배했습니다"라고 한다. 동방박사라고 할 때 박사가 과연 그런 박사인가? 굳이 단어 연구를 하지 않더라도 역사적, 문화적 배경을 조금만 알아도 그렇게 설교하지 않을 텐데, 어떻게 그렇게 설교할 수 있는지 의아하다.

이처럼 본문을 제대로 석의하고 해석할 수 있는 능력이 없을 경우, 우리는 말씀의 증인으로 하나님 말씀을 전하기보다는 하나님을 거짓말쟁이로 만들 수도 있다는 사실을 알고 두려워하고 주의해야 한다. 그러므로 바른 설교를 하기 위해서는 석의 훈련이 선행되어야 한다.

석의(Exegesis)

국내에는 석의란 용어의 의미는커녕 그 단어 번역조차 일관성이 없는 형편이다. 신약석의 교과서로 많이 쓰이는 고든 피(Gordon Fee)의 『N. T. Exegesis』는 신약성경 '해석'방법론이라고 번역되었는데, 자매책인 더글러스 스튜어트(Douglas Stuart)의 『O. T. Exegesis』 책은 구약 '주석'방법론이라고 번역되어 있다. Exegesis를 주석, 주해, 해석이라고 하고 Interpretation도 해석이라고 한다. 물론 Hermeneutics도 우리나라에서는 해석이라고 한다. 따라서 이 세 단어가 지칭하는 의미와 그 차이를 제대로 알기가 어렵다. 사실 주석한다는 것은 comment하는 것이고 그런 책을 우리는 주석(commentary)이라고 하며, 이것은 석의와 다르다. 주해는 주석하는 방식으로 해설을 한다는 뜻으로 주석과 유사어로 볼 수 있다. exegesis를 해석이라고 하면 interpretation과 구별이 안 된다. 그래서 요즘에는 exegesis를 '석의'라는 용어로 차별적으로 칭하는 학자들이 많으므로 본서에서는 Exegesis는 석의라고 하겠다.

그러면 석의를 한다는 것은 무엇인가? 간단히 말해서 그것은 원저자가 첫 청중에게 전달했던 의미, 즉 원의도(Original intention)를 찾는 방법론이다. 예수님께서 베드로에게 "사탄아 내 뒤로 물러가라"(마 16:23)고 했을 때 문자적으로 베드로=사탄이란 뜻이 아님을 우리는 다 알고 있지 않는가? 여기서 원저자 예수님이 첫 청중 베드로를 향해 하신 메시지의 원 의도를 제대로 찾아 이해하지 못한다면, 우리는 예수님을 오해할 뿐 아니라 이단적 사상까지 만들 수도 있기 때문에 바른 석의 훈련이 안 된 설교자는 제대로 설교할 수 없는 것이다.

그런데 석의를 하라고 하면, 자신은 누구 못지않게 열심히 석의를 하고 있다고 생각하지만 실은 그렇지 않은 경우가 있다. **석의가 아닌, 잘못된 해석 습관**에는 어떤 것들이 있는가?

우선 지나치게 단어의 어원만 따지는 것이다.

우리는 주님 앞에서 성실해야 한다고 하면서, 성실이란 영어 단어 sincere는 라틴어 sine cera(without wax 밀납 없이)에서 온 것인데 고대 그리스에서 믿을 만한 조각품은 '배달하다가 생긴 흠을 감추기 위해 초나 밀납으로 메우지 않은 것'이라고 주장하며 감동을 주려는 설교자들이 있다. 그런데 문제는 sincere란 영어 단어가 sine cera란 라틴어에서 유래했다는 확증이 없다는 사실이다. 어떤 설교자는 우리 기독교인들은 춤추는 것을 좋아하면 안 된다고 하며, 춤 혹은 발레(ballet)란 단어가 사단에 해당하는 *diabolos*의 어원인 ballo에서 유래되었다는 식으로 주장하는 경우가 있다. 그런데 그것은 사실이 아니다. 아마 가장 흔한 사례로는 이해한다는 말의 영어 단어인 understand가 under와 stand의 합성어이므로 진정으로 이해하기 위해서는 다른 사람 밑에 서야한다는 식의 그럴듯해 보이는 어원 분석 설교가 있다. 헬라어로 인내하다는 후포메노인데 이것은 *hypo*(아래), *meno*(남아있다)의 합성어라는 식이다. 그런데 어떤 미국사람이 understand라고 할 때 한 단어로 이해하고 듣지, 그 단어를 두 개로 잘라서 under와 stand로 받아들인다는 말인가? 만약 천년 후 기후 변화로 파인애플이나 나비가 멸종되었을 때 자연시간에 파인애플(Pineapple)은 소나무(pine)에 달린 사과(apple)이며, 나비(Butterfly)는 버터(butter)에 빠진 파리(fly)라고 설명한다고 상상해 보라. 이 얼마나 우스운 일인가. 단어를 조각내고 어원 분석하는 것이 석의라고 생각하면 오해다.

또한 유사 단어들의 의미 차이를 열심히 설명한다고 석의를 잘하는 것은 아니다. 예를 들어 사랑에는 아가페, 필레오, 에로스 등 몇 가지가 있으며 그 용례가 서로 다르다는 사실에 근거해 설교를 하는 경우가 있다.

많은 설교자들이 요한복음 21장에서 예수님을 부인하고 떠났던 베드로를 찾아오신 예수님의 사건을 설교한 적이 있을 것이다. 대개 다음 설교자와 크게 다르지 않게 설교한다.

> "분명히 베드로는 한풀 꺾인 것입니다. 그래도 펄펄 날뛰던 예전의 베드로가 아닌 것입니다. 우리는 베드로에게서 언어가 달라지고 태도가 달라진 것을 발견할 수 있습니다. 원어상으로 보면 예수님께서 '나를 사랑(아가페)하느냐'라고 물으시고 베드로는 '인간적인 사랑(필레오)밖에 할 수 없다'고 대답한 것입니다. 자기 주제를 파악한 겸손한 베드로의 고백은 예수님께로부터 엄청난 말씀을 끌어오게 하는 빌미를 제공합니다."

물론 성경에서 아가페(agapao)와 필레오(phileo) 사이의 의미 차이는 어느 정도 있지만, 본문에서 예수님과 베드로 사이의 아가페와 필레오 사용은 그런 심오한 단어 구별을 통해 설교하라는 것이 아니었다. 요한의 헬라어 구사 방식이 원래 같은 단어를 반복하기보다는 동의어를 다양하게 사용하는 문학적 표현에 익숙했다는 사실을 알아야 할 것이다. 그렇다면 설교의 초점이 아가페와 필레오 사랑의 차이가 아니라, 세 번이나 예수님 앞에서 무너지고 절망 가운데 빠져있는 베드로를 찾아가셔서 세 차례에 걸쳐 그 잘못을 복구하고 사랑을 고백하며 회복(restore: 이것이 중요한 성경의 주제 아닌가?)의 기회를 주시는 것에 맞춰져야 하지 않겠는가? 석의 훈련이 된 사람이라면 본문에서 아가페와 필레오를 그런 식으로 사용하기 전에, 아마도 요한복음 전체에 나타난 요한의 아가페와 필레오 용례를 조사해 보았을 것이다. 그렇다면 요한복음 5:20에서 하나님의 인간을 향한 신적 사랑이 아닌 부자간의 사랑에서도 아가페가 쓰였음을 보게 될 것이다. 그리고 더 나아가 신약 전체에서 아가페와 필레오의 용례를 조사해 볼 것이다. 그러면 디모데후서 4:10에서 데마가 세상을 사랑하여 떠나갔다고 할 때 세상 사랑을 아가페로 표현한 것에서 의구심을 갖고, 이런 방식으로 단순하게 나누는 것이 얼마나 심한 문제인가를 알아 그런 오류에 빠지지 않을 것이다. 더 진지한 연구자라면 예수님 당시의 헬라어를 잘 보여주는 헬라어로 번역된 구약 70인역에서 아가페와 필레오 용례까지 조사할 것이고, 그렇다면 사무엘하 13장에서 암논이 다말을 사랑하여(개역: 연애하여) 강간했다는 사건에서 사랑이란 단어가 에로스도 필레오도 아닌 아가페가 사용되었다는 충격적인 용례까지 발견하게 될 것이다. 여기서 말하고자 하는 것은 아가페란 단어에 신적 사랑이란 의미가 없다는 것이 아니다. 다만 그 문맥에서 어떻게 사용되고 있는가를 보고 해석해야지, 단지 원문에서 단어 한두 개를 다르게 사용했다는 사실에서 설교의 중심 아이디어를 끌어내는 것은 석의 훈련이 되지 않은 경우에 범하는 오류라는 것을 지적하고 싶은 것이다.

또 어떤 설교자들은 어설픈 헬라어 지식을 과시하며 헬라어의 부정과거(aorist)형은 과거의 일회적으로 완성된 것들을 의미한다고 주장하기도 한다. 하지만 빌립보서 2:12 "항상 복종하여"란 말처럼 계속 반복되어야 할 것도 *hupexusate*와 같이 부정과거형인 것은 어떻게 설명할 수 있단 말인가?

D. A. 카슨(Carson) 같은 성서학자들이 이와 같이 흔히 발생하는 해석상 오류들을 지적한 것은 석의를 한다는 것이 단순히 단어 한두 개의 헬라어나 히브리어 어원을 언급하고 유사 단어의 의미 차이나 시제를 언급하는 것이 아니라, 일련의 총체적인 방법을 통해 객관적으로 그 본문의 원 의도를 밝혀내는 것임을 우리에게 상기시켜 주는 것이다.

석의 훈련이 설교에 주는 도움들

독자 중 어떤 사람은 과연 귀찮은 석의를 거쳐야만 본문을 제대로 이해하고 바른 설교를 할 수 있느냐, 힘들게 석의 훈련을 받는 것이 과연 설교에 도움이 되느냐고 항의하고 싶을지도 모른다. 그럼 석의 훈련이 잘된 설교자들의 설교의 기초가 어떻게 달라질 수 있는지, 석의 훈련이 우리 설교자의 본문 이해와 설교에 얼마나 도움이 되는지 몇 가지만 살펴보자.

우선 석의 과정의 일부인 편집(redaction) 비평처럼 성경의 기자가 어떻게 본문 사건을 배치했는가를 탐구하는 기법만 잘 알아도 설교가 어떻게 달라질 수 있는지 보자.

우선 예를 들어 마가복음 11:15-18의 사건을 본문으로 설교를 한다고 하자. 보통은 성전청결 사건이라고 알려진 이 본문을 통해, 하나님께서 교회가 거룩하고 깨끗해지고 세상과 달리 순결해야 한다고 설교할 것이다.

그러나 그 설교자가 나중에 요한복음을 읽다가 보면, 예수님의 사역 초반부를 다루는 것처럼 보이는 요한복음의 초반인 2:13-22에 동일한 사건이 등장하는 것을 보게 될 것이다. 대개의 설교자들은 이 요한복음 2장을 본문으로 설교해도 예화만 달라질 뿐 마가복음 11:15 이하를 본문으로 설교했던 것과 동일한 내용의 설교를 한다. 그런데 그것이 옳은 방식이라면 하나님께서 같은 사건을 마가복음과 요한복음에 중복되게 두신 것은 성경의 종이 낭비요 시간 낭비가 아닐까? 만일 당신이 모든 성경이 성령의 감동으로 기록된 하나님의 말씀임을 믿는 복음주의 설교자라면, 이렇게 여러 곳에 같은 사건이 기록된 데에도 하나님의 뜻이 있을 것이고 각기 독특한 의도가 있음을 짐작할 것이다. 그러므로 두 본문을 같은 내용으로 설교해서는 안 된다. 특히 진지한 성경 연구자라면 요한복음에서 성전청결 사건은 예수님 사역의 초기에 배치되어 있고, 마가복음에서는 십자가를 향해 가시며 예루살렘에 입성한 후, 즉 예수님 사역의 종반부에 벌어진 것으로 다루어지는 점에 주목하지 않을 수 없을 것이다. 이것은 편집 비평 전문가가 아니더라도 성령님의 의도, 그리고 각 복음서 저자의 독특한 신학적 관점이 담겨있는 것임을 짐작하도록 우리를 이끌 것이다. 뿐만 아니라 석의 훈련이 된 사역자라면 설교 준비를 하며 마가복음의 소위 성전청결 사건에 앞서 12-14절에서 무화과나무 이야기가 나오는 것을 볼 것이고, 본문 뒤인 19-25절에 또 다시 무화과나무 이야기가 등장하는 것도 관찰하게 될 것이다.

이것은 전도자 마가가 복음서를 기록하며 자주 사용하는 문학적 기법으로, 일명 샌드위치 기법이라고 하는 것이다. 샌드위치는 가운데 고기만 먹는 음식이 아니고, 고기를 둘러싼 빵 두 개와 고기를 함께 먹는 음식이다. 마찬가지로 마가복음 11:15-18 사건의 원래 의미를 알기 위해서는 그 전후에 등장하는 무화과나무 사건과 함께 다루어야 하고, 그 맥락 속에서만 성전청결 사건이라고 불리는 본문의 의미가 정확하게 드러나게 된다.

석의 기술의 도움을 알 수 있는 예를 하나만 더 살펴보자. 디모데전서 2:1을 기초로 하여 기도에 대해 설교하는 경우가 있다. 이 구절에는 "그러므로 내가 첫째로 권하노니 모든 사람을 위하여 간구와 기도와 도고와 감사를 하되"라고 되어 있는데, 설교할 때 여기서 중요한 것은 간구와 기도가 어떻게 다르고, 도고와 감사가 어떻게 다른가를 설명하는 것이 아니다. 물론 '도고는 간구 기도와 다르고, 또 그 앞에 나오는 기도와는 이런 점이 다르다'라고 말할 수도 있을 것이다. 나름대로 그 차이를 신학적으로 정립해갈 수도 있을 것이다. 그러나 성경이 여기서 영적 아비인 바울의 입을 통해 영적 아들인 디모데(딤전 1:18)에게 말하고자 하는 것은 '기도하라!'는 사실 그 자체이다. 즉 한 사실을 묘사하는 유사어를 반복해서 사용하는 것은 강한 강조를 하는 것이지, 그때 각 유사 단어의 미묘한 차이를 연구해서 가르치라는 의도가 아니다. 설교자는 그런 점을 고려해서 설교를 준비해야지, 거기서 학자적인 자세를 취하는 것이 중요한 것이 아니다. 디모데전서 2:8에서도 포인트는 다투고 분노하지 말고 기도하라는 것이지, 손들고 하는 기도와 내리고 하는 기도의 차이를 말하려는 것이 주된 의도가 아니다. 이것은 우리가 연인에게 편지를 쓸 때 '사랑하고 사모하는 당신에게'라고 하는 것과 마찬가지이다. 여기서 내 편지를 받은 여인이 사랑과 사모의 차이를 분석해 내느라 고민하고 있다면 그것은 편지를 보낸 자의 의도를 벗어난 것 아닌가? 그와 마찬가지로 수사학적으로 동의어를 사용해 강조하는 경우도 있음을 알고 주 강조점을 찾아야지, 사소한 것에서 설교를 만들어 가서는 안 된다. 이런 것 역시 석의 훈련에서 나오는 것이다.

이와 같은 몇 가지 사례만 보더라도 석의 훈련이 제대로 되면 본문의 의미를 제대로 밝혀내고 풍성하게 진리의 샘물을 퍼 올릴 수 있음을 알 수 있다. 그럼 어떻게 본문을 석의해야 할 것인가? 이 책은 신구약학자들을 위한 전문적인 석의교과서가 아니라 설교학 책이다. 그러므로 전문적인 훈련은 고든 피나 더글러스 스튜어트의 석의교과서 등을 참조하기 바라며, 여기서는 헬라어나 히브리어 성경을 많이 사용하지 않고 매주 여러 편의 설교를 해야 하는 부담 속에 살아가야 하는 평범한 설교자들을 위한 간단한 7단계 석의 방법을 제안하고자 한다.

1단계. 핵심/열쇠 단어 찾기와 단어 용례 연구

이것은 주석에 나오는 헬라어 단어의 의미를 설명하라는 것이 아니다. 그런 것은 사전이나 성경 소프트웨어에 다 나온다! 원어의 사전적 의미를 말하라는 것이 아니라, 그 단어가 가지고 있는 여러 의미에 대한 용례 연구를 통해 이번에 설교하고자 하는 본문 속에서는 그 중 어떤 의미로 사용되었다고 판단되는지 밝혀보라는 것이다.

이런 일은 사실 중고등학교 국어나 영어 시간에도 하던 것이므로 어려운 일이 아니다. 예를 들어 문장 중에 '괴다'라는 말이 나올 때 그 뜻은 무엇일까?

가장 많이 쓰이는 의미로는 '기울어지거나 쓰러지지 않도록 아래를 받쳐 안정시키거나, 의식에 쓰는 음식이나 장작, 꼴 혹은 웃어른에게 드릴 음식을 차곡차곡 쌓아 올리거나 담는 것'이 있을 것이다. 두 번째로 '괴다'라는 동사는 '물 따위의 액체나 가스, 냄새 따위가 우묵한 곳에 모이거나 입에 침이 모이거나 눈에 눈물이 어리는 것'을 뜻할 때 사용될 것이다. 셋째 용례로 흔치 않지만 '술, 간장, 식초 따위가 발효하여 거품이 이는 상황이나, 화가 나거나 억울하거나 하여 속이 부글부글 끓는 것'을 뜻할 것이다. 그러나 문장에서 전후 문맥상 위에서 언급한 어떤 의미로 쓰이지 않았고, 특히 오래된 고문에서라면 넷째 용법인 '특별히 귀여워하고 사랑하다'란 의미가 아닌가 생각해 봐야 할 것이다. '괴다'는 사랑에 해당하는 우리의 고어인 '굄'의 동사형이다. 이로써 문장 전후 문맥상, 그리고 문장 내에서 사용되는 형태에서 사랑한다는 뜻임을 확정짓게 되는데, 이런 작업은 일단 익숙해지면 그리 오래 걸리지 않는다.

이제 설교에서 이 단계를 왜 거쳐야 하는지 살펴보자. 한 설교자는 에베소서 5:22-33을 본문으로 하여 '행복한 그리스도인의 가정'이란 제목으로 설교했다. 그는 설교하기를 "아내의 첫째 의무는 남편에게 복종하는 것입니다. 그 복종의 정도는 '주께 하듯'입니다. 아내에게 복종해야 할 이유를 성경에서 찾을 수 있습니다"라고 하며 그 근거 다섯 가지를 다음과 같이 주장했다.

1. 남편이 아내의 머리됨이(23절)-몸의 지휘권이 머리에 있듯이 가정의 지휘권이 남편에게 있습니다.
2. 남자가 먼저 창조되었습니다(딤전 2:13).
3. 여자는 남자를 위하여 지음 받았습니다(고전 11:9).
4. 여자가 먼저 타락했습니다(딤전 2:14).
5. 여자는 남자에게 종속되어 있습니다(창 3:16하 "너는 남편을 원하고 남편은 너를 다스릴 것이니라").

이것은 에베소서 본문을 강해한 것이라기보다는 성경 구절 인용 방식에서 보듯이 설교하고자 하는 주제를 위하여 에베소서 5장 본문을 사용했을 뿐이고, 설교의 주된 전개는 성경의 다른 부분에 기초한 것이다. 따라서 강해설교라기보다는 전형적인 주제설교 방식이라고 할 수 있는데, 아내가 남편에게 주께 하듯 복종해야 하는 이유를 제시하기 위해 23절의 남편이 아내의 '머리됨'을 지적했고, 따라서 지휘권이 남편에게 있다고 한 것이다. 문제는 이때 '머리됨'이란 표현의 의미를 정확히 알기 위해서는 석의 과정 중 첫 단계인 단어 용례 연구를 통해 *kephale*란 헬라어가 본문에서 어떤 의미로 사용되었다고 보는 것이 적절한지 용례 분석을 해볼 필요가 있다. 케팔레(*kephale*)란 이 단어는 분명히 머리의 의미로 번역할 수 있지만, 용례 분석을 통해 보면 그 의미가 본문에서 상하 관계적 지휘권으로 표현하기는 어렵다는 사실을 알게 된다. 그것은 본문 바로 앞 절인 에베소서 5:21에서 "피차 복종하라"는 말씀과의 관계성 역시 고려되어야 하기 때문이다. 케팔레란 단어의 또다른 용례를 보면 샘의 근원, 생명의 근원 같은 의미도 있다. 그렇다면 남자가 여자의 머리라고 하는 것이 꼭 상하관계에서 윗사람을 언급하는 것인지, 창조의 원리에서 볼 수 있는 것처럼 남자가 여자의 생명의 근원임을 의미하는 것인지 상고해 볼 수 있다. 필자는 지금 아내가 남편에게 복종하지 말라거나 그것이 잘못되었다는 말을 하는 것이 아니다. 다만 위의 대지에서 3, 4번 방식처럼 논리적 전개를 하는 것이 해석학적으로, 성경신학적으로 얼마나 충분히 지지를 받을 수 있느냐를 지적하고자 하는 것이다. 계속 이어지는 설교에서 남편의 의무를 아내를 안심하게 해야 하는 것이라고 주장하며 그 이유로 "아내들은 심리적으로 불안합니다. 그래서 남편에게 많이 의지하려 합니다"라고 말하고 있는데, 이것 또한 얼마나 성경적으로 설득력이 있는지 의문을 제기하는 것이다. 따라서 핵심 단어 혹은 열쇠 단어의 용례 분석은 본문에 대한 이해와 그 결과로 탄생하는 설교에 엄청난 영향을 미치게되므로, 이런 석의의 한 단계를 구사할 수 있도록 훈련되어야 한다.

그런데 설교 준비를 할 때 사실 이 작업은 시간이 많이 소모되므로 설교 본문의 모든 단어를 연구한다는 것은 현실적으로 불가능하다. 그러므로 본문 이해에 열쇠가 되는 핵심 단어 한두 개만 해보면 된다. 그 정도만 해도 모호했던 본문의 의미가 명료해지는 것을 알 수 있다.

이런 작업에 사용할 자료로는 다음과 같은 것들이 있다.

국내에는 디럭스바이블, 외국에는 BibleWorks와 같은 성경프로그램들이 있는데 이런 소프트웨어를 잘 사용하면 다음과 같은 사전류를 대치할 수 있다. 그러나 언제나 꺼내 볼 수 있는 사전류를 선호한다면,

헬라어 용례 분석을 위해서는 BDAG(Arndt Gingrich) 『Greek Lexicon』을 사용하고 히브리어 단어의 용례 분석을 위해서는 BDB 『Hebrew Lexicon』 혹은 윌리암 할러데이의 『히브리어 아람어 사전』(솔로몬)이 유용하다.

또한 이런 작업을 한 후에 그 신학적 의미 분류를 정리해 놓은 원어신학사전을 갖고 있는 것도 큰 도움이 될 텐데, 신약은 10권짜리 킷텔사전(TDNT) 대신에 게르하르트 킷텔 편저, 『신약성서신학사전: 킷텔단권원어사전』(요단출판사) 한 권 정도는 가지고 있는 것이 좋겠다. 구약 단어의 신학적 의미를 쉽게 알 수 있게 도움을 주는 사전으로는 R. 레어드 해리스 등, 『구약원어신학사전(상,하)』(요단)이 있다.

신구약 단어의 신학적 의미를 한 권의 사전으로 다 보기 원한다면 아직 번역되지 않았지만

Mounce, 『Complete Expository Dictionary of Old & New Testament』, Zondervan을 참조해도 좋을 것이다.

2단계. 설교 본문의 구문 분석

석의의 두 번째 단계는 구문 분석을 해 보는 것이다. 이것은 주석에 나오는 요한복음이나 이사야서의 구성 같은 책 전체의 구성이 아니라, 이번에 설교할 본문의 구문과 문맥을 분석하는 것이다. 어떻게 하는지 구체적으로 배우고 싶은 사람은 고든 피(G. Fee)와 더글러스 스튜어트(D. Stuart) 석의 교과

서에 나오는 Sentence Diagram 작성법을 참조해 보면 좋을 것이다.

막 1:10 (그가)　　　올라오실새 (상황절, when -RSV, as- NIV)
　　　　　　　　　　/곧
　　　　　　　　　　/물에서
　　　　　　　　　보시더니
　　　　　　　　　　/하늘이 - 갈라짐과
　　　　　　　　　　/성령이 - 내려오심을
　　　　　　　　　　　　　　/비둘기같이
　　　　　　　　　　　　　　/자기에게
　　　11 소리가　　　나기를 (...하시니라)
　　　　　　　　　　/하늘로서
　　　　　　　　　　/너는 - 아들이라
　　　　　　　　　　　　/내
　　　　　　　　　　　　/사랑하는
　　　　　　　　　　내가 - 기뻐하노라
　　　　　　　　　　　　/너를 (네 안에서)

이와 같은 구문 분석을 해보면 본문에서 무엇을 설교해야 할지가 명료해진다. 여기서 다뤄야 할 것은 세례의 형태나 비둘기 같은 성령에 대한 이야기가 아니라, 각 절의 주부와 술부에서 명료하게 보여주는 것처럼 우리 주님께서 무엇을 하셨나이고, 그것은 마가복음 1:1의 "예수 그리스도 복음의 시작"이란 선언과의 관계성 속에서 중요한 부분이 되는 것이다. 즉 예수님께서는 어떤 것을 주목해 보셨고, 하늘에서 나는 어떤 소리를 들었다는 사실이다. 그렇다면 우리의 주 되신 예수님은 눈은 떴으나 보지 못하는 우리를 위하여 먼저 하늘이 갈라지는 것을 보시는 분으로, 그리고 성령이 내려오시는 것을 보셨기에 하늘의 것을 보지 못하는 우리도 볼 수 있게 해주실 분으로 소개 되었음을 말할 수 있을 것이다. 그래서 그는 앞으로 소경의 눈을 뜨게 해주고, 우리의 눈도 뜨게 해주셔서 하나님의 일을 보게 해주실 빛으로 오신 분임을 말할 수 있게 된다. 또한 그는 귀가 있으나 듣지 못하는 우리의 귀를 열어 복음의 기쁜 소식을 듣게 해주기 위하여 귀머거리의 귀를 열어줄 것이며, 공생애 첫 순간에 우리를 위해 그는 하늘로서 나는 소리를 먼저 들으신 것이다. 그래서 그분은 우리의 빛이 되어 보게 해주실 뿐 아니라 우리를 위해 기쁜 소식(복음), 곧 소리로 오시고 하늘에서 나는 소리를 듣게 해주시는 기쁜 소리가 되어 주신다. 이런 설교를 구상할 수 있게 해주는 것은 무엇인가? 이처럼 간단한 구문 분석을 통해 본문이 말하고자 하는 바를 명료히 보게 해주는 훈련이다.

이런 구문 분석이 힘든 사람들은『SBI 문맥 성경』(그리심)과 관련 홈페이지 자료들을 참조할 수 있다. 역시 본문의 모든 구절을 다 이렇게 분석할 시간이 없을 때에는 본문 중 이해가 안 되거나 모호한 구절만이라도 해보자.

이런 도구 외에도 구문의 논리적 연결성을 살펴보는 sentence-flow 작성 훈련법을 익히는 것도 도움이 되겠지만(Gordon Fee의『신약석의』책을 참조하라), 우선

원인	(왜냐하면, …때문에, …이기에)
이유	(왜냐하면, …때문에, …이기에)
목적	(…하기 위하여, …을 위해)
수단	(…을 통해, …으로, …함으로)
시간	(…까지, …할 때, …할 때마다, …하자마자)
장소	(…에서, …로부터, …까지)
방법	(…와 같이, …방법으로)
순접	(그리고, …와/과, …하고)

| 역접 | (그러나, …하나) |
| 대등접속 | (그리고, …와/과,…하고) |

등과 같은 접속사나 연결구만 잘 관찰해도 본문에 나타난 사고의 논리적 흐름을 파악할 수 있을 것이다.

3단계. 문맥 속에서 읽기

원어 성경으로 본문 석의를 정확히 하려면 원문의 문법적인 문제를 검토하는 과정이 필요하다. 그러나 우리 일반적인 설교자들은 원어성경을 통해서 설교준비를 하는 것이 비현실적이어서 우리말 성경이나 영어성경을 통해서 하는 것이 낫기에 그 과정을 생략하고, 강해설교의 정의에서도 강조된 것처럼 문맥 속에서 본문의 의미를 이해하려는 노력을 하는 것이 더 중요하여 이번 단계에서는 본문을 문맥 속에서 분석하고 문맥 속에서 읽는 과정을 강조하고자 한다.

그러나 문법적인 검토와 숙어연구를 무시하지 않은 상태에서 문맥 속에서 판단하는 과정이 함께 일어나야 함을 일깨우기 위해 간단한 예를 하나 들어보겠다.

기도회에서 어떤 설교를 해야 할지 고민하다가 기도응답의 확신에 대해 말하기로 결심하고 자주 택하는 본문으로 마18:19-20 "너희 중에 두 사람이 땅에서 합심하여 무엇이든지 구하면 하늘에 계신 내 아버지께서 저희를 위하여 이루게 하시리라 두세 사람이 내 이름으로 모인 곳에는 나도 그들 중에 있느니라"는 말씀이 있다.

그러나 이 구절이 과연 우리가 힘을 합쳐 이렇게 기도할 때 주께서 함께 해 주신다는 약속이며, 우리가 기도할 때마다 응답받을 수 있다는 기도응답의 약속과 확신의 근거가 되는 말씀일까?

전후 문맥을 살펴보면, 이 구절은 기도응답의 약속에 대한 본문이 아니라,

죄를 범하는 기독교인이 어떻게 회복되어야 하는가에 대한 말씀이다. 앞부분인 16절을 보면 "만일 (죄를 범한 형제가) 듣지 않거든 한두 사람을 데리고 가서 두세 증인의 입으로 말마다 확증케 하라."는 말씀에 이어지는 것에 주목해야 한다. 물론 19절에 '구하면'이란 단어가 나오지만 aitesontai 는 기도에 관련된 것으로 연상하기 전에, 승인을 요청하다(pursuing a claim, request)란 본래의 뜻에 머물러 본문의 의미를 생각해 봐야 한다.

이 예처럼 본문을 전후 문맥에서 보지 않고 따로 떼어내어 그 구절만 묵상하다가 가끔은 이상한 설교를 할 수도 있다.

이처럼 문맥에서 벗어난 해석 (Text without context)은 위험한 무기가 될 수 있다. 책임 있는 성경 해석가는 힘들더라도 역사 문화 사회 문학 수사학적 문맥 속에서 본문이 원래 갖고 있는 의미를 발견하려는 사람이다.

본문을 문맥 속에서 이해하는 것은 성경적 설교를 위한 석의의 기본이요 기초이다. 그럼 문맥 속에서 본문의 의미를 찾기 위해 어떻게 해야 할까? 먼저

직접적 문맥 확인하기 - 본문의 앞과 뒷 부분을 세심하게 관찰하며 어떻게 연결되는지, 서로 어떤 관계에 있는지를 검토하는 것이 우선 할 일이다.

병행 본문 확인하기 - 그 다음으로는 설교 본문이 속해 있는 성경의 동일한 책 내에서 유사한 내용을 다루고 있는 본문을 찾아본다.

성경 전체의 병행본문과 배경 확인하기 - 때로는 같은 저자의 다른 책들이나, 성경 전체에 나타나는 간접적 문맥 확인도 필요하다. 특히 신약의 본문을 다룰 때는 구약의 배경본문 (backdrop)을 찾아보고, 구약이 본문이면 신약에서 이것이 어떻게 완성되어 나타나는가를 확인해 보는 것도 중요하다.

이런 과정은 앞의 석의 단계인 단어 용례 분석을 할 때도 같은 방식이기 때문에 쉽게 이해가 될 것이다. 다만 귀찮기 때문에 건너뛰고 싶은 유혹에 빠지지 말고 일일이 확인해보는 습관을 들이는 것이 중요하다.

예를 들어 막8:22-26에 기록된 소경의 치유 사건을 보자. 이 기사를 정확히 이해하려면, 그 본문만 파고들어서는 한계가 있고 전후 문맥 속에서 봐야만 한다.

문맥상 앞 사건은 무엇이었는가? 막8:14-21을 보면 예수님께서 "삼가 바리새인들의 누룩과 헤롯의 누룩을 주의하라"고 언급하시는 15절을 중심으로 구성되어 있다. 그러면 우리가 다루고자 하는 소경 치유 사건은 소경 치유 기적 자체에만 관심을 가지면 안되고, 바리새인과 헤롯과 같은 사람들의 문제점에 대한 해결과 관련되어 있음을 알고 석의해 나가야 할 것이다. 그런데 이 바리새와 헤롯의 누룩 기사는 더 앞 사건인 8:1-10 사천명을 먹인 사건에 이어진 것이다. 그런 놀라운 기적을 베풀고 17절에서 주님께서는 "아직도 알지 못하고 깨닫지 못하느냐"고 지적하셨고, 바리새인들처럼 성경을 알고 자신들이 의롭다고 생각하는 사람들은 물론 제자들마저 제대로 깨닫지 못하는 사람들로 제시하고 있음을 인지해야 한다. 그것은 그 다음 절인 18절에서 "눈이 있어도 보지 못하고..."란 표현으로 이어진다. 그리고 나서 본문에서 예수님은 소경의 눈을 뜨고 보게 해주는 것이다.

이제 문맥상 뒷 사건도 보자. 본문에 이어지는 막8:27-30을 보면, 예수님은 그 기적 사건 후에 "사람들이 나를 누구라 하느냐?"고 물으시고, 또 다시 "너희는 나를 누구라 하느냐?"고 물으심으로 베드로의 고백을 끌어내는 것으로 이어지게 만든다. 본문 앞에서는 바리새인들 뿐 아니라 제자들도 제대로 보지 못하는 소경과 방불했는데, 예수님께서 소경의 눈을 뜨게 해준 사건 후에는 소경과 방불했던 제자에게서 그 예수님이 누구인지 제대로 보게 되는 변화가 일어났음을 다루는 것이다.

그렇다면 막8:22-26을 단순히 소경의 치유 사건이며 하나의 기적 사건으로만 보면 안되고, '보는 것, 보기'를 연결고리로 하여 전후 문맥 속에서 읽어야 본문의 말하고자 하는 바를 제대로 파악할 수 있게 됨을 알 수 있게 된다.

따라서 본문의 결론을 끌어내기 위한 핵심적 질문은 막8:23 "무엇이 보이느냐?"이고, 문제의 해결과 결론은 "8:25 시력을 회복하여 모든 것을 똑똑히 보게 되었다"는 것이 된다.

이것이 문맥 속에서 본문을 보는 방식이다.

4단계. 설교를 위한 나의 본문 재구성

지금까지 살펴본 3단계를 거치면 본문에 대해 어느 정도 정확성을 갖게 되고 이해의 폭이 넓어지게 될 것이다. 네 번째 단계에서는 지금까지 분석하고 연구한 내용들을 염두에 두고 여러 성경번역본으로 본문을 읽으며 각 번역의 차이를 주의 깊게 살펴본다. 그렇게 하여 실제로 자신이 설교에 사용할, 그리고 교인들에게 본문의 의미를 설명할 때 사용할 설교 본문을 재구성해 보도록 한다.

이 일을 하기 전에 여러 번역의 성경을 반복해서 읽는 것이 좋은데, 특히 설교 본문만 읽지 말고 그 본문 전후 부분까지 함께 읽어서 전체적인 문맥 속에서 본문을 보도록 훈련하는 것이 좋다.

보통 설교를 위해 개역개정판을 사용하겠지만 표준새번역을 반드시 참조하고, 복음주의 계열에서는 잘 보지 않지만 공동번역도 참고하고, 헬라어성경이나 히브리어성경은 원어 문제로 잘 사용하지 못하더라도 영어성경 중 NIV와 NRSV 번역은 반드시 참조해 보는 것이 좋겠다.

예를 들어 개정개역으로 보면 에베소서 1:17-18은

"17 우리 주 예수 그리스도의 하나님, 영광의 아버지께서 지혜와 계시의 영을 너희에게 주사 하나님을 알게 하시고 18 너희 마음의 눈을 밝히사 그의 부르심의 소망이 무엇이며 성도 안에서 그 기업의 영광의 풍성함이 무엇이며" 이지만,

여러 단어 연구, 구문 분석, 단어 용례 연구를 통해 어느 정도 본문 이해가 된 후에 다양한 번역본을 읽고 나면, 설교자인 내가 설교할 때 사용할 본문을 다음과 같은 방식으로 재구성할 수 있을 것이다.

17 우리 주 예수 그리스도의 하나님, 영광스러운(NIV, 공동) 아버지께서 지혜와 통찰력(공동)을 여러분에게 주셔서(표준), 하나님을 알게 해 주시고
18 여러분의(표준) 마음의 눈을 밝혀 주셔서 하나님께서 여러분에게 주신 부르심의(표준, NIV, 사역) 소망이 무엇인지, 거룩한 무리(사역) 안에 주어진(표준) 그토록(사역) 영광스러운(현대인, NIV, NRSV) 유업(사역, NIV)이 무엇인지 알게 해 주시기를 기도합니다. (NIV)

여기서 별도 표시가 없는 부분은 개역이나 개정판 그대로 사용한 것이고, 괄호 안에 '표준(표준새번역), 공동(공동번역), 현대인(현대인의성경)' 등으로 표시된 것은 다른 번역본이고, NIV나 NRSV는 영어성경의 번역을 참조로 하여 우리말로 옮겨본 것이다. 그리고 괄호 안에 '사역'이라고 한 것은 단어 용례 분석 후에 다른 번역성경에서는 찾을 수 없지만 이렇게 해석하는 것이 원래 의미에 가장 가깝다고 생각되는 나의 번역 부분이다. 위와 같은 본문 재구성이 완성되었다는 것은 본문의 의미에 대해 어느 정도 설교자 혹은 석의하는 자로서 이해가 되었다는 사실을 보여주는 것이다.

참고로 설교 본문이 복음서인 경우에는 4복음서 대조 연구(Harmony 혹은 Synopsis)를 시행해서 지금 자신의 설교 본문인 복음서에서는 어떤 시각에서 이런 표현을 하고 있는지도 파악해 두는 것이 복음서별 메시지를 분명히 분별해내는 데 도움이 될 것이다. 이것을 위해서는 United Bible Society에서 나온 K. Aland가 편집한 『Synopsis of the Gospels』(영어성경과 헬라어 성경으로 된 것, 두 가지가 있다)이나 한글성경의 복음서 번역을 기초로 한 성종현의 『공관복음서 대조연구』(장신대출판사) 등을 이용하면 된다. 4복음서 대조 연구 방법 역시 Gordon Fee의 『N. T. Exegesis』에 나온 것을 참조하기 바란다.

5단계. 본문 관련 역사적 · 문화적 배경 연구
이제 설교 본문에 대한 단어, 구문, 문법적인 문제들이 풀리고 이해가 깊어

졌다면, 성경 본문이 기록될 당시 첫 청중들이 원저자의 의미를 제대로 이해했던 것처럼 우리도 그 세계로 들어가서 본문을 이해해야 할 것이다. 그래서 다섯 번째 단계에서 우리는 본문 내용의 명확한 이해를 위해 필요한 역사적·문화적 사항을 조사 연구해야 한다.

이것은 주석이나 스터디 바이블 서론에 나오는 각 책의 기록배경, 저자, 수신자 등 신구약개론 교과서에 나오는 내용이나 주석의 초반부 내용을 옮겨 적으라는 것이 아니다. 그런 내용은 설교자라면 기본적으로 알고 있어야 할 내용이고, 석의의 다섯 번째 단계에서는 본문에 나오는 특정 사건이나 관련 사항에 대한 고고학적 자료를 검토해 보고, 종교·문화·사회적 풍습 등에 관련된 부분을 조사해서 본문의 의미를 더 명확히 이해할 수 있게 하자는 것이다.

사실 마태복음 13:44의 감추인 보화 비유를 설교할 때 왜 밭에 보화를 숨겨두는지, 밭을 갈다가 그것을 발견하면 가지면 되지 왜 다시 파묻고 돌아가서는 힘들게 재산을 처분하고 나서야 그 밭을 사들여 보화를 취하는지 당시의 문화적 요소를 모른다면 제대로 된 설교를 할 수 없다. 또한 고린도전서 13:12의 "거울로 보는 것같이 희미하나"라는 구절을 보며 교인들 가운데는 거울을 보면 잘 보여서 잡티도 확인할 수 있고 화장도 할 수 있는데 이게 무슨 소리인가 의문을 가지는 사람도 있을 수 있다. 옛날에 청동 거울은 어느 정도였는지 간단히 언급만 해줘도 성도들은 재미있게 성경 본문의 세계 속으로 들어가서 일체감을 느끼며 설교를 들을 수 있을 것이다. 따라서 역사적·문화적 배경 연구는 본문에 대한 바른 이해뿐 아니라 성도들에게 성경에 대한 흥미를 가져올 수 있기에 설교자들이 게을리하지 말아야 할 부분이다.

이런 역사적·문화적 배경 연구를 위해서는 평상시에 R. 드보가 쓴 『구약시대의 사회풍습』(솔로몬)이나 『구약시대의 종교풍습』(성서연구사)과 같은 구약관련 문헌을 읽어두고, 신약의 역사적·문화적 배경 이해의 폭을 넓히기 위해서는 J. 예레미아스, 『예수시대의 예루살렘』(한신연)이나 E. 로제, 『신약성서배경사』(대한기독교출판사) 등이 매우 유용하다.

그러나 설교 준비를 하다가 특정 본문의 특별한 사항을 찾기 위해 그런 책들을 처음부터 뒤적거리기는 힘들기에 키너 편지, 『IVP 성경배경주석(구약, 신약)』(IVP) 같은 주석 방식으로 된 책을 곁에 두고 있으면 쉽고 간단히 찾아볼 수 있다.

평생 성경을 연구하고 가르치고 설교해야 하는 목회자라면, 사실 조금 분량도 많고 번역이 되어 있지 않은 것이 아쉽지만 『International Standard Bible Encyclopedia(ISBE)』나 『Anchor Bible Dictionary』같은 백과사전식 전집류를 한 세트 갖고 있는 것이 좋다. 이런 성경사전들은 성경의 각종 역사적·문화적 자료들이 각 전문가들의 글과 사진으로 풍성히 나와 있고, 특히 사전식으로 배치되어 있어 찾기가 쉽다. 그런 책들이 부담스러운 사람들은 R. Youngblood, F. F. Bruce, R. K. Harrison, 『Nelson's New Illustrated Bible Dictionary』과 같은 단권성경백과 사전이라도 서재에 비치하고 있어야 할 것이다. 평생 설교를 해야 할 사람이 이런 자료에 대한 투자도 안 하고 읽어본 적도 없다면 성도들 앞에 설교자로 서기가 부끄럽지 않을 수 없다.

6단계. 주석 등 참고문헌 조사

앞의 다섯 단계를 통해 개인적으로 석의를 하며 연구했더라도 짧은 시간에 모든 것을 완벽하게 검토할 수는 없다. 따라서 훌륭한 주석가나 신구약 학자들의 연구 결과를 참조하는 것은 매우 중요하다. 다만 개인적으로 앞의 5단계 석의를 통한 본문 연구를 하기 전에 처음부터 주석이나 설교집 등을 보는 습관은 애초에 버려야 한다. 그럴 경우 그 주석가나 설교가의 관점에 매여 본문을 보게 되어, 하나님께서 우리 교회에 전하기 원하시며 내게 주시는 말씀을 들을 수가 없다. 그저 지금 읽은 주석가나 설교자에게 주신 말씀과 그 관점에 매여 다른 것은 들리지도 보이지도 않게 된다. 따라서 반드시 앞의 5단계 개인적 석의와 연구를 통해 어느 정도 본문에서 말씀하시는 하나님의 음성을 스스로 듣고 난 후, 부족한 부분을 보완하기 위해 주석이나 해설집 혹은 관련 참고문헌을 검토해 보는 것이 중요하다. 즉 앞의 5단계에서 내가 찾아내지 못한 중요 사항이 있다면 보완하기 위해 보는 것이지 절대로 주석부터 읽는 습관은 갖지 말라.

주석이나 해설집(잘 쓰인 강해집도 좋지만 각 책별로 뛰어난 주석들을 직접 보는 것이 좋겠다)을 보되, 그 후에는 본문의 장르에 따른 해석 방식도 검토하는 것이 좋겠다.

이 단계를 위해 주석을 볼 때는 국내 각 출판사에서 편집하여 낸 주석세트를 구입하기보다는 성경 각 책별로 그 분야 최고의 전문가들이 집필한 주석을 낱권으로 사는 것이 좋다.

그러나 새벽기도 설교 등을 위해 잠시 참조할 단권주석이 필요한 경우 D.A.카슨, R.T.프랜스, J.A.모티어, G.J.웬함 등이 지은 『NBC 21세기판-IVP 성경주석 신구약세트』(한국IVP) 혹은 영문판이지만 Guthrie, Motyer, Stibbs, Wiseman 등이 만든 『Eerdmans Bible Commentary』등을 볼 수 있다. 그렇지만 세계적으로 인정받고 있는 유명 주석시리즈 중 책별로 좋은 주석 2-3권 정도를 추천받아 비치하고 사용하도록 하자.

7단계. 성서신학적 검토

1-5단계에 걸친 개인적 석의, 그리고 6단계에서 주석 등 참고문헌 연구를 통해 본문의 중심사상이 무엇인지 찾았다면, 이제 그 본문석의 결과를 설교로 성도들 앞에 전달하기 전에 최종적으로 성서신학적 관점에서 나의 석의 결과를 검토해 보는 것이 필요하다. 지금까지의 석의 결과, 본문에 대한 잘못된 이해 혹은 신학적으로 건전하지 못한 지나친 해석 결과가 나오지 않도록 성경 전체의 신학적 관련성과 구속사적 맥락 속에서 검토하는 안전장치

를 거쳐서 교인들 앞에 메시지로 나가야 한다.

　성서신학적 검토가 과연 중요한가는 다음과 같은 간단한 사례만 봐도 알 수 있다. 어느 유명 목사는 마태복음 11:25-30을 본문으로 하여 '이래서 예수님이 최고입니다'라는 제목의 설교를 하는 중에 "어떤 분은 교회는 예언자로서 책망을 해야 한다고 말합니다. 여러분! 책망하면 교인들이 변화될 것 같습니까? 절대로 안 되게 되어 있습니다. 구약시대 때 예언자가 '화있을진저 망하리라'고 예언해도 구약성경에 돌아선 사람 한 명이나 나왔습니까? 그런데 예수님은 오셔서 어느 누구 하나 책망 안 했는데 다 변화시켰습니다. 모두 바꾸어 주셨습니다. '이 복 받을 사람아, 잘 될 사람아, 너는 할 수 있다. 이리 오너라' 쓰다듬어 주시고 사랑해 주실 때에 우리 인간은 변화될 수 있습니다. …… 할렐루야! 저도 축복을 선포합니다"라고 했다. 그런데 참으로 예언자의 회개를 촉구하는 메시지를 통해 돌아선 사람이 한 명도 없기에 축복을 말하는 것이 옳은가? 구약만 봐도 나단 선지자의 책망에 다윗왕이 돌아섰고 요나의 메시지를 듣고 그 많은 니느웨 사람들이 회개했다. 신약에서 예수님이 과연 서기관과 바리새인과 제사장들에게 축복만 하시고 책망한 적이 없단 말인가? 이처럼 본문만 보고 편협적인 해석을 주장하지 말고 성경 전체의 흐름 속에서, 그리고 구속사적 맥락 속에서 본문을 해석하고, 이해하고, 설교해야 한다.

　야고보서 2:18-26을 본문으로 설교를 하며 어떤 설교자는 믿음과 행함의 관계에 대한 야고서의 메시지가 전통적으로 이해해왔던 복음이나 오직 믿음의 교리와 다르다고 느낄 수 있다. 여러분이라면 어떻게 설교할 것인가? 여러분도 칭의의 교리와 복음의 정신과 다르다고 느껴서 야고보서를 성경에서 빼 버리고 싶은 충동이 드는가? 이것은 토라, 복음, 믿음, 행함에 대한 성경신학적 관점이 정리되지 않아서 생기는 문제이다. 야고보서 2:18-26에 나오는 믿음, 아브라함 등의 용어가 로마서와 갈라디아서에서는 다른가? 바울의 신학과 야고보서의 신학이 다르다고 생각된다면, 성경 전체에 흐르는 일관성 있는 가르침은 없다는 말인가? 즉 어떤 본문을 설교하기 위해서 석의한 결과가 성경신학의 관점과 위배되는지 확인해보고 성경 전체의 가르침과 다른 해석이 나오면 재검토해 볼 필요가 있다.

한 가지 더 예를 들어 마가복음 2:13-17을 본문으로 하여 '예수님께서 부르시는 사람들'이란 제목의 설교를 보면

1. 생각이 바뀐 자를 부르신다(14, 16절).
2. 행동이 바뀐 자를 부르신다(15절).
3. 죄인임을 인정하는 자를 부르신다(17절).

라고 했는데, 예수님은 과연 이미 생각이 바뀌고 행동이 바뀌고 죄인임을 인정했어야 그를 부르고 구원하시는가, 아니면 그를 만나고 불러서 생각과 행동을 바꾸고 죄인임을 인정하게 하는가에 관한 질문은 성경신학적 관점 속에서 제대로 답할 수 있을 것이다. 그래야 바른 설교를 할 수 있다.

설교자가 석의 결과에 대해 이런 성서신학적 검토가 가능하려면 성경신학이 갖춰져 있어야 하는데, 신구약 전체의 구속사적 흐름을 일목요연하게 보여주는 교과서 격 도서로는 G. 보스의 『성경신학』이 있다. 신구약 전체를 보되 구약신학적 관점에서 탄탄한 책을 원한다면 M. 클라인의 『하나님 나라의 서막』을, 구약신학만 필요하다면 W. 브루그만의 『구약신학』, 신약신학은 G. 래드의 『신약신학』의 내용을 숙지하고 있어야 한다. 또 바울신학을 집중적으로 공부하기 위해서는 제임스 던의 『바울신학』을 공부해 두어야 할 것이다.

그런데 본서는 설교학 책이지 석의학 교과서나 해석학 책이 아니므로 석의 방법론을 일반적인 설교자들을 위해 간단히 소개했을 뿐이다. 그러므로 이 부분만 읽고 석의를 어떻게 하는지 잘 모르겠다고 포기하지 말고, 신약은 앞에서 소개한 피(Gordon Fee)의 석의학 책과 구약은 스튜어트(Douglas Stuart)

의 석의 교과서 혹은 I. Howard Marshall이 편집한 『신약해석학』이나 스코트 듀발과 다니엘 헤이즈가 공저한 『성경해석』과 같은 책들을 참조하여 석의방법론을 반드시 익혀 두기 바란다. 이때 주의해야 할 점은 Fee나 Stuart의 석의교과서처럼 헬라어나 히브리어성경을 기초로 한 방식보다는 잘 번역된 한글성경이나 영어성경을 기초로 하여 쉽게 석의할 수 있는 간단한 방법을 익혀두는 것이 매주 여러 설교의 부담 속에 있는 목회자에게 보다 현실적이란 사실이다. 본서는 그래서 간략히 7단계로, 가능하면 원어 지식을 적게 사용하면서 석의할 수 있는 방법을 제안한 것이다.

석의, 해석, 그리고 허메뉴틱

여기서 짚고 넘어가고 싶은 것은, 설교자는 석의를 통해 본문이 말하고자 하는 원 의도(original intention)를 찾은 후에 해석의 단계로 넘어가야 한다는 것이다. 이때 해석(Interpretation)이라 함은 석의를 통해 찾아낸 객관적인 사실이 담고 있는 함축된 의미(implication)를 찾는 것을 뜻한다. 혹자는 해석을 석의 결과가 담고 있는 우선적 의미(primary meaning)라고 말하기도 한다. 석의가 편견을 가진 해석으로부터 본문을 보호하며 본문에 담겨있는 원 의도를 찾는 것이라면, 해석은 거기에 담겨있는 주된 의미를 찾는 것이다.

그런데 설교자는 신구약학자와 달리 석의와 해석 후 반드시 해석학적 작업(Hermeneutics)이란 단계를 하나 더 거치는 것이 필요하다. 이 허메뉴틱스를 우리말에서는 인터프리테이션과 같이 해석학이라고 하지만, 허메뉴틱스가 강조하는 것은 '이 구절이 오늘날 나에게 의미하는 바'를 찾는 것이다. 즉 '현대적 관련성(contemporary relevance)'이란 측면에서의 의미이다.

이 세 가지 단계를 다시 요약하자면 석의(exegesis)는 '이 본문은 원래 어떤 사실에 대해 말하려고 했는가(사실, fact)'를 찾는 것이라면, 해석(interpretation)은 '저자가 본문에서 특정 단어들을 사용해 의미하고자 뜻했던 바(meaning)'를 찾는 것이고, 해석학적 작업(hermeneutics)은 '그 의미가 오늘날 이 시대 우리에게 어떤 무게로 다가오는가, 즉 현대적 의의(significance)'를 찾는 작업이라고 말할 수 있는데, 이에 대해서는 다음 장에서 더 자세히 알아볼 것이다.

따라서 주석을 쓰는 주경학자들의 주관심이 석의라면(물론 그들도 해석학적 작업을 한다) 조직신학자는 해석(interpretation)을 정확히 하려고(그들도 석의와 해석학적 작업을 하기도 하지만) 애쓸 것이다. 그러나 설교자는 허메뉴틱스 관점에서의 해석의 마지막 작업까지 해야 하는 사람이다. 본문의 원래 의도를 찾아내는 석의에서 끝나는 성서학자는 R. 앤더슨의 방식대로 말하자면 포이에시스(poiesis)적 성경해석을 하는 것이지만, 오늘날 우리 삶의 관점에서 이것이 무엇을 의미하는가를 추구하는 설교자는 프락시스(praxis)적 해석자라고 말할 수 있다(실천신학의 poiesis와 praxis 측면에 대해서는 Ray Anderson의 'The Soul of Ministry, WJK, 1997년'의 26-28쪽을 참조하라).

이런 설교자의 해석적 관점은 본문이 말하는 사건의 사실성, 정확성, 객관성도 상호 관계와 문화란 컨텍스트 속에 자리 잡고 있는 것이며, 수천 년의 문화적 · 역사적 · 시간적 간격을 건너 오늘날 이 지역에 사는 나의 양떼들에게 어떤 의미로 다가오기를 성령께서 원하시는 가에 대한 응답으로 봐야 한다는 말이다. 동시에 석의를 통해 본문의 텔로스(telos, 목적 곧 원 의도)를 발견하여 문화에만 의존적이 되거나 현대인들의 표피적 필요에 의해 끌려 다니는 설교자들의 잘못된 해석을 수정해 나갈 수 있어야 한다. 설교자는 이런 해석학에 대한 이해와 그 순환과정에 좀 더 관심을 갖고 연구해 보기를 권한다.

본문석의 결과에서 설교 아이디어를 잡기

설교에서 가장 중요한 것은 지금까지 강조한 것처럼, 철저한 본문석의를 통해 본문의 주 아이디어를 찾아내는 것이다. 그러나 거기서 멈춘다면 신학자일지는 몰라도 설교자일 수는 없다. 설교자는 항상 성경의 저자(우선 성령

하나님이며 동시에 성령께서 영감해서 사용하시는 기록자)가 말하고자 하는 본문의 중심 주제를 발견하고(석의), 그 후에는 그 핵심 아이디어를 통해 설교의 메시지를 형성해 나가야 한다. 이것이 석의를 통해 핵심 아이디어를 잡고 설교로 발전시켜 나가는 훈련이다. 이 훈련이 안 되면 설교의 주 아이디어는 없이 이런 저런 수사학적 장식에만 관심을 기울이게 된다. 그러나 어떤 녹차 광고가 말하듯 차는 어디에 담느냐보다 어떤 찻잎을 쓰느냐가 더 중요한 것이고, 설교는 어떤 수식을 멋지게 해내느냐 보다 본문의 주 아이디어를 얼마나 제대로 표출해 내느냐가 더 중요하다.

이런 분명한 의식이 없는 설교의 결과는 현대 강해설교의 아버지 격인 해든 로빈슨(Haddon Robinson)이 지적한 것처럼 산탄총을 쏘는 듯한 설교를 하게 된다. 설교자가 할 일은 정조준하여 성경이 말하고자 하는 바를 명중시켜 청중에게 바로 전달하는 것이다. 본문의 주 아이디어(혹은 빅 아이디어)를 찾고 그것을 발전시키는 설교만이 핵심이 있고 명료하여 사람들을 변화시킬 수 있다. 이런저런 소리를 주절주절 늘어놓고 그 중 한 가지에는 걸리겠지 하는 식으로 설교를 하면 사람들은 핵심에 도달하지 못하고, 따라서 쉽게 변하기 어렵다. 그러므로 설교를 한다는 것은 첫째로 석의를 통해 저자의 중심 주제를 발견하고, 둘째로 그 주제를 중심으로 메시지를 형성하고, 셋째로 그 핵심 아이디어가 내가 할 설교의 중심이 되게 하는 것이라고 말할 수 있겠다.

본문석의 결과 본문의 의도를 살려 설교의 주 아이디어를 만들어간다는 것은, 또한 설교자 자신의 창작을 하는 것이 아님을 의미한다. 뿐만 아니라 오래 전에 이미 말해진 것을 오늘 재현해내는 것에 머무는 것도 아니다. 성경 본문을 통해 드러난, 하나님께서 지금 하고 계시는 일에 청중들이 참여하도록 하는 것이다.

그러므로 우리의 질문, "발견한 본문의 중심 주제를 어떻게 설교로 이어나가는가?"에 대해 이제 더 구체적으로 알아보자.

어떻게 중심 주제를 발견하는가?

물론 석의 결과에서 나온다. 그런데 석의는 해 놓고 그것을 어떻게 설교로 연결시켜야 할지 막막해 하는 사람들이 있다.

사실 석의를 제대로 할 줄 모르는 사람도 신학적으로 대단한 소리는 못하지만 그래도 본문의 메시지를 크게 벗어나지 않고 설교하는 사람들이 있다. 어떻게 해서 그런 것일까? 그들은 석의에서 기술적인 부분은 잘 못해도 평신도 때부터 성경을 읽고, 보고, 묵상하는 훈련이 되어 있기 때문인데, 석의 결과에서 중심 주제를 도출해내고 설교로 만들어가는 것도 이와 크게 다르지 않다. 그 과정을 설교적 측면에서 간단하게 언급하자면 다음과 같다.

1. 사건 또는 생각 혹은 논리의 각 단계를 구성하고 있는 각 절(또는 필요에 따라 한 절 이상 또는 한 절의 일부)의 내용을 요약해 본다.
2. 앞뒤의 절들과의 관계를 연결 지어 보는 것이 좋다.
3. 본문의 사상 전개 흐름을 검토한다. 즉 단락 내에 몇 개의 절들이 모여서 좀 더 큰 사건의 진전 또는 생각/논리의 단위를 형성하는지 살펴본다.
4. 그리고 나면 전체 문맥 속에서, 보다 넓은 문맥 속에서 다시 보라.

예를 들어 고린도전서 13장을 설교할 때 이 장은 사랑장이니까 사랑에 대해 설교하면 된다는 식으로 결론을 미리 내지 말고, 그 사랑이 어떤 배경 속에서 주어진 것인가를 보는 열린 마음을 가지라는 것이다. 고린도전서 13장에서 사랑은 12장 마지막 부분에서 더 큰 은사를 사모하라는 말씀 다음에, 그리고 다음 장인 14장에서 신령한 것을 사모하라는 은사 사용에 대한 문맥 속에서 나온 것임을 알게 되면, 고린도전서 13장이 남녀간의 사랑이나 결혼식에서 신혼부부의 사랑을 다루는 사랑장이 아님을 알게 되고 본문이 말하는 바를 제대로 전할 수 있게 될 것이다.

5. 본문의 반복되는 주제는 무엇인가를 살펴보라.

예를 들어 에베소서 1:3-14을 설교하려고 연구하다 보면 '그의 영광을 찬송하게'라는 구절이 6절, 12절, 14절 등에서 계속 반복됨을 발견하게 된다. 그렇다면 에베소서 1장 앞부분을 설교하면서 하나님의 영광을 찬송하는 것에 대한 주제를 무시하고 설교하지는 못할 것이다.

6. 지금까지 요약한 것들을 정리해 본다. 이러한 과정 속에 전체의 주제가 표면으로 부상하게 되기 때문이다. 떠오른 소주제들이 어떻게 큰 그림으로 연결되는가를 검토해 보고, 그 작업이 끝나면 마지막으로 과연 이것이

7. 오늘, 나의 양떼, 나의 청중에게 필요한 것인가 묻는다.

설교할 때마다 반복적으로 이런 방식으로 준비하는 습관을 형성해 놓으면, 신학대학원에서 석의 훈련을 받은 사람이라면 석의 결과에서 쉽게 메인 아이디어를 도출해 낼 수 있을 것이다.

오래전 천 명이 넘는 목회자들을 대상으로 목회자가 해야 할 조직가, 교사, 설교자, 제사장, 행정가, 목자의 6가지 역할 중 중요하다고 생각하는 순서대로 나열해 보라고 요청했더니, 대부분의 예상처럼 1. 설교자 2. 목자 3. 제사장 4. 교사 5. 조직가 6. 행정가의 순서가 나왔다고 한다. 그런데 그 다음에 자신이 실제로 보내는 시간의 양에 따라 나열하라고 하자 놀랍게도 1. 행정가 2. 목자 3. 제사장 4. 조직가 5. 설교자 6. 교사로 순서가 매겨지는 흥미로운 결과가 나왔다고 한다. 설교를 가장 중요하게 생각하면서도 실제로 설교 준비에 들이는 시간은 적고, 회의하고 행정적인 처리를 하는 데 더 많은 시간을 보낸다는 사실은 오늘날 우리 한국 목회자들의 상황과 크게 다르지 않은 것 같다. 그렇다면 우리는 어떻게 해야지 더 나은 설교를 할 수 있을까? 들이는 시간의 절대량과 항상 비례한다고 말할 수는 없지만, 시간과 노력은 들이지 않고 저절로 설교만 잘하기 바라는 것은 타당하지 않은 일이 아닐까? 하나님 말씀이 전하고자 했던 원 의도를 찾고 그것을 제대로 전달하기 위해 조금 더 노력하는 우리 설교자들이 되었으면 좋겠다.

inductive expository preaching

05

이성과 함께 감성까지 터치하는 설교

inductive expository preaching

05
이성과 함께 감성까지 터치하는 설교

    이 단원에서 우리는 설교자들이 가져야 할 근본적인 질문을 다시 한 번 확인하고 넘어가야 한다. 이미 강조했듯이 삶의 변화를 일으키기 위해서는 헛된 말, 설교처럼 보이지만 공허한 말들을 피하고 성경적 설교를 해야 할 것이다.

    성경적 설교를 강조하며 우리는, 비록 사람들이 재미있는 설교를 선호하더라도 설교자는 말씀의 종으로서 구속사적 혹은 그리스도 중심성을 잃으면 안 된다는 점에 대해서도 생각해 보았다. 그렇다고 내용만 좋으면 되지 청중의 관심도는 고려하지 않아도 된다는 말은 아님도 동시에 강조했다. 그리스도 중심적인 성경적 내용과 함께 흥미성을 동시에 갖추는 매우 어려운 작업이 우리 설교자에게 맡겨진 과제이다.

    또한 설교 본문인 하나님 말씀이 원래 말하고자 했던 바를 찾아내 정확하게 전하기 위하여 석의의 과정을 거쳐야 함을 강조했다.

    우리 한국영화는 초기에는 관객의 입맛에 맞추는 흥행성만 있지 작품성이 없다는 비난을 받아왔지만, 최근에는 칸 영화제를 비롯한 세계적인 영화제에서 수준 높은 영화에게 주어지는 상을 받고, 뛰어난 감독으로 인정받는 사람들도 나오고 있다. 그로 인해 제대로 만들어진 좋은 영화에도 관객이 몰리기 시작한 현상은 우리 설교자들에게도 얼마나 반가운 일인지 모른다.

그런데 몇 년 전, 김형준이란 영화 평론가는 영화의 작품성과 흥행성에 대해 다음과 같은 흥미로운 관찰을 남겼다.

"요즘 영화 만들기가 신이 난다. 바로 '집으로'와 같은 영화 때문이다. 올해 들어 눈에 띄게 히트한 작품이 없자 일각에선 성급하게 한국 영화의 '거품론'을 들고 나왔다. 그러나 '집으로'가 그 성급함을 비웃기라도 하듯이 흥행 홈런을 날렸다. 이 영화는 흔히들 얘기하는 스타급 연기자 없이 영화의 힘만으로 관객들의 사랑을 이끌어낸 것이다. 이 영화가 한국 영화에서 갖고 있는 의미는 상당히 크다. 일단 '스타가 나와야 흥행이 된다'는 통념을 깨고, '영화가 재미있으면 관객들은 본다'는 '진리'를 입증해냈기 때문이다. 그만큼 우리 관객들의 수준도 높아졌다는 얘기다. 김을분 할머니의 순수함과 제대로 망가진(?) 김정은 씨의 헌신적인 연기에 찬사를 보낼 줄 아는 관객들이 늘어난 것이다. 이젠 웬만한 광고나 홍보로 관객을 속일 수 없다. 좋지 않은 영화는 아무리 광고를 해도 관객들이 외면한다. 반대로 좋은 영화는 관객들이 먼저 알고 찾아온다. 시험 전날 밤을 새워 벼락치기를 하고 얼마나 열심히 했는지 떠들고 다녀도 성적이 나쁘면 엄마에게 혼나기는 마찬가지인 것처럼, 아무리 고생해서 만든 영화라도 결과물이 좋지 않으면 관객들은 냉정하기 마련이다. …… 결국 우리 영화 제작자들이 할 수 있는 최고의 광고는 기발한 홍보 아이템을 짜내는 것보다는 유명세나 인기를 따지지 않고 역할에 딱 맞는, 연기 잘하는 배우를 써서 최대한 영화를 재미있고 감동적으로 만드는 것이다."

설교도 마찬가지다. 성경 본문에 대한 철저한 석의 결과, 성경이 말하고자 하는 바를 잘 찾아낼 뿐 아니라 그것을 제대로 표현하기만 한다면 유명세가 없어도 그 설교를 향해 사람들은 서서히 다가올 것임을 의심하지 말자. 하나님께서 또한 들을 귀 있는 자를 보내주실 것이다. 다만 문제는 그 설교가 사람들의 삶을 변화시킬 수 있어야 한다는 것인데, 대체 사람은 언제 변하는가가 우리의 질문이다.

사람들은 자신의 문제를 인식할 때 변하고, 변화의 필요를 느낄 때 달라지고, 변화의 가능성을 인정할 때 변화된다. 그리고 중요한 것은 새로운 것을 알게 되는 지식만이 아니라, 결단하는 의지만이 아니라, 지정의(知情意) 3요소가 다 건드려질 때 가장 효과적으로 변한다는 점이다.

여기서 다시 한 번 강조하고 싶은 것은, 설교는 본질적으로 하나님 말씀의 전달이란 점이다. 앞 장에서 강조한 것처럼 하나님 말씀이 설교의 내용이므로 말씀에 대한 철저한 석의에서 출발해야 마땅하다. 그러므로 인간의 감성을 자극하거나 사람들의 관심을 끄는 설교의 방법론을 익혀 청중의 변화를 이끌어 보겠다는 극단적 실용주의적인 생각은 버려야 한다.

그렇지만 내용적 측면, 이성적·논리적 측면만 잘 발달시켰다고 효과적인 설교가 되는 것도 아니라는 점을 인식해야 한다.

설교는 본질적으로 내용을 전달하는 커뮤니케이션이며, 거기에는 듣는 이의 전인적 요소를 만져야 할 필요가 있다. 따라서 삶을 변화시키는 설교를 위해서 본 장에서는 이성만이 아닌 감성까지 터치하는 설교에 대해 알아볼 것이다.

이성과 논리에서, 감성과 경험을 겸비한 설교로

예비군 훈련 중 몸은 편하나 가장 견디기 힘든 시간이 정신교육 시간으로 알려져 있다. 추운 날씨에 강당에서 한참 강의를 듣다보면 대부분은 졸기 마련이고, 여기저기서 신문을 뒤적이는 모습도 볼 수 있다. 재미있는 것은 이렇게 딴청을 하던 사람들도 강사가 자기 경험 등 개인적인 얘기나 어떤 구체적인 사건을 말하면 신문을 덮고 주목하고 자던 사람도 일어난다는 것이다. 찰스 크래프트 교수는 이것을 '기침측정기의 원리'라고 명명한 바가 있는

데, 강연 중 연사가 골자가 되는 것을 얘기할 때는 기침의 빈도가 높아지지만, 어떤 예를 들거나 자기 경험담을 말할 때는 기침이 거의 없다는 사실을 발견했기 때문이다.

커뮤니케이션 측면에서 볼 때, 청중은 대부분 추상적인 설명이나 원리는 무시하거나 거기에 주의를 기울이기 싫어하기 때문에 이런 일이 벌어진다. 반면 구체적인 예화나 개인적인 경험에 대해서는 깊은 관심을 보인다. 여기에서 우리가 배워야 할 것은 사람은 누구나 논리보다 경험과 감성적 측면으로 배우며, 기계적 견해보다는 인격적인 견해를 선호한다는 점이다.

좋은 설교란?

따라서 우리의 메시지는 명설교자 조우엣(John Henry Jowett)이 지적한 것처럼 사람들과 관련된 것이어야 한다. 이론과 논리만의 설교를 넘어서야 한다. 그는 설교를 준비하는 동안 내가 아는 다양한 기질을 가진 현실의 남자와 여자들을 끊임없이 둘러본다고 했다. 설교자는 자신의 메시지를 들을 교인들을 염두에 두고 설교를 준비해야 한다.

아무리 좋은 프로그램이나 인기 있는 드라마도 1년 이상 사람을 계속 끌어 모으기는 어렵다. 그런데 미국에서 1945년 4월 30일부터 1972년 4월 30일까지 27년간 계속된 전설적인 CBS 라디오 프로그램이 있는데, 바로 아더 곳프리 타임(Arthur Godfrey Time)이다. 그 프로그램은 미국 전역에서 매주 4천만 명 이상의 사람들이 청취했으며, 청취자들은 그의 말 한마디 한마디에 세심하게 귀를 기울였다. 그 비결을 묻자 그는 "나는 라디오랜드란 신비로운 지역에 사는 수많은 사람들에게 말하고 있다고 상상해 본 적이 없다. 나는 자신을 한 청취자인 개인과 환담하는 친구로 보았다"고 대답했다. 즉 그의 프로그램이 그렇게 오랜 기간 사람들이 귀 기울이게 한 이유는 그 내면에 "나는 당신에게 관심을 가지고 있습니다. 그리고 당신에게 나눠줄 중요한 무엇을 가지고 있습니다"라는 메시지를 담고 있었기 때문이었다. 그가 미지의 청취자 집단에게 말하지 않고 한 트럭 운전사, 설거지하는 여자, 병상에 누워있는 환자, 할 일도 돌봐줄 사람도 없는 외로운 사람을 구체적으로 겨냥해서 말한 것이 4천만 명에게도 도움이 되었던 것이다.

이 시대의 영성 깊은 지도자였던 헨리 나우웬이 가장 개인적인 것이 가장 우주적인 것임을 믿는다고 말한 것도 이와 같은 맥락이다.

여기서 우리 설교자들이 주의해야 할 것은 감성은 감정주의(emotionalism) 와 다르다는 점이다. 청중의 감정을 교묘하게 이용하고 심리적으로 조정하여 거짓된 눈물을 짜내고 사람들을 웃기고 울리는 것은 잘못된 것이다. 그렇다고 설교에서 감성적 측면을 배제하고 논리적·이성적 설득만을 목표로 하면 사람들은 변하기 어렵다. 이처럼 좋은 설교는 지적인 면과 의지적인 면만이 아니라 감성적 측면까지 다룬다. 감성이 터치될 때 이성도 움직이지만, 이성이 움직인다고 항상 감정까지 움직이지는 않는다는 점을 기억하기 바란다.

조나단 에드워즈는 일찍이 목회나 설교에서 빛이 없이 불타오르는 열정과 격렬한 불만 있는 설교가 청중들을 잘못된 방향으로 변화시킬 것을 경고하며, 동시에 불은 없고 빛만 있는 설교의 문제점도 지적했다. 위대한 신학자이며 동시에 미국에 대각성 운동을 일으켰던 설교자였던 그는, 은혜롭고 거룩한 감정이 그리스도인의 실천 속에서 열매를 맺는 것임을 간파한 것이다. 따라서 우리의 설교 가운데 전통적인 설교에서처럼 오직 논리적 서술로 일관하는 이성적 설교 방식을 극복할 필요가 있다.

이것은 설교 외에 다른 분야에도 동일한 원리로 작용한다.

2004년에 130여 명의 시인·평론가들에게 '좋은 시집' 232권과 '좋은 시' 502편을 추천받아 전문가로 구성된 한 기획위원회에서 많은 사람들에게 의뢰해 '좋은 시' 79편(시조 8편 포함), '좋은 시집' 21권을 선정, 발표했다. 그런데 선정위원장은 그 선정 기준에 대해 다음과 같이 밝혔다. "앙케이트 조사를 통한 보통 사람들의 의견과 함께, 머리보다 가슴이 뜨거운 시를, 가슴보다

손발이 부지런한 시를 좋은 시로 삼았으며, 가독성(대중성이라기보다는)과 고급 독자를 위한 전문성이 더욱 들쭉날쭉하게 적용된 시와 책들을 선택했다."
이처럼 좋은 설교도 석의 결과 확보된 신학적 전문성(이성)과 함께 청중의 가청성을 위한 감성을 겸비한 것이다.

안타까운 것은 적지 않은 교인들은 설교에서 '은혜 받았다'와 '감명이 깊었다'는 것을 구분 못한다는 사실이다. 그것이 성경적이고 수준이 있는 설교를 지향했던 나에게 한때나마 유감이었다. 그러나 이제 설교자로서 받아들일 수 있는 사실은, 사람들은 감동과 감명을 통해서 변한다는 점이다. 청중은 들어서 배울 뿐 아니라 감동도 받아야 한다.

본 장에서는 계속해서 설교의 커뮤니케이션 측면에 대해 말하고 있다. 그럼 좋은 설교는 또 어떤 특성을 가지고 있는 것일까?

이미지가 있는 설교

삶의 변화를 위해 설교한다면 이미지가 차지하는 역할 역시 무시해서는 안 된다. 모래시계란 드라마가 끝난 지 오래되고 그 줄거리조차 희미해가지만, 왜 사람들은 아직도 정동진의 그 소나무를 찾아가는가? 타이타닉 영화의 대사는 기억나지 않아도, 뱃머리에서 팔을 벌리고 바람을 가르는 두 남녀 주인공의 모습만은 뇌리 속에 깊이 새겨져있는 이유는 무엇일까?

그렇다면 하나님의 변치 않는 영원한 진리를 전해야 하는 우리는 이성적? 논리적 설명만이 아니라 이미지를 사용해서라도 그 진리를 사람들의 마음에 새겨줄 수 있어야 하지 않을까? 그래야 사람들의 삶이 좀 더 효과적으로 달라질 수 있을 것이다.

이미지는 논술이 할 수 없는 역할을 하며 커뮤니케이션에서 무시할 수 없는 매우 중요한 기능을 하고 있다. 크래독 같은 설교학자도 이 사실에 대해 분명히 이해하고 있었다. 그는 이미지는 개념에 의해서가 아니라 다른 이미지에 의해 대체되며 그것도 아주 천천히 일어난다고 말한다. 설교자가 전달한 개념(idea)에 대해 인간의 머리가 동의하고 난 오랜 후에 가슴 속에 여전히 남아 있는 것은, 그때 받은 옛 이미지들이다.

그래서 이미지가 있는 설교를 해야 한다. 그것은 다른 말로 상상력이 있는 설교이다. 상상력은 성경이 말하지 않은 것을 말하고, 본문이 보장하고 있지 않은 것을 끄집어내는 공상과는 다르다. 예수님의 십자가에 대한 설교에서 다음과 같이 묘사해 볼 수 있을 것이다.

"엘리 엘리 사마 사박다니, 나의 하나님 나의 하나님 어찌하여 나를 버리셨나이까?" 고통으로 타들어가는 목, 허옇게 말라붙은 입술로부터 터져 나온 그 처절한 절규가 하늘을 갈랐습니다. 그 순간, 태양도 빛을 잃고 온 땅이 어둠에 휩싸였고, 땅은 진동하고 바위가 터지고 성전의 휘장도 갈라졌습니다. 그리고 내 마음도 갈라졌습니다. 그것은 우리의 죄를 짊어지고 하늘로부터도 버림 받고 사람들로부터 버림 받은 순간이었습니다. 당신에게는 하늘과 땅 한가운데 홀로 매달린 우리 주님의 십자가가 보이십니까?"

청중들이 동질감, 일체감을 느끼게 하라.

이미지가 있는 설교라고 회화적 묘사만을 말하는 것은 아니다. 상상력이 있는 설교란 또한 추상적 개념 세계에서 내려오고 관념적 언어유희에서 벗어나 삶의 실제 현장으로 내려오는 것이다. 그렇게 해야 하는 이유는 기독교 목회는 본질적으로 형상화이며 성육화 작업이기 때문이다. 보이지 않는 천상의 하나님의 일들을 지상에 형상화하는 것이 설교다. 그러므로 설교자의 역할은 성경의 메시지를 청중의 머릿속에 관념이 아니라 이미지로 새겨지게 그려내고 보여주는 것이며, 신학을 행동으로 바꿔주는 것이다. 그때 성경의 진리가 사람들의 뇌리에 새겨지고 그에 의해 행동하게 되고, 비로소 사람들의 삶이 바뀌는 것이다.

상상력이 있는 설교는 그 설교를 듣는 사람들이 설교의 주제, 본문의 사건과 그 사건에 나오는 인물과 일체감을 느끼게 하는 것이다. 굳이 말로 "여기 이 자리에 '태극기 휘날리며'의 장동건과 원빈처럼 가족 해체로 인해 고통받는 사람이 있습니까?"라고 묻는 대신 사람들이 그렇게 느껴지는 상황을 구체적으로 묘사하면 된다. 그러기 위해서는 설교자는 매일의 삶 속에 드러나는 인간의 상황에 대한 통찰력 있는 묘사를 할 수 있어야 한다. 또 가능하면 일반적인 것보다는 구체적이고 특별한 문제를 언급해야 한다. 설교 중 오늘날의 젊은이들이 어떻고 현대 사회가 어떻다고 하는 대신, 우리 동네 청년의 문제와 오늘 서울이 어떠한지를 말해야 한다.

그것은 설교자에게는 교인의 아픔, 고통과 삶의 현실에 대한 민감성이 필요하다는 말이기도 하다.

예를 들어 "카드 돌려 막기에 지친 아버지는 과연 더 이상 기댈 곳이 없단 말입니까?" 혹은 "교회에서 그렇게 열심히 봉사했는데 왜 우리 아이가 교통사고로 가야하는지 아무리 물어도 대답이 없을 때, 우리의 믿음은 무엇이어야 한단 말입니까?"라고 말해야 한다. 그때 사람들은 본문이 말하는 바가 무엇에 대한 것인지 더 설명하지 않아도 깨닫게 되고 달라지게 된다. 이런 역량을 기르기 위해서는 웅변가의 혀가 아니라 탐정의 눈을 먼저 갖게 해달라고 기도해야 할 것이다.

논리적 논술과 달리, 비유나 이야기는 사람의 지성만이 아니라 전인과 영혼에 말한다는 말이 있다. 따라서 삶을 변화시키는 설교를 위해 이미지 사용과 비유적 언어 사용이 필요하다. 설교자는 이런 것을 이해하고 설교해야 한다. 다시 한 유명 설교가의 요한계시록 설교의 한 부분을 보자.

> 비바람이 몰아치고 있는데 눈을 감고 안 본다고 해서 비바람이 사라지는 건 아닙니다. 그러나 그 한가운데서라도 여러분은 무지개를 찾을 수가 있는 겁

니다. 무지개는 바로 비바람 한가운데 있더라는 사실입니다. ……
(계4:1-3을 다루며) 노아가 비바람 이후에 무지개를 봤고 에스겔이 비바람 한가운데서 무지개를 봤다면, 사도 요한은 비바람 이전에 무지개를 본 사람입니다. 봐도 무지개의 휜 일부만 본 것이 아니라 아예 원을 통째로 본 사람이라 할 수 있습니다. 요한은 하나님께서 보좌에 앉으신 모습을 보았습니다. 즉 모든 것이 그분의 손안에 달려있음을 본 것입니다.

(계6장 설명 후) …… 사랑하는 여러분, 저와 여러분은 천국에 이를 때까지는 늘 비바람을 경험할 것입니다. 천국에 가서라야 모든 비바람은 그치겠죠. 그러니 여러분, 비바람이 닥치리라 예상하며 살아야겠죠. 그러나 두려워하지는 마십시오. 하나님께서는 늘 신실하시기 때문입니다. 오늘 하나님께서 우리에게 주시는 메시지를 잊지 마시기 바랍니다. 늘 무지개를 찾으십시오! 변치 않는 하나님께 기대시기 바랍니다. 그분은 어떤 때 비바람 이후에 무지개를 보여주실 것입니다. 어떤 때는 비바람 한가운데서 보여주실지도 모르죠. 또한 아예 비바람 이전에 볼 수도 있을 것입니다. 그러나 변치 않는 사실 하나는 하나님이 늘 무지개를 보여주시리라는 것입니다.

얼마나 효과적인 설교인가? 요한계시록이 말하고 있는 것이 머리뿐 아니라 가슴 속에 새겨지고 그려지고 잊혀지지 않을 것이다. 그렇다면 사람들이 변하지 않겠는가?

다리를 건너가는 설교: 문화적 관련성

앞에서 문화적 해석학 관련 부분(허메뉴틱)의 중요성을 잠시 언급했지만, 설교자들이 책과 주석과 옛 설교자들의 설교집에서 물을 긷는 데는 많은 시간을 할애하지만, 그에 비해 주께서 우리에게 주신 귀중한 자원인 사람들과 함께 보내는 시간은 거의 고려하지 않는 것은 안타까운 일이다. 존 스토트(John Stott)의 설교가 오늘날 많은 사람들에게 끊임없이 읽히고 삶의 변화를 일으키는 이유가 무엇일까? 그는 오늘날의 문제들에 대한 민감성을 발전시키기 위해 매달 교인들과 함께 하는 독서 그룹을 만들어 참여한다. 목사로서 교인들이 신앙서적을 잘 읽었는가를 검사하려는 것이 아니라, 이 시대에 가장 많은 사람들이 찾는 세속적인 책을 토론하는 데 끼어 앉아 그들의 말을 듣는다. 또한 함께 영화나 연극을 관람한 후 교회로 돌아와 토론의 자리에서 그들의 고민과 관심을 경청한다. 이것은 사실 토론이 아니라 사회적 현안에 대한 교인들의 생각을 엿듣는 것이라고 말하는 편이 더 정확할 것이다. 이런 것들을 통해 존 스토트의 설교는 철저하게 성경적이면서도 동시에 시사잡지만큼이나 현대적이 되었고, 그 결과 사람들의 삶에 영향을 줄 수 있었던 것이다.

따라서 설교자가 설교를 위해 본문을 해석하는 것은 신학자가 성경과 교인들을 분석하고 난도질 하고 쪼개는 일이 아니라, 하나님의 부르심에 따라 교회가 우리를 대표자로 세워 수행하게 하는 교회의 일이요, 설교자 개인의 신학적 작업 그 이상의 공동체적 과업임을 잊지 말아야 한다. 그런 설교학적 관점이 명확한 설교자는 성경을 해석하며 회중과 본문과의 접촉점을 찾아 둘을 만나게 해 줄 것이다. 그것이 바로 존 스토트가 말하고 싶어 했던 두 세계를 잇는 다리로서의 설교이며, 다리 건설자로서의 설교자의 모습이리라.

어떤 교인은 묻는다. "설교는 다른 사람들을 잠들게 하는 기술이 아닌가?" 그토록 열심히 준비한 설교이건만 사람들은 왜 졸고 있는가?

문제는 우리 설교자들이 때로는 과도한 커뮤니케이션을 하고(over-communicate) 때로는 커뮤니케이션을 너무 부족하게 하기(under-communicate) 때문이다. 몇 년 전 미국 LA 남부의 로버트 슐러가 담임하는 수정교회에서 개최한 목회자 세미나에 사회학 교수이며 목사인 토니 캠폴로가 강사로 초청되어 설교하는 것을 유심히 관찰한 적이 있었다. 그는 목회자 컨퍼런스의 강사로서 기대와 달리 신학적인 얘기를 하지 않고 수천 명의 목사들 앞에서 단순히 복음을 설교했다. 그런데 그 설교가 끝나자 모두 일어나 10분 이상 기립박수를 쳤다. 참으로 감동적인 순간이었다. 그때 주께서 내 가슴 속에 가득 밀려오며 주시는 말씀은, 왜 우리 설교자들은 수십 년 이상 들어온 복음이지만 이렇게 처음 듣는 것처럼 신선하게 전하지 못하느냐는 책망이었다.

복음을 생생하게 혹은 신선하게 전하지 못하는 것은 설교자와 청중 모두가 가지고 있는 다음 몇 가지 문제점 때문이다.

선이해 (Pre-understanding)

첫째로 우리가 가지고 있는 선이해가 문제다. 선이해란 현실에 대한 혹은 현실의 어떤 측면에 대한 이해와 인식 안으로 어떤 사람이 끌어들이는 추론과 태도의 틀이다.

선이해에는 정보적 범주, 태도에 관한 범주, 이데올로기적 범주와 방법론적 범주의 네 가지 영역이 있다. 복음이 무엇인지, 오늘 설교하는 본문이 가르치는 것이 무엇인지에 대해 이전에 들었던 설교가 그 정보적 범주로서 우리를 본문에 신선하게 접근하지 못하게 한다. 또한 우리가 설교자 혹은 청중에 대해 가지고 있는 편견, 선입관, 경향성이 태도적 범주에서 제대로 접근하지 못하게 한다. 오늘날에는 이데올로기뿐 아니라 우리가 가지고 있는 세계관, 관점, 전망이 복음뿐 아니라 본문이 말하려고 하는 바가 전달되지 못하게 막고 있다. 그리고 설교를 전달하는 방법 자체도 이러해야 한다는 선입관을 갖고 있지 않은가?

설교가 그 특성상 일종의 커뮤니케이션이란 점을 이해한다면, 설교는 특정한 문화 속에서 벌어지는 사건임도 인정해야 할 것이다. 그런데 문화란 사회적으로 획득한 지식, 특별히 언어를 통해서 매개되어진 이념과 신념과 가치들(관념론)의 통합된 형태이다. 이때 죄가 인간 곧 해석자의 마음에 영향을 끼쳤다. 따라서 하나님의 진리를 다룰 때 악한 마음은 의심하고 나누고 왜

곡된 방식으로 해석하며, 문화 속에서 성경을 비성경적인 선이해로 다루려고 하는 경향이 있음을 인식하고 그것을 극복하려고 노력해야 한다.

이처럼 설교자가 선이해에 대한 이해를 갖게 된다면, 사람들은 듣는 대로 이해하지 않는다는 점을 알게 될 것이다. 즉 청중들은 항상 해석하고 있다. 우리가 설교하는 것을 거부하기도 하고 선입관으로 오해하기도 한다. 그러므로 그에 대한 인식 속에서 설교하고 대비해야 한다.

청중의 필터

제임스 엥겔(James F. Engel)은 이런 것을 청중의 필터(Filter)라고 말하는데, 그것은 사람들이 가지고 있는 세계관, 학력/경력, 신조/태도, 그리고 개성이다. 사람들은 이런 필터를 통해 우리의 설교를 듣기 때문에 우리는 제대로 전하기 어렵고, 사람들은 잘 변하지 않는 것이다.

그럼 그 필터는 어떤 역할을 하는가?

1. 선택적 노출(selective exposure) - 설교 시 우리의 전달 내용을 회피한다.
2. 선택적 경청(attention) - 듣고 싶지 않은 것에 대해 귀를 막아버린다.
3. 선택적 이해(comprehension) - 설교 내용의 요점을 놓친다.
4. 선택적 수용(reception 소유, 간직)과 선택적 반응- 자신이 가지고 있는 신조나 태도에 변화를 주지 않으려고 한다.

그래서 우리 설교자는 설교하며 성령님께 기도해야 한다. 청중들이 그 필터와 색안경을 벗게 해 달라고. 동시에 우리 설교자의 임무는 이런 청중의 필터를 이해하고 그것을 극복하고 돌파하는 것임도 알아야 할 것이다.

현대 청중을 움직이는 설교- 문화 속의 청중

따라서 사람을 변화시키는 설교, 현대 청중을 움직이는 설교를 하려면 바른 청중 이해가 있어야 한다. 그것은 청중을 문화 속의 존재로 이해하는 것이다.

예를 들어 한 전도자가 힌두교인에게 "당신은 거듭나야 합니다"라고 설교하면 그들은 아마 "기독교도 우리 힌두교의 환생(성육)과 일치하는 군요"라고 대답할 것이다. 그들의 문화 속에서 우리의 메시지를 해석하기 때문이다. 그러므로 우리는 힌두교나 타종교의 순환적이고 반복되는 성육(incarnation) 개념이 기독교의 그리스도의 성육신 개념과 어떻게 다른가, 그리고 거듭남이 환생과 어떻게 다른가를 이해한 상태에서 거듭난다는 구원의 의미를 다른 표현으로 전달해야 할 것이다. 이처럼 사람들은 자신이 원하는 것을 보고 듣는 성향이 있으므로 설교는 본문 분석뿐 아니라 청중 분석에서 시작되어야 한다.

삶과의 연계성

오래전 미국의 고등목회 연구소가 설교에 대한 청중들의 의식 조사를 한 결과 상당히 많은 반응이 현대설교가 분석은 너무 많은데 답변은 너무 적고, 지나치게 비인격적이고 지나치게 명제적이며, 또 한 가지, 설교가 삶과 아무 관련이 없다는 것이었다.

설교자에 따라 미국의 새들백교회나 윌로우크릭교회 설교에 대한 여러 가지 의견들이 있지만, 그 두 교회의 설교를 통해 수많은 불신자들이 복음을 듣고 거듭나고 삶이 달라지는 사실은 인정하며, 동시에 그 이유가 무엇인지 생각해 봐야 할 것이다. 그 이유는 릭 워렌 목사는 '새들백 샘'으로, 빌 하이벨스 목사는 시카고의 '해리와 샐리'라는 이름으로 자신들의 목회 대상인 지역 주민들의 삶의 모습을 구체화시켰기 때문이다.

메시지의 적실성

이것은 설교학에서는 메시지의 적실성을 보장해 주는 것이라고 말한다. 설교자는 항상 지금 이 내용이 왜 우리에게 필요한가(적시성)와 이 메시지가 우리의 삶에 정말 필요한 것인가(적절성과 연관성)를 깨닫게 해주어야 한다.

우리가 전하는 설교가 청중이 자신들의 삶과의 연관성을 느끼는 적실성이 있을 때, 그리고 수용하는 자들의 실제 삶을 구체적으로 다루고 있다고 느낄 때 그들의 마음이 열리고 변화가 일어나게 된다. 이것이 없으면 청중은 자신의 의사전달 공간이라는 곳에 우리 설교자의 메시지가 들어갈 수 있도록 허가하지 않고 보류하기도 한다.

한 시대를 풍미했던 위대한 설교자 죠지 윗필드(George Whitefield)가 "나는 종종 오후의 심방을 통해 한 주간의 공부에서 얻는 것과 같은 내용을 배우곤 한다"고 했던 것은 바로 이런 기회를 통해 자신의 메시지가 적실성을 갖도록 했던 것임을 알아야 할 것이다.

성경적 설교로서 강해설교는, 그러므로 설교자에게 다음 세 가지 작업을 요구한다. 1. 우선 'Then', 그때의 의미를 찾아야 한다. 석의란 2천 년 전에 원저자가 첫 청중에게 전하려고 했던 원 의도를 찾는 것이며 본문이 말하고자 했던 일종의 사실(fact)을 찾는 것이다. 설교자는 2. 둘째로 석의한 결과에서 'The Always'를 찾아내야 한다. 성경이 보여준 그 사실이 그때도 지금도 그리고 앞으로도 영속적으로 가지고 있는 혹은 담고 있는 의미가 무엇인가를 찾는 것이고, 그것을 우리는 해석이라고 한다. 마지막으로 3. 'Now'를 다뤄야 한다. 그 해석적 의미가 오늘 우리에게 어떤 무게로 와 닿고 우리는 그것을 오늘 어떻게 살아내야 하는가를 찾는 것이 허메뉴틱이다.

즉 석의는 본문의 원 의도를 찾는 것이고 해석은 그 신학적 의미를 규명하는 것이라면, 허메뉴틱은 그것이 오늘 우리 문화와 사람들 속에서 어떤 무게로 다가 오는가를 적용해 나가는 작업으로, 설교자는 이 세 가지를 다 잘 할 수 있어야 좋은 설교를 할 수 있는 것이다.

즉 석의를 통해 텍스트만 다루지 말고 텍스트에서 설교로, 텍스트에서 회중에게로 나아가야 한다는 말이다.

지금까지는 설교를 통한 개인적 삶의 변화에 대해 살펴보았다면, 좀 더 효과적이고 깊이 있는 삶의 변화를 위해 다음 장에서는 우리의 설교가 공동체와 어떤 관계 속에서 전해져야 할지에 대해 알아보도록 하자.

inductive expository preaching

06

변화의 과정을 이해하는 설교

inductive expository preaching

06
변화의 과정을 이해하는 설교

신곡 등 명저를 남긴 키에르케고르는 코펜하겐의 고독한 영혼이라 불린다. 교회를, 그리고 사람들을 바라 볼 때마다 그는 항상 덮어둘 수 없는 고민이 있었다. 당시 덴마크 사람들은 출생과 함께 자동으로 교인이 되고 신앙은 단지 지적 동의에 불과했다. 그러나 그는 성경을 읽으며, 사람들은 알고 있는 것에 의해서가 아니라 생활하고 있는 사상에 의해 구원받으며 자기부인 없는 믿음은 없다는 확신을 갖고 있었기에, 이런 성경의 메시지와 당시 교회의 현실 속에서 고통스러워했다. 우리는 당시 덴마크 교회의 목회가 어떠했기에, 당시 덴마크 설교자들의 설교가 어떠했기에 그 모양이었을까 의아해할지 모른다. 그러나 혹시 오늘날 이 땅의 교회와 우리의 설교에도 그런 점은 없을까?

예배 후 문 앞에서 교인들이 목사의 손을 잡고 미소 지으며 "오늘 정말 멋진 설교였습니다" 혹은 "은혜 많이 받았습니다" 하면서 나가지만 정작 삶의 변화가 없는 것은 좋은 설교 아니다. 정말로 좋은 설교를 들었다면 "이제 뭔가 달라져야겠습니다" 또는 "이제 어떻게 해야 할지 모르겠습니다"(행2:37)라는 말이 나와야 한다. 우리는 교인들이 우리 설교자의 유머에 즐거워하고 달변에 감동받고 돌아가는 것이 아니라, 하나님의 영광을 보고 경외감을 갖고 교회 문을 나서게 해주어야 한다. 우리 신앙과 목회의 선배인 오거스틴도

"내가 한 말에 효과가 다소라도 있다고 생각한 것은 그들이 박수칠 때가 아니라 그들이 우는 것을 보았을 때였다"라고 하였다.

왜냐하면 참된 하나님의 종들은 설교의 목적은 삶의 변화임을 분명히 알고 있었기 때문이다. 그렇다면 단지 좋은 얘기와 격려성 메시지와 교화를 위한 전통적 수사학 그 이상이 필요하다. 즉 진정한 태도와 삶의 변화가 일어나고 새로운 가치에 근거한 행동을 일으키기 위한 설교적 측면을 배워야 하고 노력해야 할 것이다.

이렇게 말하면 어떤 순수파 설교자는 "설교는 하나님의 말씀을 전달하는 것으로서 거기엔 특별한 방법이 있을 수 없다"고 말하고 싶을지 모른다. 그는 복음은 방법과 무관하게 그 자체를 스스로 전달한다는 대단한 믿음의 소유자일지도 모른다. 교회는 세상에 있지만 세상의 것이 아니므로 세상적 방법을 사용해서는 안 된다고 주장하고 싶을 것이다. 그 반대편에 서있는 실용주의적 설교자는 "복음을 듣게 하는 것이 중요하다. 그러므로 어떤 수단을 쓰든 사람들의 주목을 받아서 메시지를 듣게 하는 것이 중요하다"고 주장하고 싶을 것이다. 우리는 이 두 극단 속에서 균형 잡힌 목회자, 영성이 있지만 현실적인 설교자가 되어야 한다.

4세기에 성 오거스틴도 수사학 만능주의를 경계했지만, 또 한편으로는 복음의 진리란 그것을 필요로 하는 세상 사람들에게 그리 자명하지 않다고 설교자들을 설득시키면서 키케로의 수사학도 응용할 것을 권면했다.

필립스 브룩스나 여러 설교학자들의 정의처럼, 설교는 성경의 진리와 사람이란 두 요소로 구성된 것이다. 이때 진리는 영성이며, 인간 이해는 설교의 커뮤니케이션이다.

따라서 교인들의 삶을 변화시키는 설교를 위해서 설교자는 다음과 같은 커뮤니케이션 측면의 사항들에 항상 주목하고 있어야 한다.

첫째로 하나님에 대한 이해와 함께 청중이 발을 딛고 사는 현실 이해에서 출발해야 한다.

청중들로 하여금 설교자가 우리를 이해한다는 마음을 갖게 하는 것보다 더 중요한 것은, 우리 설교자들이 사람은 무엇 때문에 변하지 않으며 무엇에 매여 있고 왜 그렇게 사는지 제대로 아는 것이다. 이것을 위해 우리는 청중의 준거 틀도 신중히 고려해야 한다. 사람들은 각자의 준거집단과 연관되어 있다. 청중은 가족 구성원, 친구, 이웃, 사회집단, 동료 등 준거집단의 일부이다. 설교를 통해 느낀 점은 있지만, 자신이 변하면 영향 받게 될 가족, 직업, 자아, 친구, 취미 모임, 조직체, 물질, 가치관 등에 매여 있다. 이런 것에 대한 전반적 이해와 민감성을 가지고 설교할 때 사람들은 자신을 열게 된다.

둘째로 청중들이 동질감과 일체감을 느끼게 해야 한다.

설교자의 이야기가 항상 피부가 벗겨져 순교한 선교사의 이야기나 아인슈타인 같은 천재의 이야기처럼 우리와 관계없는 사람들의 이야기로 느껴진다거나, 구름 위 천상의 이야기라는 식으로 느끼게 되면 사람들은 변화되지 않는다. 사람들이 설교의 주제나 등장인물이나 사건과 일체감을 느끼게 하는 것이 제일 좋다. 그러기 위해서는 설교 속에 인간의 상황에 대한 통찰력이 제시되어야 하고, 너무 추상적이고 일반적인 것보다 구체적이고 특별한 문제를 언급하는 것이 좋다.

셋째로 변화를 가져오는 설교는 비본질적인 것에 머물지 말고 본질적인 것을 다뤄야 한다. 워런 위어스비는 "자신들의 장난감들을 포기하고 더 많이 봉사하든 안 하든 간에 항상 그 동기부여는 예수 그리스도가 되어야지, 설교자의 능란한 말솜씨가 되어서는 안 된다"고 지적했다. 설교자는 교인들이 장난감 하나 내려놓는 것을 위해 투쟁하지 말고, 그들이 더 근본적인 것을 내려놓을 수 있도록 설교해야 한다.

넷째로 청중들이 변화의 욕구를 갖도록 해야 한다. 그것은 설교에 대한 수용도를 높이는 것이기도 하다.

사람들은 현재 가지고 있는 것과 갖고 싶은 것 사이에 차이가 없을 때는 별로 움직이려 하지 않는다. 변화의 필요를 느끼지 않는다. 반면 내가 가지고 있는 것과 내가 원하는 것 사이의 간격이 클 때 삶의 변화가 필요함을 느끼며 달라지려고 노력한다. 그것은 우리의 설교에서 나의 현실과 성경이 제시하는 이상의 차이를 인식하게 하는 것이다. 우리의 설교를 통해 하나님께서 원하시는 저 높은 곳, 원대한 삶의 목표 혹은 영적 비전을 갖게 해줘야지, 그저 윤리?도덕적 개선이나 조금 더 긍정적으로 살라고 하는 정도로는 근본적인 변화가 일어나지 않는다.

그럼 이런 점을 염두에 두고, 변화를 위한 설교는 어떤 방식으로 설교하는 것이 효과적일지 알아보자.

변화 과정과 변화 단계 이해

1. 아는 것, 익숙한 것에서 출발하자.

커뮤니케이션 전문가들은 감정 표현하는 데 있어서 제일 먼저 고려해야 할 것은 독창성이지만, 그것을 표현하는 데 사용되는 단어들은 익숙한 것들이어야 함을 항상 지적한다.

청중들로 하여금 설교의 인식 가능성을 높이는 길은 무엇일까? 구도자 대상의 전도설교가 아닌 경우, 새로운 것을 깨달은 충격보다도 자기도 그것을 알고 있다는 수긍을 하는 편이 정서적으로 훨씬 더 좋은 설교이다. 청중들에게 확신을 심어주는 것도 설교의 한 부분인데, "이는 각하가 알고 있는 바를 더 확실하게 하려 함이로라"(눅 1:4)는 누가의 메시지 방식도 그런 것이다.

복음전도에서도 접촉점을 찾는 것이 중요하듯이 삶의 변화를 추구하는 설교에서도 청중들과의 접촉점을 찾는 것이 필요하다. 크래독의 지적처럼 청중은 새로운 얘기를 들으러 온 것이 아니라, 복음의 이야기를 새롭게 듣기 위해 나오는지도 모른다. 학문적으로 대단한 이야기에 사람들은 경의를 표할지 모르지만, 보편적 인간 경험을 다룰 때 사람들은 일깨워지고 설득되고 움직인다. 몰랐던 사실에 대해 동의를 강요하거나 새로운 신학적 지식을 깨달으라고 요구하기 보다는 그게 바로 내 얘기며, 내가 바로 그 죄인이고, 내가 바로 변해야 할 사람임을 인식하게 될 때 나단을 만난 다윗처럼(삼하 12:1-5) 사람의 마음이 움직이게 된다. 따라서 인간의 원죄와 타락에 대한 교육처럼 지적 교리적 접근도 좋지만, 정치인의 비리에 비분강개하는 사람들에게 어제 일하다가 퇴근하며 별 생각 없이 들고 나온 사무실의 볼펜 한 자루, 아이들 연습장 하라고 가지고 온 복사용지(익숙한 것들)에 대해 언급하는 것이 훨씬 효과적이다. 이런 설교가 가능하기 위해서는 설교자가 일상에 대한 통찰과 관찰력을 길러야 한다. 가장 평범하고 가장 사소해 보이는 것 속에서 하늘의 진리를 꿰뚫어보는 설교자를 교인들은 기대하고 있다.

표현할 때도 독창적인 언어와 구사력을 위해 노력하다가 좌절하지 말고, 사람들에게 가장 익숙한 단어와 표현을 쓰는 것이 좋다.

2. 청중들의 생각의 평정을 깨야 한다.

설교가 삶을 변화시키는 것이라면 익숙한 삶의 평정을 깨야하는데, 사람들은 본능적으로 그것을 거부한다. 사람들은 평정을 유지하고 심리적 균형을 깨뜨릴 것 같은 것은 받아들이고 싶어 하지 않는다. 두려움 때문이다.

그래서 첫 단계에서 제시한 것처럼 우리가 몰랐던 새로운 것 혹은 미지의 것이 아니라, 다 아는 것 그리고 익숙한 것에서 출발하는 것이 좋다고 한 것이다. 그럴 때 사람들은 경계심을 풀고 마음을 열게 되지만, 그것이 바로 나의 문제였음을 깨닫게 될 때 자연스럽게 평정을 잃고 흔들리게 된다. 그것이 변화의 여지를 주는 것이다.

이것을 심리학에서는 인지적 불일치(cognitive dissonance)를 느끼게 하는 것이라고 한다. 이렇게 사는 것이 하나님 앞에서 자기기만임을 깨닫게 해줘야 한다. 그러므로 복음의 신랄함을 잃고 무디게 선포해서는 안 된다. 예수님 설교의 특징인 패러독스나 그분이 제시했던 비유들의 특징이 바로 이 점을 분명히 했다.

예를 들어 "우리는 종종 사랑을 베풀고 나서도 욕을 먹기도 하고 오해를 받기도 하고 심지어는 실컷 두들겨 맞아 시퍼런 멍이 들기도 합니다. 우리가 사랑한다고 항상 고맙다는 말이 돌아오는 것은 아닙니다" 이렇게 말할 때에 사람들은 "맞아, 정말 그러하지. 거기에 대해 성경은 뭐라고 할까?"라며 듣고 싶은 마음이 생기는 것이다. 이야기체 설교 구성을 가르치며 유진 로우리(Eugene Lowry)는 이 점을 이렇게 표현한다. "청중이 혼동을 일으키는 모호함을 경험하게 하고, 경험적 문제 제기를 통해 갈등을 느끼게 하라."

로우리는 평정을 깨는 다섯 가지 기본적 움직임(movement)을 다음과 같이 제시한다.

  a. 모순되는 문제를 제기하여 평정을 깨기(도입부의 역할이기도 하다)
  b. 모순과 불일치를 분석하라.
  c. 문제 해결을 위한 실마리를 제시하라.
   역전을 통해 실마리가 풀리고 조명이 일어난다.
  d. 복음을 경험하게 하라.
  e. 결말을 기대하게 만든다.

설교에서 이런 움직임에 익숙한 설교자의 경우 "우리는 어려움이 있더라도 주님의 말씀대로 서로 사랑해야 합니다"라는 단조로운 명령보다는 "우리는 종종 사랑을 베풀고 나서도 욕을 먹기도 하고 오해를 받기도 하고 심지어는 실컷 두들겨 맞아 시퍼런 멍이 들기도 합니다. 우리가 사랑한다고 항상 고맙다는 말이 돌아오는 것은 아닙니다"라고 말한다. 그럴 때에 사람들은 "맞아 맞아, 그게 현실이야"라고 고개를 끄덕이며, 동시에 이 얘기가 어떻게 진전되고 어떤 결말이 날지 알고 싶어 설교에 집중하게 되는 것이다.

3. 느끼는 필요에서 진정한 필요로 넘어가, 문제의 핵심을 다뤄야 한다.

설교는 그저 내가 하고 싶은 말을 논술하면 되는 것이 아니다. 설교자는 청중이 관심을 가지고 있는 감지된 필요를 대신 표출해 줘야 한다. 그러나 거기서 끝나서는 안 된다. 그 문제의 심언을 파고들어 그들이 미처 보지 못했지만 문제의 핵심이 무엇인가를 지적해 줘야 변한다. 예수님은 사마리아 여인을 대할 때도(요 4:7-26), 젊은 부자를 다룰 때(마 19:16-22)도, 그리고 바디매오를 만났을 때(막 10:46-52)도 그들의 표피적 필요보다 더 중요한 무엇인가를, 즉 진정한 필요를 일깨워 주었다. 그들이 가려워하지 않는 곳을 긁거나 가려운 곳을 긁어주지 않는 것도 문제지만, 더 중요한 것은 배 속에서 썩어가고 있는 부분이 어디인지 알려주고 암덩어리가 있는 곳을 지적해 주는 것이다.

4. 구체적이고 분명한 결단과 행동을 요구하자.

사람이 변하는 것은 단번에, 하루아침에 되는 것이 아니다. 삶이 변하기까지 사람에 따라 오랜 시간이 걸리기도 하고 여러 과정을 겪기도 한다.

엥겔과 그 동료들은 불신자가 그리스도인이 되는 과정이 '하나님과 복음에 대한 무지 상태 → 복음을 기초적으로 이해 → 복음의 의미를 이해 → 그리스도인이 되려는 긍정적 자세 → 자신의 문제 인식 → 내 삶의 옛 주인과의 이별 → 재검토(이때 내적 갈등이 야기된다) → 교회의 일원 → 사역과 봉사 → 영적 재생산'의 단계를 겪게 된다(이것을 엥겔지표 Engel Scale이라고 한다)고 설명했다. 따라서 삶의 변화를 추구하는 설교자는 설교자가 아닌 청중이 발견의 경험을 하게 해줘야 한다. 그리고 현재 성도들이 대체적으로 어느 상태에 있는가를 이해하고 한 단계 한 단계 더 깊은 곳으로 나아갈 수 있도록 돕고, 각 단계를 넘어서기 위해 필요한 구체적이고 분명한 결단을 이끌어줘야 한다.

5. 성령님께 의존하고 기도해야 한다.

마지막은, 비록 간단히 다루지만 가장 중요하고 항상 놓치지 말아야 할 부분인 성령께 모든 과정을 맡기고 의존하며 기도하는 것이다.

설교자가 이러한 변화의 과정과 단계에 대한 이해 속에서 사역을 하고 큰 그림 속에서 설교할 때 성도와 교회의 변화가 효과적으로 일어난다.

평범한 설교와 위대한 설교의 차이

앞에서도 잠시 언급했지만, 함께 신학을 하고 심지어 한 본문을 같이 연구하여 그 결과를 함께 나눠도 어떤 사람의 설교는 다른 사람의 설교보다 효과적이고 사람들에게 미치는 힘이 큰 것을 보게 된다. 그 차이는 어디서 오는 것일까?

그것을 제대로 파악하기 위해서 우리는 먼저 설교란 현상에 대한 다각적 이해가 필요하다. 설교는 단지 신학적 혹은 성경적 발견을 전달하는 것만이 아니다. 설교란 행위를 하는 가운데 하나님의 일에 대한 우리 자신의 놀라움, 혼란, 슬픔, 기쁨, 분노, 두려움과 경이로 반응해가며 청중과 함께 참여해 가는 일이다.

그렇기 때문에 평범한 설교는 단순히 어떤 사실을 전달하고 있지만, 위대한 설교로 느껴지는 설교는 설교자 자신의 감성적 호소와 열정이 담겨있다. 복음과 하나님 일에 대한 열정은 우리의 메시지가 단순히 설교자가 주장하는 어떤 사항이나 직업적 의무로 느껴지지 않게 하는 신비한 내적 충동이 된다. 따라서 위대한 설교는 감정적 측면과 논리적 측면, 즉 열정과 설득력 혹은 감성과 논리가 화해하고 함께 가는 것임을 볼 수 있다. 이것은 논리적 설득 중심으로 생각하던 설교자에게 새로운 강조점으로 보일 것이다. 그러나 이것은 전혀 새로운 일이 아니다. 성경에 나타난 설교와 기독교 역사의 위대한 일을 일으켰던 설교는 모두 그러했다. 따라서 삶의 변화를 일으키는 설교를 위해 우리는 성령의 충만함에 기인한 설교자의 열정과 설득의 과정, 이 두 가지를 균형 있게 이해해야 한다.

변화를 야기하기 위한 설교에서의 과정: 설득

본서의 전반부에서도 지적했듯이, 이런 설교가 어려운 이유는 전통적인 개념에서는 설교를 명제적 담론으로 보기 때문이다. 그러나 고립된 이성적 사고에 호소해 지적 동의만을 구하는 전통적 방식의 설교는 사람을 본질적으로 변화시키지 못한다. 사람은 지정의 모든 것으로 구성되어 있지, 이성만으로 만들어진 존재가 아니기 때문이다. 그럼에도 불구하고 전통적인 개념의 설교자는 복음에 대한 실존적인 경험 없이도 인식의 변화만으로도 인격의 변화가 일어날 것이란 헛된 기대를 가지고 사역을 한다. 그러다 보니 그가 전파하는 설교에서 복음은 지식의 단편으로 변질되어 버리기 쉽다. 잊지 말아야 할 것은 설교의 근본적인 목적은 우리가 사람을 가르쳐 고쳐보려는 것이 아니라, 하늘로부터 오는 거룩한 감정을 사람들의 심장 속에 불러일으키는 것이다.

이와 대조적으로 신설교학파에 매료된 설교자들은 이야기체 설교를 주장하며 듣는 사람들이 성경을 경험하게 해주는 것이 중요하다고 주장한다. 그들에게는 참여가 중요하다. 그들의 주장의 기초는 사랑은 논리가 아니며 믿음은 대지와 소지에 의해 만들어지지 않는다는 것이다. 거기까지는 옳으나 더 나아가 그들은 권위주의적인 전통적 설교에 대한 반발로 인한 극단성을 보이는데, 그것은 설득은 잘못된 것이라는 생각이다. 이 두 극단 속에서 건전하고 균형 잡힌 설교학의 위치는 어디인가? 기독교 신앙생활이 과연 논리적 설득을 통해 확립된 교리를 받아들이게 만드는 것인가, 아니면 스스로 답을 찾아가도록 내버려 둬야 하는가?

　설교는 본질적으로 한 공동체의 리더가 행하는 리더십의 한 부분이며, 설득은 리더가 가져야 할 중요한 리더십 요소이다. 리더십 전문가들이 지적하는 것처럼, 지난 100년간 미국의 여러 대통령들이 시도는 했으나 실패했던 전국민 의료보험제도를 확립한 오바마 대통령의 리더십은 우리나라 대통령의 불도저 리더십과 대조되는 설득의 리더십으로 칭해진다.

　기독교 공동체에서 리더는 사람들을 하나님의 말씀과 하나님의 비전으로 설복하여 주께서 원하시는 곳으로 이끄는 사람이다. 따라서 설교에서 설득의 요소를 부정적인 것으로 보는 설교자는 목회를 하면서 리더십 측면에서 여러 가지 어려움을 겪고 나서야 그 문제점을 깨닫게 될 것이다. 따라서 설교에서 설득의 측면을 부정적으로 취급하는 것은 이상주의 설교학자들에게는 그럴 듯하게 들릴지 모르지만, 목회리더십 측면에서 보면 매우 잘못된 판단이라고 말할 수밖에 없다. 중요한 것은 그 설득이 영적 리더십 없이 인위적이거나 강압적이지는 않은지 검토하는 것이지, 잘못된 설득을 하는 일부 설교자 때문에 설교에서 설득의 측면 자체를 부정하는 것은 어리석은 결론인 것이다.

　그러므로 설득을 모두 강압적인 것으로 보는 것은 균형 잡힌 시각이 아님을 알아야 한다. 설교에서 설득뿐 아니라 설명과 이야기의 요소를 잘 이해하는 것이 바람직한 것이므로 두 가지를 지나치게 대립적인 것으로 이해하여 한 쪽만으로 치우치지 말라는 말이다.

진정한 설득이란 존재하는가?

　일부 신(新)설교학의 흐름에서는 설교에서 설득을 부정적으로 보지만, 오거스틴 이래 전통적인 설교학에서는 설복하는 것이 모든 웅변의 보편적 책임이라고까지 보았다. 한 예로 마틴 로이드존스는 설교 행위의 전체 목적은 청중들을 설득시키는 것이라고 말한다. 서사체 설교 옹호론자들의 지적처럼 전통적 설교의 권위주의적인 부분은 분명히 개선되어야 하지만, '설교에서 설득'은 잃어버리지 말아야 할 중요한 부분이다. 만일 이 부분을 소홀히 한다면 설교에서 청중의 삶의 변화는 비효과적이 될 것이다.

이 시점에서 우리의 질문은 목회와 설교에서 과연 진정한 설득이란 것이 있느냐는 것이다. 분명한 것은 참된 설득은 첫째로 인본주의적 수사학 기술이 아니라는 점이다.

상대를 이기는 데만 힘을 쏟는 세상의 변론술이 참으로 잘못된 점이 무엇인가? 진실이 없다는 것이다. 성경은 "내 말과 내 전도함이 설득력 있는 지혜의 말로 하지 아니하고"(고전 2:4상)라고 설교의 방향성을 분명히 제시하고 있다. 너무도 많은 설교자들이 성경적 설교의 본질을 회복하고자 하는 노력을 기울이기보다는, 설교학 기초과목을 수강하고 나자마자 서둘러 수사학이나 사람들을 매료시키는 설득력 있는 설교의 기법과 같은 세미나를 원한다. 성경적인 설교는 커뮤니케이션이므로 물론 의사 전달적 측면의 개발이 필요하지만, 인간적 수사학적 기법을 통해 설득해보려는 것과는 거리가 멀다.

참된 설득은 둘째로 설교자인 내가 사람들을 설득하는 것이 아니라 성령께서 설득하는 것이다. 이것은 일부 하이퍼캘빈주의자들이 주장하는 것처럼 오직 하나님의 설복에만 맡기면 된다는 말이 아니다. 설교사로서 커뮤니케이션 측면에서의 설득과 함께 더 중요한 것은 성령의 역사하심의 기회를 사모해야 한다는 것이다. 앞에서 살펴본 고린도전서 2:4의 하반부는 어떻게 이어지는가? "(내 말과 내 전도함이 설득력 있는 지혜의 말로 하지 아니하고) 다만 성령의 나타나심과 능력으로 하여"라고 명백히 말한다. 하나님의 말씀 고린도전서 2:13은 주의 사도 바울의 설득 원칙을 다시 반복한다. "우리가 이것을 말하거니와 사람의 지혜의 가르친 말로 아니하고 오직 성령께서 가르치신 것으로 하니."

이처럼 성경적 진정한 설득은 성령의 나타나심과 큰 확신에 근거한 것이다. 그것은 내가 사람들을 설득하는 것이 아니라 그들 스스로 성령에 의해 설득되는 것이다.

  진정한 설득이 없을 때 사람들은 설득으로 가장된 인간적인 방법을 선택하는데, 그것이 강요이다. 사람이나 일, 교회 조직에 덧입혀진 외적인 권위에 무비판적으로 복종하게 만드는 것은 억압이다. 설교자의 능수능란한 수사학적 기법으로 사람들을 조종하는 것이 아니라, 그들이 성령의 역사하심을 통해 메시지를 능동적으로 처리할 여지를 주는 것이 필요하다. 실제로 사람들은 외부에서 들어오는 메시지에 대해 지지와 함께 속으로는 반박하는 갈등과 논쟁을 겪기 때문이다. 허버트 시몬스(Herbert Simmons) 역시 "진정한 의미로 우리는 다른 사람들을 전혀 설득하지 않는다. 우리는 단지 그들이 스스로를 설득하도록 자극을 제공할 뿐"이라고 했다.

  그렇다면 삶의 변화를 일으키는 효과적인 설교를 위해 우리는 그리스도의 심장에서 피가 솟구치는 설교(열정)를 하면서 동시에 설득을 해야 하지만, 그 설득의 개념은 바꿔야 한다.

  성경적 설득은 이처럼 설교자가 권위주의적으로 청중을 논리적으로 설득하고야 말겠다는 육적이고 세상적인 사상을 포기하고, 성령에 의해 그들이 스스로 설득되게 하는 것이다. 마치 좋은 음악을 들었을 때 연주가 끝나고 시간이 흐른 뒤에도 자신도 모르게 그 선율을 흥얼거리는 것과 같다. 그러기 위해서는 폭력적으로 청중의 마음에 침입하는 것이 아니라 그들이 스스로 문을 열고 받아들이게 해야 한다. 커뮤니케이션 학자들은 이것을 자기설득(self-persuasion)이라고 하지만, 우리 설교자들에게는 사람들이 성령에 의해 설득되도록 남겨둔 여지여야 한다. 중요한 것은 화자인 설교자가 청자의 태도를 바꾸려는 노력으로 보는 전통적 설득 개념을 포기해야 한다는 점이다. 일상에서도 남편이 좋은 가구를 사다가 방에 들여놔줬는데 다음 날이면 그 가구가 다른 위치에 가 있는 것을 발견하곤 한다. 연약해 보이는 아내가 어떻게 그 무거운 가구를 옮겼을까 의아해 하지만, 연약한 여자라도 자신이 원하기만 하면 벽에다 등을 대고 큰 옷장을 발로 밀든 무슨 방법을 써서라도 바꿔 놓고야 만다.

그러므로 "설교를 할 때 사람들로 공상을 하게 하면 할수록 설득이 안 된다. 신속하게, 빨리, 매우 세게 쳐야한다"는 선배들의 조언이 항상 옳은 것만은 아니다. 연구에 의하면 오히려 사람들은 오래 생각하게 하면 할수록 자신이 만들어 내는 은밀한 내적 논쟁의 수가 더 많아져 자기 설득적 효과는 더욱 크게 나타난다. 사람들이 고민을 많이 하게 되면 문제가 생겨 변화가 안 일어나는 것이 아니라, 진정한 변화는 마음속에 많은 갈등을 겪고 난 후에 더 많이 일어난다는 것이다. 그러므로 진정한 설득은 우리의 수사학적 기법과 메시지의 이성적·논리적인 외적 설득에 의해서가 아니라 하나님 자신이 그들을 설득하도록 허용해 드리는 데 있다. 성령의 나타나심과 능력을 사모하고 거기에 진정으로 의존하는 설교자의 설교가 그래서 진정한 변화를 야기하는 것이다.

이런 진정한 설득, 성경적 설득이 가능하려면 우리 설교자는 "하나님의 사람이 하나님처럼 말하고 자신의 이름으로 와서 스스로 권위 있게 되려고 할 때 그것은 유혹에 넘어갔다는 신호이다"라는 지적을 잊지 말아야 할 것이다.

진정한 설득을 위한 기초

청중들이 경험해야 할 설교에서의 하나님의 설득은, 설교 시간 중 하나님께서 초자연적 역사로 나타나시고 성령으로 사람들에게 변화를 일으키는 것이다. 이를 위해 설교자는 청중과 자신을 위해 기도해야 하며, 그럴 때 진리의 성령이 오셔서 청중을 진리 가운데로 인도하신다(요 16:13). 그러나 앞에서 언급한 것처럼 청중들의 삶의 변화를 야기하는 설교를 위한 두 번째 영역인 인간 측면에서 볼 때, 설복은 설교자의 인격과 모본이 되는 삶이 있을 때 가장 효과적으로 일어난다. 어떤 목사님은 아무리 신학적이고 교리적으로 옳은 얘기를 해도 사람들이 시큰둥하게 반응하지만, 또 다른 목사님은 소설의 한 부분을 들고 와서 읽어 줘도 사람들이 눈시울을 적시며 "아멘 아멘!" 하는 일이 벌어지는 이유가 무엇일까? 그것은 그 설교자의 삶과 인격의 차이 때문이다. 따라서 청중의 삶을 변화시키는 설교를 하고 싶다면, 설교하기 전에 우리 설교자가 주께 순종하는 진실한 삶(요 14:31)을 먼저 보여야 한다. 그렇지 않으면 그것은 주께서 경고한 것처럼 '서기관들과 바리새인들이 모세의 자리에 앉은 것'(마 23:2)에 불과하기 때문이다. 그래서 19세기 미국 최고의 설교가인 브룩스도 오늘날 설교에 힘이 없는 이유는 진리가 실패한 것이 아니라 설교자의 사람됨에 실패의 원인이 있기 때문이라고 한 것이다.

청중의 삶의 변화를 위해 설교자가 설득을 할 때는 또한 전통적인 논리적 설득에만 매달리지 말고 정서적 설득을 병행해야 한다. 과거와 달리 오늘날과 같은 권위 상실의 시대에서는 설교자의 권위와 논리적인 설득에만 의존하는 것은 잘난 체하고 건방진 것으로 들려서 청중의 감정적 반발을 불러일으킬 우려가 있다. 그러나 그 이상의 문제가 있다. 논리적 설득은 주로 교리적 설득과 규율적 설득 두 가지로 시행되는데, 가장 큰 문제점은 청중들이 하나님의 존재 인정과 성경의 권위 인정과 같은 전제 조건적 가치관을 설교자와 동일하게 공유하고 있지 않을 때는, 그 방식이 우리의 기대처럼 그리 효과적이지 않다는 점이다. 반면 정서적 설득은 논리의 약점을 감성의 힘으로 보완하는 것이다. 사랑을 고백하고 결혼에 이르는 데는 논리적 설득에만 의지하는 것보다는 정서적 설득이 더 효과적인 것 같은 이치이다. 기독교의 사랑은 세상적 감성은 아니나, 조나단 에드워즈가 지적한 것처럼 사랑의 속성상 감성적 요소가 있으므로 설교에 있어서도 정서적 설득이 필요하다. 그러므로 설교자는 논리와 지성 중심으로 설득하는 방식을 넘어서야 한다. 오거스틴은 그의 설교 사역을 돌아보며 그들의 박수는 그들이 무엇을 깨닫고 마음이 즐겁다는 표시였지만, 그들의 눈물은 설복되었다는 증거였다고 증언했다. 따라서 우리도 에드워즈가 이해했던 것처럼, 사람들은 더 이상 머리에

축적되는 지식의 설교를 원치 아니하며 마음을 움직이는 설교를 필요로 함을 인정하고, 사람들의 정서(affection)를 움직이는 설교를 해야 할 것이다.

주님의 설교의 사례를 보자. 예수님께서 "또 너를 고발하여 속옷을 가지고자 하는 자에게 겉옷까지도 가지게 하며"(마 5:40)라는 말씀을 하실 때 사람들이 쉽게 설득될 수 있었을까? 이 말씀이 사람들의 마음을 움직일 수 있었던 것은, 그 뒤에 등장하는 "너희가 너희를 사랑하는 자를 사랑하면 무슨 상이 있으리요 세리도 이같이 아니하느냐"(마 5:46)는 사람들의 일반적 양심을 터치하는 감성적 부분이 있었기 때문이다. 사도 바울의 사역에서도 역시 '많은 눈물'과 '너희를 향하여 넘치는 사랑'(고후 2:4)이 있음을 언급하는 것을 엿볼 수 있다. 또한 십자가의 원수로 행하는 사람들의 문제를 다루며 "내가 여러 번 너희에게 말하였거니와 이제도 눈물을 흘리며 말하노니"(빌3:18)라고 한 것을 통해 사도는 감성을 다루는 데 얼마나 정통했는가를 발견하게 된다. 설교에서 감성적 측면의 효과성은 우리들의 일반적 경험에서도 증명된다. 우리가 예수님을 믿은 것은 회심 순간에 대속적 죽음의 완벽한 교리적 이해를 했기 때문이 아니라, 하나님께서 나 같은 죄인을 위해 십자가에서 붉은 피를 흘리며 죽어주셨다는 감격 때문이다. 그것을 우리는 성령의 역사라고 한다. 이처럼 논리와 교리보다 감성이 최후의 변화를 야기한다. 거룩한 감정(affection)이 없는 곳에서 행동은 지극히 미온적일 수밖에 없기 때문에 삶의 변화를 위해서는 인식, 지식뿐 아니라 감성을 움직여야 하는 것이다. 설교자의 사명은 진리가 드러나게 하여 사람들의 삶 속에서 경험되게 돕는 것이다.

진정한 설득의 결과

지금까지 살펴 본 것처럼 진정한 설득을 했다면 그 설교의 결과 어떤 일이 일어날까? 첫째는 설교자가 아닌 하나님께서 존경을 받고, 설교자의 달변이 아니라 하나님의 말씀이 영광을 받을 것이다. 두 번째로 고린도전서 2:5 "너희 믿음이 사람의 지혜에 있지 아니하고 다만 하나님의 능력에 있게"될 것이란 말씀처럼, 설교의 결과로 사람들의 신앙이 세상의 지혜가 아니라 하나님의 능력에 근거한 새로운 모습을 갖게 될 것이다. 이 두 가지 사항이 우리 설교자의 설득이 성경적인가 아닌가를 가름하는 시금석이 되어야 한다.

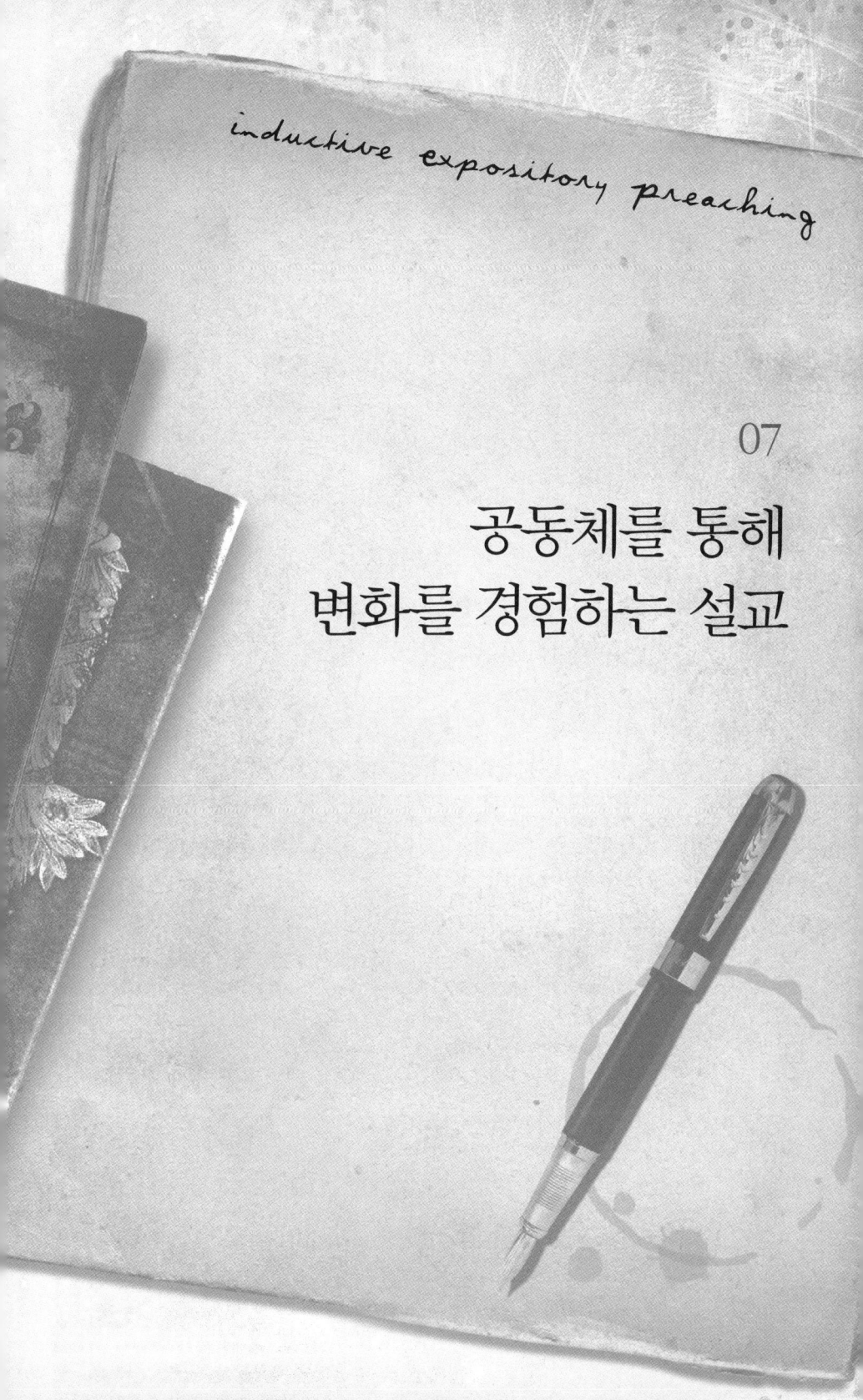

07

공동체를 통해
변화를 경험하는 설교

inductive expository preaching

07
공동체를 통해
변화를 경험하는 설교

오늘날 설교자는 어떻게 탄생하는가?

혹시 제 발로 신학교로 걸어 들어섬으로 만들어지지는 않는가? 물론 그런 사람들이 하나님의 소명을 언급하기도 한다. 그런데 어떻게 그들이 신학교를 졸업하고 목회 현장에 들어가면 그렇게 설교를 못하기도 하고, 목회자로서의 적합성에 대해 의심을 받기도 하는가? 참 이상한 일이 아닌가? 오늘날 목회자 혹은 설교자로의 소명이란 것의 문제점 중 하나는 그 소명의 주관성만 존재하지 객관성이 없다는 것이다. 소명의 객관성이란 그 사람을 진정 하나님께서 목회자로 부르셨다면 주님의 공동체인 교회도 그 소명을 함께 인준하고 인정하는 것인데, 그 과정 없이 주관적인 의식만으로 신학교로, 목회의 길로 들어가는 경우가 많다.

이렇게 스스로 만들어진 목회자는 신학교 졸업 후 교회로 돌아가서 설교를 할 때도 주관적이고 개인주의적 설교를 하게 된다. 설교가 바르게 되고 사람들의 삶을 변화시키려면 설교에서 공동체성을 제대로 확립해야 한다.

공동체가 인준하는 설교자로의 부르심
설교자로서의 소명부터 재검토하자

설교자로서의 소명은 하나님께서 주시지만, 동시에 교회가 테스트해야 한다. 그가 설교할 곳이 교회란 공동체이기 때문에 설교자로서의 소명에는 교회의 소명도 있어야 한다.

설교자는 불순한 동기 혹은 허상의 소명으로 설교를 하면 안 된다. 설교를 하고 싶어 신학교를 가거나 설교를 하고 싶다는 이유만으로 목회를 해서도 안 된다.

로마서 14:18은 '그리스도를 섬기는 자는 하나님을 기쁘시게 할 뿐 아니라 사람에게도 인준을 받아야 한다(개역은 '칭찬을 받는다'고 했으나 NIV는 그 뜻을 살려 approved라고 번역했다)'고 분명히 밝히고 있다. 참된 설교자는 먼저 하나님께 인준받아야 하지만(롬 16:10; 살전 2:4), 동시에 그 설교를 들을 사람들에게도 인준을 받아야 하는 것이다. 개혁주의 신학자 고든 스파이크만(Gordon Spykman) 역시 소명은 개인적인 것이지만, 그것은 한 사회의 구조 안에서 섬기도록 주어진 것임을 지적한 것도 같은 맥락이다.

공동체와 함께 만들어가는 설교

설교의 시작을 이루는 설교자의 소명부터 공동체적이어야 하지만, 좋은 설교가 만들어지기 위해서도 설교자는 공동체와 함께 해야 한다. 월트 위트만(Walt Whitman)은 위대한 시인들을 갖기 위해서는 위대한 청중들이 있어야 한다고 주장했다. 목회자가 교회를 세워가는 과정 중에 좋은 설교자는 청중들에게 들을 귀를 만들어 주어야 하지만, 좋은 설교는 공동체를 통해서 만들어지는 것이다.

칼빈은 항상 그가 설교하였던 공동체의 한 지체로서 예배하고 설교하였다. 알리스터 맥그래스는 "칼빈 그는 공동체의 지체들로부터 따로 떨어져 있는 사람이 아니었으며, 그들 위에 있지도 않았다. 그는 공동체의 한 지체로서, 공동체가 가진 문제들을 함께 하며, 그 공동체 내부로부터 나온 글을 썼다. 여기에는 천상에서 바로 떨어진 신학은 존재하지 않았고, 다만 한 공동체 안에서 그 공동체가 필요로 하는 것들, 가능성들 그리고 열망들과 더불어 태어난 신학이 있을 뿐"이라고 잘 지적했다. 이것이 설교자가 가져야 할 공동체적 자각이다. 공동체, 교회의 일원으로 설교를 한다는 것은 설교자가 교회와 함께 설교를 만들어야 함을 의미한다.

그럼 설교자가 청중들과 설교를 함께 만들어 간다는 것은 무엇을 뜻하는가? 그것은 설교자가 양들 위에 서서 호통을 치며 청중들과 대결하는 방식으로 설교를 준비하기 보다는 오히려 그들에게 다가서고 품으려는 시도가 선행되어야 한다는 말이다. 청중의 내면을 파고 들어가 그들의 흥미, 그들의 관심, 그들의 열심에 호소할 때 청중의 삶이 변한다. 그럴 때에 설교자는 오늘 이 설교를 통해 이루고자 하는 목적이 무엇인가가 분명해지고 설교 역시 효과적이 된다. 어떤 사람들은 조직신학 교과서의 주제에 따른 교리적 설교나 교회력(Lectionary)에 따른 설교, 혹은 창세기부터 요한계시록까지 책별 혹은 장별 설교를 할 것을 주장한다. 이런 방식의 설교도 분명히 청중들에게 성경을 편식하지 않고 골고루 섭취하게 하는 교육적 측면에서는 도움이 된다. 그러나 이것은 교회와 설교자 중심적 설교 방식이다. 설교의 대상인 인간과 청중 이해에 따른 설교가 되기 위해서는 여기서 한 걸음 더 나아갈 필요가 있다. 즉 좀 더 효과적인 성도들의 삶의 변화를 추구한다면 설교자는 기도하면서 청중들이 현재 영적, 심리적, 사회적으로 변해야 할 부분이 무엇인가를 진단하여, 그 우선순위에 따라 매 설교마다 현 시점에서 성도의 변화를 위한 구체적이고 실제적인 목표를 가지고 설교해야 한다.

설교할 때마다 우리는 내 자신의 강단이 아니라, 공동체의 강단에 서는 것임을 기억해야 한다. 왜냐하면 우리는 스스로 선 것이 아니라 하나님에 의해 부르심을 받고, 설교하라 보내신 주 하나님에 의해 유지되며, 하나님이 입에 담아주시는 말씀으로 설교하는 것이기 때문이다. 우리는 주께서 돌보시는 하나님의 공동체에서 나온 설교자이다. 킬린저(Killinger)가 지적한 것처럼 사람들은 목사인 나의 주장을 들으러 온 것이 아니라, 교회 공동체가 위임한 목회자를 통해 말씀하시는 하나님의 음성을 들으려고 교회를 찾아오는 것이다.

그런 의미에서 트렘퍼 롱맨은 설교를 준비할 때부터 말씀 자체를 공동체 내에서 해석해야 한다고 주장한 것이다. 공동체에 대한 바른 인식이 있을 때 우리가 어떤 존재인지, 우리가 어떤 메시지를 전해야 할 것인지가 결정될 수 있다는 확신이 이런 주장의 근거이다.

그래서 설교자의 첫째 사명은 설교의 기술을 배우는 것이 아니라, 청중을 사랑하는 일이어야 한다. 공동체를 이해하지 못하고 사랑하지 않는다면 설교할 필요가 없다. 우리가 아무리 설교를 하고 싶어도 설교 자체만 사랑하는 것으로는 부족하다. 심지어는 신학을 사랑하고 하나님을 사랑하는 것만으로도 설교할 자격이 되지 않는다. 공동체와 사람들을 사랑하지 않고 오늘을 사는 그들의 삶에 대한 관심이 없다면 설교할 자격이 없다.

이 시대에 인기 있는 설교자의 소위 명설교를 들으면서도 가슴이 답답할 때가 종종 있는데 그 이유는 무엇 때문일까? 그것은 교인들 하나하나를 위한 목자의 음성이 아니라 '전국에 계신 시청자 여러분'을 위한 아나운서의 목소리로 들리기 때문이다. 그것은 허공을 치는 메아리에 불과하고, 그런 설교를 듣는 청중은 자신들의 문제를 알 수 없을 뿐 아니라 무엇을 어떻게 하라는 것이지도 모르는 상태로 교회 문을 나서게 된다. 물론 들어두면 다 좋은 얘기지만 그들은 그저 덕담을 듣고 돌아가는 것에 불과하다. 설교는 교회에 대한 도전이다. 설교는 공동체의 지도자를 통해 주 되신 하나님께서 교회 곧 성도에게 말씀하시는 것을 증언하는 것이다. 설교는 내 양, 곧 설교의 구체적 대상인 우리 교회란 공동체(전국의 시청자 여러분이 아닌)를 향해 외치는 것이어야 한다. 그래서 바른 설교는 공동체의 비전과 방향을 세운다. 그때 교회가 변화된다. 그런 외침을 통해 성도들은 주님의 은혜로 내 삶이 변했다고 간증하게 되는 것이다.

공동체 속에서 경험되는 말씀

다음으로 설교자가 이해해야 할 중요한 원리는, 말씀은 공동체 속에서 경험되고 관계 속에서 경험되어야 한다는 점이다. 공동체와 함께 공동체 속에서 준비되고 선포된 말씀은 공동체의 관계 속에서 경험된다. 신앙은 본래 관계성이다. 기독교 신앙은 하나님과의 관계가 형성되는 것이고, 이웃과의 관계가 바로 잡히는 것이다. 따라서 참된 설교는 개인적 삶에서 완성되고 철학적이고 논리적 사고 속에서 끝나는 것이 아니다.

변화는 인격체이신 하나님과 관계를 맺을 때만 경험될 수 있다. 그리고 말씀은 혼자 머릿속에서 이해할 때보다 공동체 속에서 역사하는 것을 보고 경험할 때 우리의 삶에 깊이 영향을 미치게 되며, 이를 통해 우리의 생활 방식이 바뀌는 것이다. 그러므로 효과적인 설교자는 첫째로 매 설교를 통해 가치관이 바뀌고 생각이 변할 전환점이 만들어지도록 준비하고, 둘째로 설교와 함께 교회 교육이 함께 유기적으로 움직여가는 교육훈련 시스템을 만들 뿐 아니라, 셋째로 소그룹 속에서 다른 성도들과 말씀을 나누고 경험할 수 있는 3중적 접근을 해야 한다. 이때 설교를 다시 기억하고 함께 나누고, 그 말씀으로 인해 변화된 삶을 나누고 적용하고 권면하는 데 가장 효과적인 것이 몇 사람으로 구성된 셀그룹(cell group)이다. 따라서 교인들의 삶이 변화되기를 원한다면, 설교자는 청중이 주중에 셀모임에서 설교를 중심으로 한 적용적 나눔 시간을 가지도록 주일 설교와 연계된 소그룹 시스템을 만들어 주어야 한다.

신설교학파는 설교 시간에 청중들로 하여금 발견의 기쁨을 경험하도록 하라고 하지만, 사실 큰 무리를 대상으로 하는 대중 스피치에 해당하는 주일 아침예배에서 그런 경험을 만들기보다는 소그룹 활동(셀그룹, 목장모임 등)에서 하는 것이 훨씬 효과적이다. 5-10명 정도의 소그룹에서 함께 말씀을 탐구하며 발견한 것을 나누고, 말씀대로 살 수 있도록 서로 기도해주고, 그 말씀으로 인한 변화를 나누는 소그룹 모임의 기회를 만드는 데는 신경 쓰지 않고, 주일 아침 설교 시간에 그것을 모두 소화해내겠다는 것 자체가 어리석은 생각이다. 물론 설교 시간에도 말씀이 경험되도록 노력해야 하는 것은 신설교학파냐 아니냐와 관계없이 항상 중요한 문제지만, 그것이 가장 잘 일어날 수 있는 소그룹을 통해 제대로 이끌어 내면서 설교 시간에도 그런 방향을 견지하는 것이 바람직하다.

이 작은 공동체는 성경공부하고 설교를 분석하고 연구하는 지적, 정보적, 인지적 접근이 아니라, 나와 비슷한 사람들의 삶 속에서 말씀을 경험하도록 하는 것임을 끊임없이 반복해서 강조해야만 제자리를 찾게 될 것이다. (여기에 대한 좀 더 상세한 사항은 필자의 '셀교회 전환과 셀리더 세우기' 등 다른 저술을 참조하기 바란다.)

성도의 삶을 변화시키는 설교에 대해 관심을 갖는 사람들은, 말씀을 소그룹 공동체 속에서 경험하는 기회 없이 주일 설교만으로 사는 교인들과 셀그룹을 통해 서로의 삶 속에서 하나님 말씀을 경험하는 기회를 갖는 성도들의 삶의 차이에 대해 직접 비교해 보기 바란다. 얼마나 큰 차이가 일어나는지 놀라게 될 것이다.

일단 주중 여러 형태의 소그룹 활동을 통해 교인들과 성경 말씀을 탐구하고 발견하는 기쁨을 나누고, 그 말씀으로 인해 변화되는 삶의 모습을 공유하게 되면 주일 설교에 그것이 반영되기 마련이다. 또한 설교를 준비할 때부터 교인들이 소그룹 모임에서 제기한 질문, 갖게 된 의문, 경험한 진리 발견의 감격 등이 설교 원고 작성에 반영되면 그 설교는 자연스럽게 공동체성을 갖게 되고, 성도들은 자신들의 삶과 연결된 설교라는 사실을 알게 되어 더욱 귀를 기울여 자신들의 이야기인 설교에 빠져들게 될 것이다. 이처럼 공동체와 함께 만들어가고 공동체와 함께 경험되는 말씀이 오늘날 설교에서 반드시 자리를 잡아야 할 것이다.

08

플롯과 클라이맥스가 있는 설교

inductive expository preaching

08
플롯과 클라이맥스가 있는 설교

극장에 가서 표를 사기 위해 긴 줄을 서고, 자리를 잡고 앉은 후에는 화장실 가고 싶은 것도 참아가며 3시간이 넘는 영화에 빠져들었다가 나올 때마다 나는 스스로에 대한 놀라움과 함께, 사람들의 이런 행동에 대해 작은 의문을 품게 된다. 이렇게 긴 영화, 혹은 일주일에 두 번씩 하는 TV 드라마, 심지어 매일 나오는 만화도 기대하는 마음으로 즐겁게 찾아보는 이유가 무엇일까? 그 사람들이 왜 설교는 지겨워할까? 긴 장편소설도 밤을 새가며 읽는데 사람들은 왜 30분짜리 설교를 지겨워할까? 그 이유는 우리 경건한 목회자와 신학자들이 무덤덤하게 내뱉듯이, 하나님 말씀을 다루는 설교를 죄인들이 본능적으로 싫어해서만이 아니다. 적어도 대다수의 교인들은 예배드리고 설교를 듣기 위해 스스로 교회에 나와 조용히 앉아 말씀을 기다리고 있지 않던가? 그러나 일단 설교가 시작되면 끝까지 견디기가 쉽지 않다.

이런 차이가 나는 이유는 설교와 달리 영화나 드라마가 가지고 있는 시각적 효과와 자극적인 내용 때문만은 아니다. 그렇다면 긴 소설은 왜 읽겠는가? 그렇다고 단지 교인들의 신앙이 어려서라고 말하기도 곤란하다. 어떤 설교를 듣다보면 목사인 나도 자꾸 시계를 쳐다보게 되는 것은, 설교의 내용이 나쁘거나 설교를 잘 못해서가 아니라 설교를 준비할 때 생긴 문제 때문이다. 어떤 사람은 웅변적으로 열심히 소리 높여 외치는데도 듣고 있는 사람은 졸리기만 한 이유는 설교의 기본 구성 방식의 문제 때문인 경우가 많다. 아무리 중요하고 좋은 내용을 담고 있어도 청중들이 듣지 않는다면 어떻게 그들의 삶을 변화시킬 수 있겠는가? 우리가 가진 메시지가 설교를 듣는 사람들의 삶에 영향을 줄 만큼 좋은 메시지라면 사람들이 계속 관심을 기울일 수 있도록 잘 짜여져야 한다.

좋은 영화나 소설의 공통적 특징은 탄탄한 구성을 가지고 있다는 점이다. 그런 영화, 드라마 혹은 소설은 적어도 초두에 결론을 다 보여주고 나서 독자나 관객들이 계속 자신들의 이야기에 주목하기를 기대하지 않는다. 그런데 전통적인 설교만 초두에 "오늘은 본문을 통해 예수가 성자 하나님이며 삼위일체의 제2위임을 보겠습니다"는 식으로 결론을 다 내려놓고 시작하는 유일한 종목으로 보인다. 다시 말해 적지 않은 목회자들이 설교를 논문 발표 방식으로 한다는 것이다. 즉 서론에 핵심 사항을 다 꺼내 놓고, 본론에서 중심 논제를 몇 가지 논리적으로 제시한 후, 요약으로 맺는다. 그러나 앞에서 지적한 것처럼 드라마, 영화 혹은 만화는 특수 기법을 쓸 때를 제외하고는 일반적으로 처음에 결론을 꺼내 놓지 않는다. 문제가 터지고 거기서 힌트를 주며 사건을 끌어나가다가 클라이맥스에 도달하며 마무리하는 플롯(plot)을 사용한다. 나는 설교를 영화나 드라마처럼 만들라는 얘기를 하는 것이 아니다. 그러나 전통적 설교 전개와 사람들이 귀를 기울이고 관심을 갖고 접근하는 영화나 드라마 혹은 소설의 근본적인 전개 방식의 차이가 무엇인가를 통해 우리의 설교를 좀 더 효과적으로 만들 수 있다는 점을 깨닫기 바라는 것이다. 그럼 이 두 가지의 차이는 무엇일까? 그것은 우선 연역적 전개와 귀납적 전개 방식의 차이다.

연역적 설교에서 귀납적 설교 구성으로의 전환

모든 글쓰기가 그렇듯이 설교도 연역적 전개와 귀납적 전개가 가능하다. 강해설교도 연역적 설교가 있고 귀납적 설교가 있다. 연역적 전개는 먼저 결론을 제시하고 그것을 하나하나 설명해 나가는 방식이라면, 귀납적 전개는 일반적 사실들을 관찰하여 거기서 어떤 원리나 핵심을 추출해 내서 결론을 맺는 방식이다.

강해설교가들 가운데 뛰어난 귀납적 설교를 하는 사람도 많지만, 전통적인 설교가들은 연역적 설교를 주로 해왔다. 국내 한 유명 설교가가 2003년 6월에 행한 다음과 같은 설교는 전형적인 연역적 전개이다.

> "좋은 만남, 긴 행복 (창 24:61-67)"
> 만남은 중요합니다. 성경을 보면 잘못된 만남 때문에 불행해진 사람이 있는가 하면 좋은 만남 때문에 길게, 행복한 사람이 있습니다. 잘 만나면 행복하고 잘못 만나면 불행해집니다.
> 본문의 만남은 이삭과 리브가의 만남을 설명해 주고 있습니다. 어떤 만남이 인생의 행복을 주는지 교훈하고 있습니다.
> 1. 혈연의 만남입니다.
> 결혼이란 당사자가 누구냐가 제일 중요합니다. 그러나 부모가 누구며 형제가 누구냐도 중요합니다. 연애나 교제는 감정만으로 가능합니다. 그러나 결혼은 철저한 이성적 검증을 거쳐야 합니다. 바로 그런 점들을 아브라함은 고려해 고향 처녀를 원했던 것입니다.
> 2. 신앙적 만남입니다.
> 3. 순결한 만남입니다.
> 4. 위로의 만남입니다.
> 이삭 곁에 리브가가 있어주었기 때문에 이삭이 위로를 받은 것입니다. 위로자

가 됩시다.

제목은 물론 처음 서론 부분에 '좋은 만남으로 인한 긴 행복'이란 설교의 결론이 이미 제시되어 있고, 행복한 결혼생활로 이끄는 좋은 만남이란 어떤 것인지가 네 가지로 설명하고 있다. 물론 이삭과 리브가의 만남이 아브라함이 깊이 고려해서 만든 혈연의 만남이기에 우리도 혈연을 만나라는 것이냐는 질문과, 창세기 24장 본 사건의 교훈이 이런 혈연의 만남을 가져야 한다는 것이냐는 석의적 질문에 대해서는 대답하기 곤란한 설교이다. 그러나 본 설교의 가장 큰 특징은 오래 오래 행복한 결혼생활을 하기 위해서는 좋은 만남이 중요하다는 결론을 내리고, 어떤 만남을 가져야 할지 가르치겠다는 의도에 의해 설교의 주제가 정해지고, 이미 내려진 결론에 의해 본문을 끌어들이고 그 본문을 해석해 들어간 전형적인 eisegesis 방식의 설교요 연역적 설교 방식이라는 것이다.

내러티브나 이야기체 설교는 대개 귀납적 전개이지만 앞에서 설명하고 '추격자'란 잘 만들어진 스릴러 영화의 사례에서 본 것처럼 연역적 전개가 불가능한 것은 아니다. 그럼에도 불구하고 신설교학파는 전통적 설교의 문제점을 연역적 전개로 결론 내리고, 귀납적 전개의 필요성을 강조하여 우리에게 귀납적 설교의 필요성을 일깨워주고 있다.

예를 들어 현대 설교계에 커다란 전환점을 만들어낸 프레드 크래독(Fred Craddock)은 그의 책 『권위 없는 자처럼(As One without Authority)』에서 전통적 설교의 모순을 잘 지적했다. 제대로 석의 훈련을 받은 설교자라면 누구나 설교 준비를 위해 본문에 접근할 때는 본문의 메시지를 발견하기 위해 귀납적으로 움직인다. 그것은 진리 발견의 기쁨이 넘치는 감격적 과정이다. 그런데 일단 설교하러 강단에 올라가기만 하면 '오늘 아침 말씀드리려 하는 것은 첫째, …… 둘째, …에 관한 것입니다'라는 식의 연역적 방식으로 바뀌고 만다는 것이다. 왜 강단에 올라가기만 하면 설교 준비하며 성경 연구할 때의 '유레카'의 감격을 억누른 채 연역적이고 조직신학적으로 전개하는가? 그것이 바로 설교자들이 습관적으로 반복하는 행동양식이며, 사실상 모순이다. 본문에서 귀납적으로 진리를 발견했다면 그 진리 발견의 여정에 청중도 참여시켜야 한다는 것이 신설교학의 흐름을 일으킨 크래독의 주장이요 그의 기여이다. 즉 설교를 전개할 때도 귀납적으로 하여 청중도 설교자가 설교를 준비하며 경험했던 진리 발견의 기쁨을 함께 경험할 수 있도록 해야 한다는 것이 그의 주장의 요점이다. 그래서 회중의 입에서 "본문이 우리에게 말하려고 하는 게 바로 이것이구나!"라는 말이 터져 나와야 한다. 그런데 사실 크래독이야 신약교수이며 설교학을 가르치는 사람이어서 석의를 통해 말씀을 탐구해가며 설교를 준비했기에 그런 발견의 감격을 이야기할 수 있지만, 현대의 신설교학파 흐름을 좇는 설교자들은 실제로는 본문설교(Textual Sermon) 방식의 설교를 하는 사람보다 본문 연구를 통한 발견의 기쁨을 더 누린다고 볼 수 없다. 크래독의 주장이 타당하든 그렇지 않든 관계없이 우리가 배워야 할 것은 청중들이 수동적으로 설교자의 결론적 교훈만 듣게 하지 말고, 성경에서 진리 발견의 기쁨을 함께 누리도록 참여시키는 설교를 해야 한다는 사실이다. 그것이 귀납적 설교가 중요한 본질적 이유 중 하나이다.

이럴 때에 본서의 앞부분에서 설교의 초점이 인식(recognition)에서 공동체와 함께 하는 경험(community experience)으로 바뀌는 것이 가능할 것이다.

앞 장에서는 주일 아침 대규모 회중 속에서 말씀을 경험하기 힘들기 때문에 소그룹 속에서 말씀을 중심으로 한 삶의 나눔을 통해 하나님 말씀을 경험하는 것에 초점을 맞췄다. 여기서 강조하고자 하는 것은 주일 아침예배라는 대규모 공동체 속에서 설교자와 청중이 함께 말씀 속으로 탐험을 나서며, 거기서 진리 발견의 기쁨을 함께 경험하도록 해야 한다는 것이다. 그때 교회 전체가, 전 교인의 삶의 방향이 함께 바뀌어 나가게 될 것이다.

귀납적 강해설교

지금까지 설교자들이 설교를 전개하는 방식은 대부분 연역적 방식이었지만 이제 귀납적으로 바꿔야 하고 그것을 위해 설교 구성에 좀 더 신경을 써야 한다. 그것은 설교자가 전하려는 것을 좀 더 효과적으로 전달할 수 있도록 하기 위함이다.

그런데 흔히 스토리텔링 설교나 내러티브 프리칭을 강조하는 사람들은 강해설교가 연역적이고 별로 극적이지 않다고 지적한다. 그렇지만 잘 만들어진 강해설교를 관찰해 보면 그런 단편적 비난처럼 모두 다 연역적이지도 않고, 그렇게 밋밋하지도 않음을 발견하게 될 것이다. 뛰어난 강해설교가들은 연역적 설교와 귀납적 설교를 다 해왔다. 그럼에도 불구하고 현대에서 귀납적 설교에 대한 강조를 하는 것은 신설교학파를 추종해서가 아니라, 청중들이 즐거이 설교를 따라오게 만들기 위해서는 그 자체가 중요하기 때문이다.

그렇다고 설교가 항상 영화나 드라마 혹은 일반 소설처럼 극적이어야 하는 것은 아니다. 강해설교는 본래 설교 구조나 설교 방법론이 아니라 일종의 설교 철학이다. 사실 성경을 철저히 연구하여 성경의 메시지를 드러내는(expose 강해하는) 것이 가장 극적이고 역동적인 것 아닌가? 그렇기 때문에 성경의 메시지를 제대로 드러내려는 설교자는 자연히 신학 논문 발표와 같이 연역적 명제 나열로 끝날 수 없고, 본문의 전개와 흐름에 따라 귀납적으로 움직이기 마련이다. 감신대 이성민 교수는 국내에서는 강해설교가로 알려진 이동원 목사를 귀납적 강해설교가로 바로 이해하고 있다. 그는 3대지를 사용하기에 전통적인 연역적 설교자처럼 보이지만 귀납적으로 전개하는 강해를 하고 있다. 문제는 강해설교를 제대로 익히지 못한 전통적으로 연역적이고 명제적 설교만 고집하는 설교자들로 인해, 강해설교는 모두 연역적이고 이야기체 설교만이 유일한 귀납적 설교인 것처럼 자주 오해되고 있다는 점이다.

현대 강해설교의 대부로 불리는 해든 로빈슨(Haddon Robinson)은 물론 대부분의 현대 설교학자들은 서로 동떨어진 명제를 나열하는 대지가 아니라 대지의 진전과 움직임을 강조했으며 귀납적 전개에 대해 강조해 왔다. 이에 대해서는 그의 대표적 설교학 저서인 『강해설교』의 제6장 후반부에서 확인할 수 있을 것이다. 보다 폭넓은 이해를 갖고 있는 설교학자로는 로빈슨 교수의 제자인 스누키안을 들 수 있다. 그는 명확한 흐름을 전개하기 위해 항상 귀납적이어야 한다는 일방적이고 굳어버린 신념이 아니라, 때에 따라 연역적이거나 귀납적인 방법을 지혜롭게 엮어나가야 함을 강조하고 있다. 매튜슨이 지은 『구약의 내러티브 설교』란 책에서 샘플로 제시하고 있는 내러티브 사례 설교들을 보면 크래독 같은 신설교학파의 사람들이 아니라 소위 전통적인 강해설교가로 알려진 사람들의 귀납적 설교 사례를 많이 볼 수 있을 것이다.

그런데 우리가 귀납적 설교를 향해 나아갈 때마다 항상 한 가지 깊이 생각해 봐야 할 부분이 있다. 과연 본문에 대한 깊은 연구와 묵상 없이, 설교 줄거리만 재미있게 만드는 것이 극적인가? 그렇지 않다. 설교자의 소명이 무엇인가? 사람들의 귀를 자극하고 재미있게 만드는 것이 곧 극적인 것은 아니다. 우리는 배우나 극작가, 소설가로 부름 받지 않았다. 목사로 부름 받았다.

설교의 목적은 하나님의 말씀을 통해 사람들의 삶을 변화시키는 것이지 성경 지식을 알리는 것 아니다. 따라서 귀납적 설교, 내러티브 프리칭 혹은 이야기체 설교를 향한 움직임을 단지 드라마처럼 설교를 풀어가고 문학적 구사와 화려한 묘사로 색칠한 재미있는 구성을 가진 설교처럼 오해하는 일이 없어야 할 것이다.

하나님의 말씀을 증거하며 수많은 선진들의 삶을 변화시켰던 설교자들이 지적하는 것처럼, 설교자가 영화나 음악과 예술 탐구에 비해 성경 본문 연구에 시간을 별로 쓰지 않는 것이 더 이상한 것 아닌가?

그럼에도 불구하고 효과적으로 전달되는 귀납적 강해설교를 위해 플롯

(plot) 구조에 대한 이해를 가지고 설교를 준비할 때부터 좀 더 신경을 쓸 필요가 있다는 것이 여기에서의 강조점이다.

한 편의 설교를 구성함에 있어서 특히 전환과 반전의 기법은 삶의 변화를 일으키는 설교 기법으로 매우 유용하다. 리더십 학자들은 물론 기독교 교육학자들도 공통적으로 인지하고 있듯이 인격의 성장은 마찰, 긴장, 난문제 없이는 일어나지 아니한다. 동적 긴장감 야기는 기독교인화 과정에 있어서 교육학적으로 중요할 뿐 아니라 인격과 삶의 변화를 추구하는 설교에서도 동일하게 중요한 요소이다. 설교를 통해 제시된 기독교적 진리는 청중의 과거의 경험과 인격을 어느 정도 전복시켜 줄 수 있어야 한다. 유진 피터슨은 이것을 전복을 일으키는 영성(subversive spirituality)이라고 부른다. 새로운 인격을 조성하기 위해서는 긴장이 제기되고 그로 인해 마음에 갈등을 겪지만, 결국 그 난제가 해결되어 완성을 향해 가도록 설교를 구성하는 것이 매우 효과적이다. 그렇기 때문에 로우리 같은 이는 이야기체 설교에서 '갈등→복잡화→급작스런 전환→실마리가 드러남'과 같은 플롯 구조가 효과적이라고 강조하는 것이다.

따라서 설교의 서론 부분은 본문 말씀에 관심을 집중하며 오늘의 주제를 수용할 수 있도록 준비하는 기능으로 끝나야지, 거기서 설교의 결론적 핵심 사항이 나오지 않도록 주의해서 구성해야 한다. 청중의 삶을 효과적으로 변화시키려는 설교자는 이런 점에 본능적으로 익숙할 뿐 아니라 서론에서 청중들의 심적 안전지대를 흔드는 작업을 하기도 한다. 설교의 서론에서 왜 이 설교를 들어야 하는지도 충분히 설득하지 못한 채 아무런 기대감도 없는 사람들에게 결론부터 들이대는 전통적인 연역적 설교 방식은 교인들의 삶을 변화시키기에는 비효과적임을 알아야 한다. 이에 대해서는 본서 후반부의 설교의 서두와 마무리 만들기에서 좀 더 살펴 볼 것이다.

교인들의 삶의 변화를 일으키는 설교자들을 살펴보면 또한 설교의 클라이맥스를 잘 사용하는 특징을 보인다. 그런 귀납적 구조의 설교가 삶의 변화를 일으키는 데 훨씬 효과적이다. 물론 크래독 같은 일부 설교학자들이 주장하는 것처럼 이야기체 혹은 서사체 설교만이 옳고 전통적인 연역적 설교 방식이나 대지를 사용하는 강해설교는 모두 폭력적이요 잘못된 것은 아니다. 귀납적인 것이 효과적인 때가 있고, 때로는 연역적인 것이 효과적인 상황이 있기 때문이다. 예를 들어 긴박하고 위급한 상황에서 매우 중요한 기준을 전달해야 하는 설교라면 연역적인 전개가 더 적합할 것이다. 그러나 평상시에는 조금 시간이 걸리더라도 여유 있게 귀납적으로 설교하는 것이 사람의 마음속에 오래 남고 스스로 말씀을 새길 수 있는 기회를 제공해 줄 수 있을 것이다. 또한 특정 주제를 교육해야 할 필요가 있는 경우나 교리 교육이 필요한 경우도 연역적 전개를 하는 것이 더 효과적일 것이다. 그러나 일상적인 설교에서는 대개 전환과 반전의 플롯 구조가 사용된 귀납적인 설교가 효과적이다. 그래서 스누키얀 같은 설교학자는 연역적 요소와 귀납적 전개를 때에 따라 적절히 반복해 구사하라고 충고하는 것이다. 따라서 설교를 항상 연역적으로 하는 것에 문제가 있듯이, 모든 설교가 다 귀납적이어야 한다는 주장도 현실 감각이 부족한 예술가나 이상주의자의 주장임을 알 수 있다. 지혜로운 설교자는 두 방식을 잘 섞어서 사용한다.

    그러나 지금까지 연역적이고 명제 중심적인 전통적 설교에 익숙한 사람이라면, 설교를 준비할 때 석의 결과 찾아낸 본문의 주 아이디어를 전개함에 있어서 갈등과 긴장 요소를 잘 활용하며 귀납적으로 전개할 수 있도록 조금 더 신경 써서 훈련받을 필요가 있다. 그때에도 성경 본문이 연구된 다음에 갈등구조를 사용해야 한다. 성경적 설교에서는 갈등구조 만들기가 우선이 아니라는 점만은 잊지 말아야 할 것이다. 이 점을 강조하는 이유는 이야기체 설교를 비롯한 서사체 설교를 주장하는 사람 중 일부는 석의를 강조하는 전통적 강해설교에 대한 부정적 인식을 갖고 있기 때문이다. 그러나 프레드 크래독 역시 성경 기자들이 제시하려고 했던 요점(point)을 찾기 위한 석의의 중요성을 무시하지 않았음을 기억해야 할 것이다. 본질적으로 하나의 개념을 찾아 하나의 요지(point)를 가지고 전개하는 것이 설교 준비이며 전달의 핵심이기 때문이다. 그렇지 않은 설교는 통일성을 잃게 될 것이다.

설교에서 서사 구조의 플롯 만들기

설교는 과학이나 기술, 혹은 조직신학처럼 논리성의 문제라기보다는 예술에 더 가깝다. 따라서 설교자는 논리성을 겸비하지만 동시에 예술가와 같은 존재다. 좋은 설교를 위해서는 철저한 본문 해석에 근거한 성경적 기초와 함께, 드라마 연출가의 자세가 필요하다.

지금까지 설교를 귀납적으로 전개할 때 서사 구조를 갖는 것이 중요하다고 했다. 왜냐하면 사람들의 삶에 변화를 일으키기 위해 갈등을 제기하는 것이 필요하기 때문이다. 이것을 설교 기법으로 잘 활용할 줄 알아야 한다.

설교를 준비할 때 첫 단계는 앞에서도 설명했듯이 성경 본문 읽기이다. 이때 본문 읽기는 설교자의 입장에서 읽는 것이 아니라 청중과 함께 읽는 의도적 노력이 있어야 함도 강조했다. 이 설교를 들을 교인들과 함께 성경을 읽어야 한다. 그것은 회중의 삶의 현실, 그들의 아픔과 문제와 희망을 안고 읽는 과정이다. 그것은 하나님 말씀에 부딪히는 경험적 순간이다. 설교자는 그 경험을 기록하고 진술한다. 이런 성경 읽기는 지금까지 설교자로서 당연히 여겼던 신학적 사항을 요약하는 것이 아니라, 성도들과 함께 이의를 제기하고 논쟁점을 추출해 내는 시간이다. 그리고 또 다시 하나님 말씀인 본문 앞에 선입관 없이 서야 한다. 그리고 하나님 말씀을 듣기 위해 읽는다. 그리고 그분의 말씀을 통해 한 가지 요지를 얻고 결론을 내리게 된다. 이런 것이 청중과 함께 해석적으로 성경을 읽어가는 과정이다.

그 다음 단계로 이런 과정에서 발견한 것을 플롯이란 도구를 염두에 두며 설교의 서사 구조로 구체화해 나간다.

보통 문학에서 플롯 구조는 1. 발단 2. 발전 3. 갈등 4. 분규 5. 절정(위기) 6. 해결(화해)의 순서로 전개된다.

지금까지 아무 문제의식 없이 지냈던 것이, 하나님의 말씀 앞에 서고 보니 문제임을 알게 된다. 그것이 설교의 출발점인 발단이다. 그 문제가 좀 더 구체적으로 드러남에 따라 (발전되어) 하나님의 심판 앞에 설 때를 고려해 보게 되면 우리는 갈등을 겪게 된다. 마음속에는 분규가 일어나서 지금까지 그랬듯이 내 욕심대로 계속 살다가 죽을 것인지, 아니면 하나님 말씀에 순종해서 힘들더라도 돌이켜야 할지 고통을 겪게 된다. 그것이 절정에 도달하는 그 때가 우리 삶의 위기의 순간이며, 설교 전체에서는 클라이맥스로 치닫는 것이다. 이제 하나님의 능력으로 혹은 성령의 역사하심에 따라 그 말씀의 약속을 의지함으로 우리 속에는 화해가 일어나고 문제는 해결된다.

이것을 이야기체 설교의 주창자 중 하나인 유진 로우리(Eugene Lowry)는 다음과 같이 표현한다.

1단계: 평형을 뒤집어라 - 사람들로 하여금 "아이구 저런!(Oops!)"란 말이 나오게 하라.
2단계: 모순을 분석하라 - 이때 사람들은 문제의식을 갖게 되어 그 입에서 "어~(Ugh)"라는 탄식이 쏟아져 나오게 될 것이다.
3단계: 해결의 실마리를 드러내라 - 사람들은 "아하(Aha)!"라며 희망을 갖고 설교의 전개를 주목하고 관심을 갖게 된다.
4단계: 복음을 경험하게 하라 - 이때 사람들은 "와아(Whee)!" 하는 기쁨을 경험하게 된다.
5단계: 결과를 예견하게 하라 - 그때 사람들의 입에서 "예에(Yeah)!" 하는 승리의 환호가 터져 나오게 된다.

이런 구조를 그림으로 표현하면 다음과 같다.

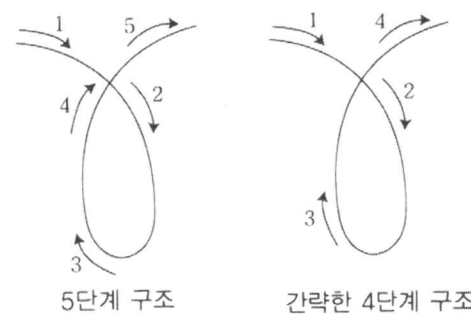

5단계 구조   간략한 4단계 구조

이런 5단계 구성을 하는 것이 힘들 경우에는 '1. 갈등 2. 혼란 3. 반전(복음제시) 4. 해결'의 4단계로 하고, 그것도 어려울 경우에는 '1. 갈등 2. 반전 3. 해결'의 3단계 플롯을 갖는 설교를 만들어 보기 바란다.

그런데 전통적인 연역적 교육으로 한 평생을 살아온 보통 설교자들이 이런 플롯을 구성한다는 것이 쉽지 않아서 마음은 있어도 제대로 이야기체 설교를 구사하지 못하는 것이 현실이다. 이때 가장 힘든 것이 간단한 사실을 흥미로운 이야기 구조로 만들어내는 기술일 것이다. 어떻게 그것을 할 수 있는지 잠시 알아보자.

예를 들어, 누가복음 23:44-49의 사건을 본문으로 하여 설교자가 '예수는 죽고 사람들은 돌아갔다'고 하면 46절과 48절에 근거한 사실 묘사이다. 그런데 '예수의 죽음을 보고 사람들은 돌아갔다'고 하면 그것은 한 행동(돌아감)이 다른 행동(죽음)으로 인한 인과 관계를 갖게 되어 플롯 성격을 갖기 시작한다. 한 걸음 더 나아가 예수께서 운명할 때 해가 빛을 잃고 대낮에 어둠이 몰려오고 성소의 휘장이 한 가운데가 찢어진 사건(44-47절)이 묘사되고, 백부장마저 '이 사람은 정녕 의인이었다'는 고백을 하며 하나님께 영광을 돌리며 돌아갔고(47절) 구경꾼들도 다 가슴을 두드리며 안타까운 심정으로 돌아갔다(48절)고 하면 비장함과 화면 뒤의 긴장감을 갖춘 플롯 구조가 더 깊어지는 것이다.

마찬가지로 설교자가 만일 이 본문에서 '예수가 십자가에서 죽는 것을 제자들은 서서 보았다'고 하면 이것은 46절과 49절에 근거한 사실 묘사요 해설일 뿐이다. 그러나 백부장이 하나님께 영광을 돌리고 사람들도 가슴을 치며 안타까워했지만 결국 다 돌아갔음(48절)에도 불구하고, '예수님의 죽음을 보고도 여제자들은 돌아가지 않고 남아서 보고 있었다'고 말한다면 이것은 반전을 가진 플롯 구조가 된다. 게다가 그 후에 50-53절에서 우리가 읽는 것처럼 제자들이 그저 무능하게 서서 바라만 보고 있어야 했음에도 불구하고 요셉이란 사람은 빌라도에게 나아가서 예수의 시체를 달라고 요청하고 무덤에 안치했음을 잘 살려서 얘기한다면, 또 다른 반전과 함께 청중은 해결의 느낌을 갖게 되고 나아가 우리가 잘 아는 부활 사건의 전초를 감지하게 된다. 이런 것이 성경의 플롯 구조이며, 이것을 잘 살리는 것이 플롯 구조를 활용하는 지혜로운 설교자의 능력이라 할 수 있다.

설교의 초반에는 사람들의 평형을 깨고, 설교가 진행되면서 청중들에게 갈등 구조를 갖게 하고, 후반으로 들어서며 복음의 해결책을 예상하게 하고, 결국 하나님의 해결을 통한 기쁨의 클라이맥스를 갖게 만드는 것은 단순히 문학적 기술 문제가 아니다. 삶의 변화와 이런 플롯 구조의 설교 형태와의 관계는 뒤에 자세히 살펴보게 될 것이다.

이런 서사적 설교 전개 방식은 본질적으로 앞에서 지적한 것처럼 우리의 설교 준비 과정(귀납적)과 전달 방식(연역적)의 괴리를 줄이기 위한 것이다. 그러나 또 한 가지 중요한 이유는 이야기 방식 자체가 가지고 있는 본질적 힘 때문이다.

논리성을 중시하는 일부 신학자나 학자들과는 달리 보통 사람들은 대개 관계적으로 사고한다. 사람들은 이 에피소드나 요소가 문맥 속에서 다른 사건이나 에피소드와 어떻게 연결되어 있는가를 본다. 그래서 이야기를 좋아하고 다른 사람에게 이야기를 하지, 논리적 서술을 전달하지는 않는다. 그런데 설교자는 청중들에게 성경 본문에서 추출해낸 신학적 진술이나 데이터를 암기시키려고 든다. 설교자의 임무는 본문을 기초로 한 논리적이고 신학적인 진술을 제시하는 것이 아니라, 그 말씀의 세계에 청중을 참여시키는 것이어야 한다. 즉 논리적 진술이 아니라 이야기 세계 속에 그들을 끌어들이게 되면, 설교자가 '외워라, 순종하라'고 강요하지 않아도 사람들은 말씀과 성령의 사건 속에 개입되고 스스로를 참여시키고 말씀을 경험하게 된다. 이런 관계성과 삶에 기초한 이야기의 힘을 활용하는 것이 설교자의 사명 중 하나이다. 잘 생각해 보라. 우리가 어렸을 때 듣고 자란 이야기나 좋은 동화는 대개 앞부분은 이야기로, 뒷부분은 적용과 은유(자세히 살펴보기)로 구성되어 있다. 그럴 때에 사람들이 시스템적으로 사고하고 행동하게 되는 것이지, 억지로 그렇게 만들기 위해 논리적으로, 지적으로, 의지적으로 강압한다고 해서 되는 것이 아니다.

물론 이런 내러티브 방식의 설교에는 한계가 있다. 그것은 설교자가 결론을 내리지 않고 끝을 열어 놓고, 청중이 스스로 그 결론을 찾고 그렇게 살기를 기대하는 것이다. 이 부분이 가지고 있는 문제점에 대해서는 본서 후반부의 설교의 결론부 만들기에서 좀 더 상세히 알아볼 것이다. 그럼에도 불구하고 설교 전개 방식은 귀납적이고 플롯 구조를 가져야 한다고 강조하는 이유는, 사람들은 이런 서사 구조나 이야기를 통해 부담 없이 마음을 열고 흥미를 가지고 이야기 속에 진입하여 자연스럽게 자신의 생각을 바꿀 수 있기 때문이다. 물론 그 사실 자체가 사람의 행동을 바꿔주는 것은 아니다. 그 문제와 대안에 대해서는 앞에서 약속한 것처럼 본서 후반부에서 계속 다룰 것이다.

지금까지 살펴본 것처럼, 전통적인 설교는 거의 똑같은 방식의 서론·본론·결론 구조로 되어 있고, 대지 전개의 방식도 항상 똑 같아서 듣는 이들로 하여금 단조롭게 느끼게 만들 여지를 본질적으로 갖고 있다. 즉 설교의 전개 방식이 똑같기 때문에 성도들은 설교를 듣는 처음 순간부터 미리 결론을 예상하고 듣는다. 이렇게 흘러가서 저런 주장을 할 것이라고 생각한다는 것은 흥미를 잃는 것만의 문제가 아니라, 성도들로 하여금 처음부터 마음을 닫아둘 위험을 안고 간다는 점이 중요하다. 물론 구조적 흐름이 예측 가능할 때 안정감이 있는 것도 사실이지만, 내용의 전개는 안정감 확보를 뛰어넘어야 변화가 가능하고 평형이 깨질 때 사람들의 완악해진 심령에 좀 더 가까이, 그리고 강력하게 다가 설 수 있기 때문에 구성의 흐름을 강조하는 것이다.

따라서 귀납적 설교와 잘 짜여진 플롯 구조를 사용하는 이야기체 설교도 우리가 익혀야 할 것이지만, 무엇보다 중요한 것은 일반 교인들이 듣고 이해하기 쉬운 성경적 설교의 기본 구조를 익히는 것이다.

inductive expository preaching

09

설교
아웃라인 만들기

inductive expository preaching

09
설교 아웃라인 만들기

저명한 설교학자인 토마스 롱은 대다수의 성도들은 설교가 끝나고 15분이 지나면 무슨 얘기를 들었는지조차 기억하지 못한다고 지적했다. 그뿐 아니다. 자신들이 확실히 설교를 기억한다고 말하는 사람들조차 그날 목회자가 했던 설교와는 영 다른 엉뚱한 이야기를 하는 것을 우리 설교자들은 경험해 보았을 것이다.

효과적인 설교의 구조(Structure)

우리의 질문은 이것이다. 똑같은 본문, 똑같은 석의 결과를 가지고 설교를 해도 어떤 설교는 귀에 쏙쏙 들어오고 어떤 설교는 도무지 무슨 소리인지 이해하기 어려울 때가 있는데 왜 그런 것인가? 도대체 무엇 때문일까? 심지어 흥미진진한 이야기체 설교를 들을 때도 재미있다고는 느끼지만 설교가 끝나고 나면 무엇을 말한 것인지, 설교의 요지가 무엇인지 제대로 기억하지 못한다.

그것은 설교자의 학자적 석의 능력의 차이와 신학자적 안목의 부족 때문이 아니다. 대개는 설교의 기본 구조가 제대로 되어 있지 않아서이다. 앞 장에서는 설교의 내용과 흐름이라는 내적 측면에서의 구조에서 플롯을 강조했다면, 본 장에서는 그것의 외적 표현인 설교의 형태로서의 구조에 대해 살펴보려는 것이다.

유명한 실천신학자요 설교가인 윌리엄 윌리몬은 잘 구성되지 않은 설교는 이해하기 어려운 설교라고 지적한 바 있다. 그럼에도 불구하고 대부분의 설교자가 설교 내용만 좋으면 되지, 설교 구조와 형태까지 중요하다고는 별로 생각하고 있지 않은 것은 안타까운 점이다.

그럼 사람들의 삶을 변화시키기에 효과적인 설교는 기본적으로 어떤 구조를 가질까?

좋은 설교의 특징

좋은 설교는 설교의 각 조직이 총체적으로 잘 기능하는 설교이다. 여기서 각 조직이란 설교의 제목, 도입부, 몸통, 결론부, 예화, 전환문 등을 말한다.

앞에서 강조했던 것처럼 석의가 성경의 내용(contents)을 정확히 하고자 함이라면, 효과적 전달을 위해서는 설교의 구조에 정통해야 한다. 설교의 구조는 전달도구(container)이기 때문이다.

설교와 주해의 차이가 무엇인가? 주해는 성서의 구절을 절과 절에 따라 주석하는 것이나 설교는 본문에 기원을 두고 어떤 형태(scheme)를 갖춰 전달하는 것이다. 따라서 설교적 형태 없이 주석을 읽는 것처럼 들리는 것이나 신학논문 혹은 리포트를 발표하는 방식은 설교가 아니다. 당연한 말이지만 설교는 설교적 형태를 갖춘 커뮤니케이션이다. 그런데 이것이 잘 안 지켜지고 있다.

오래전에 랜돌프(Randolf)란 설교학자는 설교자가 비평, 비교, 분석 같은 연구를 통해 석의를 끝내고, 이 설교의 구조는 무엇이며 어떻게 되어야 하는가 하는 질문을 제기하는 그때가 바로 설교자에게 가장 결정적인 순간이라고 말한 것을 잊지 말아야 한다.

성장하는 설교자의 필수 질문

설교에 계속 발전이 있는 설교자는 항상 자신에게 끊임없이 질문을 던지며 설교 개발을 위해 고민한다. 윌로우크릭 교회의 빌 하이벨스(Bill Hybels) 목사는 기독교 대학을 다니다가 뛰쳐나와 교회를 개척한 사람이다. 그러므로 오늘날 신학대학원을 나온 대부분의 목회자가 보기에 그는 신학적 훈련이 부족하다고 생각할지 모르지만, 그는 다음과 같은 질문을 통해 지속적으로 자라가는 설교자가 되었다. 그의 질문은 이것이다.

왜 어떤 사람의 예화는 그렇게 우리를 움직이는가?
왜 어떤 사람의 아웃라인(개요)은 그렇게 기억이 잘되는가?
왜 어떤 사람의 도전은 그렇게 우리를 파고드는가?
왜 어떤 사람의 결론은 그렇게도 적절한 것인가?

여기서 지적하는 예화, 개요, 결론, 도전에 대한 그의 질문이 바로 설교의 조직과 구조에 대한 고민이다. 그는 후배 설교자들에게 "많은 좋은 설교를 들어보라. 그리고 보통 설교와 위대한 설교의 차이, 매우 미묘한 차이(subtle difference)를 알아차리라"라고 충고하는데, 위대한 설교와 보통 설교의 미묘한 차이가 무엇인지 당신은 대답할 수 있는가?

똑같은 석의 결과를 주고 설교를 준비시켜도 다른 결과를 낳는 것은 여러 가지 이유가 있지만, 그 중의 중요한 하나는 설교자의 설교 전개와 설교 구조의 차이 때문이다. 그것은 아주 작은 것으로 여겨지지만 실제로 설교란 커뮤니케이션 측면에서는 매우 큰 차이를 낳은 요인이 된다. 그러므로 유명 설교자를 그저 단순히 흉내만 낸다고 되는 게 아니다. 그들의 설교의 구조적 관점을 이해하지 못할 때는 배우고자 하는 노력에도 불구하고 충분한 결실을 맺기 어려울 것이다.

지금까지 삶의 변화를 일으키는 설교를 위해 설교의 구성(plot)과 구조

(structure)에 대해 특별히 신경을 써야 한다고 주장했는데, 혹자는 성령께서 함께 하시면 되지 설교의 구조와 구성까지 고려하는 것은 너무도 인간적이라고 생각할지도 모른다. 그러나 누구보다 강한 성령의 역사로 대 각성을 일으켰던 조나단 에드워즈도 목회자가 설교하거나 어떤 것에 대해 논할 때는 보다 쉽고 분명하게 그 방법과 순서를 제시하는 것은 매우 유익한 것이라고 했음을 기억해 보기 바란다.

글렌 넥트가 인식한 것처럼 견실한 구조는 설교 내용 이상의 것을 전달한다. 메시지는 설교의 한 부분 부분으로서가 아니라 전체적으로 착상되는 것이다. 그래서 구조 없이는 진정한 전달이 있을 수 없다고까지 주장하는 사람이 있을 정도이다. 이런 사실을 제대로 이해하는 설교자는 러콕(Halford Luccock)이 지적한 것처럼, 설교의 힘이 어떻게 치장하느냐에 있지 않고 설교의 구조를 어떻게 하느냐에 달려있음을 알고 설교 전체 구조 발전을 위해 노력해야 할 것이다.

이처럼 적절한 요지를 사용하는 설교의 기본 구조를 익히는 장점은 무엇인가?

첫째, 설교에 대해 배우고 기초를 형성하는 과정에서 큰 도움이 된다. 어떤 설교 세미나 혹은 뛰어난 설교자들의 강의를 그렇게 많이 들었는데도 정작 실제 설교가 늘지 않는 사람들이 있는데, 그 이유는 설교의 구조를 무시하기 때문이다. 구조는 수많은 핵심들을 표현하고 있는 어떤 틀과 같은 것이기 때문이다.

둘째, 설교의 구조를 알고 그렇게 준비하면 설교에 은사가 있는 특별한 사람이 아니더라도 설교의 기본 수준은 지킬 수 있다. 아무리 능력 있는 설교자라도 설교에 기복이 있기 마련이지만, 설교의 기본 구조를 습득한 설교자는 내용적으로는 준비가 조금 부족할 때도 어떤 기본 수준 아래로 내려가지는 않는다.

셋째, 일단 기본 설교 구조에 익숙해지면 나중에 응용이 가능하다. 그래서 설교자가 현재 이야기체 설교나 일인칭 설교 등 어떤 현대적인 형태로 발전하고 싶더라도 처음에는 기본 골격을 몸에 배게 해 두라고 강조하는 것이다. 처음부터 기초 없이 볼링이나 골프를 하면 어느 정도까지는 가도 그 이상은 하지 못하는데 설교도 마찬가지이다.

이제부터는 수많은 연구와 실제 설교를 통해 발견한 가장 효과적인 기본 설교 구조에 대해 알아보자. 먼저 어떻게 설교를 전개해 나가는가 하는 설교의 몸통 부분에 대한 것부터 배워 보자.

다음의 설교 구조는 수많은 연구와 실제 설교를 통해 발견한 가장 효과적인 기본 설교 구조이다.

설교 개요(Outline) 만들기

석의 결과 파악하게 된 본문의 의도와 핵심을 전개해 나가는 것이 개요 만들기이다. 여기서 개요는 설교학자에 따라 대지 혹은 요지라고도 하는데 영어의 outline에 해당하는 단어이다.

사실 개요라는 표현보다는 설교의 포인트(points)란 말이 더 적절한데, 영어식 표현이 거슬리는 사람은 개요나 요지라는 단어로, 상관없는 사람들은 설교의 포인트라고 말해도 된다. 설교에서 포인트를 명료히 하는 것이 커뮤니케이터의 역할이다.

어떤 사람들은 대지 I, II, III으로 끌어가는 설교를 한물 간 구닥다리 설교 방식이라고 비웃는다. 그리고 설교 개요를 사용하지 않는 이야기체 설교만이 현대적이며 첨단 방식의 좋은 설교라고 생각한다. 그것은 참으로 피상적인 생각이요, 설교의 본질과 청중 이해가 부족하여 생긴 오해라 아니할 수 없다. 이야기체 설교는 물론 어떤 형태의 설교라도 제대로 된 커뮤니케이터는 자신의 설교에서 전하고자 하는 요점이 있기 마련이다. 즉 어떤 설교자라도 그 설교에서 전달하려고 하는 포인트 즉 요지가 두세 가지 있을 터인데, 그것이 바로 설교의 대지요 개요이다. 설교의 요지를 첫째, 둘째, 셋째 하며 명료하게 제시하는 설교자가 있고, 이야기체 설교의 구조 속에 녹아 있게 만드는 설교자가 있다. 어떤 경우든 설교를 통해 전하려는 요지(개요)가 없다면 그것은 근본적으로 효과적인 커뮤니케이션이 될 수가 없다. 우리에게 중요한 것은 설교를 할 때 그 설교의 포인트를 명료하게 제시하는 것이 좋은지, 아니면 그런 내용을 중심으로 구성하되 설교 전체 속에 녹아 있어 전달할 때 명백하게 드러내지 않는 것이 좋은지 결정하는 것뿐이다.

그런데 알아야 할 것은 우리나라 청중의 현실이다. 앞으로는 초·중·고등학교부터 논술훈련을 받은 젊은이들이 교회의 주류를 이루겠지만, 현재 한국교회 청중은 연역적 교육을 받아온 사람들이다. 귀납적인 이야기 듣기를 즐거워하지만 그 속에서 스스로 결론을 도출해내는 귀납적 사고 훈련이 되어 있지 않다. 사실 현재 청장년층들은 그런 귀납적 사고를 어려워하며, 심지어 신학생이나 목회자들조차 교수나 강사가 연역적으로 일목요연하게 정리해주는 것을 수동적으로 들으려고만 하지 토론을 통해 결론을 도출해내는 것을 매우 불편해 하고 싫어한다. 하물며 일반 교인들에게 스토리텔링을 하고 난 후, 이 설교의 요지 혹은 성경 본문이 말하려고 한 바가 무엇인지 말해보라고 하면 대답할 교인들은 극히 드문 것이 현실임을 인정해야 한다. 그러므로 설교를 통해 전달하고자 하는 포인트 몇 가지를 명료하게 제시하는 것이 훨씬 효과적이다. 다만 전통적인 대지 방식의 문제점을 알고, 다음 단락에서 다룰 발전된 요지 작성법을 익히는 것이 중요하다.

설교 개요 작성의 목적

설교 개요를 작성하라고 하면 어떤 사람들은 "왜 개요(대지)를 만들라고 하는가? 굳이 아웃라인을 만들어야 하는가? 개요 문장이 없는 설교를 하는 목사님들의 교회도 부흥하지 않는가?" 반문을 하기도 한다. 물론 죠지 휫필드나 D.L. 무디, 칼빈이나 J.I. 패커는 물론 국내 유명 목사 중에도 명확한 개요 없이 설교하는 경우가 있다. 그래도 우리가 아는 것처럼 놀라운 하나님의 일들을 해 내었다. 그렇다고 해서 설교의 기본을 배우는 우리도 기본적인 설교 구조를 무시하고 각자 자기 방식대로 하겠다고 해서는 안 된다. 그들이 유명한 사람이고 위대한 일을 해 내었지만 어떤 이는 설교자라기보다는 학자이고 어떤 이는 전도자에 더 가까우며, 명설교자라 할지라도 지난 세월동안 대지설교의 훈련을 거쳐 자신의 스타일을 갖게된 것임을 알아야 할 것이다. 설교에 있어서 타고난 예외적인 사람들을 기준으로 삼지 말고, 기본을 배울 수 있는 방식이 있다면 그것을 습득해야 한다. 앞에서 구조를 가진 설교를 배우는 것이 왜 도움이 되는 것인가를 언급한 것처럼, 설교 개요(아웃라인) 사용법을 귀찮아하며 습득하지 않는 것은 장기적인 설교 발전을 생각할 때 어리석은 일일 뿐이다.

혹시 여러분은 왜 대형할인점들의 매출이 높은지 생각해 보았는가? 단지 가격이 싸서가 아니다. 백화점처럼 손님에게 일일이 권하고 설명해주는 친절도 없고 집근처의 용이한 접근성도 없지만, 일단 방문한 사람들로 하여금 물건을 많이 사가도록 만드는 고도의 마케팅 전략 때문이다. 예를 들어 앨범 코너에서는 일회용 카메라를, 삼폭 코너에서는 쌀벌레 약과 밥수깍을, 식용유 코너에서는 부침개용 뒤집개를, 분유 코너에서 아기 신발을 함께 진열하는 식으로 연관 상품을 모아 놓는 기법이 그 하나다. 이는 가전코너, 식품코너 등 전통적인 분류와 배치법을 뛰어 넘는 발상이다. 또한 분류 방식 자체를 소비자 중심으로 바꾼 곳도 있다. 샴푸를 메이커별로 놓지 않고 손님의 입장에서 가격대별로 바꿔 배치한다거나, 씨리얼의 경우 고객층에 따라 어린이용·성인용·가족용으로 비치해 놓는 것이다. 목회자 입장에서 이런 마케팅 기법이 부정적으로 보일 수도 있겠지만, 주일에 교회에 찾아오는 사람들에게 설교가 좀 더 효과적으로 전달되게 하기 위해 최선을 다하는 노력을 하는 것이 잘못된 것일까? 그렇지 않다. 비윤리적인 상행위라면 제재를 받아야겠지만 할인점들이 창조적인 물건 배치를 담당하는 스키매틱이란 전문가를 고용하는 것이 잘못이 아닌 것처럼, 비성경적인 메시지를 전한다면 잘못된 것이지만 열심히 준비한 메시지를 더 잘 이해하도록 배열하는 노력을 하는 것은 전혀 잘못된 일이 아니다. 따라서 설교자는 스키매틱들과는 달리 성경 본문의 주요 사상을 제한된 시간에 한 설교 안에 어떻게 잘 배치하느냐 하는 개요 구성에 좀 더 눈을 떠야 할 것이다.

설교자가 설교 개요를 잘 사용하면 많은 혜택을 보게 된다. 첫째로 설교 자체가 일정 부분 논리적 틀을 갖게 되며, 둘째로 설교자 자신이 설교할 때 설교의 방향을 잃지 않게 되며, 셋째로 설교를 듣는 청중들이 설교가 어떻게 진행되고 있는지 쉽게 파악하여 따라갈 수 있는 길잡이가 되는데 이는 개요가 징검다리가 되기 때문이다. 그래서 설교 개요(아웃라인)는 운전자에게 도로 표지판과 같은 기능을 하는 매우 중요한 것이라고 말할 수 있다.

우리가 아는 대로 혹은 생각나는 대로 설교하지 않고 설교학을 배우고 연구하는 이유는 그 설교를 듣는 청중의 삶을 좀 더 효과적으로 변화시키기 위해서라고 했다. 그런데 삶을 변화시키기 위해서는 우선 청중들의 귀에 잘 들려야 한다. 그런 설교들의 특징은 설교 전체가 커다란 하나의 덩어리로 던져지지 않고, 단락별 혹은 모듈화해서 전달된다는 점이다. 음식을 먹을 때도 그렇지만 사람은 아무리 좋은 설교라도 논리적으로 완벽하게 짜여 있어서 처음부터 끝까지 온 신경을 다 집중해 들어야만 파악할 수 있는 커다란 덩어리 한 개 보다는, 작게 잘라서 먹기 쉬운 설교를 더 쉽게 이해하고 그 설교에 더 잘 반응한다. 그것이 처음에는 신선하고 흥미로운 서사체 설교를 좋아하지만 결국 대부분의 청중은 잘 만들어진 두세 개의 개요(대지)로 구성된 단락설교를 선호하는 이유이다. 즉 전체 흐름은 귀납적이며 플롯 구조를 가지고 있되, 한 주간 동안 설교 말씀 중 하나라도 기억해서 붙잡고 살 수 있는 적용적 개요 2-3개로 단락이 이루어진 설교가 삶의 변화에 가장 효과적이다. 그래서 설교 개요를 잘 만드는 것이 중요하다고 강조하는 것이다.

이것이 본서에서 귀납적 강해설교를 주장하는 이유이다.

설교 개요(outline) 작성의 기본 원칙

그럼 어떻게 설교 개요를 만들어 나가는가? 구체적으로 알아보자.

우선 앞에서 알아본 것처럼 첫째, 석의를 통해 본문이 말하고자 하는 요점을 정리해 본다. 둘째, 그것이 설교란 목회적 행위에서 어떻게 효과적으로 전달 될 수 있는가에 대한 설교적 착상을 정리해 본다. 셋째, 그 설교적 착상들 사이에 나타나는 동일성, 상이성 등 관련성을 검토해 본다. 넷째, 검토한 결과에 따라 설교 착상들을 발전시켜 본다. 그리고 다섯 번째, 발전된 착상이 설교의 목적이란 커다란 우산에서 벗어나지는 않았는가를 물어봐야 한다.

이때 만들어진 설교 개요(outline, 대지)는 청중에게 명확하게 제시되어야 한다. 개요가 원고에 있고 설교자가 이를 숙지하고 있으면 설교할 때 편하다. 그러나 개요는 설교자만을 위한 것이 아니라 궁극적으로 청중을 위한 서비스다. 따라서 작성된 개요를 청중이 인식하도록 해야 한다. 기껏 애써서 만들어 놓고 설교할 때 우물쭈물해서 그것이 개요인지 설명 중 한 부분인지 모르면 소용이 없다.

라베쉬 리처드는 실교 아웃라인을 작성할 때 'SAVE a Point!' 방식으로 할 것을 제안한다. 석의 결과 나온 본문의 중심 사상을 한 가지 중심 요지(point)로 삼아 그것을 사람들의 마음속에 새겨주고 저장해주라(save)는 뜻이다. 각 단어의 알파벳 첫 글자 하나하나를 따서 다음과 같이 할 것을 강조하는데, 이것은 설교의 기본 원리이므로 우선 숙지해 둔 후에 어떻게 요지를 만들어나갈지 세부 방법을 더 살펴보도록 하겠다.

1. 요지를 제시하라. (State)

설교에서 주장하고자 하는 요지(point 혹은 outline)가 무엇인지 분명히 밝혀야 한다. 그 방법은 다음 9가지 원리로 자세히 알아 볼 것이다.

2. 요지와 본문과의 연관성을 분명히 하라. (Anchor)

설교자가 제시한 요지가 설교자 개인의 생각이 아니라 하나님 말씀이고 성경이 말하는 바라는 점을 분명히 하기 위해서는 이 과정을 반드시 거쳐야 한다. 즉 내 요지가 본문의 어느 구절로부터 도출된 것인지 밝히고 그 구절에 닻을 내려야(anchor) 한다.

3. 요지를 증명하라. (Validate)

요지 혹은 대지는 성도들이 알아듣기 쉬운 현대적인 언어로 표현되었기에 교인들은 그 구절이 본문 어느 절에 근거한 것이라고 해도 같은 표현을 찾을 수 없을 것이다. 그리고 이 구절이 말하는 것이 과연 그 요지와 같은 것인지 의아해할 수도 있다. 그러므로 본문에서 왜 이 요지가 나왔는지 증명해야 한다.

4. 요지를 설명하라. (Explain)

입증이 되었으면 요지가 의미하는 바를 설명하라. 사실 이 3단계와 4단계는 논리적으로 꼭 분리될 필요는 없으며 합쳐지는 것이 간단할 것이다. 그러나 이 두 과정이 강해의 본질이므로 제대로 해야 한다.

5. 요지를 적용하라. (Apply)

마지막으로 요지 하나 하나마다 바로 그 자리에서 적용을 해서 그 말씀을 어떻게 살아내야 할지 제시해야 한다. 그것이 강해설교의 최종 요소이기 때문이다.

우리 한국교회 설교자들이 잘 지키지 않는 부분이라서 특히 강조하고 싶은 것은, 매 요지마다 반드시 그 개요가 성경 본문 어디에 근거한 것인지 밝히는 근거구절 제시(anchor)를 꼭 하라는 것이다. 이것이 지켜질 때 청중들은 이 설교가 목회자 개인이 하고 싶은 얘기를 하는 것이 아니라 하나님의 말씀이란 인식 속에서 말씀에 순종하고 변할 수 있다. 그리고 설교 원고에 근거 구절을 명기하는 데서 그치지 말고 설교 중에 그 구절 곧 하나님 말씀을 함께 읽거나, 적어도 설교자가 낭독해주는 습관을 가져야 한다. 그럴 때에 설교가 성경적 설교란 기본 틀에서 벗어나 강단을 이용해 설교자가 하고 싶은 소리를 하는 근본적인 문제가 해결될 것이다.

이제 설교 개요를 작성할 때의 기본적인 원칙과 주의할 점 등 좀 더 구체적이고 실제적인 방법에 대해 알아보자.

설교 개요(Outline) 작성의 구체적 방법과 주의점 9가지

설교 개요를 작성할 때 무엇보다 본문의 중심 사상과 성도들, 이 두 가지를 모두 고려해서 작성해야 한다는 점은 가장 기본적인 사항이다.

본문의 중심 사상은 물론 본문석의 결과 얻어진 것이다. 그런데 그것만 강조하는 것은 신학적 강론이지 설교가 아니다. 설교의 개요를 작성할 때는 간결한 신학적 논지로 끝나지 않고 그 설교 개요를 듣는 청중과의 연관성(relevance)을 고려해야 한다. 설교를 듣는 교인들의 삶의 현장과 연결 짓는 것이 목회이며, 설교자의 사명이다.

그리고 설교 개요는 반드시 **석의한 결과와 거기서 나온 주 아이디어에 근거해 만들어져야 한다.**

한 학생이 우리가 잘 아는 로마서 12:1-2을 본문으로 하여 설교를 하기 위해 석의를 한 후에 그 결과를 다음과 같이 정리했다.

"본문의 주제는 하나님 백성이 변화된 삶을 살아갈 것을 명령하고 있다. 바울사도의 권면으로 시작해 강한 어조로 1절에서는 '드리라', 2절에서는 '분별하도록 하라'고 명령형으로 말하고 있다. 즉 성도가 변화된 삶을 통해 하나님의 뜻을 드러내기를 강력하게 요구하고 있다."

로마서 12:1-2을 본문으로 한 설교는 항상 하나님이 기뻐하시는 예배를 잘 드리자는 유의 것이었는데, 석의 결과 본문이 말하고자 하는 바를 정확히 파악해내어 기뻤고 어떤 설교가 만들어졌을까 내심 기대가 되었다.

그런데 제시된 설교문은

I. 전인격적인 예배를 드려야 합니다.
II. 삶 속에 하나님을 보여주는 예배를 드려야 합니다.

이었다. 석의 결과는 좋으나 설교는 석의한 것과 무관하다. 설교는 석의를 하지 않는 보통 목사님들이 하는 것처럼 '예배를 잘 드려야 한다'는 통상적인 훈계로 끝나버렸다. 그 앞에 '전인격적인, 하나님을 보여주는'이란 수식이 있지만 이 개요의 핵심은 역시 예배를 잘 드리자는 것밖에 안 된다. 과연 로마서 12:1-2의 메시지는 예배를 잘 드리자는 것인가? 이 학생은 그 예배란 것이 성도의 삶 속에 무엇으로 표현되어야 하는지를 로마서 수업시간에 잘 배웠는데도, 처음 설교학 수업에 들어와서 제출한 초기 설교에서는 그 신학수업의 결과물이 설교 작성에 전혀 반영되지 않았다. 이것이 신학과 목회가 따로 움직이는 보통 목회자들의 문제이다. 설교 개요는 반드시 정확한 석의 결과에서 출발하고, 석의 결과 발견한 메인 아이디어를 전개한 것이어야 한다.

이제는 성도들이 쉽게 알아들을 수 있는 효과적인 설교 개요 작성법 9가지를 살펴봄으로써, 석의만 잘 한 것으로 끝나지 말고 교인들이 설교의 핵심을 파악하기 좋은 개요를 작성하도록 하자.

1. 충실성과 통일성

- 각 개요는 메인 아이디어에 대한 충실성과 통일성이 있어야 한다.

훌륭한 설교 구조는 항상 성경 본문의 의도와 형태에 충실하다. 앞에서 강조한 것처럼 설교 개요는 석의 결과 얻어낸 중심 사상(main idea)에서 나온 것이면서 동시에 각 개요문은 그 중심 사상을 전개하는 것으로, 본문의 목적과 의미(중심 사상으로 표현된)를 벗어나서는 안 된다.

예를 들어 '그리스도는 우리의 왕'이란 제목으로 만들어진

    I. 그는 왕이 되실 만한 분이다.
    II. 그는 인간의 삶의 모든 영역에서 왕이 되실 만한 분이다.
    III. 그는 지금도 왕이 되실만한 분이다.

라는 이 설교는 3개의 요지가 모두 '왕이신 그리스도'란 메인 아이디어에 **충실**하게 만들어져 있다고 평가할 수 있다. 가능하면 설교 개요는 진부하지 않고 청중이 예상치 못한 방식으로 제시되는 것이 효과적이지만, 그 측면에만 매달리게 되면 본문에의 충실성이 없는 개요가 될 수 있으므로 그것도 주의해야 한다.

설교 개요는 충실성과 함께 **통일성**이 있어야 한다. 우리는 대개 두세 개의 요지 혹은 포인트들을 가지고 설교하는데 그 개요들은 설교 전체의 중심 명제를 지지해주고 있어야 한다. 일관성이 없이 서로 다른 주제를 다루는 개요로 구성된 설교는 통일성을 잃어, 청중은 설교자가 무슨 말을 하려는 것인지 알기 어렵다.

전통적인 3대지 설교의 문제점으로 지적되는 것이 바로 본문의 메인 아이디어와 별로 관계없는 3가지 설교 주제를 하나로 모아놓은 설교들이 많다는 점이다. 그런 방식으로 설교하는 사람들은 또한 각·개요가 끝나면 "…하기를 주님의 이름으로 축복합니다"라고 설교를 마치는 듯 해놓고 또 다

른 개요를 꺼낸다. 이는 사람들로 하여금 설교가 끝날 것이란 기대를 갖게 하다가 다시 시작해서 설교가 길고 지루하게 느껴지도록 만든다.

커뮤니케이션에는 항상 핵심이 있어야 하고, 각 개요 전개에는 항상 통일성이 있어야 한다. 최고의 설교는 관련성이 있는 내용들을 잘 배열하여 설교를 진행함에 따라 사람들이 점차로 압도되는 방식으로 감명을 준다. 그러므로 몇 개의 개요들은 모두 한 가지 초점을 향해야 한다. 그래야 설교 전체의 초점이 명백하고 일관성을 갖게 되며, 듣는 이의 입장에서는 조리가 있다고 느껴진다. 물론 설교할 사항들을 잘 전개해 일관된 구조를 만드는 것은 험난한 작업이다. 그러나 용의주도하게 잘 구성된 설교는 사람들로 하여금 설교 전체를 쉽게 파악하게 하므로 설교자는 통일성 있는 개요 전개에 신경을 써야 한다.

또한 각 개요는 서로 **연계성**이 있어야 한다. 서로 연계성이 없는 개요들이 나열되면 청중은 무엇을 말하려는 것인지 파악하기 힘들고 혼란에 빠져 설교를 계속 따라가려 하지 않는다.

예를 들어 설교의 개요가 다음과 같다고 가정해 보자.

I. 시계
II. 콜라병
III. 구두

청중의 입장에서 볼 때 전체적으로 무엇을 말하려는 건지 알 수가 없다. 시계와 콜라병과 구두는 통일성을 주지 않기 때문이다.

그러나

I. 볼펜
II. 연필

III. 싸인펜

과 같은 개요로 전개된다면 설교자가 필기도구에 대해 말하려는 것을 알 수 있다. 연계성이 있고 초점이 명확하기 때문에 통일성을 확보한 것이다.

2. 차별성
- 각 개요들(Outline)은 서로 구별되어야한다

설교 개요는 통일성을 가져야 하지만, 동시에 개요들은 서로 차별성(distinction)을 가져야 한다. 개요 각각은 주 아이디어를 부연 설명하므로 관련성이 있지만 서로가 구별되고 중복되지 않아야 한다.

예를 들어 'I. 짧은 연필 II. 짜리몽땅한 연필 III. 길지 않은 연필'이란 개요로 전개했다고 하자. 이 세 가지는 같은 것을 말하고 있어서 굳이 3번 반복해 말할 필요가 없다. 목사는 헌신에 대해 다루며 'I. 모두 다 드려야 합니다 II. 가진 것을 다 드려야 합니다 III. 아낌없이 다 드려야 합니다'라고 설교할 때는 나름대로 3개의 개요에 어떤 차이가 있다고 생각하고 했을 것이다. 그러나 청중의 입장에서는 '목사님이 한 소리를 하고 또 하신다. 결국 헌금하라는 얘기 아니야? 한 마디만 하면 되는데 왜 같은 말을 그렇게 반복하지?'라는 생각이 들기 마련이고 다음 설교에 대한 기대감을 가질 수 없다.

어떤 설교자는 '예수 그리스도의 종처럼(엡 6:5-9)'이란 제목으로 설교를 하며

　　1. 눈가림만 하지 말아야 합니다.
　　2. 우리는 어떠한 일을 하든지 성실함으로 해야 합니다.
　　3. 마음을 다해 하나님의 일을 합시다(6절).
　　4. 그리스도 안에 확신 가운데 합시다(7절).
　　5. 그리스도인은 언제나 최선을 다해야 합니다.

라고 전개했다.

교인들 입장에서는 성실함으로 하라는 것과 마음을 다해 하라는 것의 차이가 무엇인지 잘 모를 것이다. 눈가림만 하지 말고 일하라는 것과 최선을 다해 일하라는 것도 도무지 차별성이 없는 설교이다. 혹시 우리도 이런 식으로 설교하지는 않는가?

또 다른 사람은 이사야 40:27-31을 본문으로 하여

> 1. 여호와를 앙망하는 자는 새 힘을 주십니다.
> 2. 여호와를 앙망하는 자에게는 능력을 주십니다.

라고 설교했는데 새 힘과 능력의 차이는 무엇인가? 없다. 교인들에게는 목사님이 한 소리 또 한다는 생각만 들 것이다. 개요가 서로 차별성이 없어서 생기는 문제이다.

3. 점진성과 움직임

- 각 개요는 점진성(progression)을 띠고 움직임(movement)을 갖도록 전개되어야 한다.

우리나라 최고의 영화감독 중 한 사람은 서편제란 영화로 널리 알려진 임권택 감독임을 부정할 사람은 없을 것이다. 취화선이란 그의 영화가 개봉되었을 때 기대감을 가지고 관람했는데, 뛰어난 연기, 좋은 장면들, 아름다운 영상들 하나하나가 보석 같았다. 그러나 영화 전체를 엮어서 클라이맥스를 향해 가는 구성의 치밀함이 약해 어떤 영화비평 기자의 말처럼, "미술 공부한 것 같다. 관객을 너무 교육시키려 애쓴 것 같다. 미술교육이 아니라 영화의 진행이 감독의 역할인데……'라는 느낌으로 영화관을 나오게 되었다. 결국 그 영화는 쏟아 부은 노력에 비해 그리 많은 성과를 거두지 못했다.

여기서 교훈을 얻을 수 있듯이, 하나의 설교는 한 개의 주 아이디어(main

idea)를 지원하는 클라이맥스를 향한 움직임이 되도록 주의 깊게 구성되어야 한다. 즉 설교 개요는 서로 일치하며 정점을 향해 점진적으로 전개되어야 한다.

예를 들어 '감사하는 마음'이란 제목으로 추수감사설 설교를 한다고 가정하자. 개요를

    I. 하나님께 감사하라.
    II. 항상 하나님께 감사하라.
    III. 범사에 항상 하나님께 감사하라.

고 설교할 때 성도들은 설교자가 한 방향으로 계속 확장시켜 나가는 것을 느끼게 되고, 한 걸음 한 걸음 더 깊이 들어가는 움직임을 느끼게 될 것이다.

한 설교학도는 누가복음 21:1-4을 본문으로 '하나님께서 원하시는 것'이란 제목의 설교를 작성했다.

처음 석의적 개요는 다음과 같았다.

    '과부의 헌금을 칭찬하시는 예수님'
    I. 우리의 적은 헌금까지도 보시는 예수님
    II. 우리의 진심이 담긴 헌금을 귀하게 여기시는 예수님
    III. 우리의 전부를 원하시는 예수님

이것을 다음과 같은 설교적 개요로 개선했다.

    '하나님의 관심'
    I. 하나님의 관심은 사람입니다.
    II. 하나님의 관심은 사람의 마음입니다.

III. 하나님의 관심은 사람의 마음 전부입니다.

이 설교적 개요는 본문 내용의 요약일 뿐 아니라 책의 목차와 같은 석의적 개요를 성도들에게 제시할 목양적 교훈으로 잘 바꾸었으며, 거기다 개요가 하나씩 진행될 때마다 개념적으로 하나씩 더 진행해 가려고 노력했음을 엿볼 수 있다.

이와 같은 개념에서 볼 때 좋은 설교의 구조는 단순한 서론·본론·결론이 아니라 1) 여는 말(회중에게 왜 본문이 그들에게 의미가 있는가, 그 본문의 관심사, 본문의 목적은 무엇인가를 보여준다)로 시작하여 2) 전개(진행, development)가 이루어지고 3) 움직임의 완성으로서 클라이맥스와 닫는 말(결론)로 구성되어야 한다.

즉 각 개요는 균형과 질서가 있되, 설교를 한다는 것은 비행기가 이륙하는 것처럼 서서히 움직이다가 절정을 향해 치달아 올라가는 구조여야 한다.

오래전 드루대학교 설교학 교수였던 램딘(Henry Lyle Lambdin)이 "설교는 올라가야 한다. 시종 똑같이 훌륭한 설교는 처음부터 실패한 설교이다"라고까지 했고 브랙(Harold Brack)이 "설교는 결론에서 가슴에 사무치도록 해야 하며 듣는 사람들이 책임을 이행하도록 영향을 줘야 한다"고 한 것도 바로 이런 관점이다. 설교에서 움직임에 대한 강조는 이처럼 버트릭이나 신설교학파에서 처음 주장한 것이 아니라 오래전부터 모든 훌륭한 설교의 기본으로 여겨졌던 것이다.

따라서 삶을 변화시키는 설교의 구성은 전통적인 설교처럼

개요I. A
개요II. B
개요III. C 방식으로 하지 말고,

설교 전체의 주 아이디어가 A라면

개요I. A1

개요II. A2

개요III. A3 같은 방식이 되어야 한다.

첫 번째 설교는 A≠B≠C로서 3개의 개요가 서로 전혀 관계없는 다른 주장들이다. 이런 식으로 A, B, C 세 가지 사항을 다루고 싶으면 3개의 설교로 나누어 하는 것이 좋을 것이다.

두 번째 설교 구성을 보면 A1, A2, A3는 서로 다르다는 점에서 차별성은 있지만, 메인 아이디어 A를 다각도로 전개했다는 점에서 충실성과 통일성이 있고, A1이 진행을 일으켜 A2가 나오고 A2가 발전되어 A3가 제시되었다는 점에서 점진성을 갖는 구성이다.

지금까지 살펴본 것처럼 전통적인 3대지 설교가 비난을 받는 것은 설교 대지를 사용하는 설교라서가 아니라, 본문석의 결과 성경 본문의 메인 아이디어가 A인데 개요 I 이 B, 개요II가 C, 개요III이 D인 설교를 하기 때문이다. 3가지 개요인 B, C, D는 본문의 중심 사상 A가 아니고, 3가지 개요(대지)가 서로 연관성이 없는 다른 얘기를 한다는 점이 잘못된 것이다. 즉 B+C+D≠A 라는 것이 문제이다. 이렇게 3개의 나쁜 설교를 해야 할 것을 한 설교로 만든 꼴이 된 것이 전통적 3대지 설교의 문제점이지, 대지 혹은 설교 개요문을 사용한 것 자체가 잘못된 것이 아니다.

성경적으로 바른 설교라면, 석의 결과 본문의 메인 아이디어=A라고 할 때 설교의 첫째 포인트는 A1, 둘째 포인트는 A2, 셋째 포인트는 A3여서 설교의 클라이맥스나 마무리 부분에 도달하면 세 개요(세 개의 설교 포인트)를 통하여 A1+A2+A3⇒A임을 청중이 쉽게 파악할 수 있는 형태의 설교 개요를 사용해야 할 것이다.

참고로, 혹자는 3대지 설교를 3포인트 설교라고 부르는데, 본서에서 말하는 귀납적 강해설교는 그것과는 조금 다른 의미에서 이해해야 한다. 즉 비록 개요(아웃라인)를 2-3개 사용하더라도, 그것은 석의 결과 얻어낸 메인 아이디어 1개를 3측면에서 전개한 것이므로 의미적으로는 1포인트 설교라고 볼 수 있다. 즉 1개의 포인트(메인아이디어 A)를 3측면에서 비춰보기에 (Ⅰ=A1, Ⅱ=A2, Ⅲ=A3) 3개의 개요문이 사용되지만, 전통적인 잘못된 강해설교처럼 Ⅰ=B와 Ⅱ=C와 Ⅲ=D같은 서로 다른 3개의 개요를 사용하는 3포인트 설교와는 다른 것임을 주목해야 할 것이다.

4. 단순성

- 좋은 설교의 구조는 간단하다. 청중의 입장에서 설교를 들어보면 어떤 설교는 앞에서 지적한 것처럼 서로 다른 다수의 사상들을 논하는 것을 발견하게 된다. 그것은 몇 개의 설교로 나누어 다뤘어야 할 설교로, 교인들의 입장에서는 설교가 복잡해서 도대체 말하려는 것이 무엇인지 설교의 메인 아이디어를 파악하기가 힘들다.

그런데 좋은 설교는 구조와 주제 자체도 단순해야 하지만, 명확한 주제를 가진 설교 한 편 안에서도 개요 역시 단순하고 간결해야 한다. 그러기 위해 각 대지(개요)도 한 가지 사상만 포함하는 것이 좋다. 복잡한 설교보다는 단순성이 있는 설교가 청중의 삶의 변화에 더 효과적이기 때문이다.

예를 들어보자. 어떤 설교 개요가 '첫째로 인내하는 성도, 꿈을 이루는 성도가 되어야 합니다'라고 한다면 이 첫 개요는 사실 두 개로 나뉘어야 할 것이다. 즉 '첫째로 인내하는 성도가 되어야 합니다' 그리고 '둘째로 꿈을 이루는 성도가 되어야 합니다'로 만들어야 한다. 다른 말로 해서 '여러분은 온전한 십일조를 하며 주일성수를 잘하는 성도가 되어야 합니다'라는 개요는 먼저 십일조에 대한 것을 말하고 그 다음에 다시 주일 성수를 다루어야 하지, 한 번에 두세 가지를 한 개의 개요에 쑤셔 넣지 말라는 것이다. 개요 한 개에 두 가지 다른 사상이 담겨 있는 방식으로 설교하기 때문에 듣는 이는 초점을 잡기 어렵고 목사님의 설교가 항상 복잡하고 길다고 느끼는 것이다.

앞에서 강조했던 개요의 통일성이 설교를 본질적인 데로 이끈다면, 단순성은 이처럼 설교의 진전을 따라오는 회중을 도와 중요한 것에 집중하게 만든다.

유럽 여행하며 볼 수 있는 빅토리아 시대의 화려한 건축물을 오늘날에도 지을 수는 있지만, 현대 건축은 화려한 장식은 줄이고 기능적인 면을 강조하는 추세이다. 마찬가지로 현대설교도 화려한 문장과 문학적 표현보다는 청중이 설교의 핵심을 파악할 수 있도록 간결한 개요를 제시하는 방향으로 가야 한다.

5. 패턴 형성

- 설교 개요 문장들 간에 일정한 패턴을 유지하는 것이 효과적이다.

청중들이 선호하는 설교는 신학적 위대성을 갖춘 것보다는 이해하기 쉽고 기억하기 쉬워 마음에 둘 수 있는 설교이다. 그런 설교는 개요들 사이에 어느 정도 병렬구조(symmetry)나 두운법 등 운율이 있어서 그 표현의 일관성 때문에 기억에 용이하다는 특징을 가지고 있다. 예를 들어 존 웨슬리가 청지기적에 대해 설교할 때 그가 사용했던 설교 개요는 다음과 같았다.

> I. 할 수 있는 대로 모든 것을 벌어라.
> II. 할 수 있는 대로 모든 것을 저축하라.
> III. 할 수 있는 대로 모든 것을 주어라.

이 설교 개요는 '할 수 있는 대로 모든 것을 00하라'는 패턴을 가지고 있기에 청중들이 기억하기 쉽고 가슴에 담고 살아갈 수 있도록 만들어 주는 장점이 있다. 교인들이 생각하는 명설교자와 평범한 설교자의 차이는 이런 사소해 보이는 데에 있다.

6. 짧은 문장

설교 개요문은 길지 않아야 한다. 종교개혁 시대의 설교나 청교도들의 설교 개요는 매우 길었지만 오늘날 청중은 그렇게 긴 개요를 기억하지 못한다. 성도들이 기억도 할 수 없이 길고 복잡한 말을 통해 그들의 삶이 변하기를 기대할 수 있겠는가? 그것은 어리석은 일이다. 설교 개요는 1줄 이내, 5-10단어 정도면 충분히 그 뜻을 전할 수 있다. 어떤 사람은 설교 개요를 1줄 이상 긴 문장으로 만들어서 "그러므로 우리는 영원하신 하나님의 변치 않는 사랑과 길이 참으시는 인내로 우리를 오늘도 내일도 영원토록 지켜주실 것을 믿어야 합니다"라는 식으로 말한다. 성도들은 그것이 설교 대지(개요)인지 그저 설교 중 한 문장인지 파악할 수 없다. 설교 개요는 간결하고 명료해야 한다. 짧으면서도 정확하게 의도를 전달할 수 있는 완전한 문장을 만드는 훈련을 하는 것이 좋은 설교의 지름길이다. 선교집회의 설교에서 '가지 못하거든 보내라'는 단 세 단어로 만들어진 표어 형태의 설교 개요를 교인들이 오랜 시간이 지난 후에도 기억하는 것을 볼 수 있다. 사람들은 이런 짧고 기억하기 쉬운 구호 형식의 개요를 좋아한다는 사실을 주목하라. 이런 짤막한 개요가 효과적이다.

신학교 교실에서는 변증법적 논리와 철학적 수사 그리고 예술적이고 문학적인 표현이 매혹적일지 몰라도, 목회 현장의 지치고 힘든 성도들에게는 헷갈리고 짜증나는 것일 수 있다. 그러므로 각 개요는 가능하면 짧으면서도 동시에 완전한 문장(complete sentence)으로 만들어져야 한다.

예를 들어 시편 121편을 석의해서 '주님은 우리를 지키시는 하나님이시다'라는 메인 아이디어를 찾아내서 개요를

1. 지켜주시는 주님의 성실성 (3-4절)
2. 지켜주시는 주님의 안전성 (5-6절)
3. 지켜주시는 주님의 사역범위 (7-8절)

라고 할 수도 있겠지만, 이것은 설교에서 사용할 수 있는 설교 개요가 아니다.

많은 설교자들이 이런 식의 설교 개요를 작성하지만, 이것은 주석 책이나 논문의 목차 같은 학문적 서술에 불과하다. 게다가 이와 같은 제3자적 서술은 설교자와 청중을 목회적으로 연결시켜주지 못한다. "그때 우리는 왜 이런 일이 우리에게 벌어지는지 하나님께 간절히 묻고 싶습니다"와 같은 대화형 문장들로 이어지는 설교 중에, 갑자기 "셋째, 지켜주시는 주님의 사역범위!"라고 책 목차 읽듯이 선언하는 광경을 상상해 보라. 얼마나 어색하고 이상한가! 설교 개요는 청중들의 삶과 연결되어야 하고, 완전한 문장으로 표현되고 전달되어야 하는 것이므로 위의 개요를 차라리,

1. 주님은 신실하게 우리를 지켜주실 것입니다.
2. 주님은 안전하게 우리를 지켜주실 것입니다.
3. 주님은 영원토록 우리를 지켜주실 것입니다.

라는 방식으로 만드는 것이 더 실제적인 설교 개요라 할 수 있다.

7. 개요의 수는 본문이 결정한다.

흔히 받는 질문 중 하나는 설교 개요(대지)가 꼭 3개여야 하느냐, 혹은 설교 개요는 몇 개를 만드는 것이 좋으냐는 것이다. 강해설교의 정의에도 3대지 설교를 해야 한다거나 어떤 설교의 원리에도 개요는 2개여야 한다는 식의 규정은 없다. 개요의 수는 석의 결과 밝혀진, 본문이 말하고자 하는 바에 따라 결정된다. 그러나 개요의 수는 적은 것이 좋다. 사람들은 일반적으로 4가지가 넘는 것은 잘 기억하지 못하고 설교가 복잡하고 길다고 느낀다. 그렇다고 설교 개요를 2개로만 하면 목사님이 요즘 바빠서 설교 준비를 충분히 해오지 않았다고 말할 정도로 부족함을 느끼기도 한다. 목회자들의

오랜 경험을 거쳐 3개의 개요가 가장 적절하다고 판단되어 많은 설교자들이 그렇게 따르고 있지만, 본문이 만일 2개의 요지만을 말하면 그렇게 해야 한다. 다만 메인 아이디어 한 가지가 파악되어도 그것을 위, 아래, 옆의 세 측면에서 접근하고 설명하는 것이 필요하기에 3가지 대지(개요)로 다각적으로 설교하는 것뿐이다.

8. 적용적이며 권면적인 표현

설교가 지나치게 명제적으로 만들어지는 논리적 설교의 경향은 그리 바람직하지 않다고 했다. 그렇지만 말하고자 하는 바를 한 문장으로 요약 제시해야 하는 개요의 특성상 단순한 사실 묘사에 그치기보다는 명제적인 편이 낫다. 그러나 추상적이고 철학적인 문장보다는 적용 가능한 실제적인 문장이 더 낫다.

즉 '신앙생활의 근거로서 칭의에 대한 인식'이란 개요보다는 '의롭다함을 받은 감격으로 신앙생활을 합시다'라는 형태의 개요가 설교에서는 차라리 낫다는 말이다. 예를 들어 요한복음 11:44에서 나사로를 살리신 사건을 설교하며 적지 않은 설교자들은 '둘째로 이는 수족을 베로 동인 채로 사는 사람입니다'라는 방식의 개요를 제시하는데, 이는 본문 내용의 단순 묘사나 서술에 불과하다. 그래서 성도들에게 어떻게 하라는 것인가? 그것보다는 '얽매인 것을 풀고 온전한 자유의 삶을 사십시오'처럼 적용적인 방식으로 개요를 작성하는 것이 좋다. 즉 설교 개요문은 설교에서 청중들이 붙잡고 살 수 있는 도전, 격려, 변화 요구 형태로 만드는 것이 좋다는 말이다. 그래야 구체적인 삶의 변화가 좀 더 쉽게 일어난다.

어떤 사람들은 새들백교회에 왜 그렇게 많은 사람들이 몰려드는지 도무지 이해가 되지 않는다고 한다. 그런데 자녀 양육에 대한 주제로 보통 목회자들이 설교를 한다면 아마,

1. 하나님 말씀으로 하는 양육
2. 기도로 하는 자녀 양육
3. 교회와 함께 하는 자녀 교육

과 같은 방식일 것이다.
그런데 릭 워렌은 다음과 같이 설교한다. 위의 개요와 그 차이가 무엇일까?

1. 그들의 가치관을 이해해 주십시오.
2. 그들의 독특함을 인정해 주십시오.
3. 그들을 책임감을 가지고 신뢰해 주십시오.
4. 그들을 정죄하지 말고 교정해 주십시오.
5. 그들을 무조건적으로 사랑해 주십시오.

개요가 너무 많다, 내 마음에 안 든다고 하지 말고 설교학의 요소를 통해 비교해 보라. 성경에 기초하면서도 구체적이며 적용성을 갖고 있어서 자녀 양육으로 힘들어하는 부모들이 고개를 끄덕이게 만든다. 그리고 책 제목 타입이 아니라 적용적이며 권면적인 완전한 문장으로 구성되어 있고, 간단하지만 기억하기 쉬운 패턴을 형성하고 있다.

적용적이고 권면적인 개요를 만들기 위해서는 과거형보다는 현재 시제로 표현하고, 부정문이나 의문문 형태를 피하고 긍정문 형태로 작성하는 것이 더 좋다. 예를 들어 '베드로는 그물을 던졌으나 고기를 못 잡았습니다'라는 식의 개요보다는 '주의 명령에 순종할 때 많은 고기를 잡을 수 있습니다'라는 형태의 문장이 설교 개요문으로는 훨씬 낫다. 과거에 못 잡았다는 단순한 사실 나열이 무슨 교훈을 주는가? 오늘 어떻게 살아야 하는지를 제시하는 형태가 바람직하다.

9. 논리적 순서나 극적 순서로 배열

설교 개요들을 전개할 때는 1절 다음에 2절을 해설하고, 그 다음에 3절을 다루는 본문의 순서보다 결론을 향해 치달아 가는 논리적 순서로 하는 것이 종종 더 낫다. 또한 플롯 구조의 클라이맥스를 향해 올라가는 극적 배열이 훨씬 좋은 설교를 만들어준다.

서구의 지적 청중에게는 논리적인 질서 정연한 구조가 진리로 이끌며, 한국적인 감정적 청중에게는 시종의 감격이 중요하다는 말이 있다. 어느 정도 사실이다. 그러나 현대 학교 교육의 결과로 대다수의 우리나라 교인들도 논리적으로 사고하게 되었다. 앞뒤 없고 뒤죽박죽인 설교를 들으면 현대 청중들은 갈피를 잡지 못하고 혼란에 빠진다. 하나님을 따라 이성을 지닌 존재로 창조된 인간들은 정도의 차이는 있지만 논리적으로 흘러가는 것을 편하게 여긴다.

이야기 구조와 플롯의 중요성을 강조하는 이유가 무엇인가? 똑같은 등장인물과 똑같은 사건을 다룰 때에도 단지 시간의 흐름에 따라 나열하는 것보다는 그 사이에 놓여있는 갈등과 연결고리를 따라 설명하는 것이 훨씬 재미있고, 그것이 이야기가 되어 사람들이 빠져들게 된다.

따라서 설교 개요를 작성할 때 개요 배치의 순서는 그저 성경에 나오는 순서보다는(1절 다음에 2절을 다루는) 설교적 필요와 논리 전개 혹은 플롯 전개의 순서에 따라 바꾸는 것이 훨씬 효과적일 때가 많다. 이는 매우 실질적인 기법에 속하는데, 경험 많은 설교자들은 오래 전부터 클라이맥스에 이르러 설교 전체의 감동을 고양하기 위한 목적으로 이런 기법을 종종 사용해 왔다.

예를 들어 로마서 14:13-23을 본문으로 하여 '서로 덕을 세우기를 힘쓰십시오'란 제목으로 설교를 할 때, 이동원 목사의 석의적 개요(Exegetical Outline)는

    I. 서로 판단하지 말라(13-16절).
    II. 본질적인 가치를 추구하라(17-21절).

III. 믿음을 따라 행동하라(22-23절).

였다. 이것을 한 걸음 발전시킨 강해적 개요(Expositional Outline)는

I. 서로 판단치 말아야 합니다.
II. 본질적인 가치를 추구해야 합니다.
III. 스스로의 양심에 성실해야 합니다.

로 개선된다. 초기의 석의적 개요와 대비되는 개요의 발전된 표현 방식에 주목하라.
그렇지만 실제 설교를 행하기 위한 설교적 개요(Homiletic Outline)는

I. 서로서로 판단치 말아야만 합니다.
II. 스스로의 양심에 성실해야 합니다.
III. 본질적인 가치를 추구해야 합니다.

로 재정비된다. 여기서 강해적 개요의 II와 III의 순서가 바뀐 것을 볼 수 있다. 이는 세 번째 개요를 클라이맥스로 삼으려는 설교적 의도가 담겨있기 때문에 성경 본문의 순서보다는 설교의 논리적 혹은 감성적 순서를 우선한 것이다. 이것은 서론과 결론부가 만들어졌고 설교 전체의 구성과 마무리까지 다 검토된 상태에서 가능한 일이다. 또한 위 개요에서 설교자의 미학적 노력에도 주목하라. 글자 수와 운율까지 조정하여 청중들로 하여금 기억하기 좋게 했다.
최종적으로 설교자가 강단에 가지고 올라간 설교 개요는 다음 것이었다.

I. 서로서로 판단치 말아야만 합니다(13-16절).

II. 믿음이 강한 자가 양보해야 합니다(22-23절).

III. 본질적인 가치를 추구해야 합니다(17-21절).

두 번째 개요가 스스로의 양심에 성실해야 한다는 추상적·개념적 언어에서 적용적 권면으로 바뀐 것을 보라. 글자 수와 운율 맞추기 위해 최선을 다했지만 그것이 조금 손상되더라도 교인들을 향한 삶의 변화 추구가 더 중요하다고 여길 때 이런 조정을 하게 되는 것이다.

이제 위의 9가지 지침에 따라 구체적인 설교 개요문을 작성했다면 마지막 사항은 이것이다.

설교 구조를 완성하고 개요문 작성이 완료되었다면, 잠시 멈추고 묵상과 기도를 하라!

지금까지는 주께서 주신 신학적 훈련과 역량을 다 발휘하여 효과적인 설교 개요를 만들기 위해 설교자 나름대로 애써왔을 것이다. 그러나 이것이 과연 하나님께서 기뻐하시는 설교 전개인지, 또는 대언자인 우리 설교 작성자에게 주께서 말씀하시기 원하시는 것을 놓친 것은 없는지, 교인들이 쉽게 알아들을 수 있는 것인지 지금까지 했던 우리의 모든 작업을 중단하고 기도하고 묵상하는 시간을 가질 필요가 있다. 그리고 부족한 점이 있음을 느꼈다면 주님의 음성에 따라 다시 처음 단계부터 점검해 봐야 할 것이다.

9가지 설교 개요문 작성 방식을 따라 설교 준비를 하는 것이 처음에는 귀찮게 느껴지고 어렵다고 생각할 수 있다. 개요 없이 대충 말하는 것이 우리의 육체가 원하는 편함이겠지만, 우리는 청중들이 잘 알아듣고 메시지의 핵심을 잘 파악하고 쉽게 기억할 수 있도록 봉사해야할 사람들이다. 그것이 설교자의 책임이다. 이런 개요 작성이 싫어서 이야기체 설교가 좋다고 생각하는 사람들도 있다. 그러면서 그 설교 속에 이야기 구조도 플롯도 없이, 그저 설교 개요만 없으면 무조건 이야기체 설교인가? 그렇지 않다. 오히려 이야기 구조를 제대로 만드는 것이 훨씬 어렵다. 차라리 위에서 말한 9가지 개요 작성 원리가 일단 몸에 배면 이 방법을 따라 설교를 준비하는 것이 훨씬 쉽다.

애플컴퓨터사의 최고경영자요 아이폰과 아이패드로 이 시대 IT 산업의 리더로 자리매김한 스티브 잡스는 신제품 소개 때 직접 나와 기술자를 뛰어 넘어 경영자로, 이제는 경영자 뿐 아니라 뛰어난 프레젠테이션으로 존경받고 있다. 비즈니스위크 지나『스티브 잡스의 프레젠테이션』이라는 책에서도 소개된 그의 프레젠테이션 십계명은 다음과 같다. 그것을 이 책에서 말한 설교문 작성법과 비교해 보자.

1. Set the theme (주제를 정하라)- 메인 아이디어를 가지고 설교하라.
2. Demonstrate enthusiasm (열정을 보여라)- 뒤 설교 전달법의 강조점과 동일
3. Provide an outline (개요를 제시하라)- 설교 개요를 제시하라.
4. Make numbers meaningful (숫자를 의미 있게 만들어라)- 본문의 의미가 내게 어떤 중요성으로 다가오는지 강조하라(허메뉴틱스 등 참조).
5. Try for an unforgettable moment (잊지 못할 순간을 시도하라)- 설교의 클라이맥스를 만들어라. 적절한 예화를 사용하라.
6. Create visual slides (시각적 슬라이드를 만들어내라)- 이미지가 있는 설교를 하라.
7. Give me a show (쇼를 하라)- 생동감 있는 설교를 하라(표현법, 작성법 참조).
8. Don't sweat the small stuff (작은 것들에 매달리지 말라)- 석의 결과 핵심적인 것만 다루고 부수적인 것에 매달리지 말라.
9. Sell the benefit (이득을 제시하라)- 설교를 들을 필요를 제시하라(삶의 변화 일으키는 원리, 필요 제시 부분과 도입부 작성법 등 참조).
10. Rehearse, rehearse, rehearse (연습하라, 연습하라, 연습하라)- 설교하기 전에 반복해서 연습하라(설교 전달법 참조).

지금까지 이 책에서 강조했던 효과적 설교 준비와 앞으로 배울 내용과 매우 유사한 강조점으로 인해 놀랐는가? 모든 뛰어난 프레젠테이션, 설교는 같은 커뮤니케이션 원리를 공유하고 있다. 설교는 하나님 말씀에 기초한 측면이 다르지만 인간에게 효과적으로 전하는 원리는 이처럼 공통점이 있는데, 특히 중심 주제를 선정하고 그것을 전개하는 아웃라인의 중요성에 대한 강조를 눈여겨보라. 아이폰과 아이패드를 소개하기 위해 스티브 잡스가 창조적이고 멋지게 그리고 감동적으로 말하고 있다는 식으로 표면만 보지 말고, 그 프레젠테이션의 바닥에 깔려있는 이 두 가지를 익힐 생각을 해야 한다. 당신도 좋은 설교가로 청중들에게 기억되고 싶다면 석의 결과에서 메인 아이디어를 설정하고, 그것을 전개할 아웃라인을 잘 만들어 제시하기 바란다.

이제 지금까지 배운 방식에 따라 설교 개요를 만들어가는 사례를 실제로 살펴보자.

한 학생이 요한복음 9:1-7의 사건을 기초로 하여 '영의 눈을 뜨고 새로운 시각을 갖자'는 제목으로 다음과 같이 설교문 작성을 시작했다.

    I. 우리의 시각을 문제 자체에만 맞춰서는 안 됩니다(1절).
    II. 우리의 시각을 율법의 규정에만 맞춰서는 안 됩니다(2절).
    III. 우리의 시각을 과거에만 맞춰서는 안 됩니다(3, 5절).

그러나 위에서 살펴본 설교 개요 작성 9가지 가이드라인에서 배운 것처럼, 교인들에게 제시할 개요가 '…하면 안 된다'는 식보다는 어떻게 살라는 적용적이고 권면적인 형태로 하는 것이 바람직하다는 기준에 따라, 그 학생 설교자는 다음과 같이 수정을 가해 제출했다.

    I. 우리의 시각을 하나님의 주권과 하나님의 일에 맞추어야 합니다(1절).
    II. 우리의 시각을 율법이 아닌 사랑에 맞추어야 합니다(2절).

III. 우리의 시각을 과거가 아닌 미래에 맞추어야 합니다(3, 5절).

첫 번째 설교 개요문도 그렇지만 이 개요문을 보면 '우리가 가져야 할 새로운 시각'이라는 메인 아이디어에 충실하면서도 설교 전체의 통일성을 확보하려고 노력했음을 엿볼 수 있다. 그리고 그것을 설교 개요의 점진적 전개를 통해, 또한 패턴 형성을 통해 청중이 기억하는 데 용이하게 하려고 노력했다. 문장은 아직 조금 긴 편이고 복잡하게 느껴진다. 특히 첫 개요는 두 가지 개념을 가진 복합적인 것으로 여겨질 수 있다. 그래서 이것을 조금 더 개선한다면,

제목은 '새로운 시각을 가집시다'(요 9:1-7)로 할 수 있을 것이고, 개요는

I. 우리의 시각을 하나님의 눈에 맞추어야 합니다(1, 4, 5절).
II. 우리의 시각을 율법보다는 사랑에 맞추어야 합니다(2절).
III. 우리의 시각을 과거보다는 미래에 맞추어야 합니다(3, 5절).

와 같이 다시 수정해 나갈 수 있을 것이다.

또 다른 사례를 다음 과에서 각 개요문을 연결하는 전환문 작성법까지 배운 후에 더 많이 살펴보도록 하겠다.

매주 설교를 준비하면서 이런 식으로 앞에서 배운 개요 작성 원칙에 따라 계속 개선해 나가는 훈련을 하면 얼마 지나지 않아 자신의 설교가 쉽고, 명료하고, 듣기 쉬운 설교로 변했다는 평을 교인들로부터 받게 될 것이다.

inductive expository preaching

10

전환문 작성법과 설교 개요문 작성 연습

inductive expository preaching

10
전환문 작성법과 설교 개요문 작성 연습

    설교를 작성할 때 설교자에게 우선적으로 훈련이 필요한 부분이 설교 전체의 구조를 잘 짜고, 청중들이 본문의 의도와 메인 아이디어를 파악하면서 흥미롭게 설교를 따라갈 수 있는 명료한 설교 개요(sermon outline)를 작성하는 것이라고 했다. 그러나 그 개요 혹은 대지를 아무리 잘 만들었어도 따로 움직이는 것처럼 느껴지지 않고 처음부터 끝까지 물 흐르듯이 부드럽게 흘러가게 하기 위해서는 각 개요문의 연결고리인 전환문 작성도 그에 못지않게 중요하다. 앞에서 언급한 개요(outline)가 도로 표지판에 비유될 수 있다면, 전환문(Transition Sentence)은 목적지를 향해 여행할 때 다음 고속도로(다음 포인트, 개요)를 갈아타기 위한 램프(Ramp 두 개의 고속도로를 연결하는 나들목 도로)라고 할 수 있을 것이다.

    설교란 것은 본질적으로 한 개념에서 다른 개념으로 이동해 가는 언어적 움직임(movement)이란 점을 앞에서 언급한 바 있다. 따라서 설교 전체가 매끄럽게 진행되려면 설교의 각 부분들을 설교 전체의 주제나 또는 바로 앞부분의 내용과 연결해 주는 전환점이 분명해야 한다.

    앞에서 설교는 개요A, 개요B, 개요C와 같이 전혀 다른 내용 3가지를 말하는 것이 아니라, 본문의 메인 아이디어가 A이면 설교의 첫 번째 포인트 A1, 둘째 포인트 A2, 그리고 마지막으로 A3를 말하는 것이라고 했다. 제대로 된 설교는 A, B, C가 아닌 A1, A2, A3를 말하는 것이지만 이것만으로는 부족하다. A1에서 A2로, A2에서 A3로 진행해 나갈 때 그 연결부분에 전환문을 사용해서 3개의 개요를 사용하더라도 설교 전체가 A를 중심으로 부드럽게 연결되어 한 가지 주제를 다루는 일관성 있는 모습으로 나타나야 한다.

지금까지의 설명을 통해 전환문에 대해 어느 정도 인식할 수 있겠지만, 이제 좀 더 본격적으로 들어가서 전환문(Transition statement)의 역할은 무엇인지 알아보도록 하자.

전환문은

1. 설교에 나타나 있는 사상들을 부드럽게 연결시켜 주는 역할을 한다.

전환문은 각 부분과 부분을 잇는 흐름의 다리라고도 일컬어진다. 설교자가 설교 내용을 전개해 나갈 때 사고의 흐름이 단절되지 않고 한 가지 진리에서 다른 진리(두 번째 개요)로 이어지도록 도와준다.

2. 성도들이 설교의 진행을 쉽게 따라가게 해준다.

전환문은 설교자만이 아니라 설교를 듣는 청중에게 개요와 함께 지금 설교가 어디로 가고 있는지, 어디쯤 가고 있는지 알 수 있게 해준다. 명설교가들의 설교를 분석해 보면 그들은 본능적으로 전환문을 잘 사용해서 자신의 설교를 부드럽게 끌어가는 것을 알 수 있다.

3. 혼동 없이 각 부분들의 연결을 알게 한다.

몇 개의 대지(개요, 주요 요점들)를 사용하는 설교자의 경우는 특히 더 그러하지만, 개요와 개요 사이에는 종종 논리적 점프가 발생한다. 그런데 전환문을 잘 사용하면 청중으로 하여금 논리 전개의 흐름을 파악할 수 있게 해서 논지 이해를 쉽게 해준다. 간혹 어렵다는 설교를 분석해 보면, 설교 내용이 어려운 것이 아니라 전환문 사용이 없어서 청중이 설교자의 논리 전개를 따라 갈 수 없기 때문인 경우가 많다. 단순히 간격을 건너뛰는 것이 좋은 것이 아니다. 다리를 놔줘서, 즉 분명한 전환을 일으켜서 설교 전체의 통일성과 질서와 진전이 보장되도록 해야 한다.

그러므로 전환문을 작성할 때는
첫째로 그 앞에까지 이야기된 핵심 사항을 언급하고, 그 다음에 언급할 내용을 예측 가능하게 해주거나, 둘째로 다음에 전개될 개요를 이끌어 낼 질문을 던지는 방법을 사용할 수 있다.
예를 들어, 마가복음 10:13-16의 사람들이 예수께서 만져주심을 바라고 어린아이들을 데리고 나오자 제자들은 꾸짖고 예수님은 어린아이들을 축복하셨던 사건을 가지고 설교를 한다고 생각해 보자. 필자라면 이렇게 설교를 시작할 수도 있을 것이다.

> 사람들이 예수께서 만져주심을 바라고 어린아이들을 데리고 나오자 제자들은 꾸짖지만 예수님께서는 그들을 안고 축복하시는 것을 보며, 우리는 "역시, 그러면 그렇지"라는 생각과 함께 입가에 미소를 짓습니다. 마음이 흐뭇해지며 참 목자 되신 주님의 사랑하심과 너그러움에 감복합니다.
> 게다가 "하나님의 나라가 이런 자의 것이니라"는 주의 말씀을 들으며, 우리도 어린아이들처럼 착하고 순수해야겠다는 생각을 하게 됩니다.
> 그러나 동일한 성령의 감동으로 기록된 성경의 또 다른 구절 로마서 3:23을 통해 우리는 "모든 사람이 죄를 범하였으매 하나님의 영광에 이르지 못하더니"라는 말씀을 기억합니다. 경험적으로도 그렇게 사랑스럽고 조그만 우리의 아이들이 유치원에서 어쩌면 그렇게도 서로 싸우고 뺏고 할퀴는지, 의아한 생각이 들 때가 있을 것입니다.

이 설교 도입부 마지막에 '그러나'로 시작되는 전환문을 통해 청중은 지금 본문이 말하는 바가 단순히 아이들처럼 착해야 천국에 들어간다는 것이 아니라 무엇인가 다른 점이 있다는 것을 감지하게 된다. 그리고 어떻게 본문에 접근해야 할지 새로운 시각을 가질 태세를 하게 되고, 설교자가 다음에 진행시켜 나갈 흐름을 예견하고 신선한 기대로 대비하게 된다. 이것이 전환문의 기능이다.

전환문에 대한 예를 몇 가지 더 보면서 지금까지 말한 것이 무엇을 뜻하는지 알아보자.

로마서 15:13을 본문으로 하여 '풍성한 삶'이란 제목으로 설교하려고 한다. '그리스도 안에 있는 풍성한 삶은 모든 신자가 누릴 수 있는 것이다'라는 주 아이디어에 맞는 개요를 전개하고 싶다면, 다짜고짜 "첫째로……" 하고 던지지 말고 설교의 도입부가 끝나고 몸통 부분이 시작되기 전에 "이러한 삶을 누리기 원한다면 무엇을 알아야 하는가?"라는 질문을 던질 수 있다. 이것이 청중을 설교의 중심부로 자연스럽게 이끌어주는 전환문 중의 한 유형인 전환질문이 된다.

앞에서 예로 들었던 한 유명 설교자는 창세기 2장을 기초로 하여 '안식의 의미'란 제목으로 설교를 했다. 서론을 마친 후 그는 "안식을 상실한 시대에서 안식을 갖는다는 것, 그 안식의 의미는 무엇일까요?"란 질문을 던지고 나서 "안식은 과거를 뒤돌아봄입니다"라고 첫째 개요를 언급했다. 첫째 개요에 대한 설명이 끝나고 둘째 개요로 넘어가기 전 그는 '안식의 의미는 무엇인가?'란 앞의 질문을 다시 던졌다. 그리고 그 답으로 "둘째로 현재를 새롭게 함입니다"라고 이어갔다. 물론 셋째 개요 '안식은 미래를 창조함입니다'를 제시하기 전, 또 다시 그 전환질문을 다시 던진다. 이것은 그 전환질문 한 개가 설교 전체를 이끌어가는 열쇠질문이 되도록 한 방식이다.

여기서 본 것처럼 전환문은 서술형일 수도 있고 질문 형태(전환질문)로 작성할 수도 있다. 그럼 전환문에는 그 외에 또 어떤 것들이 있는가?

전환문의 종류

우선 순서적 전환이 있다. 가장 원시적인 방법인데 "첫 번째 요지는 …에 관한 것이었습니다. 이제 두 번째 요지로 ……" 하는 방식이다. 조금 더 발전된 방식으로는 고린도후서 5장 설교를 하며 "우리는 왜 성화가 그렇게도 중요한지 이해하기 전에, 성화가 무엇을 의미하는지를 이해해야만 할 것입니다"라고 말하는 것도 이에 해당한다.

다음으로 논리적 전환문이 있다. 에베소서 5장을 설교하며 "그럼, 왜 주님은 아내가 남편에게 순복하는 것에 대해 강조하고 있을까요? 그 이유를 살펴보겠습니다"라고 하는 것은 자연스러운 논리적 추론을 일으킨다.

또한 비유적 전환 방식이 있다. "신앙을 건물에 빗대어 생각한다면 그 건물의 기초가 우리의 믿음이었습니다. 반면 골조는 …입니다"라고 말하는 것은 비유적 전환 기법이다.

그리고 심리적 혹은 연상적 전환 방식도 쓸 수 있다. 누가복음 15장의 탕자 이야기를 설교하며 이렇게 할 수 있을 것이다. "지금까지 기쁨에 겨워 환호하는 잔치 장면을 보았다면, 이제 우리는 저 건너에서 가슴을 찢고 있는 탕자의 형의 마음도 들여다보아야 할 것입니다." 어떤 설교자는 출애굽기 18장을 설교하며 "이제 저는 여러분에게 한 좌절한 지도자의 초상을 그려드리려고 합니다"라고 말했다. 이것은 청중의 심상에 이미지를 만들며 다음에 설교자가 말할 내용으로 함께 자연스럽게 넘어가게 해준다.

전환문에는 위와 같이 서술형 전환문(TS: Transition Sentence)과 다음 개요를 끌어낼 수 있는 질문 형태(TQ: Transition Question - 이 경우 그 다음 개요는 반드시 바로 앞의 질문 TQ에 대한 답이 되어야 한다!)와 모든 개요를 끌어낼 수 있는 1개의 질문 형태(KQ: Key Questioin)의 3가지가 있다.

그러나 전환문에는 한계가 있다. 전환문은 그 자체만으로는 불완전하다. 어떤 의미와 핵심(요지)을 전하는 것이 아니기 때문이다. 전환문은 오직 다음에 나오는 설교 개요(outline)를 세워줄 뿐이다. 이 점을 이해하지 못하면 전환문인지 개요인지 구별이 안 가는 경우가 생기고, 때로는 전환문을 써 놓고 그것이 설교 개요라고 우기는 경우까지 발생한다.

전환문 없이 설교를 해오던 사람들은 하루아침에 전환문 사용에 익숙해질 수 없을 것이다. 그러므로 설교 개요 작성과 함께 끊임없이 연습하고 또 노력해야 한다.

실제로 몇 가지 연습을 해 보자.

전환질문/ 전환문장 만들기

- 먼저 주 아이디어 혹은 명제를 전환질문 혹은 전환문장으로 바꾸는 연습을 해보자.

한 설교자가 요한복음 11:1-6, 19-44을 본문으로 해서 '가장 좋은 친구'란 제목으로 설교를 했다. 그 설교를 기초로 해서 전환문 작성 연습을 해보자.

그 설교의 주 아이디어는 '예수님은 가장 좋은 친구이시다'는 것이었다.

첫째 개요인 'I. 예수님은 우리를 사랑하신다(3-5절)'로 넘어가기 전에 전환문을 넣는다면 어떻게 하면 좋을까?

> 전환문장: "본문은 예수님께서 가장 좋은 친구가 되실 만한 다음 3가지 특징을 보여 주십니다"가 적절할 것이다. 이것을 전환질문 형태로 작성해 보라. "예수님께서는 가장 좋은 친구가 되실 만한 어떤 특징을 가지고 있습니까?" 정도가 적당할 것이다.

이제 첫째 개요로 설교를 한 후, 두 번째 개요 'II. 예수님은 이해심 많은 친구이시다(21-36절)'로 넘어가기 전에 사용할 전환문을 작성해 보라.

아마 "예수님과 같이 사랑하시는 친구를 가지고 있다는 것은 얼마나 놀라운 일인가? 그러나 그분은 그 이상입니다"라면 만족스러울 것이다.

이제 둘째 개요에 대한 설교가 진행된 후 마지막 세 번째 개요인 'III. 예수님은 능력이 있는 친구이시다(37-44절)'를 언급하기 위한 전환문을 또 만들어 보라.

그 설교자는 "예수님은 우리를 사랑하시며, 이해심 많은 친구입니다. 그러나 이것만이 예수께서 우리 친구이신 모든 이유라면 뭔가 크게 결여된 것입니다. 우리가 진정 필요로 하는 친구는 사랑 많고 고난에 빠진 우리의 슬픔을 아픔을 이해해주는 이해심만 많은 친구가 아닙니다. 그럼 무엇이 더 필요하단 말입니까? 37-44절은 그것을 보여줍니다"라는 탁월한 전환문을 구사했다. 여러분도 이런 방식으로 계속 만들어 보기 바란다.

다음 사례는 도날드 스누키안의 '아들에겐 돌을 주지 않는다(No Stones for a Son. 마 7:7-11)'란 설교이다.

그 설교는

    1. 하나님은 참된 자녀에게 약속을 주십니다.
    2. 하나님께서 자녀에게 약속을 하십니다.

란 개요로 구성되어 있다.

이 두 개요문만 놓고 보면 무엇을 말하려는 것인지 빨리 와닿지 않고, 설교가 잘 연결되지 않는다는 느낌도 받게 된다.

필자가 약간 수정을 가했지만 다음과 같이 전환문이 들어가면 어떤 차이를 느끼는가?

    서론
    전환질문: 이것은 누구에게 한 약속입니까?
    1. 하나님께서 참된 자녀에게 하신 약속입니다.
    (이것은 아버지를 기쁘게 하려고 노력하는 참된 자녀들을 위한 약속이다)

> 전환질문: 이것은 누가 한 약속입니까?
> 2. 하나님께서 자녀에게 약속을 하신 약속입니다.
>
> 전환질문: 그렇다면 우리는 이제 어떻게 살아야겠습니까?
> 결론: 그러므로 지혜와 사랑의 아버지께서 우리에게 좋은 것을 주실 것으로 기대하고 구하자.

어떤 이는 여기서 좌절감을 느낄지 모른다. 유명 설교자들이나 이렇게 개요를 만들고 전환문을 사용할 수 있지, 우리 같은 초보 설교자들에겐 힘든 일이라고 말하고 싶을지 모르겠다.

이제 필자의 설교학 수업 시간에 신학생들이 제출한 설교문에 나타난 개요와 전환문 사례를 잘 살펴보며 희망을 가지고, 앞에서 언급한 개요 작성 방식과 전환문 작성법과 비교하며 연구해 보기 바란다.

여호와를 기쁘게 하려면(잠 3:5-10)

- 석의적 개요는 다음과 같다.
I   여호와를 신뢰하라: 여호와께 부탁하라.
II 여호와를 인정하라: 삶의 모든 현장에서 여호와께 부탁하라.
III 여호와를 경외하라: 말씀대로 살아라.
IV 여호와를 공경하라: 여호와께 감사하라.

이것을 기초로 하여 작성된 설교는 다음과 같이 구성되었다.

> **(솔로몬의 축복을 설명 후,)** 이렇게 축복받은 솔로몬이 제안하는 여호와를 기쁘게 하는 원리에 대해 알아봅시다. 이것이 바로 축복의 원리이기도 합니다. 본문 6절을 읽어봅시다.

I. 어디에서나 여호와를 찾으세요(6절).

어디에서나 여화와를 찾으면 만날 수 있다는 것을 알게 되었습니다. 이제 하나님을 만났다면 다음 단계로 우리는 어떻게 해야 할까요? 5절을 읽어봅시다.
II. 무엇이든지 여호와께 물어보세요(5절).

여호와를 찾아서 만났고, 그에게 물어서 말씀을 들었습니다. 다음으로 해야 할 일은 무엇입니까? 본문 7, 8절을 읽읍시다.
III. 무슨 말씀이나 여호와께서 주신 대로 행하세요(7, 8절).

우리는 여호와를 찾아서 만났고 그에게 물어서 말씀을 받아서 그 말씀대로 살았습니다. 그래서 축복을 받았습니다. 그러면 끝나는 것입니까? 성경은 그렇게 말하지 않습니다. 가장 중요한 한 가지가 남았습니다. 본문 9, 10절을 읽어봅시다.
IV. 어떤 일이나 여호와께 감사하세요(9, 10절).

나는 이것보다 좀 더 나은 석의와 좀 디 나은 설교를 할 수 있겠다는 생각이 들면 다행이겠다. 그러나 설교를 배우는 신학생도 지금까지 배운 개요 작성법과 전환문 작성법을 사용하여 적어도 교인들에게 설교자가 무슨 말을 하려는지는 분명하게 전달할 수 있는 구성을 했다.

요한복음 21:15-23을 본문으로 '하나님께서 원하시는 당신의 시간'이란 제목의 설교를 하나 더 보자.

I. 하나님께서는 당신의 과거가 회복되길 원하신다(15-17절).

주께서 당신의 과거를 깨끗게 하셨다. 그러면 우리는 앞으로 어떠한 삶을 살아야 하겠는가?
II. 하나님께서는 당신이 현재에 충성하길 원하신다(15-17, 19 ,22절).

그런데 그리스도인으로 충성되게 살아간다는 것 자체가 우리에게 고통으로 다가올 때가 많다. 그런데 왜 이러한 고난을 감수하면서까지 살아야 하는가?
III. 하나님께서는 당신이 미래의 영광되길 원하신다(19, 23절).

이 설교는 본문을 한 절씩 각 절 순서로 해설해 나간 것이 아니라, 본문이 말하고자 하는 바를 하나의 주제로 삼아 설교 전체를 시간 순서적으로 혹은 논리적 순서를 따라 전개한 것이다. 각 개요문 사이를 이어주는 전환문이 있기에 이 설교는 3개의 별개 주제를 따분하게 따로 다루는 것처럼 여겨지지 않고 처음부터 끝까지 연결되게 보인다.

본서의 방식대로 설교를 배운 한 신학생이 제출한 다음 설교를 보자.

'그림자 손의 파워'(룻 2:1-13)
I. 아무리 어려워도 신앙의 책임을 다하는 자가 되십시오(2, 11, 12절).

어려운 순간에 신실한 마음을 지키는 것이 쉽지 않은 일이지요. 그러나 불가능한 일도 결코 아닙니다. 그것을 가능하게 하는 비법이 있습니다. 무엇인지 한 번 볼까요?
II. 아무리 어려워도 하나님의 은혜를 구하는 자가 되십시오(2, 10, 13절).

아무리 어려워도 절망하지 않고 은혜를 구하는 자에게 어떤 축복된 일이 있게 되는지 우리는 보았습니다. 그렇다면 성도의 삶에 이어서 절망의 순간을

헤쳐 나가는 근본적인 비법은 무엇일까요? 그것은 바로,
III 아무리 어려워도 하나님의 손의 인도함을 받는 자가 되십시오(4-13절).

앞으로 설교 제목 만들기에서 배우겠지만, 성도들의 흥미를 끌 수 있는 적절한 제목과 함께 오늘을 살아가는 성도들에게 어떻게 살아야 할지를 잘 보여주는 실제적이고 권면적이며 적용성이 있는 개요이다. 또한 앞의 설교 개요들과 마찬가지로 각 개요는 '아무리 어려워도 …하는 자가 되십시오'란 패턴으로 구성되었다. 게다가 최종적인 완전한 설교문을 보면 알겠지만, 마지막에 클라이맥스를 구사하기 위해 점진성을 갖도록 구성했으며 한절 한절 해설해 나가는 것이 아니라 본문 전체에 나타난 교훈을 개요로 제시했다. 그리고 각 개요를 연결 짓기 위해 사용한 전환문은 또 어떠한지 살펴보라.

마지막으로 또 다른 신학생이 과제로 제출한 설교 원고에서 개요와 함께 전환문 사용 사례를 살펴보며, 우리도 연습하면 어느 유명 목사 못지않게 이렇게 뛰어난 설교를 할 수 있다는 소망을 가지고 설교 개요와 전환문 작성법을 배우기 바란다.

'경기장의 함성소리'(히 12:1 3)

자 여러분, 그렇다면 어떻게 우리도 그들과 같이 승리의 경주를 마칠 수 있을까요? 어떻게 해야 죽음 저편의 하늘나라에서 그들과 함께 승리의 잔을 나눌 수 있을까요? 어떻게 경주를 해야 합니까? 어떻게 승리할 수 있습니까?
이미 앞서 승리의 경주를 마친 믿음의 선배들의 소리에 귀를 기울이시기 바랍니다. 저 스타디움에서 우리에게 들려지는 경기장의 함성 소리에 귀를 기울이시기 바랍니다. 주님은 그들의 경기장의 함성 소리로 우리가 달려갈 길의 승리 비결을 알려주십니다. 그 첫 번째 함성소리를 들으십시오.
I. 벗어버리라는 함성을 들으십시오(1절).

자, 스타디움의 저 편에서 이제 또 다른 함성이 들립니다.
믿음의 경주를 다 마친 그들이 우리를 향하여서 승리의 경주를 다 마치도록 외칩니다.
II. 인내하라는 함성을 들으십시오(1절).

인내하라! 인내하라!는 함성 소리가 들립니다. 참는 것이 비굴한 것이 아닙니다.
하나님은 우리로 하여금 무작정 버티게만 하지 않으십니다. 하나님께서는 경기장에서의 또 다른 함성 소리로 우리에게 승리의 비결을 알려주십니다.
III. 예수님을 바라보라는 함성을 들으십시오(2절).

……

언제 이 경기가 끝날까 하는 한숨을 쉴 수도 있겠습니다. 이제 결승점에 거의 다다른 성도들, 아니 끝이 없어 보인다고 느끼는 낙심의 요소가 있는 성도들을 향하여 또 다른 함성의 소리가 우리를 응원합니다.
IV. 예수님을 생각하라는 함성을 들으십시오(3절).

……

설교 개요와 전환문 작성 연습문제

다음은 국내 유명 교회의 잘 알려진 설교자의 실제 설교와, 설교학 실습시간에 신대원 학생들이 제출한 설교에 나타난 설교 개요와 전환문이다.
각 설교의 문제점을 지적하고 개선책을 제시하라.

1. 본문: 로마서 1:16-17

제목: 복음을 부끄러워하지 아니하니

결론: 우리가 복음을 부끄러워하지 않을 때 우리 영적인 영토는 확장된다.

- 이 설교의 문제점은 무엇인가?

2. 제목: 값진 봉사를 하려면 (막 2:1-12)

I. 단순한 믿음

II. 뜨거운 동정심

III. 협동심

IV. 지구력

- 이 설교 개요의 문제점은 무엇인지 말해보라.

3. 본문: 누가복음 19:1-8

제목: 튀어야 산다

서론: 우리가 주님 앞에 쓰임받기 위해서는 우리는 다른 사람들보다 튀어야 한다.

   I. 우리가 많은 것을 소유한다 할지라도 행복할 수 없다.

   II. 주님만이 우리의 갈급함을 채우시며 우리의 죄를 용서하시는 분이다.

   III. 주님을 만나기 위해서는 튀어야 한다.

결론: 삭개오는 자신의 죄를 깨닫고 구원받기 위하여 자신의 체격 조건으로 예수님을 만날 수 없다는 것을 알고 튀는 행동을 함으로 예수님을 만났다. 여러분들도 남보다 다른 행동을 함으로 예수님의 눈에 띄어야 한다.

- 이 설교의 문제점에 대해 논하라.

4. 본문: 마가복음 2:16-20

   I. 주님은 한 여인에게 찾아오십니다.

II. 연출가이신 주님
III. 세상이라는 무대 위에
IV. 십자가의 사건은 절규였습니다.
- 이 설교의 약점은 무엇인가? 왜 이런 전개를 하게 되었을까?

5. 움직이지 않는 소망 (히 10:19-25)
I. 예수는 새롭고 산 길이라는 것입니다.
II. 하나님께로 나아가자는 것입니다.
III. 소망이 움직이지 않아야 합니다.
- 이 설교의 문제점은 무엇인가? 특히 개요 작성법 측면에서 살펴보라.

6. 신앙의 열정 (렘 20:7-13, 행 20:17-24)
개요 II. 그러면 열정은 어디에서 오겠습니까?
    첫째는 진리에 대한 확신이 있어야 합니다.
    둘째는 사랑입니다.
    셋째는 희망입니다.
개요 III. 그러나 열정은 인간의 감성만으로는 부족합니다.
- 이 설교 개요의 문제점에 대해 말해보라.

7. 예수의 눈으로! (눅12:13-21)
I. 세상입니까 아니면 생명입니까?
II. 영혼을 만나십시오.
III. 함께 예수를 나누십시오.
 - 이 설교 개요의 문제점을 지적하고, 개선책을 제시해 보라.

8. 느헤미야 2:11-20을 본문으로 한 다음 설교의 문제점은 무엇인가? 어떻게 개선하면 좋을까?

무엇을 어떻게 해야 우리 인생이 성공할 수 있을까요?
    I. 어려운 환경을 뛰어넘어야 성공할 수 있다(11-16절).
    II. 어려운 사람을 뛰어넘어야 성공할 수 있다(17-18절).
    III. 어려운 대적을 뛰어넘어야 성공할 수 있다(19-20절).

9. 폭풍 한가운데서(막 4:35-41)

서론 : 선교선 한나호를 탔을 때, 닻을 내렸으나 그것이 풀려 밤새 바람과 파도에 떠밀려 깨보니 바다 한가운데로 떠내려 간 적이 있다.

넓은 바다에 일렁이는 파도가 늘 있듯이 우리 인생에도 언제나 문제의 파도가 있다.

폭풍은 파괴적이어 우리 영혼을 마비시키고, 또한 뜻하지 않게 찾아온다(37절).

그럼 예상치 못한 순간에 찾아오는 돌풍 사건을 통해 우리는 무엇을 깨달을 수 있을까?

    I. 폭풍 속에서 한세를 인성하게 된다(38절).

바다에 대해 더 잘 알고 있는 뱃사람 제자들도 목수인 예수께 도와달라고 부탁할 수밖에 없었다.

    II. 폭풍 속에서 예수님을 깨우게 된다(38절).
    III. 폭풍 속에서 예수님은 믿음의 문제를 다루신다(40절).
    IV. 폭풍 속에서 예수님을 보는 관점이 바뀐다(41절).

위의 설교 개요를 더 나은 설교가 되도록 개선해 보라.

    -> 수정안   I. 폭풍은 _____

II. 폭풍은 _____
III. 폭풍은 _____
IV. 폭풍은 _____

10. 내니 두려워 말라 (막 6:45-52).
I. 우리가 괴로움을 당할 때 주님 찾아오시니 두려워 말아야 합니다.
II. 내니 두려워 말라고 주님 말씀하시므로 두려워 말아야 합니다.
III. 바람을 잠재우시고 소원의 항구로 인도해 주시니 두려워 말아야 합니다.
-> 수정안　I. _____
　　　　　II. _____
　　　　　III. _____

이제부터는 전환문 작성을 연습해 보도록 하자.

11. 다음 설교에서 도입부가 끝나고 첫 번째 개요를 끌어낼 전환문과 두 번째 개요를 연결해줄 전환문을 작성해 보라.

하나님과 함께 일합시다!(요 9:1-5)

TS _____

1. 어려움은 하나님께서 일하실 때입니다.

TS _____

II. 어려움은 우리가 일할 때입니다.

한 학생은 다음과 같이 작성하였다.
하나님과 함께 일합시다!(요 9:1-5)
　TS 하나님의 자녀로 부르심을 받은 우리도 이런 어려움을 겪을 수 있습니다. 그러나 우리는 세상 사람들과 어떤 점에서 달라야 할까요? 우리는 어

떤 시각을 가지고 살기에 그리스도인이라 할 수 있는지 생각해 봅시다. 그것은

    Ⅰ. 어려움은 하나님께서 일하실 때입니다.

TS 그러면 이렇게 역사하는 하나님을 보게 되면 우리는 어떤 생각을 해야 할까요?

    Ⅱ. 어려움은 우리가 일할 때입니다.

12. 다음 설교에서 도입부와 첫 개요 사이, 그리고 둘째와 셋째 개요 사이, 마지막 개요가 끝난 후 설교 마무리 부분을 이끌어 갈 전환문이나 전환질문을 만들어 보라.

  '청지기로서의 삶(눅 16:1-13)'
  도입부
      TS _____
  Ⅰ. 우리의 주인은 재물보다 명예를 더 중시합니다(8절).
      TS _____
  Ⅱ. 우리의 주인은 재물보다 사람에게 더 큰 가치를 두십니다(9절).
      TS _____
  Ⅲ. 우리 주인의 절대 가치는 영혼을 살리는 데 있습니다(13절).
      TS _____
마무리-

  '청지기로서의 삶(눅 16:1-13)'
  도입부
  TQ 그렇다면 주인의 관심은 무엇이며, 주인이 우리에게 원하시는 것은 무엇일까요?

I. 우리의 주인은 재물보다 명예를 더 중시합니다(8절).

주인이 청지기를 칭찬할 수밖에 없었던 절대적 가치는 무엇일까요?
II. 우리의 주인은 재물보다 사람에게 더 큰 가치를 두십니다(9절).

그렇다면 충실한 청지기로 쓰임받기 위해서 어떻게 살아야 하나요?
III. 우리 주인의 절대 가치는 영혼을 살리는 데 있습니다(13절).

우리가 청지기로 살아갈 때 세상은 나를 통해 변화될 것입니다.
마무리-

13. 다음 설교의 빈 칸에 적절한 전환문을 작성해 넣어 본다면 어떻게 하는 것이 좋을지 만들어 보라.

'초대된 사람들(마 22:1-14)'
도입- 우리는 천국잔치에 초대받은 성도입니다.
     TS _____
I. 우리는 천국 잔치에 참여하는 성도가 되어야 합니다(2-7절).
     TS _____
II. 우리는 천국 잔치를 준비하는 성도가 되어야 합니다(11-13절).
     TS _____
III. 우리는 천국잔치를 빛내는 성도가 되어야 합니다(8-10절).
     TS _____
마무리- 우리 모두 천국잔치에서 만나는 성도가 됩시다.

초대된 사람들(마 22:1-14)
도입- 우리는 천국잔치에 초대받은 성도입니다.

하지만 이 잔치에 초대받은 것으로는 충분하지 않습니다.
I. 우리는 천국 잔치에 참여하는 성도가 되어야 합니다(2-7절).
하지만 이 잔치에 그냥 참여하는 것으로는 충분하지 않습니다.
II. 우리는 천국 잔치를 준비하는 성도가 되어야 합니다(11-13절).
하지만 이 잔치를 그냥 준비하는 것으로는 충분하지 않습니다.
III. 우리는 천국잔치를 빛내는 성도가 되어야 합니다(8-10절).
이 잔치엔 어떤 사람들이 있습니까?
마무리- 우리 모두 천국잔치에서 만나는 성도가 됩시다.

14. 다음 설교에서도 전환문을 작성하여 설교 전체가 부드럽게 연결되도록 만들어 보라.

'하나님의 가지치기(요 15:1-8)'
서론
　　　　TS _____
I. 좋은 열매를 맺기 위해 가지치기를 하십니다(2절).
　　　　TS _____
II. 주님과 우리가 하나가 되게 하기 위하여 가지치기를 하십니다(4-5절).
　　　　TS _____
III. 하나님의 영광을 위한 가지치기를 하는 것입니다(8절).

'하나님의 가지치기(요 15:1-8절)'
서론
하나님은 왜 우리를 가지치기 하실까요?
I. 좋은 열매를 맺기 위해 가지치기를 하십니다(2절).

하나님이 가지를 치시는 또 다른 이유는?

II. 주님과 우리가 하나가 되게 하기 위하여 가지치기를 하십시오(4-5절).

가지치기의 최종 목적은 무엇일까요?
III. 하나님의 영광을 위한 가지치기를 하는 것입니다(8절).

흥미로운 설교 전개, 변화를 일으키는 설교의 구조

지금까지 살펴 본 설교 개요(Outline) 작성법에 의하면, 바람직한 설교 구조(Structure)는 단순한 서론·본론·결론이 아니라는 것을 감각 있는 설교자는 발견했을 것이다. 그렇다면 어떤 방식으로 하는 것이 좋을까? 그것은 1. 여는 말 2. 전개 3. 클라이맥스 4. 닫는 말의 구조이다.

도식적으로 볼 때 전통적 설교는

서론
본론
I. 개요 A
II. 개요 B
III 개요 C
결론

의 구조였다면, 본서에서 말하는 점진성을 갖는 진행이 있는 설교는 기본적으로

1. 도입부
   (전환문)
2. 전개

에피소드 1

(전환문)

에피소드 2

(전환문)

에피소드 3

(전환문)

3. 마무리 -클라이맥스

의 형태이다. 각 에피소드는 각각 작은 이야기 구조를 가져 그 부분만 들어도 작은 이야기가 되고 각 에피소드 뒤에는 작은 초점들을 발견할 수 있는데, 설교 마무리 부분에서는 두 세 개의 에피소드에서 발견한 요점들이 모여서 설교 전체를 형성하는 메인 아이디어를 깨닫게 되는 방식이다.

DSK 귀납적 강해설교 구조

본서에서 제안하는 귀납적 강해설교의 구조를 도식화하면 다음과 같다. 본문석의 결과 Main Idea가 'A'인 경우,

1. 도입부
2. 전개

   에피소드1   문제제기 (발단- 균형깨기)

                    전환문

                    본문 관찰

                    설명 (전개)

                    적용적 원리 도출- **설교개요 I = 설교 포인트 A1**

　　　　　반전 (긴장)
　　　　　　　전환문
　에피소드 2
　　　　　문제제기 (작은 갈등)
　　　　　본문 관찰
　　　　　설명 (발전)
　　　　　적용적 원리 도출- **설교개요 II = 설교 포인트 A2** (이완)
　　　　　반전 (분규)
　　　　　　　전환문
　에피소드 3
　　　　　문제제기 (갈등)
　　　　　본문 관찰
　　　　　설명 (더욱 발전)
　　　　　적용적 원리 도출- **설교개요 III = 설교 포인트 A3** (준 절정)
　　　　　　　전환문
3. 마무리: 클라이맥스 (MI: A = A1+A2+A3) : 문제의 해결

　얼른 보면 이 구조가 복잡해 보일 수도 있겠지만, 자세히 살펴보면 에피소드 1,2,3은 똑 같은 구조이고 그저 세 번 반복된 것일 뿐이므로, 실제로는 복잡하게 생각할 필요가 없다.

　본서에서 주장하는 설교는 귀납적 강해설교인데, 우선 귀납적이라고 하는 이유는 각 에피소드가 문제를 제기하고, 본문을 관찰하고, 성경본문의 의미를 설명해서 이해시킨 후 그 결론을 적용적 원리(설교개요)로 나중에 도출해내는 방식을 취하고 있기 때문이다. 설교자가 말하고자 하는 바 곧 결론을 설교개요(대지)로 먼저 제시하고, 그것을 해설해나가는 방식을 취하는 연역적인 설교와 전개방식이 다르다는 점을 주목하라. 그리고 이야기 구조가

가져야할 플롯처럼 "발단-균형깨기, 전개, 긴장과 작은 갈등, 발전, 이완, 분규, 갈등, 또 다른 발전과 절정 혹은 문제 해결"이란 방식으로 전개된다는 점을 살펴보기 바란다. 세 개의 에피소드에서 각각 제시되는 작은 결론들이 설교개요 Ⅰ(A1), Ⅱ(A2), Ⅲ(A3)이 되며 그 세 개요를 다 듣고 마지막 클라이맥스에 도달하면 본문의 메인아이디어 A(=A1+A2+A3)라는 것을 알게 된다. 그런 면에서 귀납적 설교이며, 각 에피소드에서 본문을 설명하는 부분에서 강해적 요소가 나타나고 교인들이 각 부분의 요점을 알 수 있도록 설교개요(대지, outline)를 명료히 제시하는 방식이 그 특징이다. 이처럼 석의를 해서 찾아낸 본문의 메인아이디어를 성경구절의 의미를 찾아보며 강해하는 방식에 기초하고 있기에 이것을 '귀납적 강해설교'라고 칭하는 것이다.

그럼 처음부터 끝까지 연결된 한 개의 이야기가 아니라, 왜 3개 내외의 에피소드들로 이루어진 설교구조를 추천하는 것일까? 그 이유를 살펴보자.

앞에서도 언급했듯이 할리우드 영화가 장악하고 있는 세계 영화 시장에서 프랑스, 인도와 함께 자국 영화가 어느 정도 방어를 하고 있는 나라였던 우리나라 영화계에 2006년은 그 자존심이 구겨지던 해였다. 톰 크루즈 주연의 '미션 임파서블3'가 당시 한국영화를 다시 한 번 초토화시키며 스크린을 장악했다. 그 이유는 무엇 때문이었을까?

한 영화전문 기자는 할리우드 영화 테크닉의 정수를 보여준 그 영화의 특징을 긴장-이완의 반복이라고 했다. 설교의 메인 아이디어에 해당하는 그 영화의 줄거리는 '주인공이 인질로 잡힌 연인을 구하기 위해 목숨을 건 모험을 한다'는 단 한 줄에 불과하지만 막상 그 영화를 보면 긴박한 이야기가 끝도 없이 이어지는데, 이를 '쇠사슬'식 이야기 전개 구조라고 했.

하나의 에피소드가 끝날 무렵 다음 이야기가 전개되기 위한 동기(모티브-우리의 설교에서 전환질문 혹은 전환문에 해당한다)가 주어진다. 이때 선행하는 에피소드의 '결과(설교에서는 설교 대지, 개요 혹은 point)'가 뒤이어지는 새로운 에피소드의 '원인'이 되면서, 꼬리에 꼬리를 문 '인과율(因果律)'이 계속되는 독특한 이야기 전개가 일어난다는 것이다. 이 쇠사슬식 연결구조란 '영화 속 영화'의 구조라고도 할 수 있는데, 비록 이 영화도 '발단→전개→위기→절정→결말'로 진행되는 할리우드 장르영화의 일반적 이야기 구조를 따르지만, 자세히 보면 영화를 구성하는 작은 '조각'들인 개별 에피소드 역시 '발단→전개→위기→절정→결말'의 완결된 이야기 구조를 갖추고 있다는 점을 지적했다. 독일 베를린, 이탈리아 로마, 중국 상하이에서 각각 벌어지는 작전을 담은 개별 에피소드가 한 편의 영화나 다름없는 완성된 감정 곡선을 지니고 있는 것이다.

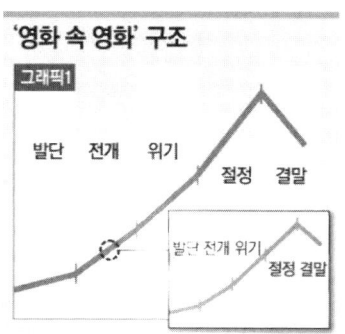

더 놀라운 것은 통상 액션영화에서는 주인공이 악당을 물리치는 순간을 클라이맥스로 삼지만, 이 영화'는 여러 개의 클라이맥스가 속출되는 '멀티 클라이맥스' 전략이 구사되었다는 점을 그 영화기자는 정확하게 집어냈다.

영화상영 1시간 25분경에 액션을 기대하는 사람들을 위한 클라이맥스가 주어진 후, 13분 만에 스릴러처럼 미스터리의 클라이맥스가 주어지고, 단 9분 만에 전통적 선악대결에서 승리의 쾌감을 주고, 5분 후에는 여성관객들을 위한 러브스토리의 클라이맥스로 정점을 치는 방식을 취했다. 클라이맥스를 다각도로 연속 배치함으로써 관객들이 연쇄적 클라이맥스로 최대의 만

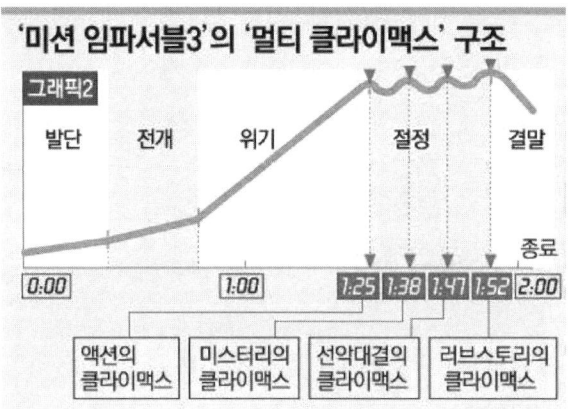

족을 느끼게 하는 극적 경험을 조장하는 아주 잘 짜인 영화였기에 전통구조의 한국영화들이 완패할 수밖에 없었던 것이다.

이런 점을 보며 설교자로서 많은 생각을 하게 되었다. 왜 어떤 설교자는 그렇게 감동적인 십자가의 구원의 복음을 그렇게 지루하게 전하는지, 그리고 별것도 아닌 세상의 즐거움에 청중들을 빼앗기는지. 어떻게 해야 구원의 복음에 사람들이 조금 더 빠져들게 설교할 수 있는 것일까? 우리의 설교에도 조금 더 긴장과 이완이 반복되고, 각 에피소드마다 요점을 분명히 제시하고 그 감동을 가슴에 새겨줄 수 없을까 고민하게 되었던 것이다. 그래서 앞에서 제시한 개요 작성법을 익히고 귀납적 강해설교의 전체 구성을 익혀서 끊임없이 연구하고 노력하여 어제보다 오늘은 좀 더 나은 설교를 하는 설교자들이 많이 나왔으면 하는 소망이 있다. 당신이 바로 그런 설교를 구사할 수 있는 바로 그 사람이 되었으면 하는 바람을 가져 본다.

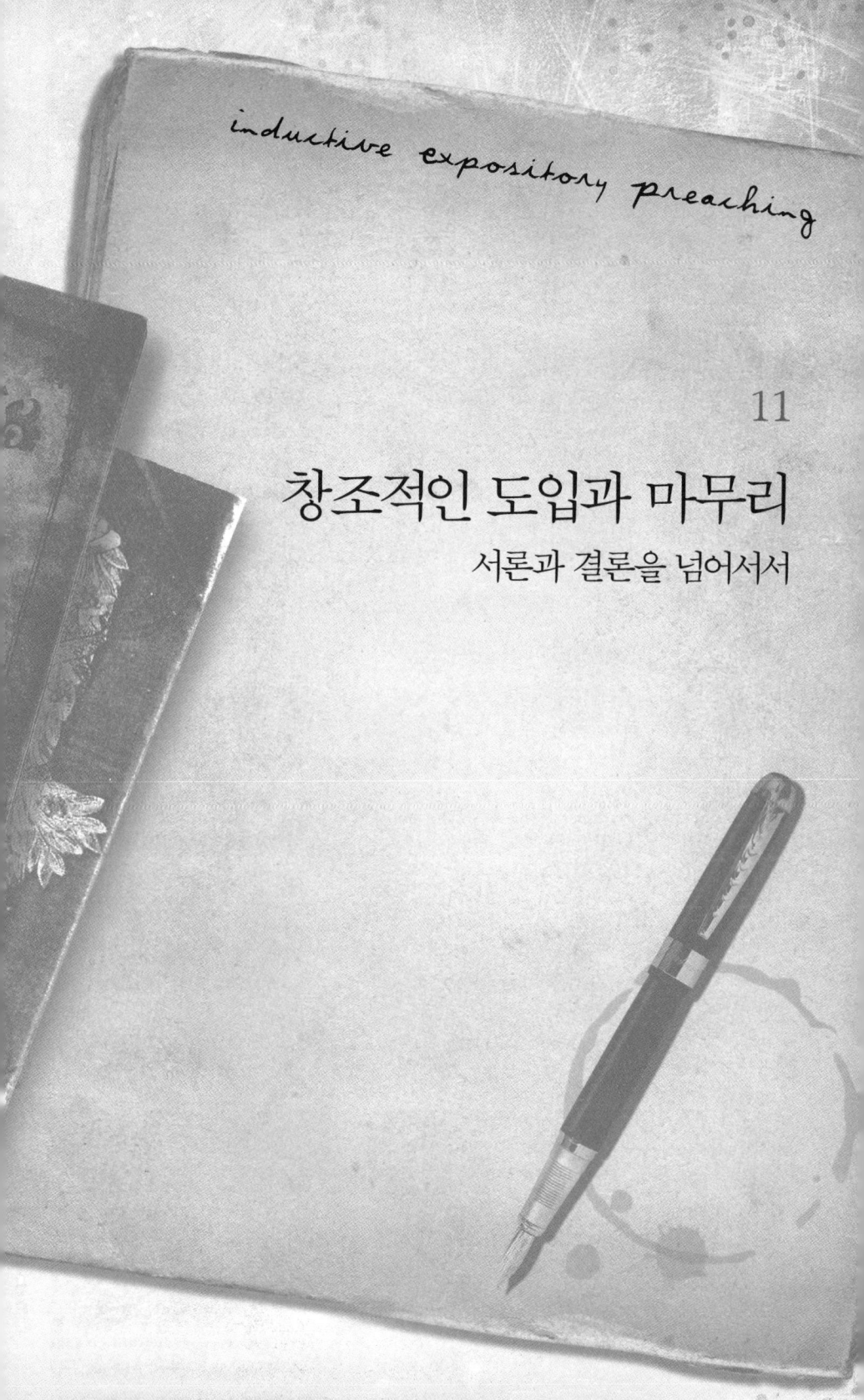

inductive expository preaching

11

창조적인 도입과 마무리
서론과 결론을 넘어서서

inductive expository preaching

11
창조적인 도입과 마무리
서론과 결론을 넘어서서

보통 서론·본론·결론 개념으로 설교를 작성하는 사람은 서론을 제일 먼저 써야 할 것으로 생각하지만, 실제로 오래 설교를 준비해 본 사람이면 본론을 작성하고 결론 부분이 만들어진 후 마지막에 서론을 쓰는 것이 낫다는 것을 경험적으로 알고 있다. 그것은 설교의 최종 결론이 분명할 때 그것으로 이끄는 서론이 가장 잘 만들어질 수 있기 때문이다. 따라서 설교의 결론 부분을 먼저 다룬 후 서론 부분에 대해 알아보도록 하겠다.

설교에 있어서 마무리(결론)

설교의 마무리는 여러 형태로 할 수 있다. 학교 선생님 식으로 설교하는 사람들은 마치 오늘 강의를 복습하듯이 신앙생활의 ABC는 이런 것이라고 할 것이다. 미학적 예술가라면 시를 읊으면서 마치려고 할 것이고, 어떤 이는 찬양을 부르며 마치고 싶어 하고 멋진 그림이나 사진을 보여주고 싶어 할 수도 있다. 전도설교를 했다면 그 목적이 회심을 하도록 하는 것이므로 당연히 복음 앞에 결단하도록 초청의 시간을 가져야 할 것이다. 그러나 예전적 전통에 있는 설교자들은 설교는 마치 이어질 성례의 서론인 것처럼 생각하기에 대개 결론부가 약하고 성찬식에 집중하려고 들 것이다. 이처럼 설교의 결론부는 다양할 수 있는데 도대체 설교는 어떻게 마무리해야 하는가? 설교의 결론부는 이렇게 해야 한다는 고정관념은 버리자. 분명한 것은 설교를 잘 마친다는 것은 설교했던 성경 본문의 의도가 성취되고 설교의 목적을 이루는 것이다. 즉 설교의 결론은 본문과 설교의 의도(intention)에 의해 지배받아야 한다. 그리고 잊지 말 것은 결론부는 지금까지 말해왔던 것을 결론짓기 위해 디자인된 것이다. 그러므로 결론이 결론답지 못하고 그 본연의 목적을 이루지 못하는 것은 예술적이고 멋지고 현대적이라고 말할 수 있을지라도 잘못된 것이라는 점을 절대로 잊지 말아야 할 것이다.

그런데 본서에서는 결론이라는 말보다는 설교의 마무리라는 표현을 쓸 것이다. 그 이유는 결론이라는 말은 전통적 설교 관점에서 서론·본론·결론 중 하나의 기능으로서, 지금까지 펼쳐온 논리를 정리하고 요약한다는 개념으로만 비춰지기 쉽기 때문이다. 게다가 설교의 결론이라면 설교자가 의도했던 바를 청중의 머릿속에 심어놓기 위하여 강요하는 느낌이 강하다.

그러나 이 부분은 설교를 마치면서 지금까지 성경을 강해한 내용을 정리해 줄 뿐 아니라 청중의 삶이 변하도록 동기를 부여하고, 적절히 도전하며, 성령께서 역사하시도록 장을 열어드리고, 설교의 목표를 달성하기 위해 마무리하는 과정으로 여겨져야 한다. 그래서 설교의 마무리라고 하는 것이 더 낫기에 논리적 귀결의 제시로 여겨지는 결론이라는 표현을 쓰지 않는 것이다.

그런데 신설교학파 사람들은 이런 개념을 넘어서 조금 더 극단적인 주장까지 하고 있다. 예를 들어 크래독은 결론을 내리지 말고 청중이 스스로 결정을 내리도록 열어 놓아야 한다고 주장한다. 그것이 귀납적 설교의 장점이며 권위적 설교를 피하는 길이라는 것이다. 그 이유는 아무도 결단하는 것을 좋아하지 않으며, 사람들은 스스로 결정하고 변화할 수 있다고 보기 때문이다. 사실 이런 주장의 신학적 전제에는 그들의 신학적 관점이 배경으로 작용하고 있어 보인다. 그들은 인간의 자유의지와 스스로 선한 길로 갈 가능성을 충분히 인정하는 데서 출발한다. 그러나 인간의 전적 타락과 하나님의 불가항력적 은혜 없이는 사람은 변하기 어렵다는 칼빈주의적 관점에서 볼 때 이 주장은 받아들이기 어렵다. 전도설교의 대상인 불신자는 물론, 주일 아침 교회의 청중석에 앉아 있는 기독교인이라도 결론을 그냥 열어 놓았을 때, 항상 스스로 죄를 버리고 회개하며 악행을 포기하고 선을 향해 나갈 수 있다고 기대할 수 있을까? 물론 신설교학파는 현대 설교학의 발전에 지대한 공헌을 했다. 특히 전통적인 설교에 있어서 권위주의적인 결론 방식의 문제점을 극복하려는 시도는 우리가 받아들여야 할 사항이지만, 회개와 변화가 필요한 사람들에게 설교의 결론을 열어놓고 그들이 스스로 알아서 변하기를 기대하는 것은 목회적으로 지나치게 순박한 생각이다. 그런 설교자는 좋은 커뮤니케이터(communicator)인지는 모르나 좋은 목회자와 지도자의 역할은 포기한 것인지도 모른다. 강단에 선 목사는 설교자이지만, 동시에 양들의 목자요 공동체의 지도자임을 잊어서는 안 된다.

지도자로서 설교자는 공동체에게 하나님을 대언해 무엇이 진리인지 분명히 제시하고 선택을 촉구해야 한다. '네 앞에 축복과 저주가 놓였으니 선택하라'는 것이 구약(신 11:26-29)과 신약(요 3:16-18의 구조를 주목해 보고 막 6:11을 참조히리)에 일관성 있게 흐르는 복음선포의 정신이다. 그것은 또한 사도들이 복음을 전하던 방식(행 13:44-52, 롬 2:4-10; 6:23)이기도 하다.

설교자는 설교를 귀납적으로 전개하여 청중이 진리를 발견하고 삶의 문제점을 직시했을 때 어떻게 해야 할지 갈등에 빠지게 된다는 사실을 인식하는 것이 중요하다. 성경적 설교를 했다면 연약한 인간으로서 그들은 무엇이 옳은가를 발견하기는 하지만 바른 선택을 하기는 두려워한다는 점도 알아야 한다. 왜냐하면 그 선택으로 인한 대가지불이 따르게 될 것임을 인간 심령은 본능적으로 느끼기 때문이다. 이때 그들을 중립적으로 놔두는 것이 설교자 이전에 한 목회자로서 잘하는 것일까? 세상 관점으로 보면 그것이 더 인간적으로 보일지 모른다. 그러나 자식을 진실로 사랑하는 부모라면 그들이 바른 것을 선택하도록 피를 토하며 호소하지 않겠는가? 하나님께서 사람들의 결정을 기다리는 동시에 선지자를 통해 바른 길로 가고 순종할 것을 목소리 높여 외치시듯, 참된 목회자도 그렇게 외치지 않겠는가?

신설교학파가 주장하는 방식의 설교가 여러 가지 장점을 가지고 있지만 한계성도 안고 있는데, 이것 때문에 귀납적으로 설교를 작성하더라도 설교의 마무리 부분의 작성 전략은 바꾸어야 한다. 그것은 이야기체 설교 듣기를 좋아하는 사람들에게 예배 후 설교의 핵심이 무엇이었느냐고 물어 보면 설교의 요점을 명확히 파악하지 못하는 경우가 적지 않다는 현실에 대한 인식에서 나오는 것이기도 하다. 물론 전통적 설교 방식에서도 이런 일은 발생한다. 그러나 한국 교인들에게 이야기체 설교 후의 반응을 조사해보면, 좋고 감동적이라고 대답해도 설교의 요지 파악에는 어려움을 느끼거나 초점을 잃어버리는 경우가 많은 것을 알 수 있다.

이런 문제의 근본적인 원인은 설교자의 문제라기보다는 청중의 문화적 배경 때문으로 보인다. 현재 우리의 청중들은 어려서부터 미국과 같이 관찰을 통해 어떤 사실을 찾아내서 발표하고 토론을 통해 결론을 찾아내는 귀납적 방식의 교육을 받은 것이 아니라, 선생님이 먼저 결론을 제시하면 받아쓰는 연역적 강의 방식으로 자라왔다. 그래서 귀납적 접근에 익숙하지 못하다. 한국 학생들이 미국에 유학 가서 겪는 제일 큰 문제가 바로 이것이다. 이는 지능지수의 문제가 아니다. 초등학교 때부터 시작해서 십년 이상 몸에 밴 학습 방식이 연역적이기 때문에 귀납적으로 전개한 강의를 통해 스스로 핵심을 파악하고 강의의 초점을 잡는 데에 문제를 느낀다. 이것이 극복되려면 시간이 필요하고, 교육방식이 바뀌어야 한다. 현재 고등학생들이 성장해서 일반 청중이 되면 조금 나아지리라 본다. 그러나 인간의 속성은 바뀌지 않으므로 결론을 완전히 열어놓고 청중에게 맡기는 방식을 적용하기는 어려울 것이다. 그러므로 결론 부분에서 설교자가 도와주지 않으면, 청중은 설교가 좋긴 좋았는데 뭘 말하려는지 잘 모르겠다고 중얼거리면서 그냥 교회 문을 나서게 될 것이다.

　결론을 열어놓고 청중에게 맡기는 방식의 설교가 우리나라에서 효과적이기 어려운 또 다른 이유는, 우리나라의 일반적인 설교자들의 능력과도 관련이 있다. 앞에서도 언급했듯이, 청중만이 아니라 우리 한국 설교자들 역시 초등학교부터 대학은 물론 신학교에서도 강의실에서 일방적인 연역적 교육을 받아왔기 때문에 스스로 성경을 연구하고 신학을 하여 어떤 사실을 귀납적으로 끌어내고 제시하는 방식에 익숙하지 않다. 특히 신설교학파에서는 귀납적 설교를 내러티브 혹은 이야기체 설교 형태로 요구하는데, 대다수의 목회자가 본질적으로 그런 형태의 설교 작성에 한계를 안고 있어 어려움을 느낀다. 개념 진술보다는 이미지 중심이며, 논리적 전개보다는 잘 짜인 플롯(plot) 구조를 가져야 하는데 우리나라에서는 그런 역량을 가진 설교자가 미국이나 유럽에 비해 드물다는 사실을 이해할 필요가 있다. 물론 그런 문학적 극적 구조에 익숙한 소수의 설교자가 있기는 하지만, 대다수의 설교자에겐 연역적 삶에서 귀납적 방식으로의 움직임이 아직은 너무 어려운 것이 사실이다.

　세 번째 한계는 한국 교회 청중의 설교자에 대한 기대이다. 비지시적 상담에 대한 우리 한국 교인들의 반응노 이와 마찬가지인데, 대부분의 교인들은 목회자에게 특히 설교자에게 하나님의 권세 있는 말씀과 삶의 지침을 받기 원한다. 물론 이런 교인들의 의식에도 문제가 있다. 그러나 목자에 대한 양들의 기본 태도는 인도받기 원하는 리더십에 대해 기대를 갖고 있음을 인정할 필요도 있다. 필자 역시 함께 나누고 청중이 참여하는 설교와 목회를 위해 애써왔고, 지금도 그런 점에 좀 더 개방적이기 위해 노력하고 있다. 그러나 목자 없이 유리하던 양들이 목자에게 기대하는 것은, 어디로 가야할지 목표를 제시하고 방향을 알려주며 이끌어 주는 것이다. 설교가 끝났는데도 양들 스스로 알아서 어디로 갈지 무엇을 할지 결정 내리고 찾아서 움직이라고 하면 오히려 당황스러워한다. 따라서 비지시적 설교와 청중 스스로 결론을 내리고 길을 찾기를 기대하는 것은 학문적 토론장에서는 멋진 얘기지만, 설교자이며 동시에 지도자여야 하는 현실 속의 목회자에게는 그리 합당한 태도가 아니다.

따라서 삶의 변화를 일으키는 설교의 마무리는 청중을 무시하고 목사의 권세로 일방적으로 선택을 강요해서는 안 되지만, 동시에 청중들이 알아서 자신을 변화시키도록 방치해서도 안 된다. 청중의 삶의 변화를 기대하는 설교자라면, 성령의 역사하심에 의지하며 목자로서 최선을 다해 청중의 마음을 휘감아 바른 선택을 하고 삶의 변화를 위한 발걸음을 내딛도록 설교의 마무리 부분에서 피를 토하는 심정으로 촉구해야 한다. 즉 지금까지 귀납적인 설교의 전개를 통해 그들이 발견하고 깨달은 것들을 최종적으로 모아 마지막 결단을 내리고 삶의 변화가 일어나도록 온 마음을 다해 촉구해야 한다.

권위 없는 자에서 권세 있는 설교자로

신설교학파의 대부 격인 프레드 크래독의 설교학 저서의 제목은 『권위 없는 자처럼(As One Without Authrity)』이다. 앞에서도 지적했듯이 강압적이고 심지어 언어적 폭력이라고 까지 일컬어지는 권위주의적 설교를 타파하는 데 큰 기여를 한 귀중한 저술이다. 그런데 또 한 명의 저명한 실천신학자 잭슨 W 캐롤(Jackson W. Carroll)의 책 제목이 『권위 있는 자처럼(As One With Authority 우리나라에서는 '목회지도력'이란 제목으로 번역되었다)』이란 사실은 매우 재미있는 일이다. 이 책에서 캐롤 교수가 주장하는 것은 전통적인 권위주의적 목회를 하라는 것이 아니라, 예수님의 사역과 성경의 원리는 'Reflective authority(반성적 권세)'여야 함을 보여주려는 것이었다. 실천신학적 입장에서 얼핏 보기에는 대조적으로 보이지만 각 저자가 강조하고자 하는 점이 무엇인지 깨달아 균형 잡힌 시각에서 목회를 해야 할 것이며, 설교학도 그 균형 잡힌 시각 속에서 발전시켜가야 할 것이다.

설교자는 청중들과 함께 고민해야 하지만, 함께 갈등하는 사람 이상이어야 한다. 해든 로빈슨이 지적했듯이, 어떤 사람도 "너도 실패자, 나도 실패자, 함께 계속 패배하고 있자"는 사람으로부터 도움을 받으려 하지 않을 것이다. 사람들은 함께 갈등을 겪고 그 어려움이 무엇인지 알면서, 동시에 그 문제의 원인을 알고 성경의 해결을 제시할 수 있는 사람을 존경하고 따른다. 효과적인 설교는 사람들의 문제를 알고, 동시에 이에 대해 보통 사람의 말과는 질적으로 다른 말을 할 때 이루어지는 것이다. 그럴 때 설교는 권위주의적 웅변이 아니라, 예수님의 말씀이 그러했듯이 '서기관들과 달리 권세 있는'(막 1:22) 설교가 된다. 따라서 설교의 마무리는 이런 관점에서 새롭게 조명되고 더욱 강조되어야 할 부분이다.

설교 마무리 부분의 역할: 형태와 요소

그렇다면 삶을 변화시키기에 효과적인 설교의 마무리 부분은 어떤 역할을 해야 하며, 어떤 형태와 요소를 가져야 할까?

설교의 마무리 부분은 첫째, 지금까지 전개해온 설교의 여러 줄기를 요약하고 청중들에게 정리해 줘야 한다.

둘째, '설교를 통해 전달하려고 했던 것(주 아이디어)을 반복 혹은 단순한 다른 표현으로 명료하게 재진술해서 사람들의 가슴에 새겨지게 해야 한다.

셋째, 설교 앞부분에서 제기된 문제에 대한 성경적인 해결책이 제시되어야 한다.

넷째, 성도들의 삶이 변할 수 있는 순종의 결단을 하도록 초대하고 적용을 도와줘야 한다. 설교는 한 공동체의 지도자를 통해 하나님께서 원하시는 방향과 비전이 제시되는 시간이다. 따라서 교회의 일원으로 내가 속한 공동체가 어디로 가야하는지 알 수 있도록 해줘야지 모호한 채로 남겨두거나 각자 알아서 하라고 해서는 안 된다. 권면이 없다면 응답이 없을 것이다. 존 브로더스의 말처럼 성도들의 응답을 위하여 설교하라. 그것이 사람들의 삶을 변화시키고 교회를 변화시키는 설교의 기본이다.

다섯째, 이 모든 것을 통해 설교 전체의 절정(클라이맥스) 역할을 해줘야 한다. 설교를 다 듣고 교회 문을 나설 때, 설교에서 들었던 여러 가지 세부사항은 잊더라도 본문이 말하려는 그 핵심과 그로 인한 감동은 여운처럼 남아야 한다. 당신의 설교에서는 그런 마무리가 일어나고 있는가?

이런 역할을 잘 감당하는 마무리 부분은 일관성과 해결책이라는 두 요소를 갖추기 마련이다. 일관성이란 지금까지 전개해 온 설교의 주요 요지(아웃라인)와 같은 맥락으로 끝나게 되는 것으로, 또 다른 얘기로 발전되지 않는다는 것을 뜻한다. 그래서 설교의 메인 아이디어를 실제적이고 구체적이며 동시에 간략한 표현으로 다시 들을 수 있게 될 것이다. 해결책이란 모든 설교가 모든 교인들의 모든 문제에 대한 개별적 답이 되지는 못하지만, 적어도 서론에 설교자가 제기했던 문제에 대한 성경적 해결책이 되며, 하나님께서 이끌어 가시려고 했던 목적지에 도달했고 무엇인가 답답했던 것이 해결되어 가고 있다는 느낌을 받는 것이다.

좋은 마무리 만들기

그러므로 마무리는 첫째, 청중 각 사람이 어떻게 개인적으로 순종해야 할지 실제적인 전략이 구체적이고 명료한 적용으로 제시되도록 만드는 것이 좋다. 그 마무리는 구체성이 있고, 용기를 주거나 힘이 있으며, 또 한 발자국 내딛을 수 있는 도전이 된다. 많은 경우 설교에 구체적 적용이 없어서 문제지만, 근래에는 '본문이 내게 무엇을 말하는가?'에만 너무 집착한 나머지, 성경 기자가 실제로 말한 것이나 말하고자 했던 의도보다도 오늘날 실생활에의 적용성이 더 우선되는 위험성을 보이기도 한다. 이것은 본문에 대한 정확한 관찰이 없는 적용만 강조한 설교로서, 진리는 없이 생활성만 나타나는 건강하지 못한 설교 형태이다. 좋은 적용은 성경 본문에 나타난 주 아이디어에 기초하며, 인간의 기본적 문제와 욕구에 연결시키는 훈련에서 출발한다. 이때 주의할 것은 설교에서 적용과 도전은 올바른 동기 부여가 되어야지, 절대로 강요나 협박으로 느껴지면 안 된다는 것이다. 은연중 "주의 종에게 불순종하고 다른 교회로 간 박 장로가 결국 교통사고로 죽었다"는 식으로 설교하는 것보다 순종의 축복을 간증하는 방식이 더 효과적임을 우리 설교자들은 알아야 할 것이다.

또한 좋은 설교에서는 둘째, 마무리 부분에 설교의 메인 아이디어가 잘 제시되는데, 설교의 핵심 사상을 한 문장으로 제시하거나 현대적 감각의 기억하기 쉬운 표어 형태로 제시하기도 한다. 예를 들어 "…… 이제 '내 원대로 마옵시고 아버지의 원대로'(눅 22:42) 이것이 우리 삶의 원칙이 되어야겠습니다. 내 뜻대로 마옵시고 오직 주의 뜻대로!"라며 설교를 마칠 수도 있을 것이다. 셀사역의 비전에 대한 설교 후에는 이렇게 마칠 수도 있다. "…… 이제 우리 함께 외쳐보면 좋겠습니다. '목장을 세우고, 목자가 되자' 이 말이 우리 모두의 소원이 되었으면 좋겠습니다. 목장을 세우고 목자가 되자!"

이때 중요한 것은 셋째, 설교의 메인 아이디어와 설교자의 결론이 하나님의 명령임을 확실히 알게 해야지 설교자 개인의 주장으로 느껴지지 않도록 해야 한다는 것이다.

그리고 설교의 마무리는 넷째, 설교만이 아니라 예배 전체의 클라이맥스가 되도록 잘 만들면 더 효과적이다. 그것을 위해 설교 후의 기도문, 음악, 회중과 함께 부를 마지막 찬송가 등이 설교 마무리 부분과 구체적으로 연결되어야 한다.

또한 교인들이 생각하기에 이제 메시지가 끝부분에 도달하고 있다고 생각될 때에 즉시 마쳐야 한다. 듣는 입장에서는 끝에 도달했다고 생각하는데 계속 이어지는 것은, 마치 연주회에서 오케스트라가 피날레 부분을 연주하고 심벌이 울렸기에 박수를 쳤는데 연주가 계속 이어질 때 청중으로서의 무식함에 송구함이 들기 전에 짜증이 나는 것과 같은 일이다. 단순히 말하건대, 작곡이든 설교든 끝부분을 그렇게 만들어서는 안 된다. 모두가 끝이라고 생각되는 부분에서는 끝이 나야지 질질 끌다가는 몇 마디 더 할 수 있을지는 몰라도 그때부터 아무런 효과도 없이 대체 언제 끝나나 하는 짜증만 보탤 뿐이다.

바람직하지 않은 마무리

이와는 반대로 바람직하지 않은 마무리도 적지 않다. 어떤 것들이 있을까?

1. 어떤 설교자는 열심히 설교하다 말고 "이제 시간이 다 되었으므로……"라며 갑자기 설교를 마쳐버린다. 그것은 설교 전체를 균형 있게 끌어가지 못한 설교자의 미숙함을 보이는 것일 뿐 아니라, 청중들을 당황시키고 도대체 결론이 무엇인지 모호해서 불만족스럽게 만드는 일이기도 하다.

2. 게다가 어떤 설교자는 마무리하며 "이제 결론을 말씀드리겠습니다. 첫째로……, 둘째로……, 셋째로……" 하는 경우가 있다. 앞의 개요를 반복하는 것은 지루함을 야기하는 것이요, 새로운 결론의 개요가 나오는 것은 청중에게 복잡함을 증대시키는 것이다. 설교 중심부에서 개요가 여러 개로 제시되어도 수용이 쉽지 않은데 결론을 또 다시 여러 개로 제시하는 것은 지혜롭지 못한 것이다.

3. 더 안 좋은 경우는 설교 본론부에서와 전혀 다른 새로운 얘기를 꺼내놓고 마치는 것이다. 이런 것은 자신도 모르게 범하기 쉬운 실수이므로 자신의 설교를 검토해보고 피드백을 하는 습관을 가지면 좋겠다.

4. 그러나 설교 결론부에 있어서 최악의 실수는 결론부에 도달하기 전에 결론을 말해버리는 것이다. 연역적 설교에 길들여져 있는 설교자들은 설교 서론부나 본론에서 설교의 결론을 노출하는 경우가 많은데, 이렇게 하면 청중이 계속 귀 기울여 들어야 할 필요를 감소시키고 계속 같은 얘기를 반복하는 것으로 느껴져 지루하게 만드는 지름길이 된다.

5. 또한 설교를 마무리하며 "이제 설교를 마무리하고자 합니다", "이제 결론을 내리겠습니다"와 같은 상투적인 말로 마치는 것이다. 이런 상투적인

표현 대신 조금 더 신선하고 창조적인 전환문을 개발하든지 자연스럽게 '이것이 설교의 결론 부분이구나'라고 느낄 수 있도록 설교를 구성하는 것이 좋겠다. 그리고 "오늘도 예수님께 순종하여 축복이 넘치는 삶 사시기를 다시 한 번 주의 이름으로 축원합니다"라는 식의 매번 똑같거나 진부한 결론 대신, 마태복음 21:28-32의 비유를 설교했다면 "조금 늦었다고 생각되더라도 뉘우치고 포도원으로 간 아들처럼, 돌이켜서 아버지의 기쁨과 사랑의 폭포수 가운데로 나가는 우리 모두가 되었으면 좋겠습니다"라고 좀 더 구체적으로 표현하도록 노력해야 한다.

그 외에도 좋지 못한 마무리 습관으로 6. 잔소리를 계속 하거나 어떤 일로 목사님이 화가 나셨다는 인상으로 마치거나 7. 설교가 완전히 끝나기도 전에 성경을 덮어 버린다거나, "마지막으로……"라고 해 놓고 또 다시 얘기를 꺼내는 식의 거짓된 마무리 신호를 주는 것들이 있다. 이와 유사한 것이 설교 요지(대지)가 끝날 때마다 "…하기를 주의 이름으로 축원합니다"라고 축복 선언을 해서 성도들이 끝날 것으로 기대하고 있는데 또 "셋째로……"라고 이어가는 방식이다. 성도들은 그럴 때마다 아직도 멀었구나 하는 생각과 함께 그저 빨리 끝나기만을 기다리게 될 뿐이다. 이런 일들은 설교자 자신도 모르는 사이에 행하는 사소해 보이는 일들이지만 더 나은 설교가 되기 위해서는 이런 것까지도 점검해 볼 필요가 있다.

좋은 설교 마무리 사례

어떤 설교를 할 것인가를 기획하는 단계에서부터 설교의 결론을 미리 가지고 시작하는 것은 그리 바람직하지 않다. 귀납적이 아니라 연역적으로 설교가 구성되기 쉽기 때문이다. 그러나 설교의 기본 골격이 마련되면 설교의 몸체를 써가면서도 창조적인 마무리를 위해 준비해 가야 한다. 그럼 좋은 설교 마무리 작성을 위한 몇 가지 실제 예를 살펴보자.

#1 청중에게 확신과 위로를 주는 마무리

인기 있는 기독교 작가 맥스 루카도 목사는 '하나님의 초대'란 설교를 다음과 같이 마치고 있다.

> "보통 재판은 그 결과가 어떻게 나올지, 심지어 판사가 누구인지조차 알지 못합니다. 해서 조금은 걱정이 됩니다.
> '한 번 죽는 것은 사람에게 정해진 것이요 그 후에는 심판이 있으리니' 그러나 이 정해진 초대에 대해서는 걱정이 되지 않습니다. 이는 판사가 무엇을 할 것인지 알기 때문입니다. 결과가 어떻게 나올지에 대해서도 알고 있습니다. 무엇보다도 나는 그 판사가 누구인지 알고 있습니다. ……
> 그는 나의 아버지이시기 때문입니다."

#2 송영(doxology)방식 마무리

로마서 11장 강해를 하며 마지막 부분 "이는 만물이 주에게서 나오고 주로 말미암고 주에게로 돌아감이라 그에게 영광이 세세에 있을지어다 아멘"을 설교하면서 다음과 같이 마무리 할 수 있다.

> "우리는 지금 2004년을 살고 있습니다. 그런데 여러분은 우리가 겪는 세상이 말이 된다고 생각하십니까? 바그다드에는 폭탄이 쏟아지고 있습니다. 미국은 군대를 증강시키고 있습니다. 일본도 경쟁적으로 군대를 강화하고 있습니다. 우리나라는 어떻습니까? IMF의 도움을 벗어나고 그 어느 때보다 달러 보유고는 높지만, 그 어느 때보다 사람들은 힘들어 하고 한강 다리에서 뛰어내리는 가장들도 늘어나고 있습니다. 그런데도 우리가 버려지지 않았다구요? 바로 나 때문에 경기를 망쳤고, 나 때문에 회사가 어려움에 빠지게 되고, 교통사고로 부모님을 잃고 애들이 홀로 남겨지게 되었는데도요? 예, 우리는 버려지지 않았습니다. '깊도다 하나님의 지혜' 그의 판단, 그의 계획, 그의 길!

우리는 다 알 수 없습니다. 그러나 분명한 것은 이것입니다. 하나님의 영원한 목적의 도도한 조류가 모든 것 속에서도, 그런 모든 일 속에서도, 우리 모두를 위하여 지금도 흐르고 있다는 것입니다.

여호와 하나님께, 그리고 사랑하는 여러분께, 하나님의 영광이 영원에서 영원까지, 세세에 있으리로다. 아멘.

기도하겠습니다."

#3 예화와 정적으로 마무리하는 설교

그리스도인다운 삶, 헌신, 대가 없는 사랑에 대한 설교를 마치며 한 설교자는 이렇게 설교를 마무리했다.

"오래전 우리 할리우드 제일장로교회에는 유명한 외과의사가 한 사람이 있었다. 민감한 기독교인으로 그는 하나님께서 자기 생활을 통해 일하심을 깨닫고 있었다. 그리고 계속 하나님께서 자기를 선교현장으로 부르고 계신다고 느끼고 있었다. 오랜 내적 갈등을 겪고 난 후 그는 당시에 별로 알려지지 않았던 나라 한국에 가서 의료 선교부를 설립했다. 당시 담임목사였던 루이스 에반스(Louis Evans) 목사님이 세계 여행 중 그를 방문하려고 한국에 들렀다. 도착하는 날, 그 의사는 8살 난 소녀의 수술을 하고 있었다. 창을 통해 조그만 방의 수술광경을 지켜보게 되었다. 몇 분이 반 시간이 되었고 반 시간이 거의 세 시간이 되었다. 드디어 의사는 임시로 만든 수술실 수술대에서 물러나며 '이제 아이는 괜찮을 거야'라고 하며 간호원들에게 아이를 돌보라고 맡겼다. 그리고 나와서 에반스 목사와 만났다. 한참을 걷다가 에반스 목사가 물었다. '미국에서 이런 수술을 했을 때 대체로 얼마나 받았습니까?' '아마 5백 불에서 7백 불 정도였다고 생각합니다' 이야기를 나누며 에반스 목사는 그 의사 친구가 수술의 긴장으로 인해 입술은 자주빛으로 변해있었고 손은 오랜 시간 섬세한 수술 작업과 긴장으로 인해 떨리고 있음을 보았다. 그가 물었다. '이번 수술로는 얼마나 받게 됩니까?' '아! 그저 몇 센트지요. 그러나 거기에 하나님의 미소를 보내서 받습니다.' 그리고 나서 의사는 목사의 어깨에 가볍게 손을 얹으며 덧붙였다. - '그러나 목사님, 이것이 바로 사는 것입니다.'"

이것은 교회의 선배 교인 한 사람의 삶에 대한 예화로 설교의 요지를 정리해 주고, 그 예화에 설교의 교훈과 적용을 담아내는 좋은 마무리이다. 마지막 짧은 한 문장은 힘이 있고, 우리가 어떻게 살아야 할지를 보여준다. 그리고 나서 짧은 정적이 흐른 후 기도하는 것이 좋다. 좋은 실제적 사례로 마무리하는 것은 청중 각자가 결론을 내리게 도와준다. 그리고 매일의 삶에서 설교에 나타났던 주 사상이 어떻게 적용되는지를 보여준다. 이 경우 추가 설명 없이도 회중들이 그 의미를 즉각 파악할 수 있다. 따라서 예화가 끝나는 데서 설교가 마쳐져야 한다. '그러나 목사님, 이것이 바로 사는 것입니다'라는 힘 있는 서술 뒤에 또 부연설명을 하는 것은 강력한 마무리의 힘을 감소시킬 뿐이다.

#4 질문과 도전으로 마무리하기

또 다른 예를 보자. '잃었던 아들의 비유'란 제목으로 소위 탕자의 비유로 알려진 본문을 다룬 다음, 헬무트 틸리케는 이렇게 설교를 마무리한다.

> "이 이야기의 궁극적인 비밀은 이것입니다. 즉 집이 있기 때문에 우리는 모두 집으로 돌아온다는 것입니다."

탕자의 비유에 익숙해 기대감이 별로 없던 청중의 허를 찌르고 눈을 뜨게 해주는 마지막 한 문장의 마무리는 매우 탁월하다. 그는 '잃었던 아들의 비유 (제2부)'라는 제목의 두 번째 설교에서는 질문과 도전 형식으로 설교를 마무리한다. 본론을 시작하면서 그는 뛰어난 전환문을 사용했다. "그런데 이

형은 도대체 누구입니까? 그의 인격의 비밀은 무엇입니까?" 이에 대해 그 특성 3-4가지를 말하고, 이를 아버지와 비교했다. 이제 설교를 마무리하며 그는 이렇게 질문을 던진다.

"스스로 기독교인이라고 부르면서 아버지의 집에서 이방인과 불평하는 종으로 있어야 한다는 것은 얼마나 비참한 일입니까? 그리고 우리의 말에 귀를 기울이시는 분이 계시다는 기적을 날마다 새롭게 깨닫게 되는 것은 얼마나 영광스런 일입니까?
그분은 우리를 기다리고 계십니다."

질문을 던지는 것만으로 끝나지 않았다. 때에 따라 질문으로 마무리할 수도 있지만, 여기서는 간단한 선언문 하나가 질문에 대한 답이 되었다. 그는 이 선언 뒤에 설교에서 그분에 대해 간단히 부연설명을 하고 있는데, 이는 생략하는 것이 더 나았을 것이다.

#5 상상력와 이미지로 마무리하기

다음 실교는 이 시대 영어권 최고의 스토리텔링방식 설교자라 할 수 있는 바바라 테일러의 '하나님의 과감한 계획'(눅 2:8-9)이란 제목의 설교 마지막 부분이다. 하나님께서 성육신해서 메시야로 가기로 했음을 설명하고 나서 설교는 이렇게 마무리 된다.

천사들이 아직도 박수를 치고 있을 때 하나님은 돌아서서 각료 회의실을 떠나셨습니다. 떠나시면서 그 자리에 옷을 벗어 놓고 나가셨습니다. 천사들은 하나님의 짙고 푸른 망토가 마룻바닥에 떨어지는 모습을 지켜보고 있었습니다. 그러자 그 자리에 있던 모든 별들이 한 무더기로 모였습니다. 그때 이상한 일이 벌어졌습니다. 옷이 떨어진 그 자리의 마룻바닥이 녹아내리더니 양들이 드문드문 흩어져 있고 그들이 있는 바로 오른쪽 가죽 부대에 담긴 포도주를 마시며 모닥불 옆에 목자들이 앉아 있는 황량한 갈색의 목초지가 보이도록 문이 열렸습니다. …… 서로 몸을 숨기기에 바쁜 인간들을 내려다보면서 천사는 자신이 낼 수 있는 가장 부드러운 목소리로 말했습니다. "무서워 말라. 보라 내가 온 백성에게 미칠 큰 기쁨의 좋은 소식을 너희에게 전하노라. 오늘날 다윗의 동네에 너희를 위하여 구주가 나셨으니 곧 그리스도 주시니라" 그리고 저 멀리 언덕 꼭대기 너머에 있는 마을에서 갓난아기의 울음소리가 들려왔습니다.

#6 강력한 도전과 적용으로 마무리한 설교

다음은 에이미 E. 리히터 목사가 '우리 눈을 뜨게 해 주소서'(막 10:46-52)란 제목으로 행한 소경 바디매오에 대한 설교 마지막 부분이다.

> 예수님은 우리를 부르고 계십니다. "내가 네게 무엇을 해 주길 원하느냐?" 예수님께 대답하십시오! 큰 소리로 외치십시오. 그분이 우리를 자유케 하셨습니다. 뛰십시오. 소경이라는 망토를 던져 버리십시오. 하나님께서 여러분에게 보여 주시길 원하는 것을 볼 수 있도록 눈을 열어달라고 간구하십시오. 그리고 그 길을 따르십시오.

히브리서 12:1-4을 본문으로 마라톤과 그리스도인의 삶을 대조하고, 구름 같은 증인들과 피 흘리기까지 죄와 싸워야 할 그리스도인의 삶을 다룬 후 이렇게 설교를 마무리하기도 한다.

> "그렇습니다. 우리는 드라마틱한, 너무도 드라마틱한 삶들을 보았습니다. 보십시오. 우리의 경주는 이제 더 이상 아기들의 걸음마가 아닙니다. 또한 아무도 우리를 십자가에 못 박지는 않을 것입니다. 우리가 할 일은 다만, 좋지

않은 시절에 어려움에 처해있는 교회를 섬기는 것뿐입니다. 그러므로 당신의 운동화 끈을 매십시오. 골인 지점을 보십시오. 그리고 준비, …… '탕~!' Go! 달려 나가십시오."

또한 실제적 적용 사례를 통해 청중 각자가 결론을 내리게 하는 예를 보자. 좋은 마무리는 실제 생활에서 설교의 메인 아이디어가 어떻게 적용되는지를 잘 보여준다. 이 경우 추가 설명 없이도 회중들이 그 의미를 즉각 파악할 수 있어야 한다. 예화를 끝내며 설교를 마친다. 다음 설교는 다음에 배울 설교 도입부 작성 사례에서 볼 수 있듯이 가구를 주문했는데 너무 오랫동안 도착하지 않아 화가 났을 때 자신이 했던 일을 통해 설교를 마무리한 것이다. 본문 내용은 야고보서에서 언급한 '듣기는 속히 하고, 말하기는 더디 하며, 화내기를 더디 하는 것'임을 강해한 것이었다.

… 셋 째로, 저는 화를 내지 않았습니다. 좀 더 정확히 말하자면 화가 치밀어 올라오는 것을 느낄 때 재빨리 그것을 통제하고 억제하였습니다. 그 다음 편지를 썼습니다.
"경애하는 ___에게.
저는 귀하께서 저를 위해 키우시고 있는 나무에 관해 알고 싶은 게 있어서 편지를 드립니다… 설명을 드리지요… 지금은 4월입니다.
우리는 인내하고 친절하려고 애썼습니다… 한 편 아서야 한다고 생각해서 말씀을 드리는데… 이제 저는 나무를 키우는 데 많은 시간이 든다는 것을 알았습니다. 그러나 언제쯤이면 그 나무가 준비될 것인지 알기만 해도 꽤 도움이 될 것 같습니다. 언제쯤 그 나무가 사용될 수 있는지 말씀해 주실 수 있을까요? 마이클 코코리스."
결과는 첫 째, 속이 쓰리지 않았다는 것입니다. 둘 째, 인내를 조금 배웠습니다. 셋 째, 아이들에게 문제 다루는 법을 가르쳤습니다. 즉 화를 내지 말고 인내하고 총 책임자에게 가라는 것입니다. 넷 째, 가구는 7일 만에 도착했습니다.

이 설교 마무리를 통하여 성도들은 야고보서의 말씀대로 사는 것이 어떤 것인지 좋은 사례를 보고 나도 이렇게 해야겠구나하는 것을 구체적으로 발견할 수 있게 되었을 것이다.

#7 유명 영화나 드라마를 패러디하여 적용적으로 만든 사례

신대원 학생 중 하나는 설교학을 배운 후 설교실습 시간에 로마서 5;1-4을 본문으로 '희망의 원래 이름은 고통이었다'라는 제목으로 다음과 같은 설교를 했다.

    I. 고통은 인내의 어머니이다.
    II. 인내는 인격의 어머니이다.
    III. 인격은 희망의 어머니이다.

이 연쇄구조의 설교 개요들에 대한 적용적 마무리는 다음과 같이 만들었다.

    1. 힘듭니까? 기억하십시오. "아프냐? 나도 아프다."
    2. 참고 있습니까? 기억하십시오. "내가 도와줄게."
    3. 오히려 앞날이 궁금해지십니까? 기억하십시오. "내가 더 좋은 것으로 준비해 놓았다."

이 설교의 마무리 세 문장에서 주목해 보아야 할 것은, 설교 전체를 끌어왔던 설교 개요에 대한 각각의 적용성이다. 당시에는 '다모'라는 드라마가 히트했었기에 그 유명 대사를 패러디하여 '아프냐? 나도 아프다'라고 말하면 사람들이 모두 공감을 하고 그 감동 또한 매우 컸었다.

이처럼 설교의 마무리는 설교의 특징과 상황 그리고 내용에 따라 창조적으로 할 수 있다. 항상 동일하게 '이제 결론을 내리겠습니다'란 후렴구로 마치지 말고 다양한 형태의 마무리를 개발하기 바란다. 기억해야 할 것은 설교는 예배의 한 부분이란 점이다. 각기 따로 움직이는 설교, 기도, 음악처럼 바람직하지 못한 것은 없다. 게다가 설교의 감동과 헌신을 반감시키는 이후의 기나긴 광고 순서는 설교를 지리멸렬하게 만든다. 더 역동적인 설교, 더욱 역동적인 예배가 될 수 있도록 설교 전체, 특히 설교의 마무리 부분을 예배 전체 속에서 디자인하고 예배 전체의 클라이맥스가 되도록 준비하는 지혜가 필요하다. 설교 후 감동의 여운을 건축헌금 독촉과 각종 안내 사항 공지로 없애버리고 나서 축도로 파송하는 것이 과연 지혜로운 예배인가 생각해 봐야 한다. 광고의 대부분은 기록된 주보를 참조하도록 하고, 전 성도가 함께 나눠야 할 사항만 예배 전반부의 '나눔과 성도의 교제' 부분으로 옮기는 것도 고려해 볼 수 있다. 그래서 설교 후 받은 은혜와 헌신과 결단, 그리고 주께서 보내시는 사명을 안고 즉시 세상을 향해 나가는 것으로 예배가 마무리되어야지, 지금까지 전통적으로 그렇게 해왔다고 꼭 설교 후 광고로 예배 전체의 흐름을 깬 후에 축도 순서를 가져야 하는 법은 없는 것이다.

설교 제목 만들기

이 부분에 도달한 어떤 사람들은 의아해 할지 모르겠다. 설교를 잘하면 되지 설교 제목 만드는 것까지 신경을 써야 하느냐고. 그런데 일간지에서 영화 제목에 대한 영화 전문기자의 다음과 같은 칼럼 내용을 본 적이 있다.

> 우선 '국경의 남쪽'과 '도마뱀'은 제목부터가 불분명하다는 지적을 받는다. '국경의 남쪽'의 경우 탈북의 스펙터클과 이념 갈등을 멜로와 섞은 블록버스

터형 영화를 연상시키지만, 실제로는 섬세한 감정선을 따라가는 순도 100% 의 러브스토리다. '도마뱀'은 비유적인 제목부터가 어떤 내용의 영화인지를 상상할 수 없게 만들어 '네이밍(이름 짓기)'의 실패라는 분석도 나온다. 반면 흥행에 성공한 '사생결단', '맨발의 기봉이'는 제목과 내용 모두 분명하고 직선적이다.

어떤 영화기자는 '제목을 사수하라'는 글을 통해 '광복절특사, 가문의 영광, 동갑내기 과외하기'처럼 기억하기 쉽고 영화 내용을 잘 표현한 제목들이 바로 영화제작자들이 잘 만들었다고 평한 제목들이었다는 기사를 쓰기도 했다.

물론 우리가 하는 일은 영화를 만드는 일이 아니다. 그런데도 설교 제목 만들기가 중요한 것일까? 답은 당연히 중요하다는 것이다. 교인들이 자리에 앉아 설교가 시작되기 전에 주보에 실려 있는 설교 제목을 통해 갖게 되는 설교에 대한 첫인상이 설교를 대하는 청중의 자세에 영향을 끼친다. 그러므로 열심히 설교를 준비했다면 '삼위일체 성령 하나님의 역사'라든가 '충성스런 성도의 십일조 생활'과 같은 제목보다는 설교를 듣고 싶은 마음이 들게 하는 설교 제목을 만드는 것이 좋지 않겠는가?

설교 제목 정하기의 7원리

그럼 설교 제목은 어떻게 만드는가?

1. 설교의 주제로 청중을 연결시켜 주거나 오늘 설교의 중요성을 인식시킬 수 있어야 한다.

그러나 설교의 결론이 다 드러나는 것은 좋지 않다. 설교 주제를 다 노출하는 것이 아니라 추측이 가능하게 암시하는 것이 좋다. 그렇다고 제목이 모호하여 오늘 무엇을 설교하려고 하는지 헷갈리게 하면 안 된다. 우리나라 기독교 신문처럼 미국의 유명 일반 신문에도 예배 안내 광고란이 있는데, 거기에 나왔던 설교 제목 중에는 '디도같이 되기'가 있었다. 과연 불신자들 혹은 그 도시에 여행 온 그리스도인들이 그 교회를 찾고 싶을까? 불신자라면 디도가 사람인지 물건인지도 모를 것이며, 신자라도 도대체 무엇을 말하려고 하는지 짐작할 수 없을 것이다. 어떻게 하면 제목을 통해 그 설교가 들을 가치가 있다고 생각하게 만들 수 있을지 고민해 볼 필요가 있다.

2. 설교 제목은 너무 상투적이지 않아야 한다.

'이 제목은 사람들의 관심을 집중시킬 수 있는가'라는 질문을 하며 제목을 만드는 것이 좋다. 예를 들어 '기독교인의 역사관'이란 제목보다는 '우리의 공포를 어떻게 처리해야 할까?'라는 설교 제목을 대할 때 사람들은 더욱 듣고 싶은 마음을 갖게 될 것이다. '하나님의 아가페'란 설교 제목도 설교자의 의도와 달리 교회 나온 지 얼마 안 되는 사람에겐 하나의 종교적 전문 용어로 둘러싸인 신학적 상자로 여겨질 뿐 호감을 갖기 어렵다. 반면 미국에서 수많은 불신자를 주님 앞으로 인도했던 한 유명 교회의 설교 제목들은 '인생의 아픔을 어떻게 다룰까?', '하나님께 묻고 싶었던 질문' 같은 것들이었다. 특히 오래된 신자들만 참석하는 예배가 아니라 하나님을 찾는 이들을 고려한 예배의 설교 제목으로는 매우 훌륭하다고 말할 수 있다. 지혜로운 설교자는 '예수님의 기적'이란 제목 대신 '당신이 기적을 필요로 할 때'라는 설교 제목을 만들 수 있어야 한다. 스누키안이 에스더를 강해한 이야기체 설교 제목은 '페르시아의 밤'이었다. 이 제목은 설교의 전체 흐름을 암시하며 사람들의 관심을 고조시키는 역할을 했다. 앞에서도 예를 들었던 맥스 루카도 목사는 마태복음 22:42을 수난주간 설교본문으로 삼고 제목을 '아무도 감히 꿈꾸지 못한 것'이라고 붙였다. 과연 어떤 말씀인지 어서 설교를 듣고 싶지 않겠는가? 이런 설교 제목을 만드는 일이 너무 어렵기만한 일이 아니다. 오래전 학생 중 하나는 요나서 4:1-11을 본문으로 한 설교 제목을 '상상 그 이상의 세계로 초대합니다'라고 했는데 얼마 후 그와 유사한 CF 카피가 나온 적도 있다. 당신도 좋은 제목을 만들 수 있다.

3. 성경적이면서 동시에 사람들이 기억하기 편한 것이 좋다.

히브리서 8:1을 설교하며 설교 제목을 '위엄의 보좌 우편에 앉으신 주님'이라고 한 것을 본적이 있는데, 이는 설교 제목을 본문 구절에서 그대로 따오기를 즐겨하는 설교자의 제목이다. 이런 제목은 관심도를 높이지도 못하고 기억하기에 용이하지도 않다. 마태복음 27:46을 설교한다면 '엘리 엘리 라마 사박다니'라고 제목을 붙이는 대신 단순히 '하나님의 용서'라고 하는 것이 나을 것이다.

4. 설교 제목은 일상생활과 관련되는 것이 좋다.

삶을 변화시키는 설교를 하기 원한다면 설교 제목이 구체적이고 실생활과 관련되는 것이 바람직하다. 첫 주에는 '전도서 강해 1', 그 다음 주에는 '전도서 강해 2'라고 하는 것보다 '인생의 어려운 질문에 대해 답하기'라고 하는 것이 더 낫다. 릭 워렌 목사의 경우는 고린도전서 13장 강해 제목을 '위대한 관계 맺기'라고 했고, 산상수훈 강해 시리즈 중에서 제목 하나를 예로 든다면 '행복은 선택하는 것입니다'라는 감각적인 것도 있다. 빌립보서 강해 설교 시리즈는 '성경에서 찾는 위로의 말씀', '평범한 당신을 통해 하나님께서 하실 수 있는 일', '우리 인생의 후반전을 즐겁게 살려면'과 같은 방식으로 만들 수 있다. 그 외에도 '평범한 사람의 중요성', '삶이 모두 깨어져 버렸을 때', '폭풍 속에서도 안전한 곳' 같은 것도 간결하면서도 좋은 설교 제목들이 있다. 미국의 한 한인교회 설교자가 요한계시록 2:1-7을 본문으로 하여 '지친 교회, 지친 그리스도인'이란 설교 제목을 만든 것도 보았는데 성도들이 관심을 증폭시킬 수 있는 매우 뛰어난 제목이다.

5. 설교 제목이 복음적이거나 교훈적이면 더욱 좋을 것이다.

조금 긴 듯하지만 '평범한 사람을 통해 하나님께서 하신 일'도 좋은 제목이고, 국내의 한 설교자는 시편 23:1-6의 설교 제목을 '기죽지 말고 당당하게'로 잡았는데 본인도 만족했지만 교인들에게도 가슴에 와 닿고 기억하기 좋은 것이었다.

6. 설교 제목은 또한 너무 장난스럽지 않아야 한다.

청중의 관심을 불러일으키는 것을 강조했더니 어떤 젊은 설교자는 '구원열차 히치하이킹하고 환호 지르기'라고 제목을 삼았다. 이런 제목은 일반적으로 우리나라 교회의 주일 오전 장년 예배에서는 받아들이기 어려울 것이다. 교인들 입장에서는 설교자의 진지성을 의심할지 모른다.

7. 그리고 제목이 청중에게 불쾌감이나 당혹감을 주지도 않아야 한다.

예를 들어 '우리는 예수를 위해 구원받아야 한다'는 제목은 신앙적으로 매우 훌륭해 보이지만 아직 하나님을 알지 못하는 사람이나 교회에 출석은 하지만 거듭나지 못했거나 헌신되지 않은 사람들에게는 적절하지 않다. 설교 내용을 듣기도 전해 '우리가 구원받아야 하는 것이 오직 하나님을 위해서인가'라는 생각에 사로 잡혀 설교자의 의도를 듣기도 전에 귀를 닫을 수 있다. 이것은 지혜롭지 못한 접근책이다.

창조적인 설교 제목 작성을 위한 힌트

좋은 설교 제목을 만드는 데 도움이 되는 실제적인 것들에는 어떤 것이 있는지 알아보자.

1. 때로는 설교 제목을 서술형으로 길게 하는 것보다 한 단어나 두 단어 정도로 단순하게 하는 것이 효과적이다.

'귀머거리' 혹은 '책임회피'와 같이 단순한 것이 사람들로 하여금 더 생각하게 하고, 더 설교에 관심을 갖게 하는 경우도 있다.

2. 그리고 사람들의 마음속 깊은 곳을 터치하는 감성적인 것도 좋다.

'병사들의 원하지 않는 행진', '아들이 눈에 밟힐 때' 같은 제목이 그러하다.

3. 비록 시대성이 있긴 하지만 국민 대다수가 본 영화나 책 제목을 패러디하는 것도 때로 효과적이다.

부활절을 전후한 설교 제목으로 '부활절 특사'를 사용할 수도 있고, 헌금에 대한 설교 제목을 '동갑내기 헌금(과외)하기'로 만들어서 함께 신앙 생활하는 사람들 가운데 어떤 사람들은 헌금하기를 꺼리지만 왜 다른 어떤 사람들은 즐겁게 헌금하는지를 설교할 수도 있다. 설교를 너무 무겁거나 공격적으로 하지 않을 수 있다면, 책 제목을 응용하여 '칭찬은 장로(고래)도 춤추게 한다'라고 할 수도 있을 것이다.

4. 좋은 설교 제목의 한 형태는 서술형이나 개념적 단어를 사용하는 대신 질문형식을 취하는 것이다.

설교 중의 개요(아웃라인)로는 질문형이 적절하지 않지만 제목으로는 매우 효과적이다. 예를 들어 '성도의 감사생활'이라는 제목 대신 '무엇 때문에 감사해야 하는가?'로, '마른 뼈의 부흥'이란 제목을 '당신의 뼈들도 다시 살아날 수 있을까?'의 형태로 만들 수 있다.

5. 설교 제목을 만들고 연상 이미지를 사용하는 것도 좋은 방법이다.

'열쇠는 문 옆에 있었다'는 설교 제목은 청중으로 하여금 그 상황을 연상시키며 '맞아! 나도 그런 적이 있지'라고 공감하게 만든다. 그리고 '기도와 찜질방'과 같은 제목도 철야기도 시간에 '땀 흘리며 뜨거운 기도 시간을 가져야 한다'는 내용의 설교를 할 때 사용할 수 있을 것이다.

설교에 있어서 도입부(서론)

설교에서 서론의 분량은 적지만 첫 3분이 갖는 중요성은 그 분량에 비해 훨씬 크다. 그래서 설교를 오래한 설교자일수록 서론의 중요성을 강조한다. 많은 설교자들이 설교 내용이 아무리 좋아도 설교의 처음 시작을 별 준비 없이 했다가는 낭패를 볼 수 있다는 사실을 경험적으로 알고 있을 것이다. 오직 초보 설교자만 즉흥적이고 되는 대로 설교의 포문을 연다.

그리고 본 장의 서두에서도 언급했듯이 설교 경험이 조금이라도 있는 사람이라면, 마지막 순간까지 고치고 또 고치게 되는 것이 설교의 결론 부분이 아니라 서론 부분임을 알 것이다. 그래서 오랜 강단 사역의 경험을 가진 사람들은 한 목소리로 서론을 가장 나중에 작성하라고 한다. 이것은 지혜로운 충고이다. 처음에 서론을 만들고 다음에 본론과 결론을 만들게 되면, 본론과 결론의 전개에 따라 다시 서론을 수정하게 되기 때문이다. 그래서 본서에서는 본문석의 후 메인 아이디를 잡고, 그것에 근거해 설교 개요 작성을 한 다음 설교 마무리 부분을 작성하고, 가장 마지막에 서론 부분을 만드는 순서를 따르고 있는 것이다.

그런데 본서에서는 결론보다 설교의 '마무리'란 표현을 선호하듯이, 서론이라는 표현보다 설교의 '도입부'라는 표현을 사용하기를 더 추천한다. '서론'이라고 하면 논지를 펴 나가는 본론에 들어가기 전에 제시되는 인사말이나 머리말 정도로 여겨지고, 중요한 것은 결론이라는 느낌을 갖게 하기 쉽기 때문이다. 심지어 논문식 전개에서 서론은 결론부에서 나올 설교의 결론을 간단히 소개하고 앞으로 그것에 대해 알아보겠다는 식의 연역적 전개의 장으로 쓰이는 수준이기 때문에 청중들에게 흥미를 주기가 어렵다. 그리고 설교 도입부라는 용어를 쓰는 것은 서론·본론·결론의 논리적 구성에서의 서론 이상의 역할을 설교의 첫 부분이 해줘야 한다는 것을 인식시키기 위함이다.

그럼 설교에서 도입부의 기능은 무엇이며 그 기능을 제대로 살릴 수 있도록 작성하기 위해 주의해야 할 점이 무엇인지 알아보자.

설교 도입부의 기능과 역할

도입부는 무엇보다 청중이 오늘 설교를 들어야만 하는 필요성을 제기하여 그 설교의 중요성과 무게를 깨닫게 하는 곳이다. 그래서 하나님께서 주실 대안과 변화를 앞두고, 현재의 문제를 인식하게 하고 주께서 문제라고 하시는 것을 인정하며 마음을 열게 하는 것이 중요하다.

여기에서 변화의 가능성이 열리고 소망이 생성되며 청중은 귀를 기울이게 된다. 즉 통상적 설교의 서론처럼 농담이나 조크를 통해 사람들의 관심을 집중시키는 것 이상이 되어야 한다는 말이다. 사람들은 일반적으로 표피적인 필요에 머물고 있는데, 그들의 실제적 필요와 심연 깊숙한 곳에 덮어 놓았던 본질적 필요를 일깨워 주는 것이 중요하다. 그것이 쓸모없는 농담을 던지며 웃을 때보다 청중을 더욱 설교에 집중하고 몰입하게 만든다. 청중의 삶을 변화시키는 설교를 하려는 진지한 설교자에게는 이 개념을 이해하는 것이 특히 중요하다.

또한 설교의 도입부는 1. 의식 혹은 인식(consciousness)의 초점을 제공해 주고 2. 해석학적 방향을 설정해 주는 기능을 한다고도 말할 수 있다. 그 나머지는 사실 부수적인 것들이다.

먼저 **인식의 초점을 제공**해 준다는 말이 무엇을 뜻하는지 알아보자.

그것은 우선 의미의 심도를 설정해 다루고자 하는 특정 주제를 분명하게 보게 해주는 것이다. 인물 사진을 찍을 때 사진가들은 망원렌즈를 쓰거나 조리개를 활짝 열어서 초점을 맞춘 인물은 선명하게, 그리고 뒷배경은 날려서 흐릿하게 나오게 한다. 이것은 카메라와 렌즈의 기능을 통한 사진 작업이지만, 재미있는 것은 사람의 뇌 작용을 이용해서도 그렇게 만들 수 있다. 먼저 사람들에게 사진을 보여주고 난 다음에 그 사진 속의 인물이나 특정 사물을 주목해 보도록 자연스럽게 이끌어 보라. 그러면 관심을 쏟는 사람이나 사물에만 눈길을 주게 되어 그 외의 것은 잘 못 보게 된다.

설교 도입부는 언어를 통해 이런 작업을 하는 것이다. 오늘 본문을 이런 시각에서 접근하려고 한다는 것을 넌지시 드러내면, 그 나머지 사항들은 마치 흐릿한 배경처럼 사람들의 관심에서 벗어나고 설교자가 말하려고 하는 본문의 중심 사상에 초점이 맞춰지게 된다.

이것이 무엇을 말하는지, 본서에서 말하는 설교의 도입부에 대해 배운 목회자가 했던 다음 설교의 한 부분을 살펴보면 쉽게 이해가 될 것이다.

그는 십일조에 대해 설교할 때 자주 사용하는 말라기 3:6-12을 본문으로 하여 '하나님께서 바라시는 것'이라는 제목으로 강단에 올라가 성경 본문을 읽고 난 후 다음과 같이 설교를 시작했다.

> "찔리십니까? 아니면 기대되십니까?
> 오늘 본문 말씀은 십일조에 대해 말할 때 꼭 인용되는 말씀입니다. 이 말씀을 듣게 되면 두 가지 반응이 나타납니다. 긴장하거나 떳떳하거나 둘 중 하나입니다. 대개의 설교에서 본문이 인용되면 십일조에 대한 피상적인 것, 그러니까 십일조에 대한 풍성한 약속을 이야기하거나 저주를 이야기하게 됩니다. 그러나 오늘은 안심하셔도 됩니다. 인용이 아니라 말라기 본문 자체를 가지고 그 속에서 말라기 선지자가 경고하는 내용이 무엇인지 하나님의 음성을 듣고자 하는 것입니다."

성경 본문을 읽자마자 첫 문장을 통해 본문에 대해 사람들이 가지게 될 두 가지 시각에 자신을 개입시키도록 인도한 것이다. 그런 후에 설교 본문을 통해 사람들이 갖게 되는 십일조의 축복과 저주라는 관념이 사실 매우 피상적인 것에 불과하기에 오늘은 심도를 더해서 본문을 제대로 다루겠다는 설교자의 의도를 피력한다. 그것은 또한 단순히 십일조의 축복과 저주가 오늘 설교의 초점이 아니며, 더 본질적인 데로 들어가겠다는 초점의 수정을 일으킨 것이다.

이와 관련하여 도입부의 두 번째 기능인 **해석학적 방향**을 제공해 준다는 것은 무엇일까?

첫째로 설교자의 입장에서는 청중이 본문을 어떻게 해석해야 할지 방향을 제시하는 것이고, 둘째로 그 설교를 듣는 청중의 입장에서는 어떻게 설교를 들어야 할지 방향을 잡게 되는 것이다.

한 자유주의 설교자가 물 위를 걸어오신 예수님 사건을 설교하며, 그것은 밤새 잠을 못자 피곤한 제자의 눈에 안개 낀 물가를 걷는 예수님이 물 위로 걸어오신 것으로 착각한 것이라고 설교를 했다. 그 얘기를 전하여 들은 보수 계열의 목사님은 흥분하여 같은 본문으로 설교하면서 "예수님이 물 위를 걸었다는 것은 사실입니다. 그것은 거짓이 아닙니다. 그것은 역사적인 사실입니다!"라고 외치며 설교를 시작했다. 그러자 교인들은 이전에는 그냥 넘어갔던 사항인데 설교의 서론을 들으며 처음으로 '그래 예수님께서 물위를 걸으셨다는 것을 믿어. 그런데 역사적으로 과학적으로 사실이라면 어떻게 물 위를 걸으실 수 있었을까? 예수님이 발을 옮겨놓을 때마다 거기에는 중력의 법칙이 작용하지 않도록 하신 것일까? 아니면 소금쟁이처럼 발에 기름막이 형성되어 그런 것일까? 발바닥을 나노입자로 순간 변화시킨 것인가?' 등등의 갖은 생각으로 이어지는 설교 내용이 귀에 잘 들어오지 않았다는 말을 들은 적이 있다.

사건의 역사성만을 말하면 우리의 선한 의도와 달리 어떤 사람은 과학적이냐 아니냐 등을 고려하느라 오히려 회의의 자리로 빠져 버릴 수도 있다. 또한 매우 철학적이고 논리적인 목사님들이 하는 것처럼 간혹 설교를 변증적으로 시작하면 청중들 역시 그에 부합하여 계속 변증적으로 사고를 시작하여 원치 않았던 부작용이 생기기도 한다. 그 사실이 주는 메시지 자체에는 관심을 꺼버리고 합리적·과학적·변증적 틀에 자신을 옭매기도 한다.

그 기적 사건이 주는 감격과 감동은 상실되어 버린다. 그래서 도입부 만들기가 어려운 것인데, 이런 현상들은 본문을 어떤 방식으로 해석해 나갈지에 대한 해석학적 방향을 지혜롭지 못하게 제시해서 생기는 일이다.

앞에서 언급한 식으로 설교를 시작하는 대신 다음과 같이 시작할 수도 있다.

"이태리 여행을 가보면 로마 외곽에 땅 속에 흙을 파서 방을 만든 무덤이 있습니다. 우리는 그것을 카타콤이라 합니다. 초기 기독교인들은 박해를 피해 카타콤 속으로 숨어들었습니다. 흙을 파서 만든 방의 바위 벽면에는 돌을 긁어서 그린 그림들이 있습니다. 그 중에 물위를 걸어오시는 예수님의 그림도 있습니다. 예수님의 형상이 있고 얼기설기 선으로 그린 파도 물결이 있습니다. 그 선 아래에는 물고기를 묘사한 동그라미들이 있습니다. 그 그림은 꼭 아이들의 그림 같습니다. 그럼에도 불구하고 파도치는 물결 위를 걸어가는 예수님의 그림은 고난 속에 있는 초기 그리스도인들 자신에게 지금도 걸어오실 수 있는 주님에 대해 말해 주고 있습니다. 그 그림은 믿음의 그림인 것입니다."

이 도입부는 기적의 역사성을 전제로 하고 있다. 역사성과 과학성을 변증하려는 태도가 아니라 예수님께서 물 위를 걸었다는 사실을 전제로 하고, 그 사실에 기초하여 오늘 청중들이 가져야 할 믿음은 어떤 것인가를 일깨우는 방향으로 본문을 접근해 나간다. 이처럼 본문을 어떻게 해석해야 할지, 어떤 방향에서 설교를 들어야 할지를 제시하는 것이 도입부의 기능이다. 정도의 차이는 있지만 모든 뛰어난 도입부는 이처럼 다 미묘한 방식으로 해석학적 방향을 설정해 준다.

그러므로 도입부가 설교의 분위기, 의도, 주제, 관심을 결정한다고 말할 수 있다.

그럼 잘 만들어진 **도입부**는 어떤 특성을 가지는가?

1. 무엇보다도 설교에서 다루게 될 쟁점이 드러나고 설교자의 전개 의도가 암시된다.

도입부는 설교를 시작하면서 본문이 움직여가는 방향으로 청중을 이끌어 가고, 어떤 점을 특별히 탐구해 보려고 하는지를 밝힌다. 그것은 설교자가 어떤 방식으로 오늘 설교를 진행해 나갈 것인가를 짐작하게 하여, 흥미는 잃지 않되 정서적으로 안정감을 가지고 설교를 듣도록 만들어 준다.

2. 설교의 도입부를 제대로 만들었다면 그로 인해 청중들은 흥미로운 얘기나 설교자가 아니라 하나님 말씀에 관심을 갖게 된다.

즉 도입부를 듣고 나면 '그래 이 문제에 대해 성경은 무엇이라고 말하지? 아까 읽었던 오늘의 본문이 뭐였더라? 어디 다시 보자'와 같은 형태의 반응이 나와야 한다. 즉 청중이 설교자가 아니라 본문에 초점을 맞추게 만들고, 관점이 설교자의 얘기로부터 성경 본문으로 전환되도록 해야 한다.

설교 중에 가장 힘든 것 중 하나는 시끌벅적한 예식장에서 결혼예배 설교를 하는 것이다. 또한 체육관 같은 곳에서 열리는 특정집단을 대상으로 한 자리에서 설교 순서를 맡았을 때일 것이다. 집중은커녕 사람들이 일어나서 돌아다니는 환경에서 설교를 시작할 때는 어떻게 하면 좋을까? 예를 들어 수천 명이 모인 체육관에서 좋은 아버지 되기 모임의 설교자로 당신이 초청되었다고 하자. 어떻게 설교를 시작하겠는가? 보통은 재미있는 농담으로 관심을 끌고 집중시키려고 할 것이다.

해돈 로빈슨은 사무엘하 13-18장을 본문으로 하여 설교를 했는데 시작부터 다짜고짜 사무엘하 18:33을 큰 소리로 낭독했다.

> "왕의 마음이 심히 아파 문 위층으로 올라가서 우니라. 그가 올라갈 때에 말하기를 내 아들 압살롬아 내 아들 내 아들 압살롬아 내가 너를 대신하여 죽었더면, 압살롬 내 아들아 내 아들아 하였더라."

그리고 그는 잠시 멈추었다. 이 구절을 듣는 청중들의 머릿속에는 '어떻게 성군이라는 다윗은 이 지경까지 왔는가? 어떻게 아들 압살롬이 그렇게 죽게 되었을까? 왜? 누구에 의해서? 왜 다윗은 아들의 죽음을 막지 못했을까? 그 역시 좋은 아버지가 되기에는 나처럼 부족한 점이 있었단 말인가?'라는 생각들이 범람할 것이다. 긴장감이 조성되며 과연 성경은 이 문제에 대해 무엇이라고 말하는지, 목사님은 오늘 이 문제에 대해 무엇이라고 말할지 좋은 아버지가 되고 싶은 나로서 꼭 들어야겠다는 마음이 들 것이다. 보통 설교와 달리 허를 찌르는 이 도입부는 본론의 견인차 역할을 하게 되었다.

3. 설교하는 본문과 회중과의 관계를 자연스럽게 설정해 준다.
앞에서 설명한 것처럼 대개의 경우 설교는 회중의 현 상황에서 출발하여 그에 대한 하나님의 답을 찾기 위해 본문에 접근하겠다는 방식을 취하게 되므로 설교자와 회중 사이의 공감대가 자연스럽게 형성되는데, 여기서 커뮤니케이션의 기초가 놓여진다.

4. 좋은 도입부는 또한 청중으로 하여금 수동적인 청취자로 남지 않고 적극적으로 생각하고, 살펴보고, 발견하도록 설교에 참여시킨다.

5. 잘 만들어진 도입부는 간결하여 말하고자 하는 설교의 중심부로 신속히 이동해 간다. 그러므로 성경 본문으로의 전환을 일으켜 구조적 개관을 하게 만들라. 사람들이 생각하고, 살펴보고, 발견하도록 유도하라. 그러기 위해서는 도입부에 다루는 내용도 메시지의 중심 사상과 연결되어 있는 것이 좋다.
사무엘하 20:8-10을 본문으로 하여 '죽음의 입맞춤'이란 제목으로 설교한 한 국내 설교자의 다음 도입부를 통해 그 방법을 익힐 수 있다.

"사람들은 입 맞추는 것을 좋아합니다. 저도 제 아내나 아들 OO에게 입 맞추는 것을 좋아합니다. 입맞춤은 왠지 좋은 기분을 만들기 때문일 것입니다. 물론 사람에 따라 불쾌하게 생각하는 사람도 있겠지만 대부분의 사람들은 입 맞추는 것을 좋아합니다. 그것은 누군가를 좋아한다는 표현이기 때문입니다. 그러나 입맞춤이 좋은 의미만 있는 것은 아닙니다. 키싱 구라미라는 열대어는 입 맞추는 듯이 보이는 모습이, 사실은 일종의 투쟁적인 행동인 것으로 알려져 있습니다. 수컷은 자신의 힘을 과시하기 위해 상대방 수컷과 입술을 부딪치면서 상대방을 뒤로 밉니다. 이렇게 해서 뒤로 밀려난 수컷과 뒤로 민 수컷의 우열이 결정되는 것입니다.

오늘 본문에 나오는 입맞춤은 키싱 구라미의 입맞춤보다 더 잔인한, 죽음에 이르는 입맞춤이었습니다. 이런 입맞춤은 아무도 원치 않을 것입니다.

여러분은 오늘 본문의 내용을 잘 알 것입니다. 다윗의 오른팔 격인 요압이 반란자 아마사를 죽이는 장면입니다. 반란자를 죽이는 것이야 정당한 것이며 상을 주어야 할 일입니다. 그러나 오늘 본문의 요압의 행동은 다윗 왕으로부터 저주의 대상이 되고 말았습니다."

6. 적절한 전환문이 도입부 마지막 부분에 잘 만들어져 있어서 청중들을 설교의 본론부로 자연스럽게 연결해 주는 기능을 한다. 비록 도입부의 마지막 문장이 가장 만들기 어렵기는 하지만, 잘 만들어진 전환문은 설교 전체를 살리고 부드럽게 설교의 본체로 이동할 수 있게 해준다.

기존 설교의 도입부를 조금 각색한 다음 사례를 통해 위의 설명이 무엇을 말하는지 살펴보도록 하자.

무감각한 그리스도인(요나서 1:4-5)
"몇 년 전 이라크에서 과격 무장단체에 납치되어서 희생당한 김선일 형제의 일을 생각해 보면, 안타까움과 함께 분통이 터지지 않을 수 없었습니다. 처음에는 어떻게 단 하루의 말미를 주고 처형을 했는지 화가 났었는데, 조금 후 그가 거의 3주 가까이 억류되어 있었음을 알고 당혹스러웠습니다. 더욱 속이 터지는 것은, AP 통신이 김선일이란 인물의 이름을 대며 납치에 대해 외교통상부에 문의했으나 사무관 두 사람이 무감각하게 모른다고 하고 상부에 보고조차 하지 않았다는 사실이었습니다. 처음에는 미국이 알고도 알려주지 않은 게 아닌가 하는 의혹에 사람들의 관심이 모아졌었지만, 이제는 교민들을 돌봐야 할 재외공관의 이 같은 행태는 물론, 고시 출신 엘리트로 구성된 우리나라 외교담당자들이 어떻게 한 사람의 생사에 대해 이토록 무감각한가에 기가 막힐 따름입니다.

그러나 이 일에 대해 분노를 감추지 못하는 동시에, 우리는 생명의 기로에 선 우리 이웃에 대해 얼마나 관심을 갖고 있는지 생각해 보지 않을 수 없습니다. 삶의 폭풍 속에서 위기에 처한 이웃들의 흔들리는 삶에 대해 우리는 과연 얼마나 관심을 베풀고 있나요? 혹시 우리가 바로 위기에 처한 사람들의 영혼을 도우라고 부름 받은 외교통상부 사무관들이 아닐까요? 고린도후서 5:20은 우리가 바로 그리스도를 대신한 사신, 그것도 외무부 직원이 아니라 외교통상부 장관이요 주 이라크 대사라고 말하고 있습니다.

조금 전 우리가 읽었던 본문은 우리와 같은 한 신앙인의 모습을 보여주고 있습니다. 요나는 흔들리는 배 위에서 살아계신 참 하나님을 아는 유일한 인물이었지만 전적으로 무감각한 인물이었습니다. 한 배에 탄 사람들이 위기에 빠져 당황하고 있을 때 그는 어떻게 행동하고 있습니까?"

이 도입부는 우리가 겪었던 일을 언급하는 것으로 시작해서, 모두를 분개하게 만든 그 주인공이 혹시 우리가 아닌지를 일깨우고, 그에 대해 본문은 무엇이라고 말하는지 즉각 연결해 주는 적절한 전환문이 사용되고 있다.

이와 반대로 **좋지 못한 도입부**는,

1. 서론 부분에 클라이맥스나 결론을 다 노출시켜 설교가 전개될 본론 부분에 대한 관심을 잃게 하고 설교 전체의 긴장감을 상실시킨다. '앞으로 이런 점에 대하여 본문에서 함께 찾아보겠다'는 정도로 제시하면 충분하므로 설교의 결론을 앞서 소개한다거나 개요1, 2, 3을 미리 말해줄 필요가 없다. 설교의 도입부는 예고편 기능만 하면 되는 것이지, 설교 전체의 전개와 주요 포인트를 모두 드러내서 청중들의 흥미를 상실시켜서는 안 된다.

2. 청중의 주목을 끌기 위한 재미있는 얘기만으로 끝나고 도무지 본문과 설교 주제와 연결이 안 된다.

3. 말하려고 하는 초점이 무엇인지 모호하거나 소대지로 구성된 복잡한 형태로 만들어진 것도 청중에게는 처음부터 부담을 안겨줄 뿐이다.

4. 어떤 설교자는 서론에서 "저는 이 아침에 여러분에게 평생 신앙생활에 승리할 수 있는 기도 응답의 비법을 다 알려 드리고자 합니다"라는 식으로 오늘 설교 시간에 다 성취할 수 없는 지나친 약속을 남발하기도 하는데, 서론을 이런 식으로 사용하는 것 역시 바람직하지 않다.

5. 설교 현장에서 적지 않게 벌어지는 일인데, 다짜고짜 단도직입적으로 성경 본문으로 뛰어드는 것 역시 좋지 못한 방식이다. 설교자와 달리 청중의 엔진은 아직 충분히 예열되어 있지 않은 경우가 많기 때문이다. 본문과의 관련성도 모호하고 그저 청중들의 관심을 끌기 위한 이야기만 하고 나서 단절된 상태에서 급작스럽게 본론을 불쑥 꺼내는 것은 옳지 않다.

6. 설교의 첫 문장, 도입부의 첫 단락이 추상적이고 어려운 단어와 복잡한 문장으로 구성되어 현학적인 것도 좋지 못하다.

일반적으로 청자는 말하는 사람의 처음 한두 문장은 제대로 듣지 못한다. 서서히 설교자에게 주파수가 맞추어진다. 따라서 가장 무게 있는 부분을 첫 문장에 넣지 말고 서너 문장 후로 옮겨서 점차 강도를 높여가는 것이 좋다.

다양한 설교 도입부 작성 사례

앞에서 언급한 도입부의 기능을 성취하기 위해 어떤 설교자는 본문 소개 방식으로, 어떤 이는 주변 생활에서 벌어진 사건을 이야기함으로, 또 다른 설교자는 단도직입적으로 문제를 제기하는 질문 형식으로 청중의 필요를 드러내기도 한다. 이처럼 설교 도입부는 여러 유형으로 작성 가능하지만, 도입부를 사용하는 목적이 무엇이고 그 결과 어떤 기능을 하도록 만들어야 성경적 설교에 적합한가를 먼저 고려하여 작성해야 할 것이다.

많은 경우 설교의 도입부는 청중들이 겪고 있는 삶의 정황에서 출발하는 것이 좋다. 청중들이 겪는 삶의 정황에서 시작하는 것은 단순한 예화의 기능을 넘어 설교를 듣고 있는 교인들의 진정한 필요를 드러내는 것이어야 한다. 즉 이 설교를 들을 가치가 있다는 생각이 들고, 내가 가지고 있는 질문에 대해 오늘 성경 본문은 무엇이라고 말하는지 듣고 싶고, 그래야 내 문제가 해결될 수 있다는 생각을 갖도록 해야 한다.

구체적인 사례를 하나씩 살펴보며 좋은 도입부 작성을 위한 힌트를 얻어 보자.

도입부 사례 #1) 설교를 들어야 할 필요를 인식시키는 도입부

"새벽기도 때에 우리는 아이의 학원비 30만 원을 달라고 기도했습니다. 그런데 기도한지 30분도 안 되서 교회를 나서 집에 돌아가는 길에 자동차 라디에이터가 터져 냉각수가 새는 바람에 수리하는 데 15만 원이 나갔습니다. 방금 전 도와주시기를 기도했는데 돈을 보내주시지는 못할망정 또 다른 청구서를 보내신단 말입니까? 왜 일용할 양식을 달라고 하나님께 기도했는데도 하나님은 때로 우리의 점심까지 빼앗아 가버리는 것처럼 보이는 것일까요?"

똑 같은 일은 아니지만 성도들은 이와 유사한 경험들이 있기에 '맞아, 성경은 이런 일에 대해 뭐라고 하는지 들어보고 싶어. 오늘 목사님은 무엇이라고 설교할지 정말 들어보고 싶어!'라는 마음이 들 것이다. 그 이유는 이 도입부가 청중들의 필요를 대신 드러내 주었기 때문이다.

#2) 설교 전개 방향을 제시하는 도입부

다음으로 마태복음 15:1-28을 본문으로 하여 '최선의 마음 상태'란 제목으로 행해진 크리스마스 예배 설교의 도입부를 보자. 설명의 편의를 위해 각 문장 앞에 번호를 붙여 놓았다.

> "1. 내가 나의 자녀들을 위해 산타클로스가 되는 일은 가족들에게 가장 좋은 것을 주고자 하는 평범한 아버지들의 숙명을 보여줍니다. 2. 우리가 가진 가장 좋은 것을 주고자 하는 갈망은 관계를 사역으로 대신하도록 우리를 교묘히 속일 수 있습니다. 3. 그러므로 우리는 이번 성탄절에 예수님과 바른 관계를 유지하기 위해 주의해야 할 것입니다. 4. 바리새인들도 주님께 인정받기 위해 그들이 받은 '탁월한 수준'의 훈련에 의존했을 때 관계를 사역으로 대치하였던 사람들입니다. 5. 우리는 오늘 이 아침에 이번 성탄절에 예수님과 바른 관계를 유지하기 위한 한 가지 방법을 함께 생각해 볼 것입니다."

첫 문장을 통해 설교자는 청중에게 흥미를 유발했다. 둘째 문장에서 설교를 들어야 할 필요성을 제시되었다. 3번 문장은 설교 주제를 향한 방향을 설정해 준다. 그리고 도입부 4번 문장을 통해 사람들은 본문을 어떻게 대해야 할지 방향을 잡을 수 있게 된다. 마지막 5번 문장을 통해 설교 전체가 어떻게 전개될지 구조적 개관을 갖게 된다. 따라서 이것은 각 문장마다 설교 도입부로서의 중요한 역할을 하도록 매우 잘 짜여진 도입부라고 말할 수 있다.

#3) 성경 내용을 재구성한 도입부

이번에는 조금 길지만, 설교 본문을 패러디하여 현대 상황으로 재진술(rephrase)한 예를 살펴보자. 베드로후서 3:18을 본문으로 하여 '이제 자라가십시오'란 제목으로 행해졌던 국내의 대표적인 강해설교가의 설교 도입부이다.

"제가 알고 있는 성도 가운데 영어로 표기하면 'P'로 시작되는 P 씨, P 사장이라는 분이 계십니다. 잠시 동안 그분의 익명을 좀 사용하겠습니다. 그는 20대 초에 예수를 믿고 아주 큰 은혜를 체험했습니다. 자기가 예수님의 제자가 된 사실에 너무 감격했고, 그는 신앙을 기쁨으로 시작했습니다. 기도 응답의 기적도 체험했습니다. 이분은 수산업을 운영했는데요 사업이 어려울 때마다 주 앞에 매달려 기도했습니다. 그때마다 하나님의 그 특별한 간섭과 도우심을 체험했습니다. 그래서 업계에서는 그를 가리켜 기적을 일으키는 사람이라는 평을 하기도 했습니다. 요새 말로 말하면 아주 잘 나가는 그런 사람이었습니다.

그러나 다시 사업이 좀 어려워지고 흔들거리기 시작했을 때 그는 자기 사업을 구하기 위해서 정치적으로 큰 영향력을 행사하는 사람을 만나서 타협을 시도합니다. 그분과 만나서 여러 가지 대화를 하다가 문득 그분이 이 P 사장에게 이런 질문을 던졌다고 그래요. '자네 예수 믿나?' 순간적으로 이 사람의 머릿속에는 '저분은 다른 종교를 갖고 있는 분이구나. 내가 만약 예수 믿는다고 하면 혹시 이 결정적인 도움을 받을 수가 없지 않을까'라고 생각한 나머지 순간적으로 마음이 흔들려 마음에 없는 말을 하게 되었습니다. '아닙니다. 그냥 교회 좀 나가본 일이 있지마는 지금은 별로 흥미가 없습니다.' 엉겁결에 이런 대답을 해 버렸다고 그래요. 얼마나 가슴이 아프겠어요? 그래서 그는 집에 돌아와서 계속 그것 때문에 고민을 하게 되었습니다. 오랫동안 신앙의 슬럼프에 빠졌습니다. 훗날 회복하고 다시 이분은 쓰임을 받기도 했습니다마는, 그것이 늘 자기의 삶에 결정적인 오점으로, 아픔으로 남게 되었습니다.

이분이 세상을 떠나갈 무렵, 죽음을 예감하면서 친구들에게 편지 한 장을 쓰게 되었습니다. 친구들은 자기처럼 신앙의 실족이 없기를 바랐고, 또 자기가 이렇게 신앙생활을 제대로 못한 이유가 삶 속에 훈련이 없었고 일관성 있는 안정적인 신앙 성숙을 이루지 못했기 때문이라는 사실을 깨달았습니다. 그래서 자기 신앙의 기초가 얼마나 취약했는가를 정직하게 고백하면서 사랑하는 친구들에게 자신처럼 신앙생활 해서는 안 된다는 편지 한 장을 쓰게 됩니다. 이 편지가 바로 본문입니다. 베드로후서입니다. 사장 P 씨는 바로 '피터' 씨, 베드로 씨입니다. 제가 수산업을 했다고 그랬는데 그분이 본래 어부가 아니었습니까? 물 위를 걸어갔으니까 기적을 일으킨 사람이죠. 자기의 삶이 흔들렸을 때 세 번씩이나 예수님을 부인하고 또 저주까지 했던 사람이죠. 이것이 자기 마음속에 평생의 후회로 남았던 것도 사실이었을 것입니다."

이 뛰어난 도입부를 통해 사람들은 지금까지 흥미진진하게 들었던 예화가 다른 사람들 얘기가 아닌 본문의 저자인 베드로의 얘기임을 발견하며 자연스럽게 웃을 수 있고, 설교자는 동시에 본문의 배경과 기록 목적 등 석의적 결과를 잘 전달할 수 있게 된다. 이런 방식도 매우 창조적인 설교 도입이라고 할 수 있다.

#4) 삶의 현실 사례에서 출발하는 도입부

다음은 우리 삶의 현실 즉 실생활과 잘 연결시켜 청중의 관심과 설교를 듣고 싶은 의향을 불러일으키는 도입부 사례를 살펴보자. 이 설교는 앞에서 설교 마무리 사례 #6의 앞 부분으로 마이클 코코리스가 야고보서 강해로 행했던 설교의 도입부이다. 가구를 주문했으나 배달되지 않아서 답답했던 자신이 경험한 사건을 간단히 소개한 후, 이렇게 말한다.

> "6주가 지났습니다. 그러나 가구는 오지 않았습니다. 8주가 지났습니다. 그래도 가구는 도착하지 않았습니다. 그 후 6주가 다시 흘렀습니다. 원래 6주 걸린다고 했던 것이 이제 여섯 달이 되었습니다. 거실을 지날 때마다 저는 '이 마지막 램프대가 언제나 올까' 하고 생각했습니다. 그때 저는 신 레몬을 먹는 것처럼 속이 상했습니다.
> 여러분도 삶 가운데서 이와 같이 느끼신 때가 있었을 것이라고 저는 확신합니다. 인생은 에이스 대신 듀스로 우리를 다룹니다. 여러분의 레몬은 저의 것과는 다른 모양일지 모릅니다. 그것은 차의 펜더가 찌그러지거나 교통 혼잡을 겪는 것일 수도 있고, 혹은 애인을 잃거나 실직하거나 돈을 잃어버리거나 아니면 아내를 잃은 것처럼 심각할 수도 있습니다. 당신이 다섯 살이든, 열다섯이든, 일흔 다섯이든 인생은 신 레몬을 갖고 있음을 아실 것입니다.
> 자, 이 '레몬'을 어떻게 처리하실 것입니까? 그 질문에 대한 대답을 우리는 야고보서에서 발견합니다."

이것은 설교자 자신의 경험담을 유머러스하게 풀어냄으로 흥미를 야기할 뿐 아니라, 설교의 목적과 본문에 대한 관심을 유도해내는 데 탁월한 도입부이다.

#5) 효과적인 충격 요법을 활용한 도입부

다음 설교는 미국 테네시 주에 있는 히커리 장로교회에서 페리 비들(Perry Biddle) 목사가 선교집회 설교로 했던 것이다.

> "교회는 지옥으로 가야합니다. *(잠시 멈춤)*

그 말은 맞는 말입니다. *(다시 잠시 멈춤)*

교회는 도시 한 가운데 있는 지옥으로 가야 합니다. 왜냐하면 그곳은 범죄로 인하여 행복할 수 없는 곳이기 때문입니다. 교회는 찢겨진 지옥으로 가야 합니다. 왜냐하면 그곳은 고아들이 밤마다 부모 생각에 우는 곳이기 때문입니다. 교회는 빈곤한 지옥으로 가야합니다. 왜냐하면 그곳은 겨우 하루 벌어 하루를 먹고 사는 가난한 사람들의 땅이기 때문입니다."

이 설교의 도입부 첫째, 둘째, 셋째 문장을 듣고 나면 사람들은 충격에 빠지게 될 것이다. '교회가 지옥으로 가야한다고? 도대체 무슨 소리야? 목사님이 무슨 소리를 하려는 거야?'라는 의문과 함께 귀가 쫑긋해지고 졸던 사람까지 정신이 번쩍 들 것이다. 그런데 곧 이어지는 '왜냐하면' 이후 부분을 들으면 고개를 끄덕이지 않을 수 없다. 그리고 이런 교회가 되기 위해 우리는 어떻게 해야 할지, 성경은 무엇이라고 말하는지 듣고 싶지 않을 수가 없다. 매 설교마다 이런 식의 충격 요법을 사용하면 갈수록 효과가 줄어들어 무감각해지겠지만 특별집회의 경우 이런 충격적인 도입부는 상당히 효과적이다.

#6) 창조적인 도입부

지금까지 살펴본 것 외에도 여러 가지 창조적인 방법으로 설교의 도입부를 만들 수 있다. 항상 똑같은 방식으로만 하지 말고 다양하고 창조적인 방법으로 본문을 새로운 시각에서 접근하도록 하는 것도 필요하다. 성경의 인물 삼손에 대해 다음과 같이 설교를 시작할 수도 있을 것이다.

"만일 오늘 삼손이 이 자리에 나타나서 자기 이야기를 들려준다면 그 내용은 아마도 이럴 것입니다."

잠시 머리를 숙이고 2-3초 정도 그 자세를 유지하다가 다시 몸을 일으켜 세운 다음 청중을 바라보며, 이제 자신은 목사가 아니라 삼손이 되어서 자신의 이야기를 시작하는 것이다. 다니엘 버트리(Daniel Buttry)는 단순히 잠시 고개를 숙였다가 드는 방법이 아니라, 앞의 도입부를 말한 후에 숫제 한 걸음 뒤로 물러서서 잠시 멈춰 섰다가 다시 강단 마이크 앞으로 나아가 자신이 삼손이 되어 이야기를 전개했다.

도널드 스누키언은 조금 더 심한 방식이지만, 잠깐 청중에게 자신의 등을 보였다가 돌아서며 다음과 같이 시작했다.

"제 이름은 삼손입니다. 저는 결코 이런 식으로 제 인생을 마감하고 싶지 않았습니다. 저는 비극적인 실패자입니다."

또는 이렇게 말을 이어가기도 했다. "제 이름은 삼손입니다. 저는 항상 그동안 제 삶을 다룬 영화의 제목은 '능력의 사나이'가 좋다고 생각해왔습니다. 그러나 좀 더 적합한 제목은 '얼간이'가 아닐까 합니다."

이런 것을 1인칭 설교라고도 한다. 그러나 여기서 주목해보고자 하는 것은 항상 들었던 이야기를 신선하게 새롭게 시작하는 창조성이다.

그러나 잊지 말아야 할 것은 도입부는 결국 설교의 메인 아이디어로 사람들을 인도하기 위함이요 성경 말씀으로 이끌기 위함이지 그 자체로서의 존재 가치가 있는 것은 아니란 점이다. 도입부의 몇 마디가 청중들에게 오늘 설교를 귀담아 늘어볼 만한지 아닌지 결정하게 만들지만, 설교의 마무리 부분을 통해 설교자는 오늘 설교하고자 했던 목적을 달성했느냐 못했느냐를 판단하게 될 것이다. 그래서 설교는 결론부뿐만 아니라 어느 한 부분도 소홀히 여길 수 없는 치열한 영적전쟁과 같다.

이처럼 잘 만들어진 도입부를 통해 설교에 흥미를 갖게 했다면 거기서 끝낼 것이 아니라 설교를 전개해 나가는 내내, 그리고 마치는 시간까지 관심의 끈을 놓지 않도록 더욱 발전시켜 가야 한다. 미국의 라이프(Life) 지 기자였던 폴 오닐(Paul O'Neil)은 신참 기자를 훈련시킬 때 이렇게 가르쳤다고 한다.

"항상 첫 문장에서 독자들의 숨통을 꼭 잡아라. 두 번째 문장에서 목줄기 깊숙이 엄지손가락을 누르고, 마지막 문장이 끝날 대까지 벽에 꽉 밀어붙인 채 놓지 마라."

이것을 오닐의 법칙이라고 하는데, 이로 인해 당시 수많은 잡지들 틈에서도 라이프 지가 독자들을 붙잡아 놓을 수 있었다고 한다. 사실 우리가 설교할 때는 청중의 관심을 확보하는 것 자체가 중요한 것은 아니다. 설교의 가치를 깨닫게 하는 것이 더 중요하다. 청중의 주목을 끌기 위한 유머는 설교의 본론이 본격적으로 전개되면 오히려 더 따분하게 느껴지게 할 수도 있다. 그것을 극복하려면 5분 내지 10분에 한 번씩 계속 우스갯소리를 해야 하는데, 기억해야 할 것은 우리는 설교자이지 어릿광대가 아니라는 사실이다. 따라서 설교의 도입부는 항상 웃기는 이야기로 시작해야 한다는 부담에서 벗어나기 바란다.

도입부의 처음 몇 마디가 설교의 보폭을 결정짓고, 청중은 설교의 나머지 부분에 귀를 기울일 것인지 말 것인지 여부를 결정한다. 성경 말씀과 본문의 메인 아이디어로 이끄는 흥미로운 인도자의 기능을 제대로 하는 도입부를 만들 수 있도록 충분한 연습을 거듭하기를 바란다.

12

사람을 움직이는 예화 사용 방법

inductive expository preaching

12
사람을 움직이는 예화 사용 방법

어느 목사님이 용서와 용납에 대한 설교 중 예화를 사용하며 "그 순간 배나무에 배꽃이 만발한 것처럼 수없이 많은 흰 손수건이 바람에 날리고 있었습니다"라고 문학적으로 멋지게 마무리하는 것을 들었다.

그러나 팝송에 조금만 관심이 있는 사람들이라면 이 얘기가 잘못된 것임을 금방 눈치챌 수 있었을 것이다. 잘 알려진 이 얘기는 아마도 어윈 레바인(Irwin Levine)이 쓰고 러셀 브라운(Russel Brown)이 작곡하고 토니 올랜도와 돈(Tony Orlando & Dawn)이 1973년에 불러서 대히트를 했던 'Tie a yellow ribbon round the old oak tree(떡갈나무에 황색리본을 매 주세요)'가 원전일 것이다. 이 노래는 마이애미를 향해 가던 버스에서 실제로 벌어졌던 사건에 기초한 것이다. 부도 수표 발행으로 3년간 수감생활을 마치고 출옥을 하며 한 남자가 아내에게 편지를 보냈다. 나를 기다리지 않아도 된다고. 그러나 아직도 나를 사랑하고 받아들여줄 수 있다면 광장에 있는 떡갈나무 하나에 노란 리본을 매달아 달라고. 지나가며 내가 볼 수 있도록 해달라고. 감옥에서 나온 그 버스 승객은 리본이 있는지를 확인하고 싶어서 운전기사에게 고향 조지아주 화이트 오크(White Oak)시를 지나며 속도를 줄여달라고 부탁을 한다. US 17번 도로를 따라 버스가 그 승객의 고향에 들어서자 노란 리본이 떡갈나무에 매여 있었고, 그 승객은 기쁨을 감출 수 없어 눈물을 흘렸다. 버스기사는 차를 세우고 이 놀라운 사건을 신문사에 알려 전국에 퍼지게 되었고 신문에서 이 얘기를 읽은 레바인과 브라운이 이 사연을 노래로 만든 것이다. 물론 이 노랫말에는 동네의 모든 떡갈나무마다 노란 리본이 펄럭이는 것으로 더 감동적으로 각색되었다. 이 노래는 7백 만 장이 넘는 밀리언셀러가 되었다. 그리고 1981년 1월 20일 444일간 이란에 포로로 잡혀 있다가 귀환한 충성스런 52명의 미국 인질들에 대한 미국인의 감정을 표현하기 위해 노란 리본을 거리의 나무마다 달아놓으면서 이 노래가 다시 미국 전역에 들려지기도 했다.

앞의 설교자는 멋지게 배나무의 흰색 손수건이 나부끼는 광경을 묘사하며 예화를 성공적으로 사용했다고 생각했을지 모른다. 그러나 이런 자세한 내용까지는 몰라도 팝송을 조금이라도 아는 사람이라면 설교자의 의도와 달리 그 예화는 물론, 그 설교자와 설교 자체에 대해서까지 신빙성을 의심할 수도 있다. 그래서 설교에서 예화 사용은 효과적이지만 잘못 사용하면 치명적이기까지 하다.

이런 문제 때문에 어떤 사람은 설교에서의 예화 사용을 하나님 말씀만이 영광 받게 하는 데 장애물로 여기기도 한다.

그러나 성경은 예화에 대해 어떤 자세를 취할까? 갈라디아서 3:15을 보면 사도는 중요한 복음의 메시지를 설명하며 "형제들아 내가 사람의 예대로 말하노니"라고 했다. NIV 영어성경을 보면 이 부분을 "Let me take an example from everyday life"라고 번역해 놓았다. 일상생활에서 예를 들어 말하겠다는 것이다. 성경에서도 사도들의 설교에서 적절히 사용된 예화는 절대로 부정적으로 여겨지거나 복음의 메시지를 방해하는 어떤 것으로 여겨지지 않는다.

예화 사용에 대한 두 가지 극단적 견해

그럼에도 불구하고 설교자들 가운데는 예화 사용에 대해 다음 두 가지 중 하나의 극단적 관점을 보이는 경향이 있다.

첫 번째 극단적 관점은 '나는 성경에서 인용된 내용 외에 다른 예화를 사용하는 것을 좋아하지 않는다. 왜냐하면 설교의 중요한 내용은 잊고 예화만 기억하기 때문이다'라는 생각이다. 설교에 대해 매우 신학적이고 철저한 의식으로 접근하는 사람들 가운데 이런 생각을 가진 경우가 많다. 브로밀리(Geoffrey Bromiley) 같은 신학자가 그런 사람 중의 하나이다.

이보다 더 많은 설교자들이 주장하는 두 번째 극단적 관점은 '예화 없는 설교는 설교가 아니다. 얘기가 없는 메마른 설교는 설교가 아니다'라는 것이다.

첫 번째 극단적 주장을 하는 사람들은 온통 예화로 가득 찬 설교의 문제점을 지적한 것이지만, 이미지가 지배하는 멀티미디어 시대에 철학적 사고와 논리적 설득만을 고집하는 것은 커뮤니케이션 측면에서 비효과적임을 인식하지 못한 것이다. 반면 두 번째 주장을 하는 사람들은 예화 하나 없어도 하나님의 말씀이 얼마나 능력 있게 역사할 수 있는지, 말씀의 능력을 충분히 믿지 못하는 사람들이다.

이런 양극단의 입장을 취하기보다는 예화의 기능이 무엇이고, 예화가 왜 필요하며, 어떤 경우에 하나님의 말씀보다 예화가 더 스포트라이트를 받아 문제가 생기는지를 잘 알아 균형 잡힌 시각으로 예화를 사용하는 것이 지혜롭다.

전통적인 설교의 개념에서 예화 사용 방식의 문제점

전통적인 설교 개념에서 예화는

첫째로 청중의 관심을 집중하게 하는 도구로 보았다. 그렇기 때문에 예화는 가능하면 간략하게 최소한으로 사용하도록 요구되었다. 전통적 설교 관점에서는 설교를 설득으로 본다. 따라서 예화를 설교에 대한 더 큰 확신을 갖도록 청중을 설득해주는 수사학적 도구로 여긴 것이다. 즉 설교의 주 아이디어들을 논리적·이성적 제시로 보았기에 예화가 그 개념을 조명하고 형상화해 주는 도구가 되어야만 했다.

따라서 논리적 개념 전달 형태의 설교에서 예화는 논리의 한계를 극복하게 해주는 필수적 요소가 된다. 이 경우 예화의 주된 기능은 둘째, 청중들이 저항하는 것을 깨뜨려 진리를 더 설득력 있게 해주며, 메시지를 명확하게 하고, 청중들이 설교의 중심 주제를 이해하도록 돕는 것으로 보았다. 그래서 "기억 속에 진실의 못을 박기 위해 여러 번 망치로 때려줘야 하는데, 예화는 지루하게 반복하지 않고도 쉽게 같은 기능을 해준다"는 조언이 나오는 것이다.

스펄전(C. H. Spurgeon) 같은 명설교자가 보는 예화의 개념이 여기에 해당하는데, "설교란 이성과 논리란 재목으로 지은 집이며 예화는 이해력이란 햇빛을 받아들이는 창문이다"라고 그는 주장했다. 물론 창문 없는 집은 어두워 문제가 있지만, 예화에 대한 이런 개념을 가질 경우 문제는 창을 자꾸만 크게 하다 보니 집 전체가 비효율적이 되기도 한다는 것이다. 즉 설교가 너무 많은 이야기로 가득해 예화가 설교의 나머지 부분을 압도하게 되는 것이다. 이 경우 사람들은 설교의 주요 주제들을 따라가기보다는 예화에 빠져들어간다. 그 결과 사람들은 창문들을 집보다 더 소중히 여기고 기억하며, 그 창문이 받아들이고자 했던 것이 무엇이었는지는 잊게 된다. 듀티(Charles Duthie) 등이 지적한 것처럼 좋은 설교는 유리창을 넘어 무엇인가가 있어야 하기 때문이다.

이런 문제점이 인식되면서 현재는 예화를 줄이는 대신 예화를 현명하게 사용해 창문이 빛인 양 그것 자체가 드러나는 일이 생기지 않도록 주의를 촉구하게 되었다. 예화는 주제에 빛을 비추어 주는 것, 진리가 잘 표현되도록 돕는 것으로 끝나야 한다. 때로는 정말 중요한 것을 못 보게 할 수도 있다는 점이 예화의 역기능이므로, 예화가 설교의 메인 아이디어를 삼키지 않게 해야 한다는 주장이 설득력을 얻기에 이르렀다.

예화에 대한 새로운 인식

그러나 현대의 설교 개념에서는 설교자를 설득하는 사람(persuader)이라기보다는 설명하는 사람(explainer)으로 보는 경향이 강해지고 있다. 여기서 분명히 알아두어야 할 것은 앞에서도 언급했듯이, 설교에서 설득의 요소는 일부 신설교학파가 주장하는 것처럼 잘못된 것이 전혀 아니라는 점이다. 하여간 설교를 설명의 요소가 더 강한 것으로 보게 된 사람들은, 잘 선택된 예화는 그 자체로 미묘하면서도 설명하기 어려운 방식으로 믿음을 실제로 전달한다는 점을 인식하기 시작했다. 신설교학파의 선두주자 크래독(Fred Craddock)이 지적한 것처럼, 좋은 설교에서 예화는 설교의 어떤 요점(point)이나 중심 사상을 예증하고 설명해 주는 얘기나 일화가 아니라, 그것 자체가 요점을 전달한다는 것이다. 이야기가 그림이며 동시에 본문이다. 예를 들어 나단 선지자가 다윗 왕에게 한 이야기는 예화가 아니라 그 자체가 설교였다고 보는 것이다. 신약에서 한 가지 예를 더 들어보자. 예수님께서 하신 탕자의 비유가 설교 중 예화인가? 아니다. 그 비유가 곧 설교였다는 것이다.

이와 같이 이야기의 기능에 대한 새로운 인식은 설교에서 예화 사용의 방식을 바꿔 놓았다. 즉 어떤 관념적 개념을 이해하도록 예시하는 보조적 기능으로서의 예화가 아니라, 예화 자체가 메시지가 될 수 있도록 이야기가 설교의 중심부로 들어오게 된 것이다. 이것은 매우 중요한 변화요 신설교학파의 기여 중 하나이다.

실제로 잘 만들어진 설교를 보면, 그것이 전통적인 설교이든 이야기체 설교이든 공통적인 특징은 설교가 여러 개의 단편적인 동시대적인 경험, 이야기, 은유와 이미지들이 잘 엮어져서 설교 전체의 목표에 공헌하며 설교의 목적을 성취하고 있다.

이 말에서 보듯이 예화에는 여러 가지 **종류**가 있다. 직유, 대유 혹은 은유적 표현도 예화의 한 형태이다. 문학적 취향을 가진 설교자들이 좋아하는 은유적 표현의 경우, 글로 볼 때는 좋으나 오직 구술로 전해지는 실제 설교에서 빨리 이해가 되지 않을 때는 다시 되새겨 볼 수 없어서 별로 효과가 없다. "잘 장식된 창가에서 이제는 흐릿해진 마음의 아픔을 본다"고 설교를 했지만 보통 사람들은 도대체 무슨 말을 하려는 것인지 이해 못하겠다는 것이 현실이다. 예화가 오히려 복잡성만 야기한다. 어느 유명 설교학자가 악의 현존에 대한 인식을 주제로 한 설교의 마지막 부분은 다음과 같은 예화로 마무리 되었다. "그 순간 내가 알게 된 것은 세상의 악이 나의 운동장을 가로질러 지나갔다는 것이었습니다. 그 정원에는 잡초들만이 자라 무성했습니다." 물론 명문장이었음을 부인하지 못하나 보통 사람들은 목사님이 무엇을 말하려는 것인지 이해하기 어렵다고 할 것이다. 그래서 가장 많이 쓰이는 것이 이야기 형태의 스토리들이다. 물론 인용문이나 시 같은 것도 예화의 한 종류이다.

그런데 시대가 흐를수록 점점 더하겠지만, 이 시대 사람들의 특징은 기독교가 얼마나 철학적으로 혹은 신학적으로 완벽한 관념적 구조를 가지고 있느냐가 아니라, 하나님의 말씀이 삶 속에서 정말 실제적이고 먹혀들어가는지(work하는지), 혹은 얼마나 효과적인가에 관심이 있다. 그들은 자신과 똑같은 사람들의 삶 속에 이 말씀이 역사하여 변할 수 있는 가능성을 보기 원하는 것이지, 신학을 배우려고 나와 앉아 있는 것이 아니다.

그렇다면 **예화의 기능**은 무엇일까?

첫째로 회중들이 따라오기 어려운 설교자가 전개하는 관념적 혹은 논리적 논지를 시각적, 경험적으로 보여준다. 하나님께서 아브라함과 언약을 맺으며 언약의 의미를 보여주기 위해 양과 소를 둘로 쪼개 마주 놓인 사이를 타는 횃불이 지나가도록 하는 창세기 15장의 사건이 바로 하나님의 말씀을 경험하게 해주는 기능을 한 것이다.

둘째로 예화는 예수님께서 안식일 논쟁 중에 "너희가 각각 안식일에 자기의 소나 나귀를 외양간에서 풀어내어 이끌고 가서 물을 먹이지 아니하느냐"(눅 13:15)라고 하신 것이나, 또는 하나님 나라를 가르치기 위해 "마치 여자가 가루 서 말 속에 갖다 넣어 전부 부풀게 한 누룩과 같으니라"(눅 13:21)고 하신 것처럼 청중으로 하여금 성경적 개념을 경험하게 하고 그 경험에 자신을 동화시킬 수 있게 만들어주는 기능을 한다. 이런 방식은 중세 스콜라 철학적 신학과 목회에 기초한 전통적 목회에서는 그리 강조되지 못한 것이지만, 원래 유대 기독교적 목회의 방식이 이것이었다. 그래서 유대인들은 하나님의 도를 가르치기 위해 할라카(halakah)란 율법에 대해 사리에 맞도록 사고하는 방식과 함께, 하가다(haggadah)처럼 이야기를 통해 이해하게 하는 두 가지 방식을 병행해 왔던 것이다. 이것은 전하려는 메시지를 지성뿐 아니라 감성까지 움직여 기억에 오래 남도록 하기 위한 것으로, 이것이 예화의 세 번째 기능이다.

일단 예화가 메시지의 보조 도구가 아니라 한 부분이 되면, 예화는 넷째로 우리의 설교에 현실 감각을 갖게 해주며 청중들이 이 시대의 문화적 흐름 속에서 어떻게 살아야 할지를 판단할 수 있게 하여, 다섯 번째로 적용적 측면을 향상시키는 기능까지 담당해 준다.

따라서 예화에 대한 이런 새로운 인식과 함께 그런 방향으로 이야기를 사용하는 것이 앞으로 삶을 변화시키는 설교를 위해서 더욱 중요하게 될 것이다. 그러므로 성경적 설교는 예화를 사용하지 않는 것이란 잘못된 생각을 버리고, 적절한 예화 사용이 삶의 변화를 추구하는 설교에서 설교자가 개발해야 할 역량임을 이해하는 것이 중요하다. 앞에서 소개한 새로운 개념의 예화를 통해 청중은 설교자가 자신들을 얼마나 이해하고 있는지 발견하게 되며, 그때 설교자는 교인들로부터 자신들의 목자로 신뢰를 얻는다.

그렇다면 삶의 변화에 효과적 예화는 어떤 것일까?

기독교교육에서 힌트를 얻을 수 있는데, 피교육자의 경험을 가지고 출발하는 것이 효과적이다. 그것은 설교자가 예화를 사용할 때도 청중이 경험하는 사건에 기반을 둔 것을 채택하는 것이 효과적임을 말한다. 따라서 보통 교인들에게 도저히 따라갈 수 없는 것으로 여겨지는 기독교 역사상 최고의 성인들 얘기나 고전 문학의 인용과 같이 청중과 설교자의 삶의 영역에서 벗어난 것보다는 설교자의 삶의 일화나 모본이 더 효과적이며, 가능하면 설교자와 청중이 함께 경험했거나 겪을 수 있는 우리 주변의 평범한 생활 얘기를 구체적으로 예시하는 것이 좋다. 그것은 청중들이 그리스도의 인도하심 아래서 자신들도 이런 문제를 충분히 통제할 수 있다고 여길 수 있는 여지를 주고 그들이 스스로 하나님의 통제 안으로 들어가게 하기 때문이다. 이런 성격의 예화를 사용할 때 설교자와 청중의 본문에 대한 경험(혹은 경험 가능성)이 하나님과 설교자 그리고 청중을 하나로 묶어 주며, 거기서 설교 공동체에 진정한 성숙(요 15:5)이 일어난다. 이것이 바로 예화를 통한 영적 변화의 마지막 단계, 즉 하나님과의 일치와 연합(요 17:23)에 도달해 가는 것이다.

이처럼 예화를 새로운 관점으로 보는 것이 중요하지만 주의할 점도 있다. 그것은 예화에 대한 중요성을 점차 더 알아갈수록 예수님께서 "비유가 아니면 말씀하지 아니"(막 4:34) 하셨다고 강조하면서 앞에서 언급한 두 번째 극단처럼 예화가 약한 설교를 폄하하려는 유혹이다. 그러나 위의 말씀은 당시의 전통적인 교훈과 다른 예수님의 가르침의 특성을 강조하기 위한 것임을 알아야 한다. 객관적인 시각으로 성경을 보면 예수님은 "하나님이 보내신 이는 하나님의 말씀을 하나니 이는 하나님이 성령을 한량없이 주심이니라.

아버지께서 아들을 사랑하사 만물을 다 그의 손에 주셨으니 아들을 믿는 자에게는 영생이 있고 아들에게 순종하지 아니하는 자는 영생을 보지 못하고 도리어 하나님의 진노가 그 위에 머물러 있느니라"(요 3:34-36)는 말씀처럼 비유나 이야기가 아닌 형태로 말씀하신 적이 얼마나 많은지 알 수 있을 것이다.

따라서 예화를 단순히 어떤 논지를 위한 도구 이상으로, 메시지의 한 부분으로 승화시키되 모든 설교는 다 예화가 중심이 되어야 한다든가, 설교는 본질적으로 이야기체여야 한다는 식의 극단적 주장은 피하고 균형 잡힌 시각의 설교를 해야 할 것이다.

좋은 예화와 바람직한 예화 사용의 실제

그럼 어떤 것이 **좋은 예화**일까?

무엇보다도 예화는 설교 주제와 일치해야 한다. 그리고 회중에 적합해야 한다. 청년이 많은 교회와 노년층이 중심인 교회에서는 다른 예화가 고려되어야 한다. 청중의 수준과 장소와 시간에 따라 예화는 달라져야 한다. 또한 회중에 적합해야 한다는 것은 우선 예화가 들려졌을 때 고민하지 않아도 이해가 가능해야 한다는 말이기도 하다. 너무 어려운 예는 머리를 더 복잡하게 만들 뿐이다. 사람들이 이미 알고 있는 것들을 통해 아직 모르는 것을 밝혀줘야지, 모르는 어려운 얘기를 통해 뭔가를 깨우치게 하려는 것은 지혜로운 일이 아니다. 그리고 납득이 가거나 믿을 만한 것이어야지 "제가 여행 갔던 그 마을은 얼마나 공기가 맑고 좋은지 주민 중 100세 이하가 한 명도 없었습니다" 하는 식의 과장으로 여겨져서는 안 될 것이다.

그리고 예화는 신선해야지 어느 목사님이나 한번 씩 다 한 얘기, 철지난 우스갯소리는 효과는커녕 오히려 이후 설교의 기대감을 떨어뜨린다.

예화가 별로 효과적이지 못한 경우는 그 얘기가 설교자도 청중도 다 경험해 보지 못한 것일 경우이다. 이보다 조금 더 나은 것은 설교자의 경험에서 나온 것이다. 이보다도 조금 더 효과적인 것은 설교를 듣는 청중들의 경험에 관계된 것이다. 그러나 가장 효과적인 예화는 설교자와 청중의 공통 경험을 다루는 것이다.

예화가 효과적인 순서를 그림으로 보면 다음과 같다.

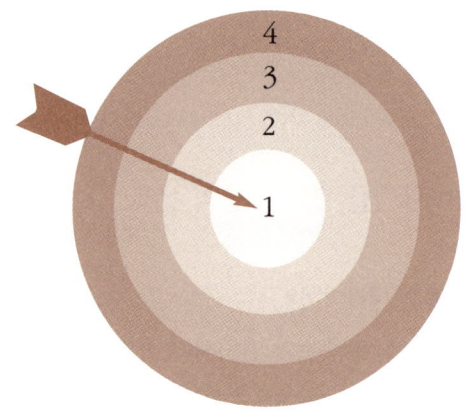

4. 나도 너도 둘 다 경험해 보지 못한 일. (나 x, 너 x)
3. 설교자는 경험, 청중은 경험 못한 일. (나 O, 너 x)
2. 설교자는 경험 못한 일, 청중은 경험한 일 (나 x, 너 O)
1. 설교자 나도 경험, 청중 너도 경험한 일(나 O, 너 O)

    센스 있는 설교자는 그래서 너도 나도 경험해 보지 못한 도스토예프스키의 명작 소설에 나오는 한 구절을 인용하기보다는 차라리 시청률이 50%가 넘는 최근 인기 드라마나 영화 얘기를 다룰 것이다. 모든 사람이 다 흥미를 갖는 얘기나 누구나 살면서 경험할 수 있는 일상생활에서 예화를 뽑으라. 그래야 공감하며 공동체 경험을 하게 된다. 예를 들어 "J. S. 밀은 행복은 행복

자체를 인생의 목적으로 삼지 않고, 행복 이외의 어떤 것을 인생의 목적으로 삼을 때 온다고 말했습니다"라고 하기보다는 "어느 날, 따르릉 소리에 기숙사에서 깨보니 9시 10분 전, 수업 시작 10분 전이었습니다. '아이고 어쩌나! 또 지각이야!'라고 소리치며 미친 듯이 교실로 달려갔는데 아무도 없는 것이었습니다. 식목일이란 사실을 깨닫고 한숨을 내쉬며 돌아와 아직도 따스한 체온이 남아 있는 침대 속으로 빠져들어 갔습니다. 그것이 나의 작은 행복이었습니다"라고 말하는 것이 더 효과적이란 말이다.

뛰어난 설교자들을 살펴보면 그들은 나름대로의 **예화 사용 기술**을 터득한 사람들이다. 그들은 설교 중 시종일관 예화를 나열하지 않는다. 설교 주제와의 연계성 속에서 꼭 필요한 절정의 순간이라고 여겨질 때 얘기를 꺼낸다. 마치 좋은 변호사가 자기가 재판을 위해 조사한 내용 중에서 단지 20%만을 법정에서 드러내는 것처럼 말이다. 사람들은 학자 티를 내거나 필요 이상의 박식한 표현을 사용하는 것에 대해 그리 좋은 반응을 보이지 않는다. 그들은 셰익스피어처럼 비극적 클라이맥스에 올리기 전에 잠시 쉬게 하기 위해 적절한 유머를 사용하는 노련함도 있다. 그들은 항상 조심스럽게 선택한 것을 가장 효과적으로 사용하도록 예화를 구성하지, 생각나는 대로 즉흥적으로 혹은 충동적으로 예화를 쓰지 않는다. 일단 예화를 사용하면 절대로 급하게 이야기하지 않고 충분히 완벽하게 전개해 나간다. 누가복음 15장의 탕자 이야기는 그림이 그려지듯이 청중의 눈앞에서 살아 움직이는 생생한 세부 묘사가 탁월하다. 그래서 예화 사용도 훈련과 경륜이 요구되는 일이다.

청중의 삶을 변화시키기 원하는 설교자라면 **예화를 사용할 때 주의할 점**도 기억해 두어야 한다. 무엇보다도 청중들의 흥미를 돋우거나 졸음을 쫓아내기 위해 예화를 쓰지 말라. 어떤 설교와 적지 않은 부흥회 설교의 경우 설교 시작과 함께 쏟아지는 그 많은 우스운 얘기들을 듣다보면, 재미있기는 한데 도대체 이것이 본문의 교훈과 무슨 관계가 있는가 하는 의문이 들 때가 있다. 예화를 사용하는 것이 청중을 즐겁게 하기 위해서인지 성경의 가르침을 분명하게 하기 위해서인지 구분이 없기 때문이다. 그리고 예화를 사용할 때는 그 자료가 확실한 것인가를 확인한 후에 사용하라. 본 장의 서두에서 언급한 노란 리본 얘기처럼 한 번의 오류가 지금까지 쌓아온 신뢰를 깨고, 하나님 말씀을 강해한 부분까지 의심받게 할 수도 있다. 회중 가운데는 전문가가 있을 수 있음을 기억하라. 특히 예화나 이야기를 많이 쓰는 설교자들은 청중의 입장에서 설교자가 하나님 말씀을 전하는 것인지 자기 얘기를 하는 것인지 회의에 빠지게 할 수도 있음을 알기 바란다. 뛰어난 화가라면 제한된 화폭에 꼭 필요한 것이 아니면 다 제거해 버린다. 그리고 예화는 청중의 수준과 장소에 적합하게 사용해야 한다. 서울 압구정동과 청담동의 교인에게 좋았던 예화라도 농사짓는 산골 노년층이 주로 모인 교회에서도 효과적일 것이라고 생각하는 사람은 없을 것이다. 그렇다면 설교할 때마다 대상에 따라 예화를 바꿔야 한다. 같은 교회 같은 청중이라도 시간에 따라 예화 선택에 주의해야 한다. 주일 오후예배 분위기에서는 충분히 좋을 수 있는 예화라도 새벽기도 설교에서는 절대로 사용할 수 없는 예화도 있는 것이다. 실제로 어느 목사님이 새벽기도회 설교에서 사용한 예화가 너무 잔인한 것을 세부 묘사하여 그 후에 기도에 몰입할 수 없었다는 불평을 들은 적도 있다. 예화는 또한 너무 노골적이거나 난잡하지 않아야 한다. 그리고 전달 태도는 특히 겸손해야 한다. 설교자 자신을 은근히 자랑하거나 영웅적으로 묘사하는 것은 오히려 교인들의 거부감을 살 수도 있다. 그 경우는 고린도후서 12:3-5의 바울처럼 '제가 아는 한 사람이 있습니다'와 같은 방식으로 전하는 것이 나을 것이다. 특히 교인의 얘기는 예화로 사용하기 전에 반드시 사전에 개인적으로 허락을 받아야 한다. 그러나 상담하며 들은 얘기는 절대로 언급하지 말아야 한다. 그것은 상담가의 윤리적 문제다. 그리고 한 예화로 한 가지 것만 예시하라. 예화는 복합적인 포인트를 갖지 않는 것이 좋다. 그 말은 설명이 필요한 예화는 피하라는 것이다. 어떤 것을 설명하기 위해 예화를 들었는데 그 예화가 이해하기 어려워 또 설명을 해야 한다면 이런 난센스가 없을 것이다. 설교하며 우리가 종종 범하는 또 다른 실수는 시도해볼 엄두가 나지 않는 이상적인 얘기를 한다는 것이다. 고대의 성인, E. M. 바운즈(Bounds)나 기도의 사람 죠지 뮬러의 얘기보다는 우리 주변의 평범한 사람의 간증이 더 효과적이다. '모세니까 당연히 그럴 수 있고 선교사님이니까 그럴 수 있겠지만, 우리 같은 평신도에게는 어렵다'는 느낌을 주지 말아야 한다. 특히 어떤 설교자는 설교할 때마다 설교 후반부를 감상적인 이야기로 가득 채우는 설교를 하는데, 그 경우 복음 자체를 감상적인 것으로 받아들일 수도 있다는 점을 감안해서 적절한 균형을 유지하고자 노력할 필요가 있다.

예화를 사용할 때 힘든 것 중 하나는 교리적으로 잘못된 예화를 피하는 일이다.

예전에 들었던 한 설교에는 다음과 같은 예화가 사용되었다.

"그에게는 아들이 하나 있었습니다. 어느 날 그는 아들과 아들의 친구, 셋이 바닷가에 놀러갔는데 아이들 둘이 물에 빠져 죽게 되었습니다. 아버지의 손에는 구명조끼가 한 개뿐이었습니다. 그는 누구를 살려야 하나 갈등을 하였습니다. 그 순간 자기 아들은 하나님을 믿기 때문에 죽게 되면 하늘나라에 가서 다시 만날 수 있지만 아들 친구는 불신자라서 영원히 지옥에 빠질 것이라는 생각이 들었습니다. 그래서 '아들아 내가 너를 사랑한다!'고 외치며 구명조끼를 아들 친구에게 던져, 결국 아들은 죽고 아들 친구는 살게 되었다고 합니다. 여러분, 이와 같이 하나님도 그의 독자를 죽이고 여러분을 살리셨습니다. 이 하나님을 믿으시기 바랍니다!"

설교를 듣던 청중들은 은혜를 받았는지 "아멘!"으로 화답했지만, 이 예화의 문제점은 무엇인가? 하나님을 두 사람도 구원 못할 제한된 능력을 가진 존재로 만든 것이다. 하나님은 한꺼번에 모두를 구원할 능력이 없어서 할 수 없이 자기 아들 예수 그리스도를 십자가에서 죽게 만든 것인가? 그렇다면 어떻게 전능하신 하나님이라고 말할 수 있단 말인가? 설교나 목회에서 이런 잘못을 범하지 않게 하려고 조직신학 같은 것을 배우는 것인데, 신학은 배웠지만 설교할 때는 신학적으로 사고하고 판단해서 예화를 쓰지 못하는 경우가 얼마나 많은지 안타깝다.

그 외에도 예화를 사용할 때 어려운 것 중의 하나가 성경의 사건을 예로 드는 것이다. 장점은 성경 얘기를 기억해 내어 경험하도록 한다는 점이다. 그리고 성경 자체를 가르칠 수 있다는 점에서도 좋다. 하지만 비효과적인 경우도 있다. 특히 구약의 사건은 현재 상황과 너무 다른 문화에 근거한 사건인 경우가 있어서 청중들의 마음속에 그때는 그럴 수 있었겠지만 지금은 다르게 하실 것이란 생각을 갖게 만들 수도 있다. 이 문제를 극복하려면 전후 상황에 대해 충분히 설명해야 하는데, 설교 전체 구성에서 볼 때 예화 하나에 시간을 너무 많이 소모할 수 없다는 점 때문에 불확실하게 다루는 경우가 종종 발생한다. 따라서 성경 얘기를 예화로 들 때는 성경 자체가 그 부분을 배경으로 다루거나, 구약을 인용하고 있거나, 이것이 본문 사상을 전달하는 데 핵심이고 오늘의 삶에 적용하기 위한 과정으로 중요할 때만 다루는 것이 효과적이다. 또한 관련 성구를 인용할 때도 너무 많이 인용하는 것은 청중의 집중을 떨어뜨릴 수도 있으므로 반복적으로 관련 성구를 인용하고 싶다면 그로 인한 누적 효과가 확실하다는 확신이 있을 때만 하는 것이 좋다. 그리고 본문을 정확히 이해하기 어려운 논란이 되는 부분인데 관련 구절이 그 이해에 열쇠가 될 때에는 인용하는 것이 좋지만, 자신의 성경 지식을 과시하기 위해 계속 성경 구절을 인용하면 이상하게도 교인들은 설교가 어렵다고 생각할 수 있다.

설교에서 유머 사용

요즘 설교에서 유머(humor)는 점차 그 중요성이 확대되고 있는 형편이다. 커뮤니케이션에 능한 설교사들을 보면 갈수록 설교자인지 개그맨인지 모를 정도로 유머를 남발하는 경향이 강해지고 있다. 농담(조크)을 못하는 설교자는 갈수록 인기가 없다. 그러나 그런 인기는 없어도 된다.

설교에서 유머는 개그보다는 위트여야 한다. 그렇다면 유머는 무엇이고, 개그와 위트는 어떻게 다른가? 유머는 인간 생활에 있어서 이상하고 코믹하며 어이없는 일들을 사람들에게 인식하게 하고, 이런 것들을 비꼬지 않으며 신랄하게 표현해 내는 능력이다. 그런데 개그(gag)는 종종 웃음을 불러일으키는 과도한 말이나 극단적인 행동을 하는 것을 의미한다. 반면 위트(wit)는 언어적 교묘함과 독창성을 가지고 모순이나 부조리에 대해 사람들로 하여금 순간적으로 인식하게 하여 웃음을 불러일으키게 하는 능력으로, 때로 삶에 대한 통찰력을 보여준다.

예수님은 이런 위트가 넘치는 분이었지 개그맨도 아니었고 말씀을 전하며 조크를 던진 적도 없다. 설교에서 농담을 즐기는 설교자들은 예수님이 유머의 사람이었다고 주장하시만 그는 슬픔의 사람, 눈물의 사람으로 묘사된 것도 함께 기억하며 균형 잡힌 시각을 잃어서는 안 된다. 유명한 설교자였던 존 조우엣(John Henry Jowett)은 "광대나 쇼맨십으로는 결코 우리 영혼의 가장 깊은 곳까지 이를 수 없다"고 했고, 지난 세기 설교의 황태자로 일컬어지는 스펄전 역시 "우리는 경솔해지려는 태도를 거부해야 한다. 거룩한 기쁨과 일반적인 경솔함 사이에는 큰 차이가 있다"고 지적했다. 설교의 목표는 절대로 사람을 웃기고 울리는 것이 아니라 회개하게 하고 그 삶을 변화시키는 것이다. 존 파이퍼는 설교학 강좌 중 "예수님, 그는 병적으로 흥을 깨는 사람은 아니었지만 슬픔의 사람이요 고뇌에 친숙했던 분이었다. 그는 결코 부주의한 설교를 한 적이 없었으며, 부주의한 말을 하신 기록이 없다. 그분은 우리가 아는 한 농담을 하지 않았으며, 그의 유머는 모두 진리를 피와 같이 진지하게 풍자한 것을 덮는 뚜껑(sheath for the blood-earnest rapier of truth)이었다"라고 했는데 이 조언을 마음에 새겨야 할 것이다. 십자가의 진지함과 위트를 겸비하는 것이 중요하다.

이와 대조적으로 일부 목회자는 설교에서 유머 사용을 부정적으로 본다. 그러나 유머는 긴장을 풀어 무장을 해제시키고 경계심을 풀어 간격을 좁히는 기능을 하기 때문에 적절하게 사용될 때 긍정적인 기능을 할 수 있다. 또한 사람은 시종일관 격렬하게 몰아치는 설교에 오래 견디지 못한다. 정말 중요한 것으로 도전하기 전에 정신적 숨을 내 쉴 여유를 가질 수 있도록 간단한 유머를 사용하는 것은 효과적이다. 사람은 때로 잠시 쉬고 다시 집중해야 결승선까지 뛰어갈 수 있다. 유머는 사람의 마음을 열어 우리가 전하려는 진리의 수용성을 높인다. 따라서 삶의 변화에 유머는 매우 유용하다. 유머는 사람들에게 메시지가 완전히 전해지기 전에 설교자에게 호감을 갖게 하여 메시지를 듣게 해주며, 마지막 2%를 채워주기도 한다.

필자의 『리더십 다이아몬드』란 책에서도 소개한 사우스웨스트항공사의 켈러허는 직원들이 업무를 즐겁고 보람 있게 하도록 이끌었다. 그 결과 직원들은 고객들을 즐겁게 했고 초대형항공사들도 문을 닫는 업계 현실에서 꾸준히 흑자를 낸 놀라운 기업으로 유명해졌다. 예를 들어 승무원들이 안전사항 안내를 할 때, 금연 규정을 지켜야 하고 화장실에도 연기 감지장치가 있다는 협박조로 들릴 수 내용을 이렇게 말한다.

> "이 비행기는 금연 비행기입니다. 비행 도중에 꼭 담배를 피워야 하는 분은 창문을 열고 밖으로 나가시기 바랍니다. 흡연실은 비행기 날개 위에 있습니다. 오늘 흡연하면서 감상하실 영화는 '바람과 함께 사라지다'입니다."

승객들은 깔깔대고 웃으며 마음이 풀어지고 흡연자들도 금연조치에 협조

할 마음을 갖게 된다. 이런 것이 유머의 힘이다.

그런데 설교에서 유머를 사용할 때는 특히 주의할 점이 많다. 무엇보다도 설교에서 유머는 품위가 있어야 하며, 행해지는 문화와 관습의 범위 안에 있어야 한다. 그리고 어느 누구도 놀림거리로 만들어서는 안 된다. 예를 들어 "노처녀와 결혼한 총각의 취미가 무엇인지 아십니까? 폐품수집입니다"라는 농담은 재미있으라고 했다는 설교자의 의도와 관계없이 여러 사람에게 상처를 줄 수 있기 때문에 설교 시간에 사용하면 곤란하다. 일단 마음이 상하면 그 이후에 아무리 좋은 말씀이 나와도 더 이상 귀에 들어오지 않을 것이다. 어떤 목회자는 인내에 대한 설교를 하며 "한국, 일본, 중국 세 나라 사람을 돼지우리에 가두면 어떻게 될까요?"라는 질문으로 유머를 시작했다. 스스로 답하기를 "들어가자마자 뛰어 나오는 것은 일본 사람입니다. 왜 그랬을까요? 성질이 급하고 더러운 것을 못 참기 때문입니다. 그 다음에 뛰쳐나오는 사람은 누구였을까요? 우리 한국 사람이었습니다. 뚝심과 오기의 한계가 지났기 때문입니다. 가장 나중에 나온 건? 중국 사람이 아니라 돼지였습니다. 왜냐구요? 중국 사람이 계속 주저앉아 있기 때문에 돼지가 귀찮아서 뛰어 나왔습니다"라고 했다. 물론 예화 끝에 "중국 사람은 어떠한 역경에서도 견뎌낼 수 있는 참을성이 있습니다"라는 말을 덧붙였지만, 청중 가운데는 중국인과 국제 결혼한 사람도 있고 중국 조선족 출신도 있어서 그들에게 상처를 주었다. 그리고 무엇보다 이 농담은 민족적 모욕의 가능성이 있기 때문에 적절치 않다. 설교에서 유머를 사용할 때는 불경하거나 천박한 용어는 반드시 피해야 한다. 우리는 세상의 얘기꾼이 아니라 거룩한 하나님의 말씀을 증거해야 할 종이기 때문이다.

그럼 어떤 것이 좋은 유머인가? 무엇보다도 삶에 대한 통찰력을 보여주는 것이다. 예수님의 유머가 그런 것이었다. 한 설교자는 설교 중 "성경은 '나는 너희에게 이르노니 악한 자를 대적지 말라. 누구든지 네 오른편 뺨을 치거든 왼편도 돌려 대며'(마 5:39)라고 합니다. 그러나 사람들은 말합니다. '오른뺨을 때리거든 왼뺨을 대줘라. 그리고 진단서를 끊어라.' 과연 이런 사람들에게까지 40절 말씀처럼 '또 너를 고발하여 속옷을 가지고자 하는 자에게 겉옷까지도 가지게' 해야 할까요? 물론 요즘은 코트는 달라고 할지언정 입던 속옷까지 달라고 달려드는 사람은 없겠지만 말입니다"라고 했다. 이것은 재치가 있을 뿐 아니라 우리 삶의 현실을 생각하게 하며 우리들의 문제를 통찰력 있게 파악하고 제시했다는 점에서 좋은 유머라 할 수 있다.

예화와 각종 설교 자료 수집

많은 설교자들은 뛰어난 설교자들의 설교를 들으며 "저 목사님은 어디서 저렇게 좋은 예화를 찾아낼까? 예화 수집 전담 비서가 있는 모양이다"라는 생각을 해본다. 예화와 설교 자료 수집은 모든 설교자들의 큰 숙제이다.

분명한 것은 이것이다. 세상은 예화 자료로 가득 차 있다.

문제는 우리가 얼마나 관찰력 있는 삶을 사느냐에 달려 있다. 우리 생활과 마주치는 사람, 사건들 속에 예화거리가 널려 있다. 설교자는 그것을 예화로 보지만 보통 사람들은 그냥 지나친다. 그 다음으로 설교자는 관찰해서 발견한 것을 생각하고 연결 짓는 훈련이 되어 있어야 한다. 설교자는 모든 사물과 사건을 대할 때마다 신학적으로 사고하며 이것을 어떻게 예시할 것인가 생각하는 사람이다. 이런 것이 몸에 밴 설교자는 그렇지 않은 사람에 비해 생활 속에서 예화를 찾아내는 능력이 몇 배나 뛰어나다. 그리고 예화 수집은 우리가 평상시에 얼마나 준비된 삶을 살고 있느냐에 달려 있다. 생활 주변에서 예화거리를 발견하면 메모할 수 있도록 펜과 종이, 혹은 디지털 녹음기를 항상 휴대하라. 요즘에는 좋은 휴대폰이나 MP3까지 간단한 녹음 기능과 메모장이 있으므로 가지고 있는 것을 잘 활용하라.

그리고 다른 사람이 얘기한 설교 예화 자료로 만족해서는 안 된다. 제임스 스튜어트(James Stuart)는 "예화집은 유혹이다. 예화집, 설교집은 지적으로 파산한 자들이 찾는 최후의 도피처이다"라고 했다. 이 조언을 마음에 새기며 우리 자신의 색깔을 가진 예화를 개발하자.

그것을 위해 때로 쉬운 역사 관련 서적을 읽자. 전기나 위인전도 좋다. 이 시대 사람들이 가장 많이 읽는 시집, 수필집, 소설도 좋은 자료다. 요즘 가장 많은 사람들이 보는 비디오와 영화도 시간이 되는 대로 빼놓지 않고 봐야 한다. 그러나 일간 신문, 뉴스, 잡지의 화제 사건보다 좋은 것은 없다. 필자는 종종 차를 두고 버스나 지하철을 탄다. 그리고 옆의 사람들이 하는 대화에 귀 기울여 본다. 그들의 삶의 문제, 애환이 바로 설교의 예화요 주제로 발전될 수 있기 때문이다.

좋은 예화를 수집하기 위해서는 항상 주변에서 벌어지는 일들을 관찰하는 연습을 해야 한다. 그리고 관찰한 것을 생각하고 설교 주제 등과 연결 짓는 습관을 가져야 한다. 눈에 띄는 것을 모두 신학적 주제, 설교 주제 등과 연결 짓는 습성이 좋은 설교자를 만든다. 그러나 여기서 끝나서는 안 된다. 중요한 것은 이렇게 해서 수집한 예화들을 잘 관리하는 것이다. 전통적인 파일 시스템보다는 컴퓨터 소프트웨어를 잘 활용하는 것이 훨씬 효율적이다. 워드프로세서 프로그램의 찾기 기능을 활용하는 것도 좋지만, 간단한 데이터베이스 프로그램을 활용할 수 있으면 더 좋을 것이다. 평생 투자로 생각하고 한번 배워보기 바란다.

좋은 예화는 설교자 자신만의 색깔을 갖게 해준다. 다른 사람이 설교에서 사용한 예화를 베껴서 사용하는 것은 한계가 있다. 설교자마다 각자의 독특한 설교 스타일이 있고, 그것은 다른 예화 사용 스타일을 낳는다. 따라서 진지한 설교자는 예화 사용에도 결국 자신만의 길을 찾기 마련이다.

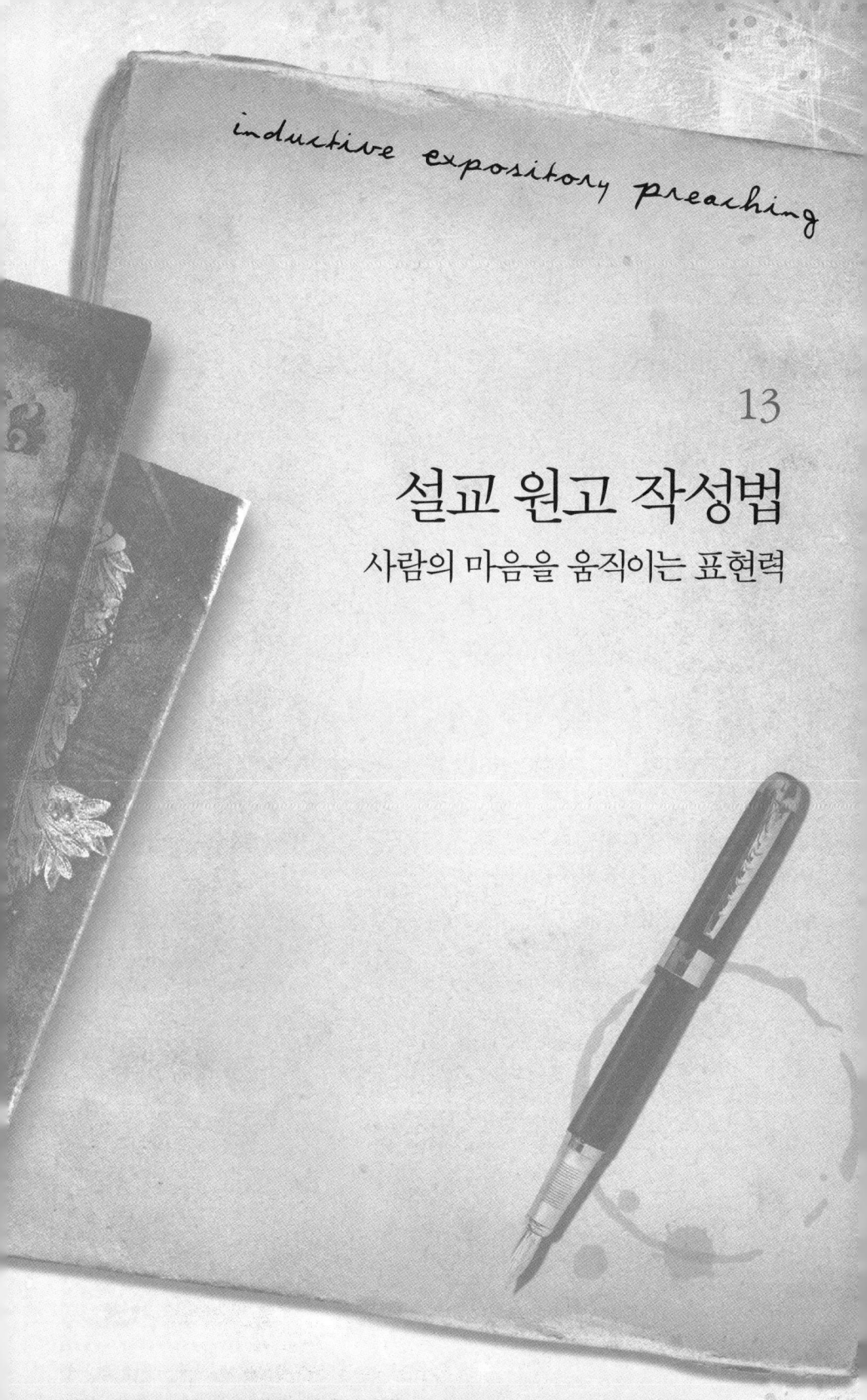

inductive expository preaching

13
설교 원고 작성법
사람의 마음을 움직이는 표현력

청중을 지루하게 하는 설교자는 그 자신이 성경 말씀의 생명력을 경험하지 못한 채로 살고 있음이 분명하며, 그 자신이 성경대로 진실하게 살고 있지 않다는 사실을 증명하는 것이다. 청중들이 설교 내내 귀를 기울이지 않을 수 없고 빠져들 수밖에 없는 설교의 특징은 이처럼 첫째는 설교자의 역동적인 주님과의 교제에서 나온 설교라는 것이고, 두 번째 특징은 설교자의 뛰어난 커뮤니케이션 능력이 뒷받침해 준다는 점이다. 비록 둘째 요소이기는 해도 설교에서 표현력은 사람의 마음을 움직이기 위해 설교자가 구비해야 할 부분이며 꼭 필요한 훈련이기도 하다.

설교의 구조와 제 요소를 아무리 잘 갖췄다고 해도, 설교에서 말하고자 하는 것을 제대로 표현하지 못한다면 그 효과는 반감될 수밖에 없다.

따라서 앞에서 강조한 것처럼 석의를 통해 본문의 의도를 찾고 그것을 설교의 주 아이디어로 잘 발전시키고 적절한 구성을 했어도, 설교는 거기에서 끝나는 것이 아니라 한 문장 한 문장 내가 말하고자 하는 것을 잘 표현해야 하는 것이다.

변화를 일으키는 커뮤니케이션을 가로막는 장애물

그럼 삶의 변화를 일으키는 효과적인 커뮤니케이션이 되지 못하게 막는 우리 설교자들의 실수에는 어떤 것들이 있을까? 무엇보다

1. 애매모호하고 우물쭈물한 표현력이다. 자신이 뜻하는 바를 솔직하고 명료하게 말하지 않는 설교자가 적지 않다. 이유는 사람들의 반응에 과민해서인데, 그것은 리더십의 치명적인 적인 두려움 때문이다. 그리고

2. 청중에 대한 둔감함 때문에 명료한 표현을 못하는 경우가 있다. 이와 유사하지만 조금 다른 것으로,

3. 설교를 듣는 청중의 반응을 무시하고 내가 하고 싶은 대로만 밀고 가는 우둔함도 있다. 더 잦은 이유로는

4. 여러 가지 얘기를 한꺼번에 전달하려는 설교자의 욕심과 어리석음이 있다. 때로는

5. 설교자가 사용하는 용어와 듣는 청중의 그 용어에 대한 정의가 달라서 잘못된 의사전달이 되고 마는 경우도 있다.

효과적인 커뮤니케이션을 위하여

똑같은 얘기를 해도 어떤 사람이 설교하면 유난히 머리에 잘 들어오는 이유는 무엇 때문일까? 다음의 몇 가지 특징을 갖고 있기 때문이다. 효과적인 커뮤니케이터는

1. 같은 것을 말해도 표현을 참신하게 한다. 틀에 박힌 표현을 거부한다. 그래서 심지어는 도발적으로 느껴지기까지 한다. 또한

2. 의미를 명료히 할 수 있는 구체적이고 묘사적인 언어를 사용한다. 예를 들어 "기도는 유익합니다"라는 표현 대신 "기도는 그리스도인의 삶에 돌이

킬 수 없는 변화를 일으킵니다" 혹은 "기도는 우리의 인생에 강력한 영향을 끼칩니다"라고 말한다. 한 설교자는 빌립보서 4:5에서 관용에 대해 설교하며 "우리 교회에는 가만 보면 참 똑똑하고 유능한 사람들이 많습니다. 저는 똑똑하고 유능한 사람이 좋습니다. 그러나 동시에 무섭습니다. 저들은 언제 터질지 모르는 폭탄과 같은 존재들이기 때문입니다"라고 표현했다. 도발적이고 예시를 통해 구체적으로 묘사한 결과 우리에게 왜 관용이 필요한가를 청중들에게 분명하게 심어 놓았다.

구체적이고 묘사적 언어를 쓴다는 것은 자주 지적한 것처럼,

3. 상투적인 용어나 종교적 용어를 피하는 것이기도 하다. 일반인에 비해 설교자들의 입에 밴 어투 가운데 "…함을 봅니다" 혹은 "…하시기를 주의 이름으로 부탁드립니다" 등의 표현은 사람들로 하여금 식상하게 만든다. 게다가 목회자나 우리 기독교인들끼리만 쓰는 종교적 언어나 신학적 용어는 대중을 향한 설교에서는 피하는 것이 좋다. 예를 들어 "대속적 구원 사역에 근거한 성화와 영화의 능력……" 등의 표현은 적지 않은 청중에게 무슨 말을 하고 있는지 도무지 알 수 없게 만들 확률이 높다. 한 가지 더 주의할 것은,

4. 명쾌함과 함께 때로는 함축적 표현을 적절하게 섞어 쓰는 훈련도 필요하다는 점이다. 항상 너무 완진하게 다 표현해서 청중들로 하여금 아무런 생각도 반응도 할 필요 없게 하는 것도 좋지 않다. 노련한 설교자는 때로는 청중에게 상상의 나래를 달아주고 생각의 여지를 남겨 준다.

이런 노력들은 모두 청중이 설교자의 설교에 빠져들어 감정이입을 하고, 2천 년 전의 이야기가 아니라 바로 오늘 나의 이야기라고 느끼게 하기 위해서이다.

17세기에는 우리나라에서도 소설이 유행하기 시작했다. 정조 14년인 1790년 8월 10일 전기수라 불리는 이야기꾼을 그 이야기를 듣던 사람이 찔러 죽인 사건이 발생하였다. 조선왕조실록에 의하면 종로거리 연초가게에서 짤막한 야사를 듣다가 영웅이 죽임을 당해 뜻을 이루지 못한 대목에 이르자

분개한 나머지 억울한 죽음의 원수를 자신이 갚아주겠다며 이야기꾼을 살해한 것이다. 이는 역적 김자점 대감에 의한 임경업 장군의 죽음 사건에 대한 이야기 속에 몰입되어 자신이 그 이야기 속의 한 부분이 되어 버렸기 때문이다. 현장감 넘치고 뛰어난 묘사는 듣는 이들의 감정을 이입시킬 뿐 아니라 그 삶의 자리에 들어가 변화의 움직임을 일으킬 수 있다.

선포되는 설교와 읽는 설교는 다르다

청중의 입장에서 너무도 많은 설교가 모호하게 들리는 데에는 또 다른 이유가 있는데, 그것은 설교자가 설교를 준비하며 강의안 작성처럼 문서 측면으로 접근한다는 것이다.

우리나라에도 번역되어 많은 독자를 확보하고 있는 맥스 루카도 목사의 책을 읽어보면 감동이 넘친다. 그러나 실제 강단에서 행해지는 설교는 책보다 그리 효과적이지 못한 것으로 알려져 있다. 그것은 기록된 문어체 설교이지 말로 전해질 수 있는 구어체 설교가 아니기 때문이다. 그의 설교집이 설교를 배우는 학생에게 설교문 작성 표현력을 늘리기 위해서는 큰 도움이 되겠지만, 그런 문학적 표현 방식은 실제 예배 시간에는 어색함을 만들 뿐이다.

설교는 서재에서 강단으로 자리를 옮겨야 한다. 진정한 설교는 쓰기에서 말하기로 옮겨져야 한다. 다른 말로 해서 설교는 문어체보다 구어체로 작성되어야 한다.

이를 위해서는 설교 준비 단계에서부터 구술성(the orality)을 고려해야 한다. 한 설교학자는 설교 작성법을 설명하며 '귀를 위한 글쓰기(Writing for the Ear)'란 아주 재미있는 표현을 사용했다. 설교자는 원고를 작성할 때부터 사용하는 단어의 음운, 문장의 리듬과 음악적 톤은 물론 읽혀질 때의 다이나믹함을 고려해야 할 것이다. 성경 역시 눈으로 보는 것이 아니라 회당이나 회중 앞에서 낭독되는 것으로 여겨져 유대인들은 성경을 '미크라'라고 했음을 기억할 필요가 있다.

읽혀지는 설교와 선포되는 설교의 또 다른 차이는 설교의 단순성에 있다. 강단에서 행해지는 설교는 단순해야 한다. 듣는 설교는 책으로 인쇄된 설교와 달리 다시 새겨볼 시간이 거의 없다. 깨닫기 위해 다시 읽고 또 읽고, 생각하고 또 생각하는 깊은 통찰력이 필요한 설교 작성은 저술활동일지 몰라도 설교 작성과는 거리가 있다.

신학자와 설교자의 차이

어떤 설교자는 신학자는 죄론에 대해 이야기하지만 설교자는 구체적인 죄를 다뤄야 한다고 잘 지적했다. 설교자는 죄의 속성만 다루는 데에서 그치지 않고 살인, 거짓말, 도둑질 등 구체적인 것을 말해야 한다. 이 능력의 차이가 신학자와 설교자의 차이다.

설교의 구조적 측면은 조금 부족하지만 뛰어난 표현력과 목회적 측면으로 청중에게 큰 영향을 끼치는 국내 유수의 한 설교자는 주일 설교 중 시편 23편을 설교하며 "저는 다윗의 이와 같은 표현들이 너무 좋습니다. 저는 다윗의 이와 같은 삶의 자세가 너무 좋습니다. 저는 다윗이 왕이 되었을 때도 좋지만 이와 같은 시편을 쓸 때의 다윗이 너무 좋습니다. 저는 이와 같은 다윗의 모습을 '기죽지 않는 당당함'이라고 정의하고 싶습니다"라고 했다. 얼마나 청중에게 와 닿고 청중의 가슴을 움직이는 말인가? 이로 인해 청중의 머리는 물론 마음이 더 쉽게 움직이게 된다.

제3자의 입장에서 객관적으로 그리고 신학적으로 많은 것을 가르칠 수도 있겠지만, 효과적인 설교를 하는 설교자들은 그보다는 1인칭을 사용하여 사람들이 동감하고 원하는 방향으로 자신을 함께 움직여 간다. 즉 본문을 통해 우리가 어떻게 살아야 할지를 말하지 신학적 교리 도출에 빠지지 않는다. 그것이 신학자와 다른, 목회자와 설교자가 사는 방식이다.

사실 기록된 설교(written sermon)란 것 자체가 모순이다. 말해지는 사건(spoken event)을 배제한 설교는 존재할 수 없는 것 아닌가? 마찬가지로 청중 없는 설교란 없다. 그래서 설교는 청중에서 나온다고까지 말하는 것이다. 그 인식 속에서 청중(hearers, audience)이 회중(congregation 교회)이 되도록 하는 것이 설교다. 그것이 연설과 설교, 그리고 강의와 설교의 본질적 차이다.

최종 설교 원고 작성과 요약문, 표현, 설교문 작성의 실제

독창적이고 창조적인 설교는 목회자의 지식에서 나오는 것이 아니라 성경에서 진리와 삶의 원리를 건져내는 설교자의 직관력에 달려있다. 그런데 이 직관력은 일부 천부적인 달변의 설교자들처럼 타고나는 것이라기보다는 하나님과의 깊은 영적 교제 관계가 밖으로 표현된 것이다. 우리에게 필요한 것은 직관력에 의한 창조적인 설교뿐 아니라 주어진 것을 제대로 표현하는 능력이다. 감사한 것은 이 능력 역시 훈련에 의해 계발될 수 있다는 점이다.

예를 들어 출애굽기 20장을 본문으로 한 설교를 하며 단순히 '십계명'이라고 말하는 대신 '하나님께서 제공하시는 10가지 삶의 길'이라고 표현해 보고, '성령과 교회'란 제목 대신 '성령께서 교회의 길을 정하실 때'라는 표현을 사용해 보자. 그리고 요한계시록 21장을 설교하며 "그 눈에서 눈물을 씻기시는 하나님이십니다"라고 말하는 대신 "하나님은 그리스도 안에서 슬픈 자에게 위로를 주십니다"라는 방식으로 표현하는 연습을 해보자.

이런 연습을 위해 나는 설교학 시간에 배우는 이들에게 충분한 시간을 갖고 설교 원고를 작성해 오라고 한다. 그럴 때마다 요지를 기억하여 역동적으로 외치면 되지 왜 굳이 원고 작성을 요구하느냐고 볼멘소리로 묻는 사람들을 종종 만난다. 그런데 원고 없이 원고 없는 설교를 하는 것과 원고를 작성해 놓고 원고 없는 설교를 하는 것은 다르다. 그렇다면 설교 원고를 글로 작성하는 것은 어떤 점에서 도움이 되는가?

설교 원고를 글로 작성하는 이점

1. 무엇보다도 설교 전에 내용이 소화된다. 그리고 2. 글로 써가면서 처음에 말하려고 했던 설교 내용이 점차 향상되고 발전된다. 또한 3. 전환 구절 등 설교의 구조적인 부분들이 시각적으로 명확해 전달에 편리하다. 그뿐 아니라 4. 일단 작성이 끝난 원고를 놓고 보면 자신의 속도에 근거해 이번 설교에 소요될 시간이 얼마나 될지 한 눈에 파악되어 설교 분량 조정이 가능하다. 게다가 5. 원고 전체를 조망하며 설교에서 불필요하거나 부적당한 내용을 블록 단위로 제거하기 좋다. 마지막으로 6. 설교하러 올라가기 전에 원고를 여러 번 봐 두면 강단에 서서 설교하면서 전체 윤곽을 그림으로 기억할 수 있다는 점에서도 유익하다. 그러므로 설교가 발전되기 원한다면 설교 원고를 작성하는 훈련과 습관을 가지기 바란다. 다음으로 설교 원고를 작성하는 단계에서 고려해야 할 것은 무엇인가 알아보자.

설교 원고 작성 단계에서 염두에 두어야할 점들

앞에서도 언급한 것처럼 첫째, 모든 설교 원고 작성은 구어체로 해야 한다. 설교집으로 낼 것을 고려한 원고 작성은 그 다음 문제여야 한다. 설교를 위한 원고는 말로 선포될 것을 전제로 하고 써야 한다. 이때 한참 작성하다 보면 중심이 없이 산만해지기 쉽다. 그러므로 둘째, 항상 설교의 목적, 의도, 본문의 주 아이디어를 원고 맨 위에 한 줄 써 놓고 수시로 들여다보면서 작성하는 버릇을 기르자. 그래야 중심에서 벗어나지 않을 수 있다. 그리고 조리 없을 뿐 아니라 내용이 지루해지지 않도록 설교 원고 작성 단계에서부터 주의하자. 셋째, 설교는 단순해야 한다고 했지만 일상 대화에서 친구들과 대화하는 것과는 다르다. 일대일로 마주 앉아 사람들과 대화할 때는 대화에 구조가 없고 통일성이 없고 생각나는 대로 말해도 서로 묻고 확인할 수 있다. 심지어 한 가지 얘기를 하다가 기분 나는 대로 다른 얘기로 화제를 바꾸어도 그 분위기와 몸짓과 표정들을 통해서 다른 이야기로 전환이 되었음을 감지할 수 있어서 대화가 된다.

그러나 많은 사람들 즉 공중 앞에 서서 말하는 대중 스피치는 이와 전혀 성격이 다르다. 설교는 성경의 어떤 중심 사상에 대해 공중 앞에서 일방적으로 말하는 것이다. 그러므로 본서 앞부분에서 설교의 구조와 개요 작성 원리에서 말한 것처럼, 설교는 어떤 구조와 통일성이 있어야 하며 한 가지 주제를 깊이 논의해야 한다. 그런 점에서 통일성과 명료성은 물론이고 효과적 전달을 위해서 진전과 움직임, 절정 등의 구조를 고려하며 작성해야 하는 것이다. 이것이 또한 설교가 리포트, 논문 혹은 강의록 작성과 다른 점이다.

그렇다면 실제적으로 어떤 점들을 염두에 두고 설교 원고 작성 훈련을 하는 것이 좋을지 좀 더 구체적으로 알아보자.

설교 원고를 작성하기 시작하면 우선 1. 설교의 각 부분들(도입부, 몸체 전개와 마무리)이 설교 전체를 끌어가는 본문의 중심 사상을 중심으로 질서 정연하게 전개되도록 해야 한다. 설교자가 읽어봐도 어디서 어디로 흘러가는지 얼른 알기 어렵다면 잘못 작성된 것이다. 대개 설교에서 청중에게 통일성을 느끼게 하는 것은 한 가지 중심 단어나 특정 문장 유형이 반복되거나, 한 가지 사상이 반복되며 발전되어 나가거나, 몇 가지 요지들 사이에 공통적으로 존재하는 어떤 골격을 감지할 때이다. 이런 통일성 확보를 위한 요소들을 염두에 두고 써보라.

2. 설교의 각 부분의 비율과 균형에도 신경을 써서 작성해야 한다. 어떤 내용을 열심히 설명하다보면 어느 한 부분이 다른 부분보다 너무 길어지게 된다. 설교의 주 아이디어를 발전시켜나가는 개요들은 가능하면 비슷하게 다루어 균형을 잡는 것이 좋다.

3. 사용하는 단어나 문장에 있어서도 간결성(brevity)과 명료성(Clarity)을 잃지 않도록 하라. 이를 위해 가능하면 단음절 단어를 쓰자. 시편 23편 원문성경은 사용된 단어의 73%가, 주기도문은 76%가 단음절 단어로 이루어져 있다. 문장 역시 복문보다는 단문을 사용하도록 의도적으로 노력하자.

가는 곳마다 1등 전자제품 판매 매장으로 만들어 놓은 한 기업가는 '이기는 습관'이란 그의 저서에서 "잘되는 조직일수록 짧고 압축적인 메시지를 명쾌하게 전달하는 조회로 하루를 시작한다"고 했는데 커뮤니케이션 측면에서는 동일한 원리를 터득한 것이라 할 수 있다.

4. 추상적 개념들을 구체화하는 표현을 사용하라. 예를 들어 설교에서 하나님의 신론을 다루더라도 "여호와의 이름은 견고한 망대라 의인은 그리로 달려가서 안전함을 얻느니라"(잠 18:10)는 성경의 표현 방식처럼 신학적 개념으로 남지 않고 삶 속에서 구체화되어 나타나도록 연습해야 한다. 배라는 대표 단어보다는 요트나 돛단배란 좀 더 세부적인 단어를, 대도시란 개념적인 단어 대신 서울과 뉴욕처럼 구체적인 단어를, 악이란 추상적 단어 대신 사악함이나 비열함이란 구체적 표현을 의도적으로 사용해 보자. 때로 생생한 표현을 사용하는 연습도 필요하다. '그 크신 하나님의 사랑'이란 표현도 좋지만 '펄펄 끓는 사랑으로 내게 다가오신 하나님'으로, 또한 '큰 고통' 대신 '찢어지는 것 같은 아픈 가슴으로'와 같은 표현으로 바꿔보자.

5. 어려운 말, 신학적인 어휘 대신 쉽고 현대적인 말을 사용해야 한다.

어려워야 권위가 서는 것이 아니다. 세상에서 가장 권위적이고 어려운 문장으로 쓰인 것은 법정에서 재판 결과를 발표하는 '주문(主文)'일 것이다. 어느 법원 출입기자는 어렵고 알쏭달쏭한 판결문 때문에 재판 결과를 이해하지 못해 웃지 못할 일들이 종종 벌어진다는 점을 지적하면서, '위법하다고 아니할 수 없어 파기를 면할 수 없다'라는 말 대신 '위법해 파기한다'고 하면 왜 안 되는지 묻는다. '산입(算入)해(포함시켜)', '위자(慰藉)할(위로하고 도와줄)'이나 '익일(翌日·다음날)', '완제일(完濟日·다 갚는 날)'처럼 어려운 한자어도 일반인의 판결문 이해를 어렵게 한다. 그래서 몇 년 전부터 사법연수원에서는 예비 법관들이 짧고 간결한 문장으로 판결문을 쓰도록 교육하고 있는데 쉽게 확산되지 않고 있다. 나이든 고참 법관일수록 판결문을 어렵게 쓰는 경향이 있다고 기자는 지적한다. 설교도 그렇다. 개역성경의 고어와 같은 어휘를 그대로 쓰는 것이 거룩을 보장해 주는 것이 아니다. 복음을 커뮤니케이션하는 것이 우리의 목적이므로 보통 사람들이 쓰는 쉬운 현대어를 사용해야 한다. 꼭 "의롭다 칭함을 받기 위해 성도는 말씀과 기도에 전무하고 성수주일하며 지성소의 뿔을 잡고 우리의 심장과 폐부를 감찰하시는 전지전능하신 성부 앞에 일천번제 드리는 심정으로 나아가시기를 기원합니다"라고 말해야 권위가 서는가? 설교를 듣는 사람들이 우리가 하는 말이 무슨 말인지 쉽게 이해하고 그렇게 살면 사람들이 거룩해지는 것이지, 설교자가 라틴어를 쓴다고 거룩한 예배가 되는 것이 아니다.

  6. 설교의 클라이막스의 위치를 고려하고, 상승 작용을 위한 내용 전개와 같이 설교의 구조와 플롯 역시 항상 염두에 두는 습관이 필요하다. 누가복음 10:30-37에 나오는 선한 사마리아인에 대한 비유를 설교하며 처음엔 친구가 필요했던 사람(30절), 두 번째로 친구가 되어줘야 했으나 그러지 못했던 두 사람(31-32절), 마지막으로 친구가 되어준 사람(33-37절)에 대한 이야기로 점진적으로 전개해 나가는 한 신학생의 실습설교를 보며, 나는 제대로 배우기만 하면 한국교회 강단에 아직도 소망이 있음을 확신하게 된다.

  7. 또한 잊지 말아야 할 것은 설교 개요 만들기 부분에서 설명한 것처럼, 청중의 입장에서는 설교 전체가 작은 여러 개의 단락으로 나뉘어서 주어져야 받아들이기 쉽고, 설교 중간 중간에 일종의 정신적인 쉼터가 있어야 피곤하지 않고 장기적으로 집중이 가능하다는 사실을 이해하고 작성하는 것이 좋다. 개요(outline 대지)와 전환문을 잘 구사하는 습관을 가지라는 것도 같은 맥락이다. 설교자는 학자적 혹은 강의안 작성자의 입장에서만 써나가지 말아야 하며, 청중이 다 자신처럼 말씀에 대한 관심이 높아 오랜 시간 집중할

수 있다고 가정하지 말아야 한다.

8. 그리고 청중의 마음을 움직이고 변화를 일으키려면 감성이 있는 표현을 해야 한다.

탄탄하게 목회를 잘하고 있는 한 목회사는 전도주간에 이렇게 설교했다 "여러분은 친구나 친지가 데려왔지만 사실은 제가, 목사가 시킨 것입니다"라고 말해 전도설교의 긴장감 속에서 작은 웃음을 자아냈다. 곧이어 "더 제대로 말하자면 하나님께서 오라 하신 것입니다"라고 했다. 가기 싫어도 가족과 친구들의 간청과 그 손에 이끌려 온 사람들에게 목사의 진솔한 표현과 그 불편의 기원을 자기에게 돌리는 듯한 목사의 겸손에 사람들의 마음이 열린다. 게다가 불신자와 구도자들에게 하나님의 예정과 선택과 구원의 교리를 이처럼 감성적으로 편하고 쉽게 전하는 것은 탁월한 표현법뿐 아니라 그 설교자가 가지고 있는 감성 때문이다. 이어서 그는 모든 이에게 닥칠 죽음의 현실성 앞에 복음을 들어야 할 필요성과 구원의 중요성을 제시하기 위해 "제가 세례 준 아이가 얼마 안 되어 죽는 것도 보았습니다. 어린이도, 청년도, 장년도 모두 죽음 앞에 서게 됩니다. 저희 교회에서 저는 1년에 150건의 장례식을 치릅니다. 그것을 통해 삶과 죽음의 간격이 크지 않은 것을 보게 됩니다. 우리는 과연 어디로 가고 있는 것일까요?" 그는 달변의 웅변가가 아니었다. 그러나 사람들의 마음을 움직이는 감성적 요소로 사람들의 닫힌 마음 문을 열고 무장을 해제시키고 복음을 듣게 했다.

이런 것들을 통해 설교 작성에 신학적인 측면만 있는 것이 아니라 인간에 대한 이해와 함께 문학성과 예술성 그리고 감성의 문제도 있음을 알게 되었을 것이다.

설교 원고 형태와 원고 작성을 위한 실제적 조언(Tips)

이제 설교 원고를 잘 작성하기 위한 실제적인 사항 몇 가지를 더 생각해 보자.

먼저 원고 작성 전에 초안을 만들 때는 큰 종이에 전개해 나갈 흐름대로 요지를 중간 중간 써놓고 그 사이를 채워나가는 것이 편리하다. 컴퓨터를 이용할 때는 워드프로세서를 사용하는 법을 한 번 익혀 두면 평생 유익할 것이다. 즉 예화 파일, 자료 파일, 설교 초안 파일 등 여러 파일을 동시에 열어 놓고 블록 복사와 붙이기 기능을 잘 활용하면 여러 장의 종이를 사용하는 것과 같은 효과를 얻을 수 있으므로 평생 설교 사역을 위해 컴퓨터 활용기술을 증진시켜 놓자.

또한 강단에서 설교할 때 어떤 형태의 원고를 가지고 올라갈 것이냐에 따라 원고 작성이 달라진다. 물론 처음에는 완전한 설교문을 다 쓰는 습관을 들여야 한다. 완전한 설교 원고를 작성하고 나면 설교 요약문과 설교 구조도(아웃라인만 있는 것)까지 총 3개를 만드는 습관을 들이도록 한다. 장기적인 측면에서 볼 때 적어도 처음 몇 년간은 설교 원고 전문을 가지고 올라가 설교하는 훈련을 하는 것이 설교 발전에 도움이 된다. 수년간의 이런 설교 훈련이 되면 이후에는 설교 준비 때는 완전한 설교 원고를 만들되 강단에 올라갈 때는 요약문이나 개요문만 가지고 가면 된다. 단 처음 작성한 원고를 숙지한 상태임을 전제로 한다.

원고를 작성할 때는 단락이 바뀌는 것을 한눈에 보고 각 부분을 구분할 수 있도록 들여쓰기(indentation)를 하도록 한다. 강단에 가지고 올라갈 설교 원고 매수를 줄이는 것도 좋지만, 그렇다고 단락 사이에 여백이 없으면 강단에서 설교 중에 한눈에 읽어 나가기가 어렵다.

설교 중에 사용할 예화나 증거 자료도 단락별로 시작과 끝 위치를 두세 글자 들여 쓰는 방식으로 눈에 쉽게 들어오게 한다. 또한 설교의 중심 구절이나 중요 부분에 밑줄을 치거나 진한 글자체를 쓰거나 형광펜을 사용하여 표시를 해 놓으면 설교 원고 전체를 읽지 않아도 흐름을 놓치지 않고 끌어갈 수 있다. 인쇄한 원고는 좌우 여백을 넉넉히 두고, 곳곳에 주요 키워드를 써 놓으면 한눈에 들어와 설교할 때 아주 편리하다.

문장은 일반 선언문과 함께 간혹 질문 형태가 배합되어 있으면 좋다. 청중이 참여할 수 있는 기회를 주어 대화적 커뮤니케이션이 되므로 질문 형태의 문장을 적절히 사용하도록 한다.

설교 원고 퇴고 단계

마지막으로 지금까지 작성한 설교 원고를 퇴고하는 단계이다. 퇴고는 주로 부가, 삭제와 구성 세 가지 측면에서 하게 된다.

우선 설교 의도를 충분히 살리기에 부족하다고 느껴지는 경우에는 부족한 것을 덧붙여야 한다. 하지만 가능하면 이런 일은 없어야 한다. 부족하다고 생각되는 것을 자꾸 추가해서 설교가 길어지는 일이 많기 때문이다. 그리고 부족한 부분을 자꾸 넣기 시작하면 설교 전체의 일관성이 상실되기 쉽다. 그러므로 퇴고 단계에서는 추가보다는 삭제가 더 중요한 과정이어야 한다.

두 번째로 불필요한 내용을 제거하는 과정이다. 물론 설교자의 입장에서 열심히 준비한 것 중에서 버리고 싶거나 불필요하다고 여겨지는 것은 별로 없을 것이다. 그렇지만 설교 전체의 목적을 달성하고 본문의 주 아이디어 전달에 필수적인 것이 아니라면 과감히 잘라낼 수 있어야 한다. 그럴 때에 설교의 초점이 명료해진다. 따라서 설교의 중심 주제를 살리기 위해 허식적인 내용이나 조금이라도 본질적인 것이 아니라고 여겨지는 것은 용기 있게 제거해 버려야 한다.

세 번째로 재구성을 할 수 있다. 설교 개요는 물론 각 부분에서 각 단락의 배열 순서를 바꾸어 효과를 높일 수 있다면 그 순서와 위치를 바꾸어 볼 수도 있다.

이제 지금까지 작성한 설교 원고를 최종 점검해 볼 시간이다. 다음 점검 요소에 따라 점검해 보면 좋을 것이다.

1. 각 문장은 문법적으로 적절한가? 조사, 어미 사용, 시제와 주어와 서술부의 호응이 정확한지 점검해 보라.

2. 용어는 정확히 사용되었나? 적절한 단어가 채택되었는지, 의미를 좀 더 명료하게 만들어줄 수 있는 동의어는 없는지도 살펴본다. 그렇지만 가장 중요한 점은 다음 사항이다.

3. 소리 내서 읽어볼 때 어색한 데는 없는가를 점검해 보는 일이다.

이런 일들은 원고 작성을 마치자마자 바로 하기보다는 조금 시간을 갖고 다른 일을 하다가 다시 들여다 볼 때 더 효과적으로 할 수 있다. 앉은 자리에서 한 번에 끝내지 말고, 다른 일 하다가 돌아와서 두세 번 원고를 다시 볼 수 있도록 여유 있게 준비하는 것이 그래서 중요하다. 뿐만 아니라 좋은 설교 원고 작성, 좋은 표현을 위해서는 평상시에 다음과 같은 자기 훈련을 해두기를 추천한다.

효과적인 설교문 작성에 도움이 되는 훈련

어느 날 식사를 하며 호박부침 반찬을 별 생각 없이 집어 먹은 적이 있다. 그런데 아내는 그 별 볼일 없는 것을 만들기 위해 호박을 닦고, 썰고, 밀가루 옷을 만들어 입히고, 후라이팬에 기름을 두르고 부치는 수십 분간의 노력을 했다는 것이다. 그 말을 듣고 세상에 간단한 일은 없다는 생각을 했다. 윌로우크릭 교회의 빌 하이벨스(Bill Hybles)목사는 "고급요리(Gourmet) 하나를 만들기 위해 주방에서 요리사는 얼마나 오랜 시간을 투자하고 준비하는지 아는가?"라고 설교자들에게 물은적이 있다. 인스턴트 노력에서 나오는 것은 햄버거 정도이다. 마찬가지로 제대로 된 설교를 위해 설교자는 평상시에 다음과 같이 언어 능력 개발을 위한 자기 훈련을 해야 한다.

설교자가 길러야 할 언어 능력

1. 우선 단어 감각을 개발해야 한다.

동의성, 다의성, 반의성에 대한 분별력을 길러야 한다. 예를 들어 계속 '생각'이라는 단어만 쓸게 아니라 '사고, 사색, 사유, 사변' 등 다양한 표현을 할 수 있도록 단어 감각을 늘려야 한다.

2. 그리고 문법 감각 역시 개발되어야 한다.

앞에서도 잠시 언급했지만 주어와 서술어 호응, 목적어의 호응을 통한 문장 호응관계를 알아야 한다. 예를 들어 "김 집사님은 박 집사님이 이 권사님이 화가 났다는 사실을 잊었다고 생각한다"라고 설교한다면 청중은 도대체 누가 화가 났다는 말인지 알기가 어렵다. 따라서 "김 집사님은 이 권사님이 화가 났다는 사실을 박 집사님이 잊었다고 생각한다"는 방식으로 표현을 바꿔야 할 것이다. 설교자들이 흔히 쓰는 표현 중 "사랑이 얼마나 귀중하다는 것을 알 수 있었다"라고 하는데 여기서 '얼마나 귀중하다'가 아니라 '얼마나 귀중한가'라고 해야 맞는 표현이다. 또한 "생명을 무릅쓰고 불 속에 뛰어들었나"라는 말도 자주 하는데 '생명을 무릅쓰고'가 아니라 '생명의 위협을 무릅쓰고'라고 하는 것이 옳다.

이처럼 설교자는 단어 감각과 문법 감각을 길러서 정확한 표현을 하는 것이 중요하다. 프랑스의 실존주의 현상학자 구스도르프(Georges Gusdorf)는 "정확한 단어를 찾아내어 말하는 사람은 누구든지 혼돈으로부터 창조하는 일에 관여하는 자이며, 그의 말을 지키는 사람은 누구든지 세상에서 가치를 창조하는 자"라고 했다. 설교자가 하는 일이 바로 그것이다. 그런데 이와 동시에 설교자가 인식해야 할 점은 설교 표현 방식은 구체적인 표현 방식에서 상상력 있는 설교 방식으로 옮아가고 있다는 사실이다.

3. 그래서 의미 감각 개발이 중요하다.

상상력과 연상력을 개발하고 참신한 수사법을 개발하는 것이 현대 설교자에게는 어느 때보다도 중요하게 되었다. 서점에 가서 최근에 가장 잘 팔리는 책 제목들을 한 번 눈여겨보라. 코엘료의 '베로니카 죽기로 결심하다(왜 그랬을까 하는 의문을 불러일으킨다. 제목만 봐서는 모르겠다. 내용을 알고 싶다는 생각이 드는 제목이다)', '살아있는 동안 꼭 해야 할 49가지(왜 50가지이면 안 될까 하는 생각이 들지 않는가?)', '부자도 모르는 부자학 개론(맞아, 부자들도 모를 수 있어. 내가 그걸 알게 된다면 하고 속마음을 자극하는 제목이다)', '피타고라스 구출 작전(이 책의 부제 '논리적 사고를 키워주는 수학'이 제목이라면 읽고 싶지 않을 것이다!)', '돌아온 자살 토끼: 죽는 것도 만만치 않았다'와 같은 책들이 눈에 들어올 것이다. 그 속에 담겨있는 연상력 활용과 의미 감각을 배우고 활용하면 설교가 더욱 생동감 있게 될 것이다. 동료 교수는 모세의 부인이 요리책을 썼다면 '맛나는 만나를 만나자'였을 것 같다고 했다. 이런 표현력을 길러야 한다.

4. 자신이 사용하는 문체도 개선해야 한다.

부퐁(Buffon)은 문체는 곧 인간 그 자체라고 했다. 문장에 명확성이 있고 흥미를 제공할 수 있어야 하며, 힘이 있고 동시에 간결한 문장을 쓸 수 있도록 노력해야 한다. 특히 앞에서 강조했던 것처럼 구어체를 잘 구사할 수 있어야 한다. 현대 소설가들의 문체를 잘 살펴보라. 그래서 설교 중에도 잠시 멈춤효과(pause)를 적절히 활용하고, 선언만으로 일관하지 말고 때로는 질문을 사용하고, 필요할 경우에는 반복, 부연, 점층 기법 등 다양한 기술을 도입할 수 있어야 할 것이다.

5. 가장 힘든 것 중 하나가 우리 설교자들의 밋밋한 표현 방법을 개선하는 것이다.

프랑스 화가 모네(Claude Monet)는 "주제가 내게는 매우 중요하다. 그러나 내가 표현하기를 원하는 것은 주제와 나 사이에 놓인 것이다"라는 매우 통찰력 있는 말을 했다. 설교자도 성경 본문의 주제를 다루는 것과 함께 그것을 어떻게 해야 더 잘 표현해내느냐 고민해야 할 것이다. 우선,

1) 회화적 표현력을 기르자.

이것은 그림처럼 이미지를 남기는 표현력이다. 예를 들어 '주름 잡힌 내 반평생', '닫혀진 문짝처럼 무뚝뚝한 그 얼굴' 같은 표현이 그것이다. 요즘은 외식문화가 많이 바뀌었으므로 '스파게티만큼이나 뒤얽힌 내 인생'이란 표현도 어색하게 들리지 않을 것이다. 고난주간 예수님의 십자가의 죽음과 헌신에 대한 설교 준비를 하다가 '한 방울 피로 밝혀 놓은 등불'이란 다음 글을 읽게 되었다.

> "나뭇잎 푸른 그늘 아래 등불 하나 밝혀져 있습니다. 그 불빛 얼마나 밝고 환한지 그대에게로 가는 내 마음의 혈관까지 모두 드러날 것만 같은 유월입니다. 그대에게로 가는 길, 산딸기나무의 가시에 피 흘리고 또 유월의 뱀들이 똬리를 틀어막고 있지만 나는 저 붉은 유혹을 거부할 수 없습니다. 한 방울 한 방울 붉은 피로 밝혀놓은 등불 나는 그 불빛에 눈멀어 그대에게로 갑니다. 심장의 피가 다시 뜨거워집니다. 더운 피가 돌고 돌아 손톱 밑이, 발바닥 끝이 뜨거워집니다. 나는 저 유혹 앞에 모든 것을 태워 버립니다. 그리하여 살과 뼈를 활, 활, 활 태워버립니다. 한줌 재로 남아 이제는 고요해지고 싶습니다. 투명해지고 싶습니다. 그대 앞에서 나는 붉은 무명(無明)이고 싶습니다."

그 놀라운 주님의 십자가와 대속적 죽음을 설명하면서 왜 나는 이런 표현을 못하는 것일까 한탄하며 읽은 이 시는 정일근의 '유혹'이란 산문집의 한 대목인데, 어느 복분자주 광고에 사용되었다. 이런 생생한 표현이 복분자주 광고가 아닌 우리의 설교에서는 왜 나타나지 않는지 나 자신부터 부끄러워

졌다. 표현력을 더 기르자!

　2) 상상력을 동원하는 표현을 또한 배워야 한다. 높은 시청률을 기록했던 대장금이란 드라마를 보면 한상궁이 장금에게 요리 훈련을 시키며 주재료를 꺼내 놓은 후 거기에 어울릴 것 같은 재료를 머릿속으로 그리고 찾아오라고 요구한다. 그리고 맛을 보지 말고 요리를 하도록 훈련시킨다. 이런 고된 훈련을 통해 장금이는 나중에 인생의 중요한 시점에 혀의 감각 마비로 인해 겪게 된 위기를 극복할 수 있었다. 이 훈련을 시키며 한상궁이 한 말은 '온전치 못한 맛으로 하지 말고 머릿속으로 그려보라'는 것이었다. 설교자에게도 상상력 훈련은 매우 중요하다.
　그러나 설교를 위해 상상력을 불러일으키는 표현을 할 때 주의할 점이 있다. 최근의 일반적인 글쓰기 동향은 종래의 글 읽기에서 작가의 의도와 문맥이 강조되었던 것과 달리, 독자의 자유로운 연상을 전제로 하여 글쓰기를 시도하는 방향으로 흘러가고 있다. 그러나 성경은 다른 책과 달리 하나님의 계시이고 말씀이란 점에서 문학계의 글쓰기 동향과 분명히 달라야 한다. 따라서 설교문을 작성할 때는 원저자인 성경의 의도를 벗어난 상상의 나래를 펴는 것은 매우 위험하다는 점을 기억하면서 상상력을 발휘해야 할 것이다.

　3) 일체감을 느낄 수 있는 표현을 사용하고 현대적으로 바꿔라.
　강해설교가 해돈 로빈슨은 '하늘에 계신 우리 아버지'란 설교에서 "저 때문에 압살롬은 어렸을 때 부서진 장난감을 고쳐달라고 저에게 가져오지 않았습니다. 그 결과로 나중에 컸을 때에도 그는 결코 부서진 자기 마음을 가지고 저를 찾아오지 않았습니다. 제 장수들 중 하나가 그를 발견해서는 작은 창 세 개로 그 아이의 심장을 찔러버렸습니다. 그러나 그것은 사실 내 심장을 찌른 것이나 다름없었습니다"라고 말했다. 옛날 다윗의 심정을 오늘날 우리들이 하고 싶은 말로 바꾸어 놓음으로써 좋은 아버지가 되고 싶은 이 시대의 아버지들에게 일체감을 느끼게 하고, 설교 효과는 극대화된다. 우리도 이런 표현을 할 수 있어야겠다.

시인 이정하는 '우리 사는 동안에'라는 시에서 다음과 같이 노래한다.

> "어디 아늑한 추억들이 안개 깔리듯 조용히 깔리고
> 말을 하지 않아도 가슴으로 사는 곳은 없을까.
> 녹슬고 곪고 상처받은 가슴들을 서로 따스하게 다독거려주는
> 그런 사랑의 세계는 없을까"

이 시가 우리 가슴에 와 닿는 것은 우리가 느끼는 그것을 시인이 대신 노래해 주고 있기 때문이다. 이런 훈련이 된 설교자만이 요한복음 4장 사마리아 여인에 대한 설교를 하며 'I. 사마리아 여인은 용납될 필요가 있다 II. 예수께서는 사마리아 여인을 용납하셨다'라고 하는 대신 'I. 우리는 용납될 필요가 있습니다 II. 우리도 예수께 용납되고 있습니다'라는 식으로 좀 더 일체감을 주는 표현을 할 수 있을 것이다.

4) 개인적 변수에 호소하는 것도 때로 매우 효과적이다.

'세상에서 제일 맛있는 쌀밥집!'이란 간판보다는 '세상에서 두 번째로 잘하는 보리밥집'이란 상호에 끌리고, "우리는 2등입니다. 2등이므로 더 열심히 할 수밖에 없습니다"란 렌트카 회사의 CF 문구에 사람들은 감정적으로 더 호감을 갖게 된다는 점을 응용하자.

5) 절제의 심미학을 개발하는 것도 필요하다.

말을 멈춰야 할 때를 아는 것은 매우 어려운 일이다. 억제와 절제 그리고 멈출 때를 아는 것은 큰 지혜다. 너무 진한 향수 냄새가 계속되면 향기에 취하기보다 머리가 아파오기 때문이다. 바람결에 잠시 스쳐가는 향내가 더 효

과적이다.

6) 또한 시대적 감각에 역행하지 말자. 교인 한 사람은 QT 잡지에 실린 어느 목사님의 글을 보더니 웃으며 이것 좀 보라고 하였다. 그 글은 QT의 중요성을 열심히 강조한 것이었는데, "QT는 숨겨진 보물을 찾기 위해 땅을 여기저기 파헤쳐 보는 삽질이다"라는 표현 때문에 QT의 중요성을 느끼기는커녕 친구 집사님들과 함께 한참을 웃었다는 것이다. 왜냐하면 요즘에 '삽질한다'는 표현은 쓸데없이 헛고생하는 어리석은 행동을 뜻하는데, 그 목사님은 그 표현이 본인의 의도와 전혀 다른 의미로 쓰일 수 있다는 사실을 몰랐던 것이다.

6. 전체 플롯 구성 훈련을 쌓자.

애기를 할 때든 글쓰기나 설교 준비를 할 때든 항상 기승전결 방식의 플롯을 염두에 두고 작성하는 훈련이 몸에 배어 있어야 한다.

설교를 준비할 때 다른 사람들이 자기에게 말하기를 바라는 방법으로 원고를 작성하는 것이 중요하다. 우리의 설교에서 낡은 상투어를 제거하고 두서없는 이야기를 삭제하고 목적의 일관성과 유동적인 움직임을 지닌, 경험을 창조하는 말을 선택해야 한다. 누군가가 말한 것처럼 우리가 더 훈련되고 더 창조적이 될수록 사람들은 더 열정적이 되고 전염적이 된다. 사상과 논리보다는 묘사적 이미지 언어를 통해 성경의 진리가 현실 속에 드러나게 하자. 다만 너무 시적인 표현에 치중한 나머지 겉멋 부리기로 흘러가서는 안 될 것이다.

설교 원고 작성에 도움이 되는 생활 습관

설교자는 표현력이 뛰어난 사람을 보며 "저 목사님은 원래 타고난 문학적 소양과 시인 같은 구사력이 있어서 잘하는 거야"라고 부러워만 할 것이 아니라, 앞에서 말한 것처럼 우리도 표현력과 언어 구사력 향상을 위해 노력해야 한다. 그러나 그것은 하루아침에 되는 일이 아니다. 그렇지만 다음과 같은 방식으로 매일 생활 속에서 꾸준히 신경을 쓰다보면 어느 날 달라진 자신을 발견하게 될 것이다.

먼저 자투리 시간을 활용해 이 시대의 뛰어난 작가들이 쓴 국내 소설과 수필을 읽자. 박노해의 '겨울이 꽃핀다'는 시집에는 "꽃이 아름다운 건 상처를 이겨냈기 때문입니다. 사람이 아름다운 건 상처를 이겨냈기 때문입니다"라는 표현이 나온다. 이런 표현이야말로 우리 설교자들이 하고 싶은 말이 아닌가? 하고 싶은 말을 어떻게 표현해야 할지 이 시대의 문장가들을 통해 우리는 배울 수 있다. 번역물을 읽어야 할 때도 있지만 우리말의 멋을 살리고 맛깔 나는 표현으로 가득한 국내 작가의 글을 틈나는 대로 읽는 습관을 들이는 것이 좋다. 신학교과서 같은 번역물만 읽으면 좋은 문장보다는 의미의 정확성에 치중해서 표현력은 별로 없는 복잡한 문장에 길들여질 수 있다.

두 번째로 명시 암송을 추천한다. 주석과 신학서적을 자주 읽어야 하는 목회자로서 의도적으로 좋은 시를 소리 내서 읊어보는 것은 어휘 감각과 표현력을 되살리는 데 큰 도움이 된다. 예를 들어 이성부의 '좋은 사람 때문에'란 다음 시를 소리 내서 읽어보자.

> 초가을 비 맞으며
> 산에 오르는 사람은 그 까닭을 안다
> 몸이 젖어서
> 안으로 불붙는 외로움을 만드는 사람은 그 까닭을 안다
> 후두두둑 나무기둥 스쳐 빗물 쏟아지거나
> 달아나기를 잊은 다람쥐 한 마리
> 나를 빼꼼히 쳐다보거나 하는 일들이 모두
> 그 좋은 사람 때문이라는 것을 안다

> 이런 외로움이야말로 자유라는 것을
> 그 좋은 사람 때문이라는 것을 안다
> 감기에 걸릴 뻔한 자유가
> 그 좋은 사람으로부터 온다는 것을
> 비 맞으며 산에 오르는 사람은 안다

그냥 지나칠 수 있는 평범한 일상 속에서 인간 내면을 성찰하고 표현해 냄으로써 감정의 공유를 이끌어내는 이런 표현력을 익히는 데는 시낭송이 좋다. 다음으로 이시영의 시 '시월'을 소리 내서 낭송해 보자.

> 심심했던지 재두루미가 후다닥 튀어 올라
> 푸른 하늘을 느릿느릿 헤엄쳐간다
> 그 옆의 콩꼬투리가 배시시 웃다가 그만
> 잘 여문 콩알을 우수수 쏟아놓는다
>
> 그 밑의 미꾸라지들이 더 이상 참을 수 없다는 듯
> 봇도랑에 하얀 배를 마구 내놓고 통통거린다
> 먼 길을 가던 농부가 자기 논에 무슨 일이 일어났는지
> 고개를 갸웃거리며 가만히 들여다본다

이것이 우리말의 묘미이다. 학술서적이나 번역물에 익숙한 사람들이 잊어버렸던 우리말 고유의 아름다움이 잘 드러나 있다. 이런 시를 소리 내서 자꾸 읽다보면 잃어버렸던 단어 감각과 언어 구사력이 되살아나는 것을 느끼게 된다.

세 번째로 추천하는 것은 광고 카피 읽기이다. 단 몇 초 동안에 사람들의 머리에 강한 인상을 새겨 넣고 행동하게 만들기 위해 '주목, 흥미, 욕구, 기

억, 행위'란 5요소를 염두에 두고 오랜 시간 기획 하에 만들어진 것이 광고 문구이다.

"이 세상 가장 향기로운 커피는 당신과 함께 마시는 커피입니다"라든가 "그녀가 아름다운 건 내게서 조금 떨어져 있기 때문이다"라는 커피광고들과, "영혼을 달래는 소리 OO피아노", "아빠가 따뜻하면 우리 모두 따뜻하다", "내가 겪은 대로 후배에게 강요할 수도 있었죠. 그러나 난 잔을 돌리지 않았습니다. 지킬 것은 지켜야 한다고 믿기에"라는 광고 문구, "나와라 여자 대통령. 없습니까 19세 대학교수. 따로 있다 여자가 크는 대학" 같은 문구를 소리 내서 되뇌다보면 전보다 조금 나은 표현을 할 수 있을 것이다. 그러므로 TV나 신문 잡지를 통해서 접하게 되는 광고 문구도 눈여겨보자. 사람의 마음을 잡는 표현력이 어떤 것인지 쉽게 배울 수 있을 것이다. 우리 설교도 같은 말이면 사람들의 마음을 잡고 그들의 기억에 남고 그들의 삶을 변화시킬 수 있게 표현되면 더 좋지 않은가?

목적과 의도가 명확한 설교

효과적인 설교문 작성을 위해서는 언어 구사력과 표현력 향상만이 다가 아니다.

설교자로서 제일 어리석은 말은 "지난주에 로마서 1장을 설교했으니 이번 주에는 로마서 2장을 함께 보겠습니다" 같은 것이다. 이 말을 듣는 순간 청중은 더 이상 기대를 갖기 어렵다. 잘해봐야 "열심히 배워 두자"라는 마음을 갖는 정도이다. 설교자의 입장에서는 오늘은 1장, 다음엔 2장, 그 다음엔 3장 이렇게 한 장씩 차근차근 가르치는 것이 강해설교란 오해 때문에, 혹은 편식 없이 꼴을 먹인다는 선의로 하는 것일지도 모른다. 그러나 설교의 분명한 목적이 상실된 이런 설교 방식 때문에 어떤 표적을 맞히는 것도 드물고 청중에게 무엇을 정확히 전달하기도 어렵다. 해든 로빈슨의 지적처럼 목적이 없는 설교는 제대로 쏠 수 없는 것이다. 왜 설교하는지 의도가 없기에 잡을 것도 없다. 설교자는 설교의 결과로 듣는 이의 마음속에 무엇이 일어날 것을 기대할 때 좀 더 명확히 표현하고 분명히 전달하게 된다.

디모데전서 3:15를 보면 이 목회서신을 쓰는 이유를 분명히 보여준다. "너로 하여금 하나님의 집에서 어떻게 행하여야 할지를 알게 하려 함이니" 우리들이 교회에서 어떻게 행동해야 할지 그 처신할 길을 알려주고 싶어서란 것이다. 요한복음의 작성 목적은 "너희로 예수께서 하나님의 아들 그리스도이심을 믿게 하려 함이요 또 너희로 믿고 그 이름을 힘입어 생명을 얻게 하려 함"(요 20:31)임이 분명히 제시되어 있다. 요한일서 5:13을 보면 요한서신의 기록목적도 "이것을 쓰는 것은 너희로 하여금 너희에게 영생이 있음을 알게 하려 함이라"는 사실이 분명히 드러나 있다. 그러므로 요한복음을 읽고도 예수님이 하나님의 아들이요 구원자이심을 깨닫고 영생을 얻지 못한다면 성경을 헛되이 읽은 것이며, 요한일서를 열심히 공부하고도 아직도 구원의 확신을 가질 수 없다고 말한다면 헛공부를 한 것이 아닌가?

그런데 우리는 지금 왜 이 설교문을 작성하는지 목적문도 없이 설교문을 작성하고 있지는 않은가? 설교 목적문도 분명히 제시하지 못한 상태로, 단지 매주 해야 하는 일이기 때문에 설교문을 작성하고 있다면 불행한 일이다. 그렇다면 아무리 뛰어난 언어 구사력과 표현력을 갖춰도 효과적인 설교문을 쓸 수 없다.

설교는 믿음의 공동체의 정체성을 형성하는 데 결정적인 역할을 한다. 따라서 매 설교는 그 목적이 분명해야 한다. 이것을 위해 나는 설교학교에서 귀찮더라도 설교를 작성하기 전에 설교 목적문을 한두 줄로 써놓고 시작하라고 충고한다. 설교 목적문이 있으면 앞에서 설명한 것처럼 원고 작성에서 가장 신경 쓰이는 부분인 설교 도입부 작성시에도 1. 설교에서 제기될 성도들의 필요에 따라 설교 서두를 집중해서 쓸 수 있고 2. 설교에 무엇이 삽입되어야 하고 무엇을 빼야 할지 판단하기가 용이해지며 3. 설교의 마무리 부분과 적용의 내용이 분명해지는 것은 물론 4. 예화 선택에도 영향을 준다. 가장 중요한 것은 5. 이 설교가 성공적이었는지 아닌지를 판단할 수 있는 시금석이 된다는 점이다. 무엇이 성공적인 설교이며 어떤 것이 실패한 설교인가? 교인들의 환호가 아니라 설교 목적을 성취했느냐 아니냐가 객관적인 기준이 되어야 한다.

그러면 설교 목적문을 작성할 때는 어떻게 해야 할까?

데이빗 버트릭(David Buttrick)이 지적한 것처럼 참된 성경적 설교는 첫째로 메시지뿐 아니라 그 본문이 가지고 있는 의도(intention)에도 충실해야 한다. 성경 본문의 내용 역시 하나님 그리고 원저자의 의도와 결합된 것이므로 우리의 설교도 그 의도를 살려야 하는 것이다. 즉 내가 이 본문에서 이런 설교를 하려고 하는데 그 목적이 본문석의 결과에서 나온 것인지 아닌지를 물은 상태에서 목적문이 작성되어야 한다. 설교자의 의도를 살리기 위해 하나님 말씀을 끌어들이는 것이 아니라, 설교자의 설교 목적은 본문의 의도에서 나와야 한다.

둘째로 석의 결과 나온 본문의 중심 명제에 근거해서 "하나님께서는 오늘 성도들이 무엇을 알기 원하시며 무엇을 순종하기를 원하고 계신가?"란 질문에 답할 수 있을 때 설교 목적문이 제대로 작성될 수 있다.

세 번째로 설교자인 내가 만든 설교 목적이 그것을 듣게 될 성도들의 필요에 부합하고 있는가란 질문에 답할 수 있어야 한다. 설교자는 그 공동체에 주어진 선지자이므로 시대를 읽을 줄 알아야 한다. 그 시대에 필요한 말씀, 주께서 이 시대에 이 공동체에 속한 백성에게 주시는 말씀을 말해야 하는 것이 설교자의 임무이다. 그것이 바로 우리의 설교 목적문의 근거가 되어야 한다.

그 구절이 청중에게 무엇을 행하기를 원하는가를 우리 설교자가 먼저 답하고, 그 후에 청중들에게 이 말씀으로 인해 어떤 변화가 일어나기를 원하는지 답할 수 있을 때 우리는 설교문을 제대로 작성할 수 있는 것이다.

이런 설교의 목적이 분명하지 않을 때 우리의 설교는 초점을 잃게 되고 제 기능을 다 할 수 없게 된다. 분명한 목표가 없기 때문에 설교는 모호해지고 설교에 파워가 없어진다.

삶을 변화시키는 설교를 위해 달라져야 할 사항들

지금까지 효과적으로 삶을 변화시키는 설교를 위해서는 설교 구성이 잘 되어야 할 뿐 아니라 청중들이 이해하기 쉽게 표현하는 능력과 전달 방식에도 변화가 있어야 함을 알아보았다. 신학적 지식의 전달이 아닌 삶의 변화를 추구하는 설교자라면 성경의 의미를 정확하게 파악하는 방법과 함께 잘 표현하는 방법에도 익숙해져야 하기에 언어 구사와 표현력 개선을 위해 여러 가지를 제안했다. 그리고 분명한 설교 목적문을 먼저 작성할 수 있을 때에 설교를 쓰기 시작해야 한다고 말했다. 여기까지 설교 준비와 작성 단계를 마치고, 다음 장에서는 설교 전달법에 대해 알아볼 것이다. 그러나 실제적 기술을 다루기 전에 삶의 변화를 일으키는 설교 준비를 위해 달라져야 할 것을 종합적으로 정리하고 넘어가도록 하자. 설교자가 설교를 준비하는 과정에서 항상 염두에 두고 있어야 할 사항은 다음과 같다.

우선 하나님 말씀의 진지함을 잃지 않아야 한다.

진지한 석의에서 출발한 설교를 하는 사람이라면 설교하면서 청중들을 휘어잡기 위해 웃겼다가 울렸다가 하는 일에 매달리지 않을 것이다. 물론 설교의 도입 부분이나 설교 도중 전환을 위해서도 유머는 매우 유용하다. 유머는 무장을 해제해 말씀이 변화를 일으킬 수 있도록 마음 문을 열어주기 때문이다. 그러나 설교에서 시종일관 그런 분위기를 지속하는 것은 참을 수 없는 가벼움이며, 청중을 즐겁게 하기 위해 거룩한 설교 행위를 이용하는 것이다. 분명히 이 시대의 사람들은 유머를 좋아한다. 그러나 설교를 행하는 동안 피상적 가벼움을 극복하지 못하는 것은 생과 사를 가름하는 설교의 중대성을 망각하기에 가능한 일이다. 청중의 삶을 깊이 있게 변화시키기 원하는 설교자에게는 가벼움을 뛰어넘는 진지함이 있고, 그 설교에는 생과 사를 가르는 장중함이 있다. 우리는 청중을 기쁘게 하는 것으로 만족하지 않기 때문이다.

두 번째로 단순하고 쉬운 설교를 하자.

유머가 있되 설교에서 하나님 영광의 무게를 잃지 않는 균형을 잡기가 쉽지 않듯이, 인생의 가장 깊은 진리를 전하되 청중을 변화시키기 위해서 단순하고 쉽게 설교해야 한다는 점이 설교자의 또 다른 어려움이다. 그 이유는 설교가 신학도를 향한 신학적 강론이 아니라 보통 사람들의 삶을 변화시키는 작업이기 때문이다. 이사야서에서 여호와의 종이 고백한 것처럼 주 여호와께서 우리 설교자들을 아침마다 깨우치고 알아듣게 하시는 이유는 매일의 삶 속에 지치고 힘든 청중들의 귀를 어떻게 일깨우고 말(설교)로 도와줘야 할지 알게 하기 위해서다. 그것이 바로 학자의 혀의 기능이지(사 50:4), 곤핍한 자들이 알아듣지 못할 학문적 언어를 구사하라는 것이 아님을 설교자들은 잊지 말아야 한다. 그렇기 때문에 사람들은 예수님의 설교를 즐겁게 들을 수 있었던 것이다(막 12:37). 따라서 설교의 언어와 표현은 진정한 학자의 혀의 기능을 다할 수 있도록 추상적이고 학술적이기보다 쉽고 단순 명료해야 한다. 전도자들이 전도를 하면서도 자신의 세계 속에 갇혀서 기독교인들만이 알 수 용어를 쓰는 우를 범하듯, 설교자들은 일반 청중들을 향해 설교하며 자신도 모르는 사이에 신학 용어(대속, 성화, 영화 등)로 말하는 어리석음을 종종 범한다. 그것은 '반(反)-학자적 혀'의 설교이다. 그것은 우리 설교자 혹은 그리스도인 중심적 설교일 뿐, 정작 변해야 할 설교의 대상인 불신자와 구도자와 초신자들을 제대로 배려하지 않는 설교이다. 그런 설교를 듣고 보통 사람에게 변화가 일어나기 어려운 것이 자명한데도, 안타깝게 그런 설교들이 적지 않은 것이 강단의 현실이다.

세 번째로 구체적으로 표현하자.

앞에서도 강조한 것처럼 설교를 작성할 때는 말하고자 하는 것을 구체적으로 표현해서 청중들이 어떻게 해야 할지 알고 행동하도록 해야 한다. 보통 의사들은 "우리나라의 암 사망률은 50%에 달합니다"라고 무감각하게 발표할 것이다. 그러나 세계 최고 수준의 뛰어난 의술과 함께 인격적인 치료와 환자들을 보살피는 마음으로 존경을 받는 국내 한 암센터 원장은 "부부 중 하나는 암으로 죽을 수 있습니다. 그러니 여러분 절망하지 말고 암과 함께 사는 법을 배우십시오"라고 말함으로써 동일한 내용을 더 실감나게 전할 뿐 아니라 그들에게 어떻게 살아야 할지까지 가르치고 있다. 객관적 사실의 단순 나열에 그치지 않고 구체적으로 와 닿게 말하는 이런 소소해 보이는 부분들이 그를 대가의 반열에 오르게 한 것이다.

미국 교회사에서 조나단 에드워즈는 매우 독특한 인물이다. 그는 프린스턴대학의 총장까지 지냈던 지성이요 최고의 신학자였을 뿐 아니라, 철학자요 형이상학적인 사람이었기에 현대인들이 읽기에 부담을 느낄 정도로 매우 논리적이고 깊이가 있는 글들을 남겼다. 그럼에도 불구하고 그의 설교를 통해 대각성이 일어날 수 있었던 것은 무엇 때문일까? 성령의 역사 등 여러 가지 이유가 있지만 설교학적으로 간과할 수 없는 이유 한 가지는, 추상적인 것들이 거룩한 감정을 거의 자극하지 못한다는 것을 알았기에 설교할 때는 매우 구체적이고 적나라한 표현을 했다는 점이다. 예를 들어 단순히 '하나님의 진노'라고 하는 대신 요한계시록 19:15를 인용하여 '그의 입에서 나온 예리한 검으로 만국을 치겠고 친히 철장으로 다스리며 전능하신 이의 맹렬한 진노의 포도주 틀을 밟을 것'이라는 식의 구체적 표현을 즐겨 사용했다.

국내의 한 유명 설교자는 사무엘상 16:1-13을 본문으로 설교하며 다음과 같이 말했다.

"우리에게 하나님께서 축복의 기회를 주셨을 때, 바늘 구멍만한 축복이 찾아왔을 때 믿음으로, 선한 마음으로 그 축복을 붙들 때에 그 축복은 몇십 배 몇 백 배 커지는 것입니다. 인간적인 고집에 빠져서 이 축복을 외면할 때에 그 축복은 넝쿨째로 딴 사람에게 넘어가는 것입니다. 그래서 지속적으로 하나님의 복을 받는 것이 중요합니다. …… 하나님께서도 알레르기가 있습니다. 교만한 사람을 보면 두드러기가 생깁니다. …… 끝까지 복을 받으려면 독한 마음을 가져야 합니다. 사람을 실망시키는 것을 겁내지 말아야 하고 무모할 정도로 성경 말씀 가지고 나아갈 때 끝까지 복을 받을 수 있습니다."

이 설교의 신학적 엄밀성 측면을 보라는 것이 아니다. 그 생생한 표현력을 보라는 것이다. 이런 구체적이면서도 생생한 표현력이 사람들의 귀를 잡고, 성경의 메시지를 그들의 가슴에 새겨 놓는 것이다.

네 번째로 강렬한 표현력과 함께 분명한 경고도 할 수 있어야 한다.

에드워즈의 설교의 또 다른 특징이기도 한데, 삶을 변화시키는 설교들의 공통된 특징은 강렬한 표현과 함께 분명한 경고를 담고 있다는 점이다. 조엘 비키는 오늘날 청중을 변화시키지 못하는 설교가 너무도 많은 것은 신자가 누릴 축복과 불신자가 당하게 될 심판을 강조하지 않고 사람들의 비위를 맞추기 위해 아첨하기 때문이라고 단언한다. 그렇다고 무조건 청중을 공격하거나 감정을 자극하는 설교를 하라는 말이 아니다. 다만 현대설교에서 죄에 대한 경고성이 사라져가는 경향이 바뀌어야 한다는 말이다. 교회 성장이란 부담 속에서 설교자들은 사람들이 격려를 원한다는 사실에 너무 민감해져 있고, 소비자는 책망이나 단호한 말을 싫어한다는 생각에 매여 있다. 그래서 많은 현대 설교자들은 "만일 네 오른 눈이 너로 실족하게 하거든 빼어 내버리라"(마 5:29)는 예수님의 설교조차 용납하기 어려울 것이다. 그렇지만 주님은 비교와 궁극적 가치의 근거를 제시(27-28절)한 후, 강렬한 표현을 통해 핵심을 분명히 전했다. 에드워즈 역시 지옥에 대한 두려움으로 우리를 노예화하는 것보다 거룩한 사랑과 희망이 사람의 마음에 더 효과적임을 잘 알고 있었다. 그러나 동시에 그는 목회자로서 교인들에 대한 진정한 사랑은 주님의 위협적인 말씀으로 불신자에게 경고하는 것임을 알고, 또 그렇게 했기 때문에 사람들이 변했고 부흥이 일어났던 것이다.

현대 기독교심리학의 연구 결과도 이런 방식이 효과적임을 지지한다. 삶을 변화시키는 설교라는 것을 다른 방식으로 표현한다면 말씀을 통해 그리스도인의 성장을 추구하는 것인데, 클라인벨(Clinebell)이 잘 지적했듯이 성장은 목회자들이 생각하는 것처럼 돌봄만 있으면 생기는 것이 아니라 적절한 대면이 있을 때 일어난다. 즉 설교에서 위로와 격려와 같은 돌봄의 측면과 함께 대면이 필요한데, 심약한 설교자들은 대면적 요소의 시행을 부담스러워한다. 그러나 분명한 것은 교회를 출석하고 있지만 생활은 그대로인 사람들의 행동양식을 구성하는 가치관을 건드리는 대면적 행위 없이는 교인들의 삶은 쉽사리 변하지 않는다는 사실이다.

히브리서 4:12절 말씀은 성경의 본질이 어떠한가를 통해, 그 말씀에 근거한 우리의 설교가 어떠한 특징을 가져야 할지를 잘 보여준다. 하나님의 말씀은 사랑이지만 동시에 예리하여 우리의 마음과 영혼 깊숙한 곳을 '찔러 쪼개서' 마음의 생각과 뜻을 감찰해 보여주도록 해야 한다. 트렘퍼 롱맨이 강조한 것처럼, 하나님께서 우리를 변화시키기에 앞서 우리는 먼저 자신의 실상을 알 필요가 있다. 설교를 통해 사람들의 존재 깊숙한 곳으로 파고 들어가 그들이 가지고 있는 숨겨진 죄와 세상적 가치관을 드러내줘야 한다. 말씀의 검으로 곪은 곳을 절개해야 오래 묵은 상처를 치료할 수 있는 것이다. 그것이 바로 살아있는 말씀의 기능이다. 우리의 설교는 성경을 규례와 전통과 교리문서를 넘어서지 못하는 죽은 문자처럼 취급해서는 안 된다. 운동력이 있는 말씀을 설교자가 막아서는 안 된다.

여기서 신설교학파 설교자들의 오해에 대해 잠시 살펴보고 넘어갈 필요가 있다. 크래독이 주장하는 것처럼, 점점 세속화되어가고 있는 오늘날의 다원화 사회에서 당신이 죄인이라고 의기양양하게 전하는 논리적 설교의 어리석음 때문에 사람들이 더 이상 관심을 기울이지 않은 결과, 변화가 일어나지 않는 것이 아니다. 그것은 전통적인 설교가 여러 가지 다른 문제점을 안고 있어서이지, 청중의 문제를 명확히 제시하기 때문이 아니다. 오히려 권위가 사라진 시대에 사람들이 교회에 나와 청중석에 앉아 기다리는 것은 진정한 권위로서의 하나님의 말씀이 선포되는 것일 수도 있다. 게다가 주일 아침에 선포되는 모든 설교가 다 불신자를 대상으로 하는 전도설교는 아니라는 점도 그들은 잊고 있다. 설교의 구조, 구성, 표현 방식, 전달의 문제 등 여러 가지 복합적인 이유들 때문에 전통적 설교가 거부되는 것이지, 명백한 진리로서의 복음 자체를 거부하는 것이 아니다. 불신자 전도를 통한 교회성장으로 유명한 윌로우크릭교회는 조사와 연구 결과, 불신자들이 교회를 거부한다고 하나님과 복음을 거부하는 것은 아님을 발견했다. 또한 새들백교회의 릭 워렌 목사 역시 오랜 목회 경험을 통해 비교인들은 희석된 메시지를 원하는 것이 아니라 월요일에 적용할 수 있는 실제적인 것을 주일에 듣고 싶어 할 뿐이라고 정확히 지적하고 있다. 전술한 바와 같이 청중의 삶을 변화시키기 위해서는 몇 가지 사항에 주의를 기울이기만 한다면 대면적(confrontational) 설교 방식이 훨씬 효과적일 수 있다. 특별히 불신자 전도와 달리 주일예배에 참석한 청중들은 하나님 말씀을 듣기 위해 자발적으로 나온 사람들인데도 그들에게조차 진실을 말하지 못한다면, 그것은 지도자로서 용기가 없고 목자로서 사랑이 없는 것이라고 밖에 볼 수 없다. 참으로 이상한 것은 불신자에게 전도할 때는 지나치게 대면적이고 하나님 말씀을 듣겠다고 나온 사람들에게는 너무도 타협적인 설교를 하는 것이다. 변화를 위해 분명한 설교를 한다고 하면서, 해결을 위한 깊은 성경적 원리와 미래의 소망도 제시하지 못하고 얄팍한 비판과 난도질만 하는 것 역시 주의해야 할 일이다.

다섯 번째로 설교자는 시간이 지남에 따라 차츰 더 단단한 음식을 제공해야 함을 잊지 말자.

설교자는 처음에는 부드러운 음식으로 시작하지만 차츰 청중에게 단단한 음식을 제공해야 한다. 적지 않은 사람들이 건강식을 원치 않고 항상 어린아이와 같이 초콜릿을 원할 것이다. 그러나 자녀들이 건강하게 자라기를 원하는 부모라면 그들이 좋아한다고 항상 달콤한 것이나 먹기 편한 이유식만 주지는 않을 것이다. 그런데 불행히도 교회에는 그런 설교자들이 있다. 쉽고 재미있고 편한 설교가 당장은 교인들을 편하게 해주고 그들을 붙잡아 놓기에는 좋을지 몰라도, 시간이 지나도 성숙하지 않고 봉사의 사역을 하지 못하는 모습으로 인해 언젠가 목회자 자신이 고통을 겪게 될 것이다. 장기 계획을 가지고 차츰 더 단단한 음식을 주겠다는 각오로 설교를 해야지 항상 젖만 물려서는 안 된다.

여섯 번째로 인간의 교훈과 방법론보다는 하늘의 지혜를 줘야 한다.

많은 경우 설교자는 어떤 사건이나 문제에 대한 나름의 해결책을 줘야한다는 부담을 갖고 있는 듯하다. 그러나 문제가 해결되고 사람이 변하는 것은 설교자가 교리적 진술이나 논리적 원리, 생활의 지혜를 제시해서 되는 일이 아니다. 오히려 잠언과 같은 지혜의 말씀을 통해서, 혹은 주님께서 하셨듯이 지혜로운 이야기를 통해서 변한다. 사람이 변하는 것은 인간의 교훈이 아니라 위로부터 난 지혜를 통해서라는 성경의 가르침(약 3:15-17)을 우리는 기억해야 한다.

설교 기획과 설교자의 주간 설교 준비 일정

좋은 설교를 하고 싶은 것은 모든 목회자의 가장 순수한 열망이다. 그런데 매일 쉴 새 없이 몰려드는 바쁜 목회 일정 속에서 벌써 내일이 주일이라는 사실을 문득 깨닫고 교인들에게 미안함과 자신에게는 부끄러움으로 강단에 서게 되는 일이 적지 않을 것이다. 사역이 너무 바빠서 설교 준비할 시간이 없다는 목회자들에게 빌 하이벨스는 "당신이 해야 할 일의 많은 부분을 다른 사람에게 맡겨라. 그리고 시간과 스케줄을 조정하라!"고 강력히 권한다. 왜 그럴까? 설교가 중요하기 때문이다. 그런데 말로만이 아니라 정말 중요하다고 생각한다면 사역에서 우선순위를 조정하라. 교인들은 최고의 설교를 들을 자격이 있기 때문이다. 어차피 평생 계속될 바쁜 목회 일성 속에서 부끄럽지 않고 최선을 다하는 설교자의 삶을 살기 위해서는 계획성 있게 사는 훈련, 그리고 일주일의 삶을 우리 최대의 과제인 설교 준비에 맞추어진 삶으로 자신을 훈련시키는 것이 중요하다.

설교를 준비하는 것 중 가장 수동적인 것이 교회력에 따라 설교하는 것이다. 그러나 국내는 물론 외국에서도 역동적으로 성장하는 교회치고 교회력에 있는 그대로 설교하는 교회는 거의 없다. 물론 교회력대로 하면 좋은 점이 없는 것은 아니다. 다음 주에는 무엇을 해야 할지 고민할 필요도 없을 뿐 아니라 설교자가 좋아하는 본문만 편식하는 것을 막아줄 것이다. 그러나 교인들은 자신들의 삶 속에서 부딪히는 문제에 대해 하나님께서 하시는 말씀을 듣고 싶고, 그 사정은 지역마다 교회마다 다르다. 그런데도 전세계 교회 공통으로 주어진 본문이기에 그냥 설교하겠다는 것은 목회자로서 참으로 무책임한 태도라 아니할 수 없다. 물론 매주 교회력에 따라 설교를 하지는 않아도 주요 절기는 고려해서 설교하는 것이 좋다. 즉 강림절, 성탄절, 사순절 기간, 부활절, 오순절 혹은 추수감사절 등은 기억해야 할 것이고, 그런 절기 외에도 신년주일, 청년주일, 세계기도주간, 어버이주일, 어린이주일, 청지기주일, 선교주간 등에 따른 설교도 준비해야 할 것이다.

이런 것도 중요하지만 **설교 장기 기획**을 세워야 한다. 그 이유는 교인 성숙을 위한 교육적 포석이 되기 때문만이 아니라, 한 공동체의 지도자로서 교회 방향을 설정하고 인도하기 위함이다. 또한 교인들의 영적 필요를 균형 있게 채워주기 위해서이다. 이때는 성경의 책별, 그리고 주제별 설교와 함께 현안에 대한 적절한 배합이 있어야 한다. 하지만 설교 기획을 했다고 그 스케줄대로만 하겠다는 고집을 부리지 말고 융통성을 가져야 한다.

설교 계획을 세울 때 1년 정도의 커다란 그림을 갖는 것은 좋지만, 실제 급변하는 상황 속에서 장기적인 계획을 따르는 데는 어려움이 있다. 따라서 3달짜리 설교 계획을 가지고 움직이는 것이 더 현실적이다. 처음부터 3개월 계획이란 그림 속에서 다시 월간 계획을 가지고 설교하는 습관을 갖는 것이 좋다. 특히 시리즈 설교를 잘 계획하는 것이 효과적인데, 이에 대해서는 월간 목회와 신학 2009년 12월호에 실린 필자의 글을 참조하기 바란다.

이제 설교자의 1주간의 삶, 효과적인 주일 설교를 위한 1주간의 삶의 일정을 알아보도록 하자. 성장하는 교회의 담임목사로서 그 바쁜 일정 속에서도 어떻게 저런 좋은 설교를 매주 해낼 수 있을까 궁금해 하는 목회자들이 많은데, 뛰어난 설교가들은 나름대로 다음과 같은 훈련된 삶이 있다.

우선 설교 본문은 월간 혹은 분기별 설교 계획 속에서 미리 정해져 있어야 한다. 금요일이 되어야 이번 주에는 무엇을 설교해야 하나 걱정하는 사람은 좋은 설교를 할 수가 없다. 본문이 미리 정해져 있다면 몇 주 전부터 머릿속에는 그 본문이 느리지만 서서히 맴돌고 있을 것이다.

그러다가 주일 설교를 마치고 월요일이 되면 아무 것도 하지 않고 쉬고 싶은 것이 사람의 마음일 것이다. 그러나 모든 프로들이 그러하듯 설교자도 그렇게 살지 못한다.

월요일

어떤 목회자들은 월요일은 쉬는 날이라고 그저 놀러다니거나 성경을 멀리하고 싶어 할지 모른다. 월요일은 원래 노는 날로 여기고 혼자 나가버리는 일은 없어야 한다. 어떤 목회자들은 월요일이면 노회나 지방회를 가거나 목회자들 모임이나 세미나에 가기도 하지만, 월요일은 평상시에 바빠서 함께 해주지 못했던 가족과 함께 시간을 보내는 날로 여기는 것이 평생 목회를 건강하게 하는 비결이다. 그런데 설교자의 삶을 치열하게 사는 사람이라면 배우자와 시장을 가서 쇼핑카트를 끌면서도 머릿속에는 다음 주에 설교할 본문이 맴돌 것이다. 일부러 그것을 지우려고 하지 말라. 자기 전에 묵상하던 본문이 머릿속에 뱅뱅 돌 때 잠들면 무의식 속에서도 말씀이 묵상된다는 어떤 사람들의 말은 믿지 않더라도, 성경 말씀이 쉬지 않고 머릿속에서 잠재적으로라도 묵상되는 것이 어찌 잘못된 일이라 할 수 있단 말인가?

월요일만은 목회의 무거운 짐에서 놓여 가벼운 마음으로 지낼 수 있는 유일한 날이지만, 그래도 끊임없이 설교 본문을 묵상하고 시간 날 때마다 쉬엄쉬엄 여러 번역본으로 설교할 본문을 가볍게 읽어나가는 시간은 가져야 한다. 그러면서 설교의 목적을 분명히 해야 한다. 즉 성경을 읽고 묵상하면서 하나님께서 이 본문을 통해 무엇을 전하라는 것인지 그 이유를 들으려고 노력하고 설교 목적을 되짚어 봐야 한다. 목적이 없으면 나중에 이상한 설교로 바뀌고 목표에 도달할 수 없기 때문이다.

화요일
화요일 아침이면 중대형 교회에서는 사역자 회의가 있을 것이다. 지난 주일 사역을 점검하고 이번 한 주간의 사역 계획을 검토하고 준비하는 시간이다. 그런 시간을 갖고 나면 급한 심방이나 업무는 오후로 미루고, 아직 머릿속이 복잡하지 않을 때에 시간을 내서 어제까지 줄곧 묵상해왔던 본문을 기초로 하여 설교 아이디어 착상에 들어간다. 주일 저녁식사 자리에서 여러 교인들이 '거침없이 하이킥'이란 시트콤 얘기를 하는 것을 들은 기억을 되살려, 어느 화요일 아침 나는 이번 주 본문을 통해 하나님의 사랑을 설교할 때 '거침없는 사랑'이란 제목으로 십자가에 나타난 사랑을 표현해 보기로 마음먹은 적이 있었다. 설교 아이디어를 착상하고 그것을 발전시킬 때는 커다란 종이에 중심 주제를 써넣고 그 아래에 세부안을 집어넣는다. 요즘에는 다들 좋은 워드프로세서 프로그램을 사용하기 때문에 컴퓨터에서 큰 주제를 써넣고 그 아래에 소항목들을 하나씩 집어넣고 해당 사항을 발전시켜 나갈 수 있다.

이 일에는 일반 워드프로세서보다는 마인드매핑 소프트웨어 프로그램을 사용하는 것이 훨씬 효과적이다. 국내의 잘 만들어진 프로그램은 어느 정도 정리되면 그것을 워드프로세서로 보낼 수도 있어서 편리하다. 이와 함께 본문을 정확하게 이해하기 위해 석의를 해야 하는데, 그에 필요한 자료라든가 설교 아이디어를 발전시켜나갈 때 필요한 해석적 자료들을 수집하고 분류한다. 이 일을 위해 심방을 다녀오며 서점이나 도서관에 잠시 들를 수도 있다. 자료들을 분류하고 본문을 연구하며, 만약 조금 여유 있는 화요일이라면 잘못된 해석을 하지 않도록 본문을 제대로 탐구하는 시간을 갖도록 한다. 이때 자료를 수집하고 살펴본다고 절대로 주석이나 다른 이들의 설교를 먼저 봐서는 안 된다. 그러면 그 주석가나 감동적인 설교를 한 사람들의 아이디어에 고정되어 하나님께서 우리 교회에 주시고자 하는 음성을 본문을 통해 들을 수 없다. 많은 자료가 없다면 한글은 물론 영어번역까지 많은 성경역본을 읽으며 해석의 차이에 주목해 보면 새롭게 깨닫게 되는 것이 많을 것이다. 그리고 명료하지 않은 부분은 간단한 석의 과정을 통해 확인해 볼 수 있다. 화요일 저녁에는 어느 정도의 임시 제목을 설정해 볼 수 있다.

수요일

수요일에는 수요예배란 중요한 일정이 또 우리를 기다리고 있다. 화요일 저녁 잠시의 시간과 수요일 아침 4-5시간 정도를 들여 수요예배 설교를 준비해야 하지만, 그래도 그 전후에 시간을 내서 어제 연구했던 사항들과 설교 아이디어를 발전시켜서 주일예배 설교의 골격을 형성해 본다. 즉 어제 대충 만들어진 석의적 개요가 설교적 아웃라인(개요)으로 만들어 지도록 하는 것이다. 이 과정에서 중요한 것은 우리 교회 성도들에게 이것이 어떤 의미를 줄 수 있는지를 염두에 두고 작업하는 것이다. 이때 설교 아웃라인을 끌어갈 전환문도 작성해 각 개요가 부드럽게 연결되고 진행되어 나갈 수 있게 되었는지 검토해 본다. 그리고 어떻게 설교의 클라이맥스를 만들 것인가도 고민해 보라. 이 작업을 하며 우리의 머릿속에는 설교의 초안이 어느 정도 그려질 것이다.

목요일

목요일의 목표는 설교본문과 결론부를 완성하고 설교 제목을 확정하는 것이다. 금요일이면 설교 제목을 본문과 함께 넘겨야 주보 담당자가 작업을 할 수 있기 때문이다. 작은 교회라서 내가 주보를 만드니까 토요일 저녁까지 하면 된다는 생각으로 자신을 길들이지 말라. 금요일 아침에는 넘겨야 된다는 자신만의 데드라인을 정해놓고 이 일정에 따른 설교 준비 훈련을 하자. 어제 만들어 놓은 설교 개요에 따라 살을 붙이고 내용을 써내려 가는데, 성도들이 묻고 싶은 질문들도 몇 가지 만들어 넣는다. 그리고 설교하기 전과 설교 후 결단의 시간에 부를 찬송가도 선정한다. 설교 개요(아웃라인)에 따라 설교 원고를 써내려가기 직전에는 비로소 주석을 보며 잘못된 해석이 나오지 않았는지 점검하고 다른 사람들은 이 내용을 어떻게 설교했는지 참조할 수 있다. 그러나 절대로 그것에 흔들려 설교의 골격을 바꾸면 안 된다. 그러면 설교의 논리성과 흐름이 깨지고, 주께서 우리 교회에 주셔서 내가 작성해 나가고 있는 설교와 하나님께서 그 설교자를 통해 다른 교회에 주셨던 말씀이 뒤섞여서 논지가 흐트러지고 기본 골격이 무너지는 일이 발생한다. 오직 참조만 하고 하나님이 나를 통해 교회에 주신 말씀의 골격을 붙잡고 나가야 한다.

금요일

금요일에는 대개 오전에는 구역예배나 목장모임 같은 소그룹 활동이 있고, 저녁에는 심야기도회나 철야기도회가 있어서 간단한 또 다른 설교 준비가 필요하다. 또한 주말에 하지 못하는 심방도 해야 하는 날이다. 하지만 금요일에는 도입부(서론)를 최종적으로 작성해 설교를 완성하는 날이기도

하다. 또한 적절한 통계자료나 예화를 찾아야 하는데 이 일에 적지 않은 시간이 소모된다. 설교 준비는 이렇게 항상 금요일 저녁이면 완료되도록 습관을 들이는 것이 좋다.

토요일

자고 일어나면 머리가 새로워져서 어제 잘 완성했다고 생각했던 원고의 문제점이 신선한 눈에 종종 포착된다. 그러므로 토요일은 설교 원고를 최종 수정하며 설교 전달 기획을 하는 날이다. 완성된 원고를 가지고 설교하는 연습을 하면서 어느 부분에서 어떤 제스처를 하고, 어느 부분에서 어떻게 강조하고, 어느 부분에서 속도를 내거나 멈출 것인지를 점검해 본다. 그리고 기도하며 내일 있을 영적 전쟁을 대비하고 영적으로 힘을 비축하는 날로 삼아야 한다. 위대한 설교자들은 토요일에는 심방도, 회의도 삼가고 오직 기도와 묵상으로 조용히 주일을 대비했다. 토요일 교회일로 회의를 하고 분주히 지내면 때로 마음이 상해서 주일 아침에 못마땅한 마음으로, 심지어는 분노의 마음으로 강단에 서게 되어 설교를 망치기도 한다. 그러므로 토요일은 교인들에게 양해를 구하여 조용히 기도하며 주일설교를 준비하는 날로 삼을 수 있도록 협조를 요청해 두는 것이 지혜이다.

주일 아침

믿음으로 집을 나서고, 준비한 대로 전달해야 한다. 성령님께 기도하며 준비했다면 설교 시간에 떠오르는 대로 설교하면서 성령이 시켰다고 평계를 댈 필요가 없다. 그리고 교인들이 알아듣고 기억하기 쉽도록 잘 작성한 설교 요지(아웃라인)를 분명하게 전달해야 한다. 설교를 듣는 청중이 설교의 핵심과 요지를 파악하고 기억하며 돌아갈 수 있게 해야 한다. 설교 직전에 사람을 만나는 것은 피하고 설교 후에 보도록 하는 것이 좋다.

평생 유능한 설교자로 살아가기 위해서는 처음부터 이런 설교자의 일주간의 삶의 방식을 훈련하는 것이 좋다고 조언을 하면, 어떤 설교자들은 기쁜 마음으로 받아들이고 자신을 훈련해 가지만 일부는 할 일도 많은데 누가 그렇게 살 수 있냐고 투덜거리고 빈정댄다. 그저 매일 부딪히는 일에 치이면서 일의 노예가 되어 끌려 다니다가 주말이 오면 허둥지둥 설교 준비를 해서 대충 설교하는 사람들은 설교가 발전할 리 없고, 따라서 교인들도 우리 목사님 설교가 참 좋다는 생각을 해 볼 수가 없을 것이다. 성도들이 담임목사에게 기대하는 것이 무엇인지 조사한 바에 의하면, 설교와 비전 제시가 심방이나 교회 일치, 영적 도전 같은 것보다 월등하게, 아니 다른 항목에 비해 거의 3배나 높게 나왔다. 이처럼 설교가 정말 중요하다는 사실을 인식하였다면 규모 있는 삶을 살도록 조정해야 한다. 그리고 자신을 쳐서 복종시켜야 한다. 누가 이런 식으로 살 수 있느냐는 말은 제대로 설교하려는 사람들의 입에서는 나올 수 없는 말이다.

　우리는 지금까지 성경적 진리의 정확성을 확보할 뿐 아니라 사람들의 마음을 열고 가슴에 새겨질 수 있는 설교를 하기 위해 구체적으로 어떻게 설교문을 작성하는 것이 좋은지 배웠다. 하나님께서 우리를 교회의 강단으로 부르신 것은 달변가와 웅변가 혹은 학문적 발견을 발표할 학자로 세우시기 위함이 아니다. 성경을 통하여 하나님의 뜻을 전하고 성도들의 삶을 변화시킬 설교자로 부르신 것이다. 그런데 우리가 아무리 좋은 것을 가지고 있어도 교인들의 귀에 들리지 않고 그 마음을 열고 들어갈 수 없다면 무슨 소용이란 말인가? 그래서 말씀을 정확히 전할 수 있도록 석의 훈련과 함께, 원고 작성을 위한 표현력을 기르기 위해 우리 설교자들은 오늘도 수고를 아끼지 않는 것이다.

inductive expository preaching

14

사람의 마음을 움직이는 설교 전달(Delivery)기법

inductive expository preaching

14
사람의 마음을 움직이는 설교 전달(Delivery) 기법

지금까지 설교를 어떻게 준비해야 하는가에 대해 알아보았다면, 이제부터는 잘 준비된 설교 원고를 어떻게 전달하느냐에 대해 알아 볼 것이다. 하나님께서 함께하시고 성령의 역사가 있다면, 조나단 에드워즈처럼 고개를 숙인 채 원고를 읽어 내려가기만 해도 하나님의 일이 일어날 수 있음을 우리는 믿는다. 그러나 하나님께서 일하시지만, 우리도 최선을 다해 전달해야 할 책임이 있다. 그렇다면 열심히 준비한 설교문을 어떻게 전하는 것이 최선을 다하는 것일까?

그것을 알기 위해서는 설교를 할 때 사람들에게 영향을 끼치는 요소에는 어떤 것들이 있는지, 다른 말로 사람들이 좋은 설교였다는 고백을 하게 만드는 설교는 어떤 것인지를 연구해 보아야 할 것이다.

첫째로 사람들의 기억에 가장 오래 남는 것은 감동적인 예화와 스토리이다. 둘째로 부드럽고 호소력 있는 어투, 어조, 목소리, 그리고 설교자의 모습이다. 바른 성경 해석과 진리의 전달이 아님에 낙심하지 말자. 이것이 현실이다. 그래도 하나님의 종은 바른 말씀을 전하려는 의지를 잃지 않아야 한다. 세 번째 요소이며 어쩌면 가장 중요한 것은 설교자의 열정이다. 간혹 의아하게도 설교자가 문법적으로 틀려도, 어눌해도 문제가 안 되고 사람들이 은혜를 받고 변하기도 하는데, 이는 설교자의 열정과 뜨거움이 그런 약점을 상쇄시키기 때문이다.

그러므로 청중의 삶을 변화시키는 효과적인 설교 전달의 3요소를 꼽으라면, 첫째는 성령님의 역사하심에 대한 의존성이요, 둘째는 사랑의 마음이요, 셋째는 열정적이고 뜨거운 전달이라고 말할 수 있다.

이제 준비한 원고를 어떻게 청중에게 전달해야 하는지 하나씩 구체적으로 알아보자. 먼저 설교하러 등단할 때의 주의점부터 살펴보겠다.

강단으로의 등단과 설교자의 모습

설교자의 강단에서의 자세도 중요하지만 설교단의 위치와 높이도 설교에 영향을 준다. 설교 환경에 대한 감각도 있어야 한다.

설교대 혹은 강대상이 높고 클수록 설교자의 의도와 달리 권위적이고 일방적인 느낌을 준다. 설교자와 청중 사이의 벽을 허물고 청중 속으로 파고 들어가는 설교를 하고 싶다면, 2단 형태의 강대상을 어떻게 할 것인가도 고려해야 할 것이다. 좌우 폭이 매우 넓은 양수 강대상과 달리 작고 단순한 형태의 강대상을 사용할 때는 어떤 내적 메시지가 전달되는가 생각해보라. 요즘은 점점 많은 교회들이 아크릴 강대상을 사용하고 있다. 원래 수정 혹은 아크릴 강대상을 사용하는 것은 설교자와 청중 사이의 막힌 담을 헐고 목회자의 투명성(transparency)이란 리더십의 요소를 강조하기 위한 것이었다. 그런데 그 의도를 모르고 장식용으로 생각하는 사람들은 투명한 아크릴이 불편하니까 불투명 처리까지 해서 사용한다. 그렇다면 인테리어 재료를 바꾼 것에 불과하지 나무 강대상을 사용하는 것과 다를 바가 없다. 그 강대상 뒤에 설교자 자신이 안전하게 숨고 싶은 사람은 강대상 뒤가 보이지 않게 할 것이다. 설교 환경도 설교의 한 부분임을 잊지 말라.

설교 전, 강단의 의자에 앉아 있다가 순서가 되어 설교대로 나가기 전까지의 행동과 자세도 메시지에 영향을 준다. 설교대 좌우의 의자에 앉아서 발을 꼬고 산만한 모습을 보이는 설교자의 설교는 역시 산만하다고 느끼게 된다. 설교하기 전까지 노출된 설교자의 모습에서 청중이 갖는 말씀의 종에 대한 일반적 기대를 무시해서는 안 된다. 그것이 우리 한국교회의 문화이기 때문이다. 그리고 예배가 시작되면 설교자가 강단 뒤쪽에서 나오는 경우가 있는데 그것이 주는 메시지는 무엇인가도 생각해 볼 필요가 있다. 설교자는 설교신학적으로 보면 목사이기 전에 교회의 일원이다. 우리와 같은 사람 중에 하나님께서 말씀의 종으로 불러 세운 사람이 그 은사와 소명에 따라 교회 공동체 가운데서 설교란 사역을 수행하는 것이다. 때문에 성가대, 예배 인도자와 함께 설교자 역시 성도가 들어오는 곳을 통해 들어와 회중석에 앉아 있다가 설교 순서가 되었을 때 강단에 올라가는 것이 신학적으로 더욱 바람직하다. 물론 설교자가 예배 전체를 인도해야 하는 경우는 예배를 시작할 때 등단해 있으므로 문제가 안 된다. 다만 예배 인도자와 각 순서를 맡은 사람이 따로 있을 경우에는 회중석 첫 자리에 앉아 있다가 올라가는 것도 예배 신학적인 의미가 있다는 점을 지적하는 것이다.

또 우리 한국교회에서 볼 수 있는 현상 중 하나는, 예배 시작 전에 설교자가 강단에 올라가 청중을 뒤로하고 돌아 앉아 무릎을 꿇고 기도하는 모습이다. 설교자의 입장에서는 하나님께 의뢰하는 모습을 보이는 것이고 청중이 보기에도 매우 경건해 보이지만 기도는 설교 전에 골방에서 충분히 하고 나와야 할 것이다. 예배와 설교 중에 목회자는 철저히 회중과 함께 하고 성도들을 인도해야 한다. 그래야할 목회자가 회중을 향해 등을 돌리는 일은 바람직하지 않다. 평상시 집에서 기도 안 하는 장로님일수록 예배 때 대표 기도를 더 오래 한다고 목사님들이 종종 푸념하는데, 설교자에게는 이런 일이 없어야 할 것이다.

모든 설교자들이 알아야 할 것이 하나 더 있다. 사람들이 원하는 훌륭한 설교자는 전문성과, 신뢰성뿐 아니라 개인적 역동성을 가진 사람이다. 이것은 리더십 분야에서도 지적하는 바이다. 신구약학자 입장에서 볼 때 성경적으로는 메시지를 중시해야 하겠지만, 사람들이 전달자인 설교자 자체를 더 선호하는 것은 사람들에게는 에토스(ethos)와 파토스(pathos)측면도 중요하기 때문이다. 사람들은 설교자의 의상, 목소리, 태도, 인지된 성실성, 심지어 강사 소개의 말에 영향을 받는다.

그렇다면 설교하러 나가기 전에 우리는 의복의 색과 스타일까지 신경 쓰는 것이 시간 낭비가 아님을 알게 될 것이다. 다림질 안 된 옷에 삐뚤어진 넥타이, 게다가 열쇠와 휴대폰으로 불룩한 주머니를 하고 나가서 말씀에 집중해야 할 청중들이 그런 것에 시선을 빼앗기게 한다면 그것은 복음전파에 효과적이지 않다. 해든 로빈슨은 그래서 설교 전에 거울 대신 헬라어 사전을 들여다본다고 설교를 잘하는 것 아니라는 우스갯소리를 하기까지 했다.

이제 본격적으로 설교자의 **자세**의 중요성에 대해 생각해 보자. 물론 설교자 원고에 담겨 있는 메시지가 중요하지만, 그것을 전달하는 도구인 설교자의 자세와 모습 역시 중요하다.

1987년 7월 13일자 US 뉴스&월드 리포트(News & World Report) 지에는 이란 콘트라 청문회에 증언하러 나온 해군 중령 올리버 노스의 흑백 그림이 실렸었다. 당시 그는 조사관에게 묵비권을 행사한다는 말 외에 거의 말을 하지 않았다. 그런데 다음 주 표지에 그는 커다란 칼라 사진으로 등장했다. 27일 자 기사는 "올리버 노스 중령은 무엇을 말했는가가 아니라 어떻게 말했는가, 그리고 그 모습이 어떻게 TV에 방영되었는가로 인기를 가로챘다"라고 말하고 있다. "5천 5백만 시청자들을 믿게 만든 어마어마한 능력은 말이 아니었다"라는 해설이 사진과 함께 실렸다. 사람들은 노스 중령의 배후 인물, 테러 국가, 스위스 은행구좌, 문서 파기 등에 대한 거짓말을 들었다. 그러나 그의 얼굴 표정, 눈빛, 신체언어, 목소리에 마음이 녹았다. 시청자들은 훈장(상징이며 신체언어의 한 부분이다!)이 주렁주렁 달린 해군 제복을 입고 꽂

꽂이 앉아 있는 노스 중령을 성실하고 호감 가는 사람으로 인식한 것이다. 그는 몸을 숙이고 열심히 말했고, 청중들의 눈을 똑바로 쳐다보았고, 자신의 성실함과 애국심을 보여주기 위해 때로 진지한 듯한 쉰 목소리를 내었고, 어떤 때는 목이 메기도 했다. 그 기사는 이렇게 이어진다. "슬픈 사냥개의 눈빛으로 그는 시청자들을 현혹했다. 그는 말이 아닌 준언어로 사람들을 움직인 것이다." 슬프게도 이것이 현실이다. 우리 설교자들이 아무리 좋은 메시지를 준비했어도 전달자의 자세가 그것을 망칠 수도 있고, 부족한 준비에도 불구하고 설교자의 자세 때문에 사람들이 그 이상을 받아들일 수도 있음을 이해하는 것이 중요하다.

미국의 조지 부시(Sr) 전 대통령이 후보로 유세활동을 했던 1988년 미국 대통령 선거를 분석한 캐빈 딜러니란 정치평론가는 다음과 같이 지적한 바 있다. "유권자들은 끌려 다녔다. 조사에 의하면 후보자들의 연설에 감명 받은 것은 겨우 10%이다. 40%는 목소리이고, 50%는 외모와 신체언어이다." 뉴스위크 잡지는 1988년 11월 21일 예비 선거 특집에서 조지 부시의 TV 이미지를 연출했던 이미지 전문가 로저 에일스의 역할을 언급하며 그가 조지 부시의 대통령 당선에 얼마나 큰 영향을 끼쳤는가를 보여주었다. "에일스는 부시에게 비언어적인 의시 전달에 관한 버릇-미소를 싯고 온화하게 보이는 법, 그리고 주먹을 흔들며 강하게 보이는 법, 시선을 두는 법, 토론이나 인터뷰에서 카메라에 의지하는 법-을 훈련시켰다. 마치 적진에 침입하는 것 같았다." 우리는 대통령 선거 유세를 하는 사람들이 아니다. 그러나 대통령이 되는 것보다 더 중요한 천국 복음을 전파하는 그리스도의 사신이며 대사이다. 그렇다면 대통령이 되기 위해 자세까지 기꺼이 교정받기 원했던 사람들보다 오히려 우리가 더 효과적인 복음 증거를 위해 자세 훈련까지 마다하지 않는 노력을 기울여야 하지 않겠는가?

설교자들은 알아야 한다. 설교가 시작되기 전에, 입술에서 말이 쏟아져 나오기 전에 자세가 먼저 말한다는 것을! 우리의 서 있는 자세가 자신감이 있고 당당할 때 그들은 우리 입에서 나오는 메시지의 권위를 느낀다. 우리가 겸손한 모습으로 설 때 그들은 종으로 다가오신 그리스도의 영을 느낀다. 원고를 만지작거리며 팔을 어디다 둬야 할지 모르고 좌우로 흔들 때 청중은 우리가 불안해하고 있다고 느끼며 자신들도 따라서 흔들린다. 두 팔을 곧게 펴서 강대상을 움켜잡고 시종일관 움직이지 않을 때 그들도 따라서 경직되고 몸이 굳고 어깨가 뻣뻣해지는 것처럼 느낀다. 그런 자세로는 30분을 버틸 수가 없다. 설교자의 선 자세, 팔 사용, 발 움직임까지 전하는 메시지에 영향을 주고 있음을 기억하라.

실제적 설교 전달(Delivery) 기법

설교에서 커뮤니케이션이 효과적으로 잘 되려면 강단에 선 시간 외에도 설교자의 주중의 삶, 설교자와 회중의 신뢰 관계, 그리고 앞 단락에서 살펴본 것처럼 예배 전체 구성과 예배 의식과의 배치까지 중요하다.

일단 설교하기 위해 강단에 서면 첫 마디를 시작하기 전에 너무 오랜 공백 시간을 갖지 않도록 주의하라. 어떤 설교자는 등단하여 성경을 펴고, 원고를 가지런히 늘어놓고, 물수건을 챙기고, 물 컵의 자리를 옮기며 시간을 보낸다. 또 어떤 설교자는 아무 말 없이 청중을 앞자리부터 뒷자리까지, 좌에서 우로 쭉 살펴본다. 그런데 이런 정지 시간(Pause)은 청중을 불안하게 한다. 나오기 전에 미리 준비해 놓고, 등단했으면 속히 설교를 시작하라.

그리고 효과적인 설교자가 되기 위해서는 설교 전달 기술(delivery skill)도 있어야 한다. 효과적인 설교 전달을 위해서는 고려해야 할 것이 여러 가지 있다.

우선 다음과 같은 설교 요소 중 사람들의 인상에 크게 남는 것은 어떤 것일지, 한 번 순서대로 나열해보라. : 설교 주제와 내용, 몸짓, 음성, 사용하는 언어, 개요나 단락 배열.

설교자들은 주제, 배열, 언어, 음성, 몸짓의 순서로 생각할지 모르지만, 사람들의 인상에 남는 순서는 위와 정반대였다. 설교에서 몸짓과 음성이 생각보다 큰 영향을 끼친다. 청중을 향한 목소리와 메시지를 전달하는 어조, 그리고 몸짓 이 세 가지가 함께 잘 어울려야 한다.

먼저 설교자의 **목소리**에 대해 알아보자.

설교자의 목소리는 회중에 대한 설교자의 태도를 나타낸다.

어떤 설교자는 과장된 목소리로 설교를 전달한다. 서민적이고 토속적인 감각으로 접근한다. 감탄문, 속어, 은어와 사투리를 잘 활용한다. 높은 고음, 흥분한 소리, 경박스러운 듯한 표현, 과장스러운 언어유희(word play 등), 때로는 감상적이거나 그럴듯한 흥미 중심 얘기로 끌어간다. 그런 설교는 이해하기 어렵지도 않고 설교자와 청중이 매우 가까운 거리에서 대화하듯 친근감이 든다. 많은 부흥사들의 설교가 여기에 속한다.

관료적인 목소리로 설교하는 사람도 있다. 어떤 권위에 의존하여 목소리를 내는 것이다. 자신이 최고 권위임을 암시하며 연극적이고 웅변적인 목소리, 때로는 거룩한 목소리를 흉내 낸다. 가끔은 외국어를 읽는 듯한 느낌을 받기도 한다. 그러나 대부분 일방적이고 독선적으로 느껴진다.

어떤 설교자는 언론적인 중립적 목소리로 설교한다. 매우 차분하고 냉정하며 객관적인 목소리다. 그는 육하원칙에 입각해 사실을 설명하고 묘사에 충실하려고 노력한다. 그러나 우리의 질문은 '과연 설교자가 완전 중립을 지킬 수 있는가?'이다. 현대 언론조차 중립성을 탈피해 앵커 자신의 의견을 드러내는 방향으로 가고 있다는 점을 안다면 그렇게는 못할 것이다.

네 번째 유형은 소위 신언론적 목소리라고 칭해지는 것이다. 세밀한 부분까지 다양하고 풍부한 상황을 전달하는 리포터의 입장에서 전한다. 때로는 보도자의 주관적 견해도 나타내지만, 궁극적으로는 객관적인 판단을 유도하는 방식이다. 당신은 이 네 가지 중 어떤 목소리로 말씀을 전하는가?

설교자의 메시지가 그의 회중에 대한 태도를 나타내는 것이라면, 설교자의 **어조**(tone)는 설교자의 메시지에 대한 태도를 보여준다.

박찬욱 감독의 영화 '친절한 금자씨'를 보면 복역 중인 금자는 재소자 신앙 간증회에서 높은 톤의 밝은 목소리로 말한다. "저, 여기 있어요!" 그러나 교도소를 나온 뒤 13년간 꿈꿔온 복수를 실행에 옮기려는 마녀 이금자의 목소리는 낮고 우울한데다 나른함이 담겨 있다. "나, 사람 하나 더 죽이려 그런다." 목소리의 톤만으로도 금자의 표변한 심리를 가늠할 수 있다.

설교자의 어조는 청중에게 '어조가 가볍다, 진지하다, 과장적이다, 감상적이다, 객관적이다' 와 같이 여러 가지 반응을 낳게 하는데, 설교자의 입장에서는 다음 3가지로 분류할 수 있다. 1) 먼저는 긍정적 어조와 부정적 어조로 분류할 수 있다. 긍정적 어조는 적극적이거나 호의적, 혹은 온정적이거나 희망적으로 들리게 한다. 이와 반대로 부정적 어조로 설교하게 되면 고발적, 비관적, 비판적, 혹은 냉소적으로 들리며 풍자, 패러디, 아이러니 등을 이용할 때 주로 그런 느낌을 준다. 또한 2) 대화체 어조와 웅변체 어조로 나눌 수도 있고, 3) 권위주의적이거나 강압적인 명령형 어조와 호소형 어조로 분류할 수도 있다. 훌륭한 설교자는 이런 여러 톤의 어조 중에서 자기 스타일이라고 여겨지는 한 가지 방식을 고집하지 않고 적절하게 섞어서 사용한다.

설득할 때는 낮은 목소리로 부드럽게 말하는 것이 기본이지만 구매를 유도하기 원한다면 그렇게 하면 안 된다. 홈쇼핑의 쇼 호스트들은 매우 주파수가 높은 목소리로 톤을 다양하게 변화시키면서 빨리 말한다. 시청자를 자극해 '꼭 사야 할 것 같은' 구매욕을 끌어내기 위한 전략이다. 설교자도 복음을 더 잘 전달하고 싶다는 선한 의도만으로 만족하지 말고 목소리를 가다듬고 톤과 스피드를 조절할 줄 알아야 한다. 복식호흡을 꾸준히 연습하는 것도 목소리를 좋게 하는 방법으로 알려져 있다. 어색하게 느껴지지만 자신의 설교를 녹음해서 들으면서 청중이 듣는 자신의 목소리를 개선하기 위해 노력해야 한다.

설교를 전달할 때 그 다음으로 신경을 써야 할 것으로는 설교자의 **표정**이 있다.

메라비안(Albert Mehrabian)이란 심리학자의 연구 결과에 의하면 연사의 말 중 7%만이 언어에 의해 영향을 받고 38%가 음성, 55%가 표정의 영향을 받는다고 한다. 따라서 설교하기 위해 강단에 처음 설 때의 표정이 중요하며, 설교 중 감정 이입에 따른 표정 관리에도 신경을 써야 한다.

잘 알려진 것처럼 설교 중 **제스처**(몸짓) 역시 메시지 전달에 매우 중요한 역할을 한다. 몸짓은 연극배우처럼 어색하고 과장스럽게 해서는 안 되지만, 설교 내용에 따라 몸짓이 따라 나오는 것이 자연스러운 것이다. 즉 몸짓은 설교 내용에 의해 결정되는 것이다. 이때 설교자의 제스처는 자연스럽지만 동시에 절도 있어야 한다. 일단 손짓이든 몸짓이든 시작하면 완전하게 그리고 명확하게 해야지, 하다 마는 것은 어색할 뿐 아니라 청중을 당황스럽게 만들어 역효과를 낸다. 몸짓은 또한 적시에 행해져야지 한 박자라도 늦으면 안 하는 것보다 못하다는 느낌을 주고 분위기를 매우 어색하게 만든다. 특히 습관적이며 동일한 동작만 반복하지 말고 다양한 변화를 주는 것이 좋다. 우리 한국 설교자들은 대개 제스처 사용을 어색해 한다. 그러나 TV 문화 속에 사는 현대 청중은 오히려 설교자의 적절한 몸짓을 자연스럽게 받아들이고, 가만히 서서 원고만 읽는 설교자를 점차 어색하게 생각하는 경향을 보이고 있다.

설교는 본질적으로 카메라 앞에서 내가 알지 못하고 나와 관계도 없는 시청자에게 '방송'을 하는 것과는 다른 일이다. 설교는 하나님의 증인으로 선포하는 것이지만 동시에 공동체의 일원이며 아버지로서 가족과 대화하는 것이요, 목자로서 나의 양떼들에게 말씀의 꿀을 먹이는 것이다. 즉 설교 전달은 방송과 달리 청자와의 관계성을 기초로 하는 것이다. 따라서 설교 전달에서 반드시 신경 써야 할 것이 청중과의 **시선교환**(eye-contact)인데, 이는 설교가 그 특성상 인격적 교류에 기초하는 것이기 때문이다. 설교자는 무리로 자신 앞에 앉아 있는 다수의 청중을 눈을 통해 일대일로 접촉한다. 시선을 준다는 것은 앞에서 뒤로, 좌에서 우로 쭉 훑어보는 것이 아니라 한 사람 한 사람에게 약 1초 정도 시선을 머무르게 하는 것을 말한다. 짧은 순간이지만 시선이 마주치고 내게 머문다고 느낄 때 시선접촉의 효과가 있지, 그냥 스쳐 지나가는 것은 별 의미가 없다. 이런 아이-컨택트는 설교 원고에 익숙하지 않은 채로 강단에 올라가거나 낭독 방식으로 설교를 하여 원고에 매이게 될 경우 불가능해지므로 설교 전에 원고를 충분히 숙지하고 올라가는 것이 중요하다. 시선을 주는 것과 함께 시선 배분 역시 중요하다. 즉 청중의 한 쪽만 쳐다보지 않도록 주의해야 한다. 설교자의 의도가 아니었음에도 불구하고 다른 한 쪽은 외면당하는 느낌을 받을 수도 있기 때문이다.

준비된 최종 원고를 몇 번에 걸쳐 크게 소리 내서 낭독하며 숙지한 상태에서 강단에 올라가라. 그래야 아이-컨택트가 가능해진다. 강대상에서 읽어 나가려는 생각을 하지 말고 원고를 완전히 소화하고 나가는 것을 목표로 하라. 그리고 설교 시간에 쫓기지 말고 설교 시간을 나 자신이 조절한다는 자세로 해야 한다.

설교할 때 범하는 흔한 실수 중에 하나는 설교의 클라이맥스나 결론부에서 강조점을 원고를 보고 읽는 것이다. 최후의 펀치는 원고를 보지 않고 고개를 들고 날려야 하며, 설교의 클라이맥스에는 청중을 쳐다보며 외쳐야 한다.

모든 진지한 설교자들은 성경 본문을 깊이 묵상하고 연구하고 최선을 다해 원고를 작성한다. 이제는 잘 설교해서 교인들이 변하기를 바랄 뿐이다. 애써서 준비한 설교를 좀 더 잘 알아들어서 말씀대로 살고 달라지기를 기대한다면 "내가 말하면 교인들이 잘 알아서 듣겠지" 하고 손 놓을 것이 아니라, 우리 설교자 자신의 **발음과 스피치 개선**을 위해서도 노력해야 한다. 앞에서도 강조했듯이 단어 하나하나를 명료하게 발음하는 연습, 분절과 단락 구분이 느껴질 수 있는 말하기 연습, 그리고 '에, 아, 음'과 같은 불필요하거나 무의미한 말을 하지 않는 노력도 필요하다. 특히 일부 설교자는 '할렐루야'라는 말의 의미와 관계없이 자신의 말에 대한 추임새로 무의미하게 "할렐루야"를 반복하는 경우도 있는데 이 역시 생각해 볼 문제이다. 효과적인 설교 전달을 위한 스피치 훈련은 또한 설교자의 말에 리듬 감각을 담고, 음정에는 고저, 강약, 대소, 진전과 휴지를 줄 수 있는 훈련이다. 설교자의 음정이 청중을 지치게도 하고 감동을 주어 열정을 되살리게도 한다. 스피치가 좋은 설교자는 설교 메시지가 좋을 뿐 아니라 청중을 고려하여 교인들의 상태에 따라 완급을 조절하고 설교 전체의 흐름을 탈줄 알고, 적절한 곳에서 강조를 하며 클라이맥스를 만들 줄 안다. 그들은 절정 직전에 짧은 정지 기간을 두기도 하여 스피치의 효과를 극대화할 줄도 알고, 열정적으로 외치다가 감정을 억제하고 속삭임으로 청중들이 귀를 기울이고 주목하게 하는 기술을 활용할 줄도 안다. 아마추어는 기록된 문자 그대로 단어들을 이야기하지만 프로들은 의사를 전달해 낸다. 이를 위해 스피치 훈련으로 메시지 내용에 따른 자신의 감정을 표현하기도 하고, 한편으로는 감정을 조절하기도 한다. 그래서 메시지의 효과적 전달을 위해 설교의 마지막 부분에서는 때로 침묵을 통해 말하는 고급 스피치 기술까지도 익혀야 할 것이다. 사람을 기술로 변화시키려는 것이 아니라 전달을 더 잘하여 설교자로서의 책임을 다하기 위해서이다. 그렇다고 해서 현대 청중에게 가성과 신령체 목소리로 연극배우처럼 말하거나 쥐어짠다는 느낌을 줘서는 안 된다. 설교 때의 신령체 목소리와 평상시 대화에서의 목소리가 다르면, 과거와 달리 현대 청중은 설교자의 순전성(integrity)을 의심하게 되며 이중성으로 받아들이기 때문이다. 사람이 진실로 변하는 것은 오직 성령의 역사하심에 의해서이다. 우리는 다만 도구로서, 설교자로서의 부르심에 최선을 다할 뿐이다.

그리고 원고의 문장을 너무 많이 끊어 읽지 않는 것이 좋다. 정확하게 전달하겠다는 생각으로 또박또박 끊어 읽는 경우가 있는데, 청중에게 부드럽게 다가서지 못하고 딱딱한 느낌을 준다. 또한 설교자의 호흡이 끊어지는 것으로 느껴져 청중에게 불편함을 준다.

그 대신 설교 내용은 단락별로 이해하기 쉽게 전해야 한다. 작은 단락으로 나누어 이해하기 쉽게 전하기 위해서 설교 대지(개요, 아웃라인)를 만들었으면, 설교할 때 그 개요를 선언하고 사용하라. 그것은 설교 숙제를 위해 만드는 것이 아니라 실제 설교할 때 쓰려고 만드는 것이다. 그리고 각 개요의 근거 성경 구절(Anchor 구절)을 읽어야 한다. 성경을 찾아보고 함께 읽는 설교가 되어야 한다. 성경을 확인하지도 읽지도 않는 설교를 하지 말자.

청중이 설교를 지루하게 느끼는 이유는 정말 지루해서가 아니라 내용이 너무 많고 다양한 관점이 한꺼번에 쏟아져 나오기 때문인 경우가 많다. 그래서 경험이 많은 설교자는 사람들이 받아들일 수 있을 만큼만 준다. 내가 애써서 준비했다고 전부 다 말해야겠다는 욕심을 버려야 한다.

설교자는 또한 강단에서 내가 할 일이 강의를 하는 것인지 아니면 설교를 하는 것인지 분명히 해야 할 것이다. 다른 교육 시간에는 강의를 하라. 그러나 설교 시간에 할 일은 설교이지 강의가 아니다. 물론 설교에 가르치는 부분이 내포되어 있지만 설교의 본질은 강의가 아니다. 그 차이를 잘 모르겠다면 이 책의 앞부분을 다시 정독해야 할 것이다. 설교할 때는 설교가 움직여 나갈 최종 목표를 알고 해야 한다. 그것은 이미 강조한 설교 목적문이 작성된 상태에서 준비를 했고 설교한다면 큰 문제가 되지 않을 것이다. 그렇지만 적지 않은 설교자가 설교를 하며 도달해야 할 목적지나 설교의 목표가 분명하지 않고, 다만 잘 가르치고 설교를 잘 하겠다는 마음에 머물러 있다. 일단 설교의 목표가 명백하다면 그것을 염두에 두고 전개해 나가야 한다.

설교 목표가 명료하면 설교가 복잡해질 수가 없다. 그러나 설교하다 보면 이것도 가르치고 싶고 저것도 가르치고 싶은 것이 사실 목회자의 욕심이다. 그러다 보니 준비한 것과 달리 설교의 가지가 많아지고 복잡해진다. 이때 문제는 사람들은 단순한 것을 좋아하지 여러 관점이 한 번에 등장하는 복잡한 얘기는 잘 이해하지 못한다는 점이다. 이것은 청중의 지적 수준과는 별로 관계가 없다. 특히 설교가 강력한 효과를 발휘하기 기대한다면 초점이 분명하고 단순한 것이 좋다.

설교자의 열정

듣는 이의 마음을 움직이고 교회가 변하는 설교를 하고 싶은가? 그렇다면 설교를 전달(delivery)할 때 뜨거운 열정(zeal & passion)을 잃지 말아야 한다. 마틴 로이드존스가 지적한 것처럼 설교는 영혼의 불을 붙이는 논리이며, 중심에 불이 붙은 사람만이 참된 신학을 전할 수 있다. 그러므로 열정적으로 전해야 한다. 청중을 알고 그들이 익숙한 내용을(청중인식이 잘 되었다는 얘기다) 재미있고 열정적으로 제시하라. 전심을 다하는 모습을 통해 청중은 메시지의 가치를 느끼게 된다. 그들은 신학자처럼 메시지의 신학적 무게를 재는 것이 아니라 그 메시지를 전하는 메신저의 열정을 통해 감지한다.

예배 시간에 성경 봉독자도 자신이 그것을 쓴 것처럼 읽어서는 안 된다는 지적이 있다. 그는 하나님의 소리를 듣고 있는 것처럼 읽어야 한다. 아마추어는 문자 그대로 단어들을 읽는다. 그러나 프로는 해석에 따른 자신의 마음을 담아 전한다. 설교자도 마찬가지다. 자신의 얘기를 하는 것이 아니라 하나님 말씀 전달자로 느껴지도록 설교해야 한다. 열정적으로 전하면 성도들은 이 말씀이 나의 삶에 참으로 중요하다는 사실을 무의식적으로 느끼고 그에 반응하게 된다. 그러기 위해서는 설교 원고를 완전히 소화하고 나가야 한다. 소화되지 않은 원고는 읽기에 바빠서 열성을 담을 수 없다.

설교에서 보이는 열정은 그러나 사람들에게 감상적인 마음을 갖게 하는 것이나 일시적인 감정의 자극으로 깊은 생각 없이 움직이는 선동성을 뜻하는 것은 아니다. 설교자의 열정은 청중에게는 권능이며, 코튼 매더(Cotton Mather)의 표현대로 제3자의 눈에는 설교에 임한 효능(effect)이다. 아그립바 앞에서 바울이 미쳤다는 말을 들으면서도(행 26:24) "당신뿐만 아니라 오늘 내 말을 듣는 모든 사람도 다 이렇게 결박된 것 외에는 나와 같이 되기를 하나님께 원하나이다"(행 26:29)라고 외치던 열정과 밤낮 쉬지 않고 눈물로 훈계(행 20:31)하는 뜨거운 사랑(고후 2:4; 빌 3:18)이 있을 때 사람은 변하기 시작하는 것이다.

때로는 드라마틱한 전달도 필요하다. 토마스 롱은 켄터베리 대주교와 연극배우 베터튼(Thomas Betterton)과의 재미있는 대화를 소개한 적이 있다. 대주교가 "우리 설교자들은 아무런 감동도 주지 못한 채 회중들을 냉담한 상태로 남겨 두는데, 어떻게 당신네 연극배우들은 청중들을 그렇게 감동시키는가?"라고 묻자, "설교자들은 너무나 자주 실제 사실을 마치 실재하지 않는 가상적인 것처럼 말하지만, 우리 연극배우들은 어떤 실재하지 않는 가상의 사건을 마치 그것이 실제인 것처럼 말합니다"라고 했다는 것이다. 설교자가 쇼를 하고 연극을 해야 한다는 말이 아니다. 셰익스피어의 어떤 대작과도 비교할 수 없는 하나님의 말씀을 어떻게 그토록 감동 없이 전할 수 있는지를 생각해 봐야 할 것이다.

감성적 설교와 커뮤니케이션

전통적으로 설교는 선포요, 설교자가 청중을 향해 일방적으로 쏟아 붓는 것으로 여겨졌다. 그러나 하나님은 우리 인간과 커뮤니케이션, 즉 쌍방의 사교환을 하셨지 혼자 말씀하시고 우리의 말은 들을 생각도 없이 귀를 닫고 떠나버리시지 않았다. 현대 설교에서 강조되고 있는 것은 설교도 커뮤니케이션이라는 점이다. 그렇다고 예배 중 설교 시간에 다이얼로그를 하고 서로 대화를 주고받자는 것이 아니다. 다만 설교자가 끌어나가는 커뮤니케이션이지만 청중을 참여시키라는 것이다. 예배 설교 시간에 청중과 끊임없이 쌍방 대화를 하라는 것이 아니라 청중을 메시지의 세계 속에 참여시키라는 것이다. 준비할 때부터 이미지가 있는 설교, 감성적 설교를 만들고 설교 중에 청중이 반응할 수 있는 여지도 줘야 한다. 우리 한국교회에는 설교자가 계속해서 "아멘"이나 "할렐루야"를 외치기를 강요하고 심지어 설교 전에 아멘 연습을 시키는 일까지 있는데, 이것은 오히려 거부감을 줄 수 있다. 말씀의 은혜가 있으면 사람들은 반응하기 마련이다. 입가에 번지는 미소와 터져 나오는 웃음과 감격의 눈물을 어떻게 막는단 말인가? 자연스럽게 표현할 수 있는 분위기와 문화만 조성하면 되지, 설교자 자신의 흥을 돋우기 위해 의미 없는 추임새처럼 "아멘"이나 "할렐루야"를 강요하는 것은 바람직하지 않다. 설교 진행에 따라 적절한 반응으로의 웃음, 끄덕임으로 시작해서 클라이맥스에서 자연스럽게 아멘의 화답이 나오도록 분위기를 열어주자. 정중이 화답으로 설교에 참여하는 것은 자신의 신앙 자세를 돈독히 하는 데 도움이 되므로, 냉랭한 분위기에서 관전하는 자세를 버리고 적극적으로 참여해야 함을 먼저 가르치고 설교에 반응하는 문화를 형성하는 것이 선행되어야 한다. 일단 설교가 마무리되면 청중의 반응이 하나님의 구원과 크신 은혜에 대한 감사에서 나오는 뜨거운 찬양과 기도, 그리고 헌신으로 표현되도록 해야 한다. 그것이 "아멘"을 열 번 외치는 것보다 더 중요한 설교에의 참여이다.

설교할 때 피해야 할 것들

지금까지 살펴본 것처럼 설교할 때 해야 할 일도 있지만, 설교할 때 피해야 할 것들도 있다.

첫째로 입에 발린 사과이다. 설교하며 잘못 말했거나 실수를 했으면 수정하면 된다. 그리고 "제 집안 얘기를 하는 것을 용서하십시오"라고 말하지 말라. 그럴 거라면 차라리 얘기하지 말라. 그런 말을 하면서까지 얘기를 하고야 마는 것은 어떤 면에서는 거짓된 겸손이요 자기만족인지 모른다.

둘째로 사족을 줄이자. 정해진 짧은 설교 시간을 최대한 활용해 하나라도 더 전하고 싶은 것이 설교자의 심정일 것이다. 그런데 구태여 "이제부터 본론으로 들어가 이야기를 시작하겠습니다"라는 말을 할 필요가 없다. 그냥 시작하라. "이제 시간이 없으므로 이쯤에서 설교를 맺을까합니다"라는 이상한 표현을 쓰지 말고 먼저 잘 계획된 설교를 하자. 그래서 탄탄한 구성을 통해 자연스럽게 결론부로 연결되도록 하고, 그런 말 대신 전환문을 사용하도록 하자.

셋째로 과장된 표현이나 최상급을 남발하지 않도록 주의하자. "제가 말씀드리지만, 이것보다 더 나은 신앙의 비결은 없습니다"라든가 "최고로 뜨거운 신앙의 길은 바로 이것입니다"라는 식의 표현은 설교자로서 적절하지 않다. 나중에는 최상급 표현이 아닌 것은 다 아무 것도 아닌 것처럼 여겨질 수도 있다.

넷째로 지킬 수 없는 약속을 해서도 안 된다. "잘 들어 두세요. 이제부터 제가 100% 기도 응답받는 비밀을 가르쳐드리겠습니다"라든가 "이렇게 하면 하나님도 움직이지 않을 수 없단 말입니다"라는 식의 설교는 양식이 있는 설교자라면 하지 않을 것이다.

다섯 번째로 진부한 표현으로 시간을 낭비하고 사람들을 무감각하게 만들지 말라. 대표기도 중에 "높고 높은 보좌 위에 좌정하사, 우리를 굽어 살피시는 하나님 아버지시여……" 하는 식으로 설교 중에 굳이 반복할 필요가 없거나 말하지 않아도 의사 전달에 전혀 지장이 없는 부분은 과감히 제거하자. "이 아침에도 사랑하시는 성도 여러분에게 주께서 하늘의 만복으로 함께 하시고 충만하시기를 바라며……"라는 상투적 문장을 꼭 말해야 다음에 중요한 말이 나온다면 언어 습관을 바꿔야 할 것이다. 또한 "허락하신다면 이런 얘기를 드리고 싶습니다"라고 하지 말고 꼭 해야 할 이야기라면 그냥 하라. 청중이 허락하지 않으면 안 할 것인가? 허락할 것 같지 않으면 처음부터 얘기하지 말자.

여섯 번째로 표현 중에 앞에서도 언급한 것처럼 중복되는 표현으로 귀한 설교 시간을 낭비하지 않도록 주의하자. '순 진짜 참기름'처럼 같은 의미의 단어를 겹쳐서 사용하는 것은 물론, '과거의 역사, 미래의 계획'이란 말처럼 굳이 중복표현(redundancy- 역사는 항상 과거이며, 계획은 항상 미래에 대한 것이다)을 하지 않아도 의미 전달에 지장이 없는 경우가 많다. 내 경우에도 설교 중에 여러 번 '문제, 문제, 문제'라는 단어를 반복함으로 청중들에게 문제를 일으킨 적이 있었다. 한 번은 '문제', 다음에는 '난제', 그 다음에는 '어려움' 등으로 다채롭게 표현했어야 했다. 어떤 청중은 요즘 목사님들이 "…함을 바라봅니다"라는 표현을 습관적으로 쓰시는데 도대체 뭘 바라보고 계시는지 궁금하더라는 말을 하기도 했다. 자신도 모르는 설교자 특유의 어법은 없는지 녹음한 자신의 설교를 들어보며 개선하도록 노력해야 할 것이다.

어떤 사람은 본 장에서 효과적인 설교 전달을 위해 여러 가지로 자기 훈련을 해야 한다는 것에 거부감을 느낄지도 모른다. 그러나 절대 음감을 갖고 태어난 음악가나 천부적 목소리를 가지고 태어난 가수도 제대로 연주하고 노래하기 위한 훈련의 필요성을 잘 알고 있다. 오페라의 유령(Phantom of Opera)이란 뮤지컬의 주역을 맡아 유명해져서 현재 국내 여러 CF 배경 음악에 등장하는 노래를 부르기도 한 사라 브라이트만(Sarah Brightman)이란 가수가 있다. 몇 년 전에 그녀가 우리나라에 연주 여행을 왔을 때 한 인터뷰를 본 적이 있다. 앵커가 "당신의 그 신비한 목소리는 타고난 것이냐 아니면 고된 연습에 의해 만들어진 것이냐?"고 묻자, 그녀는 "세상에는 좋은 목소리를 타고난 사람이 많다. 그러나 목소리가 좋다고 많은 사람을 끄는 흡인력이나 매력을 가진 것은 아니다. 나는 내 목소리를 발견하고는 많은 연습을 통해 사람들에게 매혹적이 되도록 노력했다"고 대답했다. 이 대답과 함께 설교자인 내게 감동을 준 것은 다음과 같은 그녀의 마지막 말이었다. "나는 부단한 연습을 통해 내가 노래하고 싶은 것을 노래할 수 있는 자유를 얻게 되었다."

설교자 그대는 당신이 설교하고 싶은 것을 설교할 수 있는 자유를 얻기 위해 부단한 연습을 할 각오가 되어 있는가?

inductive expository preaching

15

사람을 변화시키는 설교자

inductive expository preaching

15
사람을 변화시키는 설교자

  2002년 9월 국내의 한 일간지에 전국 27개 시군구 교회 성도 1,062명을 대상으로 교인들의 담임목회자에 대한 만족도를 조사한 결과가 실렸다. 감사한 것은 성도들이 담임목회자의 설교와 예배인도, 심방과 상담 등 목회사역 부문에 77.1점이란 대체로 양호한 점수를 줬다는 사실이다.
  성도들은 또 담임목회자가 설교를 잘한다(73.4%)고 생각하고 있었다. 그 이유로는 열정적인 설교, 알아듣기 쉬운 설교, 확신 있는 설교 때문이라고 설명했다. 잘 못하는 이유로는 설교준비 부족, 소극적인 설교, 알아듣기 어려운 설교, 삶과 유리된 내용의 순서를 들었다. 하지만 흥미로운 사실은 장로들은 담임목회자가 설교를 잘하지 않는다(49%)고 생각하고 있어서 다른 교인들과 큰 차이를 보였다는 점이다. 조사자는 그 이유에 대해 다른 성도들에 비해 담임목회자를 가까이 대하면서 목회자에게서 나타나는 인격과 사람됨에 실망한 까닭이라고 설명했다. 물론 다른 교인들보다 더 성경도 잘 알고, 더 많은 설교자들의 설교를 들어서 비교가 되었을지도 모른다. 그런데 이 조사의 자유의견 부문을 통해 목회사역에 대한 불만족보다는 목회자의 인격과 행동에 대한 개선 의견이 많았다는 점을 주목하지 않을 수 없다. 즉 설교는 좋아하나 설교자의 강단에서의 모습과 실제 삶과의 괴리를 성도들이 적지 않게 느끼고 있다는 것이다.

과연 어떤 설교가 청중의 삶을 바꾸는 데 효과적일까? 그것은 설교 자체만의 문제가 아니라 그 설교를 하는 설교자의 문제이다. 메시지는 메신저와 분리될 수 없는 것이기 때문이다. 비록 조사 대상자의 수가 적어 신뢰도는 그리 높다고 볼 수 없지만, 위의 조사에서 엿볼 수 있는 것도 설교자의 삶이 뒷받침되지 않으면 청중을 변화시키는 진정한 설교는 힘들다는 점이다.

영혼이 묻어나는 설교

어떤 설교가 참된 설교일까? 설교 내용의 수준도 중요하지만 더 중요한 것이 있다. 설교자의 심장이 하나님을 향해 고동치고 있을 때 살아 있는 설교가 된다.

설교자의 자세와 태도는 어떠해야 하는가?

영국 출신의 기타리스트 겸 가수 에릭 클랩튼이 팬들의 심금을 울린 팝의 명곡이라 할 수 있는 '천국의 눈물(Tears In Heaven)'과 '내 아버지의 눈 (My Father's Eyes)'을 다시는 부르지 않겠다고 한 보도를 접한 적이 있다. 1991년 미국 뉴욕시 맨해튼의 고층 아파트에서 추락사한 4살짜리 아들을 기리는 내용의 두 노래는 모두 그래미상을 받은 바 있다. 클랩튼은 AP통신과의 인터뷰를 통해 일본 순회공연에서 두 곡을 연주할 수 없었다고 털어놓았는데, 그 이유는 "나는 이 노래들을 연주하는 데 너무나 큰 부분을 차지했던 상실의 감정을 더 느끼지 않았다"는 것이었다. "나는 진실로 그 곡들을 작곡할 때 느꼈던 감정에 연결될 필요가 있다"고 말하며 "그러나 지금은 그 같은 감정은 사라졌고 그런 감정으로 돌아가기를 바라지도 않는다. 이제 내 인생은 달라졌다"고 밝혔다. 즉 아들을 잃었을 때 애끓는 심정으로 만들었던 곡을 행복할 때도 불러야 한다는 사실에 갈등을 느낀다는 것이다. 자신의 생각과 감정이 동의하지 않는 상태에서 위선적으로 노래할 수 없어서 그 곡을 연주할 수 없다고 고백한 그는, 가수로서 솔직하고 순전성(integrity)이 있는 사람이었다.

진정한 설교는 그 메시지에 대해 자신이 불타고 있고, 말씀의 저자이신 하나님을 향해 자신의 심장이 고동칠 때만 가능하다. 거짓된 설교는 할 수 없고, 해서도 안 된다. 설교에는 우리의 영혼이 묻어나기 때문이다. 신약학자 최갑종 교수는 설교 한 편을 들어보면 그의 신학, 삶과 인격을 알 수 있다고 했다. 그것이 사실이다. 글렌 넥트도 "설교는 그 안에 전하는 자의 영혼이 깃들어 있어야 한다"고 했다. 설교에는 설교자의 영혼이 묻어난다.

인격에 근거한 설교

몇 년 전에 방문했던 교회는 성도들과 설교자가 서로를 아끼고 존중하는 마음이 엿보이는 아름다운 곳이었다. 목사님은 설교를 하며 "제가 성도님들께 감사한 것은 우리 교회 성도님들은 목사의 마음을 상당히 기쁘게 한다는 거예요. 그리고 목사를 아주 극진한 예의를 갖추어 대하시는 것 같아요. 여기 우리 자매님들 많이 계시는데 오늘 꼭 부탁드립니다. 가정에 돌아가시면 남편들을 목사인 저를 대했던 것처럼 대하시기 바랍니다. 그러면 남편들이 아마 그 아내를 예수님 대하듯이 할 것입니다"라고 했다. 이런 인격에 기반을 둔 설교와 목회가 사람을 움직이는 것이다.

존 파이퍼는 그의 설교학 특강에서 설교자의 삶이 설교에 대한 기쁨과 진지함과 하나가 될 때 무심한 영혼들이 맑게 되고 고통 받는 성도들이 즐거움을 얻게 된다고 했다. 청중이 변하는 것은 우리의 메시지에 우리의 인격이 결합되어 하나가 될 때이다. 따라서 우리는 인격에 근거한 설교자가 되어야 한다.

그러나 인격에 대해 완전하다고 자신할 사람은 없을 것이다. 생명을 주는 그리스도의 향기로서 복음 전하는 자의 직무에 대해 언급한 후 성경은 "누가 이 일을 감당하리요"(고후 2:16)라고 묻는다. 물론 우리는 이 일을 감당하기에 부족하다. 그래도 이 사역을 할 수 있는 이유는 무엇인가? "너희를 부르시는 이는 미쁘시니 그가 또한 이루시리라"(살전 5:24). 우리를 설교자로 부르신 신실하신 주님 때문이며, 그분께서 그 일을 이루어내실 것을 믿기 때문이다.

그렇다면 설교자는 어떤 자세로 살고 어떤 자세로 설교해야 하는가?

설교 직전, 성경 본문이 읽혀질 때 혹은 예배 인도하러 나가기 전부터 끝날 때까지 파이퍼 목사는 다음과 같은 일을 습관으로 삼아 행한다.

첫째, 고백(Admit)한다: 주님 없이는 무기력한 존재임을 고백하며(요 15:5) 두렵고 떨리는 마음으로 강단을 앞두고 있음을 고백한다.

둘째, 기도(Pray)한다: 그러므로 주님이시여 도와달라고(시 50:15)! 통찰력, 권능, 겸손, 사랑, 기억력, 그리고 어떤 두려움에도 얽매이지 않고 말씀을 전할 수 있는 자유를 달라고 기도로 나아간다.

셋째, 신뢰(Trust)함으로 강단에 선다: 능력 있는 전달을 위해 하나님의 선하심을 사모하며, 설교의 순간을 위한 특별한 약속의 말씀을 붙잡고 강대상에 서자.

넷째, 당당하게 설교를 한다(Act): 나는 부족할지라도 주께서 말씀을 채워 주신다는 확신 속에서 설교를 행한다.

다섯째, 감사(Thank)한다: 오늘도 이렇게 말씀을 전할 수 있게 붙잡아 주시고 성령의 권능으로 충만케 하신 주께 감사의 기도를 드린다.

파이퍼 목사는 설교하러 나갈 때마다, 위에서 소개한 5가지 단계를 잊지 않고 수행하기 위해 앞 글자를 따서 APTAT(우리말로는 '고기신설감' 정도가 될 것이다)을 외며 항상 그렇게 행한다고 말한다. 그런 설교자의 자세가 설교자의 인격을 만들어 가는 것이다. 그것이 바로 믿음의 훈련이기도 하다.

필자가 미국에서 MDiv 과정을 할 때였다. 신학교 채플 시간에 존 스토트(John Stott) 목사가 초청되어 설교를 했다. 하나님의 종이며 이 시대의 탁월한 설교자 중의 한 사람인 그의 설교도 인상적이었지만, 더 큰 감동은 설교 후 그의 모습이었다. 설교 후 예배 인도자가 나와 다음 순서를 이끌고 있는 동안, 그는 강단 한 쪽에 마련된 의자에 앉아 두 발을 가지런히 모으고 두 손을 꼭 잡고 고개를 숙인 채 기도하고 있었다. 그것은 분명 설교를 마친 설교자의 감사였으며 전한 말씀이 청중을 변화시키는 데 쓰임 받게 해달라는 기도라고 나는 느꼈다. 그 순간 저런 명설교자를 만든 것이 바로 이런 자세였구나 하는 깨달음으로 인한 감격과 감동이 물밀 듯이 밀려들어왔던 것을 지금도 생생히 기억한다.

교인들에게만 믿음이 요구되는 것이 아니라 설교자의 삶에도 믿음이 요구된다. 설교하기 전, 준비 단계에서 최선을 다하지만 완벽하게 원고를 작성해야 한다는 강박관념에 시달릴 필요는 없다. 우리에게 말씀을 주시고 준비 과정에도 함께 하시는 주님을 믿는 믿음으로 해야 한다. 그리고 우리가 설교하는 과정 그 자체를 하나님보다 더 신뢰해서도 안 된다. 하나님께서 함께 하시는 과정을 중요시하는 믿음의 안목이 있어야 한다. 설교를 마친 후에도 믿음이 요구된다.

설교의 결과와 효과

설교 직후 자신이 전한 설교에 충분히 만족할 수 있는 설교자는 그리 많지 않을 것이다. 대부분은 더 잘 설교하지 못했다는 생각에 마음이 심란할 것이다. 그러나 이때 생각해 봐야할 것은 설교의 결과를 우리가 책임져야 하는가이다. 응답은 누가 주는 것인가? 사람들 즉 청중이 주는 것인가, 아니면 우리 설교자가 만들어야 하는 것인가? 둘 다 아니다. 잠언 16:1은 말씀하기를 "마음의 경영은 사람에게 있어도 말의 응답은 여호와께로부터 나오느니라"고 했다. 우리가 설교하지만 그 설교의 결과는 주님께 맡기고 믿음으로 강단에서 내려와야 한다.

우리 설교자가 비록 부족한 존재이지만 이 위대한 설교의 사역을 시작할 수 있었던 것도 주님에 대한 믿음 때문이었고, 그 결과에 대한 부담에서 자유로울 수 있는 것도 그 믿음 때문이다. 이런 믿음의 삶이 또한 설교자의 인격을 만들고, 그의 영혼이 설교에 묻어난다.

청중의 삶을 바꾸는 설교를 하려면 설교자는 이런 믿음의 삶으로 다져진 인격에서 나온 진정한 존엄과 능력을 가져야 한다. 설교자로서의 권위는 목사직이란 교회의 전통에서 얻어지지만, 성경 말씀 자체의 권능, 그리고 설교자의 일상적 삶과 인격으로부터 나오는 것이기도 하다.

설교자의 자각

이처럼 설교를 전할 때 중요한 것은 다음과 같은 두 가지 자각이다.

첫째는 자신에 대한 자각인데, 우리는 전달자 곧 메신저라는 점이다. 우리 설교자는 내 것을 말하는 사람이 아니다. 우리는 부여된 권위로 행하는 것이며, 왕 되신 예수님의 대사라는 관계성 속에서 왕의 말씀을 전하는 것이다. 그럴 때에 비록 우리가 설교를 잘해서 청중들이 환호를 보낼지라도 이에 대한 바른 반응을 할 수 있다. 사도행전 12:22의 "백성들이 크게 부르되 이것은 신의 소리요 사람의 소리가 아니라 하거늘"이란 말씀에서 보듯 때로 사람들은 우리의 설교에 매료되어 우리를 칭송할지 모르지만 진정한 겸손은 그 순간 자신이 도구일 뿐임을 자각할 때 가능한 것이다. 요한은 하나님께로부터 보내심을 받은 사람으로서, 자신은 "이 빛이 아니요 이 빛에 대하여 증언하러 온 자"임을 분명히 알고 살았다(요 1:6-8).

우리 설교자는 자신의 메시지를 전하는 자가 아니라 메신저일 뿐이라는 자각은 또 다른 말로 우리는 증인이라는 인식이기도 하다. 증인은 보고 들은 것을 말해야지 자신이 지어낸 소리를 하면 안 된다. 증언을 했으면 판결은 하나님께서 내리시는 것이다.

두 번째로 설교자는 진리는 인격적이라는 점을 깊이 인식한 상태에서 말씀을 전해야 한다.

18세기에 역사적 기독교를 거부했던 영국의 철학자 흄(David Hume)이 런던거리를 급히 서둘러 걸어가는 것을 보고 친구가 그에게 어디를 그렇게 서둘러 가냐고 물었다. 그러자 죠지 휫필드(George Whitefiled)의 설교를 들으러 간다고 대답했다. 그 친구는 놀라서 너는 설교하는 바, 기독교를 안 믿지 않느냐고 묻자 그 대답이 이러했다. "물론 안 믿지. 그러나 그는 믿는다네." 설교에는 진리와 인격의 두 가지 요소가 개입되어 있다. 설교자는 나의 삶과 관계없는 객관적 명제와 철학적 진리를 전하는 것이 아니라, 살아있는 인격적 진리를 전하는 것이다. 휫필드처럼 설교한다면 "기독교의 내용은 믿고 예수는 믿어도, 교회와 목사를 못 믿겠다"며 기독교를 거부한 호지명과 간디의 사건 같은 일은 발생하지 않을 것이다.

이 책의 서두에서 강조한 것처럼, 설교는 진리를 설교자를 통해 전달하는 것이다. 진리의 인격성, 즉 인격을 통한 진리 전달이 설교이다. 가장 진실한 복음은 교의적이기보다는 인격적인 것이다. 사실 예수 그리스도 자신이 진리였다. 그분은 내가 진리에 대해 가르치겠다고 하지 않고 '내가 진리다'(요 14:6)라고 외쳤다. 이 독특한 성격으로 인해 우리 설교자는 우리가 외칠 진리가 왜 인격을 통하지 않고는 전달될 수 없는지 알 수 있다.

설교자는 얼마나 훌륭한 내용을 전하느냐를 고민하기 전에, 먼저 하나님의 사람이 되어야 하며 하나님의 진정한 메신저가 되어야 한다. 사람들이 원하는 설교자는 동의할 수 있고, 믿을 만하며, 안전성이 있는 훌륭한 성품이 뒷받침된 사람이다. 그래서 설교의 황태자라는 칭호를 받았던 찰스 스펄전도 "우리가 거룩한 성품을 소유하기까지 결코 위대한 설교자가 될 수 없다"고 했던 것이다. 커뮤니케이션 스킬과 강해설교의 기법보다 더 중요한 것이 있다는 것이다. 명설교자라는 호칭보다 우리 목회자가 듣고 싶은 가장 귀한 호칭은 "너 하나님의 사람아"(딤전 6:11, 왕상 17:18에서 엘리야는 '하나님의 사람'으로 불리었음)여야 한다.

이런 설교자의 인격은 교회와 청중과 관계없는 사막의 성자가 되는 것과는 다르다. 훌륭한 설교자요 실천신학자인 윌리몬은 최선의 설교를 위해 설교자에게 정말로 절박한 일은 먼저 목사가 되는 것이라고 했다. 가장 좋은 설교는 목사와 성도들 간의 밀접한 상호 작용에서 생겨나는 것이다. 나와 관계없이 가르쳐야 할 대상 앞에 서는 것이 아니라, 나의 돌봄과 도움이 필요한 가족 앞에 서는 아버지의 자세를 가져야 하는 것이다.

하나님께서 쓰시는 설교자들

그럼, 하나님께서는 어떤 사람을 말씀의 종으로 쓰실까?

첫째로 증인으로서의 소명 의식이 확고한 사람이다.

사도들은 '우리가 이 일에 증인'(행 2:32; 3:15; 5:32 등)이라는 인식이 있어서 담대히 증인의 사명을 살 수 있었다. 따라서 그리스도에 '대해' 전하는 정도를 넘어서기 위해서는 예수님과의 구체적인 만남의 경험이 있어야 한다.

둘째로 하나님은 정신적으로 건강한 사람을 쓰신다.

정신적으로 건강하지 못한 사람이 한 공동체의 지도자로 일하며 생기는 문제를 우리는 간혹 접하게 된다. 설교자가 되기 전에 자기 자신의 경건의 능력은 물론 정신 건강과 심리적 안정성 역시 점검해야 한다. 자만이 아니라 건강한 자기 사랑이 있을 때 이웃을 우리 몸과 같이 사랑할 수 있는 것이다.

세 번째로 하나님은 훈련된 사람을 쓰신다.

목회를 하다보면 바쁘다. 그러나 시간에 쫓기는 시간의 종이 아니라 시간의 주인이 되어야 한다. 목사에게는 출근부가 없다. 그러므로 시간 관리를 잘하고 자기 훈련이 뛰어난 사람만이 하나님의 백성에게 꼴을 잘 먹일 수 있다. 설교자의 삶의 독특성 중 하나는 매주 돌아오는 주일이면 피할 수 없이 설교를 해야만 하는 규칙성 속에서 살아야 한다는 것이다. 토요일 밤에 설교 준비를 위해 허둥대는 사람이 되어서는 안 된다. 목회 생활 중 자주 닥쳐오는 위기관리와 시간 관리의 훈련이 없는 사람은 말씀의 종으로 사역하기 어렵다. 심방 가서 설교하기 전에 말씀을 기다리는 사람들 앞에서 성경을 여기저기 뒤적거리는 목회자는 좋은 설교자가 될 수 없다.

넷째로 신학훈련으로 성경지식만 있는 것이 아니라 영성이 있는 사람을 주님은 쓰신다.

설교를 잘한다는 것은 언변이 좋아야만 되는 것이 아니라, 하나님 말씀인 성경을 진정으로 사랑하고 예수께서 설교자의 전인격에 배어들 때에 가능한 것이다. 그러므로 영성 계발을 위해 힘쓰고 매일 개인적 경건 생활을 가져야 한다. 디모데전서 6:11에서 하나님의 사람은 의와 경건이란 영성의 사람인데, 그는 내적으로는 믿음과 사랑이 있고 외적으로는 인내와 온유로 비쳐지는 사람이다. 우리가 하나님의 사람일 때 효과적인 메신저가 될 수 있다.

다섯 번째로 하나님은 인격이 바로 되어 있는 사람을 쓰신다.

먼저 투명성(transparency)이 있어야 한다. 자신의 삶을 제사장의 겉옷과 선지자의 외투로 감추려들지 말고 솔직하라. 그리고 목자로서의 삶에 성실성이 있어야 한다. 토요일 밤이 되서야 설교 원고를 작성하기 위해 허둥대고, 심방 가서 찬송가를 부르며 성경을 여기저기 뒤적여서는 안 된다. 또한 순전한(integrity) 사람이 되어야 한다. 리차드 백스터(Richard Baxter)는 그의 명저 『참 목자상(Reformed Pastor)』에서 "당신의 본이 당신의 가르침과 모순되지 않도록 스스로 삼가라"고 권면한다. 그것이 순전성이 있는 삶이다. 그리고 하나님은 그의 백성 곧 양들에 대한 사랑이 넘치는 사람을 쓰시며 겸손한 사람을 쓰시기 기뻐한다. 어느 목사님은 식당에서 밥을 먹다가 벌레가 나오자 호통을 치는 대신 조용히 치우고 먹고 나왔다고 한다. 식당 사람들이 미안해할까 봐 그랬다는 것이다. 세상 기준으로 보면 바보 같은 사람일지 몰라도 그런 겸손과 남을 배려하는 마음이 있어서 하나님께서 귀하게 쓰시는구나 하는 생각을 한 적이 있다. 19세기 스코틀랜드의 위대한 설교가 알렉산더 화이트(Alexander White)에게 한 사람이 와서는 방문 중인 부흥사가 당신의 친구 설교자 윌슨 박사가 구원받지 않았다고 말했다는 이야기를 전했다. 그러자 그는 의자에서 벌떡 일어나 "나쁜 녀석! 뭐, 윌슨 박사가 구원받지 않았다고!"라고 소리를 질렀다고 한다. 뒤이어 그의 친구가 "그런데 화이트 목사 당신도 구원받지 않았다던데"라고 말하자 "친구여, 날 그대로 놔두게. 내 심령을 살펴봐야겠네"라고 대답했다는 얘기가 전해온다. 하나님은 이런 겸손한 사람을 쓰신다. 겸손한 사람은 강단에서 모든 것을 다 아는 체하지 않는다. 서울역에서 전국의 모든 역으로 가는 기차표를 다 판다고 하면 안 된다. 호남선 고속열차 표는 용산역에서 판다. 다 아는 척하지 말라. 우리 설교자가 권위 있게 말할 수 있는 영역은 오직 한 가지다. 그것은 과학도 정치도 예술도 아니다. 오직 성경이다. 모든 일에 뛰어난 만물박사요 영웅인 체하지 말아야 한다.

그리고 여섯 번째로 배우는 자세가 있는 설교자를 쓰신다.

설교자는 항상 남을 가르치는 입장에 있기 때문에 자신도 배워야 한다는 점을 받아들이기 쉽지 않다. 성도들에게 성장할 것을 요구하지만, 동시에 우리도 자라가야 한다는 점에 대해서는 잘 인식하지 못한다. 우리는 다 컸다고 여기고 교인들만 자라야할 어린아이로 보기 쉽다. 그러나 설교자가 계속 발전하고 있다고 느끼지 않으면 청중들도 배우거나 변하려 하지 않는다. 설교자가 계속 배우며 자라가는 모습을 볼 때, 교인들도 비로소 자신의 삶을 하나님의 영광스런 말씀 앞에 내려놓고 변화되고자 하는 마음을 갖게 된다.

설교자를 미혹하게 하는 생각과 말들

이런 점을 이해하려고 해도 때로 우리는 미혹에 빠질 때가 있다. 다음과 같은 착각이나 생각들이 우리를 바른 말씀의 종의 길에서 벗어나게 한다.

첫째, "그는 설교자이지 목회자가 아니다"라는 말이다. 목회와 설교를 어떻게 떼어내서 볼 수 있는가? 설교자는 목회자여야지, 양에게 말씀의 꼴을 먹이려하지 않는 사람은 말씀의 장사꾼이 되기 쉽다.

둘째, 온 세상을 대상으로 설교를 하고자 하는 야망이다. 더 넓고 더 크게 바라보자는 말은 멋있는 말이지만, 그것은 개인적 야망의 충족이지 진정한 목자의 심정에서 하는 일이 아님을 양심이 있는 설교자는 알 것이다. 방송설교자는 내 목자일 수가 없다. 나의 양떼를 향해 설교하는 것이 목자의 바른 자세이다. 라디오, 텔레비전, 인터넷과 설교 테이프를 통해 수많은 명설교가 쏟아지지만 그것은 나와 관계없다. 그런 것이 성경지식을 늘리는 데는 소용 있는지 몰라도 우리의 삶을 바꾸고 양의 삶을 책임지지는 못한다. 설교자는 전세계의 모든 교회와 온 세상의 성도를 대상으로 설교하기 전에, 내 양떼를 향해 말해야 한다.

셋째, 내가 하는 일과 내기 동등하다는 착각이나. 큰 교회 장로라고 작은 교회 장로보다 더 훌륭한 것은 아니다. 큰 교회 목사라고 작은 교회 목사보다 반드시 더 훌륭하고 설교를 잘하는 것도 아니다. 중소형교회 목회자라도 참으로 바른 설교를 하는 경우가 적지 않다. 교회의 성장은 여러 요인으로 인해 이루어지는 것이요 하나님의 은총으로 되는 것이지 꼭 내가 설교를 더 잘해서가 아니다. 교회가 성장하여 자신이 메시아인 듯 생각하는 사람들은 "형제들아 너희를 부르심을 보라. 육체를 따라 지혜로운 자가 많지 아니하며"(고전 1:26)라는 말씀을 기억해야 할 것이다.

넷째로 이런 메시야 환상과는 반대로 메뚜기 설교자 의식이 있다. 성공으로 우쭐대는 설교자들은 성공도 내 성공이 아님을 알아야 하는 것처럼, 교회가 남들처럼 부흥하지 않는다고 좌절감에 사로잡혀 있는 설교자는 실패도 내 실패가 아님을 기억해야 할 것이다. 물론 설교와 목회를 더 잘하기 위해 애써야 하지만, 설교자는 단지 사람들이 하나님과 만나게 도와주는 중매쟁이임을 기억하자.

그러면 어떻게 해야 더 나은 설교자가 될 수 있을까?

더 나은 설교자가 되기 위하여…

앞에서 살펴본 하나님께서 쓰시는 설교자의 모습을 통해 자신을 비춰보자. 그리고 다음 사항을 염두에 두기 바란다.

첫째, 대형교회 유명 설교자 흉내 내기를 그치고 당신의 색깔을 가져라.

하나님께서 주신 개성을 살리자. 타고난 자기 천성과 하나님께서 주신 은사에 따라 자기 방식대로 설교하는 것이 더 효과적이다. 요즘 연예인들이 말하는 개인기는 유명 연예인의 성대모사나 특징을 흉내 내는 것인데, 이런 따라 하기 재주가 아닌 진정한 자신만의 개인기를 가져야 한다. 주께서 주신 재능과 은사를 가지고 남과 다른 나만의 길을 찾아야 한다.

임권택 감독의 취화선이란 영화에서 볼 수 있는 것처럼, 장승업도 처음에는 수많은 중국의 명화첩들을 보고 베끼며 연습을 했다. 쓰고 또 쓰고, 그리고 또 그리고, 찢고 또 찢는 과정을 거쳐 결국 나무, 꽃, 새, 동물, 사람 등 각 분야별로 전문성을 갖게 된다. 그러나 후에 장승업은 고민에 빠진다. 그것은 영혼 없이 모작만 하는 것이 아니라 자신만의 화풍을 갖기 위한 몸부림이요 발버둥이었다. 주변 사람들은 그에게 춘화를 그리면 돈 벌 수 있다고 유혹했지만 굶어죽어도 그건 안 하겠다는 자존심이 있었다. 심지어 양반들이 그림은 대충 그려놓고 글 좀 안다고 화폭에 시 구절 적어 놓고는 그를 무시했을 때, 그는 그림은 그림으로 판단되어야 한다는 고집으로 살았다. 그런 삶에서 대가가 나온 것이다. 오늘날 설교자들도 우리의 설교를 내용은 없이 그저 이야기와 예화로만 채색할 것인지 생각해봐야 하지 않을까?

둘째로 설교 사역을 기뻐하고 즐거워하자.

이렇게 부족한 사람인데도 택하셔서 영광스런 하나님 말씀을 전하라고 부르셨다는 사실 앞에 기뻐하자. 그리고 말씀 준비는 고달파도 이 말씀을 전할 때 심령이 변하고 인생이 변할 것을 기대하며 기뻐할 때, 좀 더 열심히 준비하고 더 잘하려고 노력하게 된다. 당장 알아주는 사람이 없어도, 힘들 때가 있어도, 증인의 삶을 즐거이 감당하는 사람의 설교는 발전하고 나아진다.

셋째로 설교할 때 자유함이 있는지 자신을 돌아보자. 그리고 설교자로서의 용기를 가지자.

하나님이 하라는 말씀을 잘 준비했는데 막상 전하려고 하면 그 장로님이 눈에 들어오고 이 말을 싫어할 집사님들이 눈에 들어와서 정작 해야할 말을 빼먹는 경우는 없는가? 또한 청중들의 필요의 노예가 되지도 말라. 참된 말씀의 종은 가장 높은 것을 베풀지 사람들이 원하는 것만 주지 않는다. 우리 자신의 자의식으로부터의 자유, 경제적 힘과 사람으로부터의 자유가 있어야 한다.

그때에 비로소 설교자로서의 용기를 가질 수 있다. 리더십의 최대 적은 두려움이다. 진정으로 자유로울 때 설교자는 용기를 가질 수 있다. 예수 그리스도의 참된 사역자는 교인들의 기분에 맞추기 위해 자기의 신념을 꺾지 않으며, 교인들의 기호에 따라 메시지를 바꾸지 않는다. 용감하다는 것은 성경적으로 분명한 태도를 취할 수 있는 것이며, 교인들의 성숙을 위해 저항에 대항할 수 있는 것이다. 때로는 고통스럽더라도 설교자는 지도자로서 현실을 직시할 수 있는 시각을 가져야 한다. 감정적으로는 남이 듣기 싫어하더라도 사랑 안에서 진실을 말할 수 있어야 한다(엡 4:15). 겁 많은 목사는 겁 많은 외과 의사만큼 나쁘기에 필립 브룩스는 "만일 여러분이 사람을 두려워하고 사람들이 하자는 대로 하는 사람이라면, 가서 다른 일을 하십시오"라고 도전했다. 사람을 두려워 말고, 오직 우리를 부르신 하나님만 두려워해야 한다.

넷째로 하나님 말씀의 종으로서의 무게를 잃지 말자.

청중에게 인기 있는 설교자가 되기를 원하면 개그를 하면 된다. 그러나 사람을 변화시키는 설교자가 되기를 원한다면 존 파이퍼의 지적처럼 설교자로서의 무게와 장중성(Gravity)을 잃어서는 안 된다. 모순 속에서 발견되는 인생의 참된 조화에 대한 지각에서 나오는 유머는 필요하지만, 가볍고 절제되지 않고 다듬어지지 않은 언어는 곤란하다. 남을 헐뜯고 우스갯거리로 만들지 말라. 그리고 허망한 일로 인한 웃음과 삶의 깊은 인식에서 나오는 미소를 혼돈하지 말라. 알렉산더 대왕의 아버지, 마케도니아의 필립 대왕은 일을 나가기 전에 자기에게 다음 말을 하는 사람을 두었다 "당신이 죽을 인생인 것을 기억하라!" 이것이 내 생애 마지막 외침이라는 자세로 설교하자. 바울은 빌립보 교인들이 그리스도 십자가의 원수로 행하는 것에 대해 눈물로 죄인들을 꾸짖었다(빌 3:18). 그런 자세 때문에 사람들은 변하는 것이다.

그것이 설교자의 열정을 낳는 것이다. 회개하지 않는 예루살렘 사람들 때문에 눈물을 흘렸던(마 23:37) 예수님의 마음을 가지자. 우리의 설교 속에 강렬한 느낌, 깊은 영성, 경건의 능력, 성령의 뜨거움, 하나님에 대한 열정이 나타나는가? 그러면 사람들은 변할 것이다.

존 스토트 목사는 불타는 논리와 감성적 이성을 강조했고, 그것은 마틴 로이드존스 목사의 설교 자세였다. 심지어 어떤 하나님의 종은 설교자에게 붉은 피로 당신의 몸을 가득 채우라고 주문한다. 예수 그리스도의 붉은 피로 끓어오를 때 청중은 같이 물들 것이다.

설교자의 자기 점검표

우리는 자신의 설교의 기술을 점검하고 개선하려고 노력한다. 그러나 그런 노력 전에 다음 사항에 먼저 답할 수 있어야 할 것이다.

1. 설교자로서 우리는 진실한가? 당신이 진리라고 설교한 것을 정말 마음을 다해 믿고 그렇게 살고 있는가?
2. 설교를 통해 청중이 정말 당신이 믿는 것처럼 믿게 되기를 바라고 있는가?
3. 설교할 때 혹시 당신은 교만하거나, 자만에 가득하거나, 권위주의적이거나, 협박적이지는 않은가? 아니면 겸손하고 겸허하여 하나님의 은혜에만 의지하는 동일한 죄인의 자세로 나아가고 있는가?
4. 당신에겐 영적 깊이가 있는가? 당신의 설교는 하나님의 지식을 반영하고 있는가?
5. 당신은 설교를 통해 하나님에 대한 인식(sense of God)을 전달하고 있는가?
6. 당신은 교인들이 무엇을 필요로 하고 있는지 알고 있는가?
7. 당신은 청중들을 참으로 사랑하고 있는가? 그들을 참으로 위로하기 원하는가?
8. 당신은 하나님의 백성들의 상태에 대해 민감한가?
9. 당신은 지금 세상에서 벌어지고 있는 일들에 대해 깨어있으며, 그것에 대해 목회자로서 무엇을 말해야 할지 알고 있는가?
10. 당신은 하나님의 말씀, 기도와 성령의 기름 부으심에 대한 경험의 증거를 가지고 있는가?

설교하기 전에 이런 것을 먼저 묻고 이에 대해 긍정적으로 답할 수 있어야 하는 것은 "내가 내 몸을 쳐 복종하게 함은 내가 남에게 전파한 후에 자신이 도리어 버림을 당할까 두려워함이로라"(고전 9:27)는 말씀 때문이다. 설교하기 전에 우리 자신을 살펴봐야 할 것이다.

inductive expository preaching

16

좋은 설교는 무엇으로 판단되는가

inductive expository preaching

16
좋은 설교는 무엇으로 판단되는가

좋은 설교는 두 가지 측면에서 뛰어나다. 첫째로 설교의 메시지 자체가 좋고, 두 번째로 전달 방식이 훌륭하다. 설교의 메시지 부분이 좋다는 것은 본문인 성경이 말하고자 하는 바를 제대로 전달하는 석의에 근거한 성경적 설교란 말이다. 그러나 아무리 설교 내용이 성경적이고 좋은 것이라고 해도 청중에게 효과적으로 전달되지 않으면 소용이 없기 때문에, 설교로서 갖추어야 할 몇 가지 커뮤니케이션 측면을 강조했었다. 14장에서 알아본 것처럼 전달 기법은 물론이고 본서 전체에서 강조했던 삶의 변화를 일으키는 설교의 특징들을 갖추고 있어야 한다. 예를 들자면 설교자가 전달할 때 뜨거운 열정이 있고, 처음부터 끝까지 길게 늘어진 얘기로 하는 대신 청중이 받아들이기 쉽게 내용을 두세 가지 소주제로 잘 단락화 하는 경우 더 효과적인 설교가 된다. 설교 전체의 주 아이디어를 그 작은 주제들로 끌어나갈 때 진전이 있고 클라이맥스를 향해 고조되는 움직임이 있어야 한다. 또한 전통적인 설교처럼 일방적으로 쏟아 붓는 선포 형태로 일관하는 대신, 때로는 청중에게 설교 전체 흐름을 끌어나갈 질문을 던지고 그에 대한 응답을 대신해 주는 방식인, 간접 대화체 성격의 설교도 효과적이다. 이처럼 설교자가 청중과 교류하고자 하는 의지가 설교에 녹아 있을 때 교인들은 설교 시간을 통해 목자와 양 사이의 관계성을 확립하게 된다.

어떤 설교자들은 또한 설교할 때의 어투 자체가 너무나도 문어체이거나 "지금부터 인간의 제 문제를 분석하고, 성경에 나타난 하나님의 구원사의 제 측면을 연구하여 언약적 사랑의 위대성을 알아볼 것입니다"라는 식의 분석적 강의 방식으로 말하는 경향을 보인다. 이는 청중의 마음을 열기 어려울 뿐 아니라, 심한 경우 설교에 대한 흥미를 반감시키거나 이후 30분 이상의 설교 시간을 버텨내야 한다는 부담감으로 절망감마저 들게 한다. 그래서 논리적이고 개념적인 접근도 필요하지만, 설교자에게는 감성적 리더십 측면도 계발되어야 한다고 강조했던 것이다. 설교는 강의와 전혀 다른 장르이다.

이제 '어떤 것이 좋은 설교인가?'란 본서 서두의 질문에 대해 다시 생각해 보자. 사람들이 설교 시간에 울었다가 웃었다가를 반복하다가 교회 문 앞에서 은혜 받았다는 말과 함께 악수를 청하는 것이 좋은 설교임을 증명하는 것은 아님을 여러 번 강조했다. 칼빈은 바른 설교의 효과는 두 가지로 나타나는데, 생명 아니면 죽음이라고 했다. 제대로 설교를 하면 믿는 자에게 구원이 되지만 악인에게는 정죄의 효과가 나타나기 마련이다. 우리의 설교는 이런 일들을 일으키는가? 아니면 아무에게도 전혀 차이를 만들지 못하는, 그저 좋은 말씀이었다는 말과 함께 잊혀져가는 설교인가?

이처럼 좋은 설교는 그 설교를 들은 청중의 삶에 변화가 일어났는가 아닌가로 판단되어야 할 것이다. 이때 청중의 삶의 변화란 첫째로 개인적인 삶의 변화로, 둘째로는 공동체의 형성으로 증명된다.

개인적 삶의 변화

설교의 일차적 결과는 청중 개인의 삶에 변화와 헌신이 일어나는 것이다. 설교자의 논지나 성경 지식의 전달로 인한 인지적 동의가 아닌, 삶의 변화가 일어나기 위해서는 먼저 청중에게 헌신이 요구된다. 그것이 바로 자기를 부인하고 십자가를 지는 것(막 8:34)이다. 이처럼 설교의 결과로 개인적 삶의 변화가 일어나기 위해서는 설교가 하나님의 말씀이 경험되도록 하는 데에 초점이 맞춰져야 한다. 경험 자체가 구원을 주는 것은 아니지만 기독교 신앙은 체험되어야 하고, 성령의 능력을 통해 실천되어야 한다. 그러기 위해서는 설교를 통해 귀로 들은 기독교적 진리와 하나님이 삶에서 경험되고, 그것이 하나님의 일로 청중의 삶에 일체화되도록 설교자는 노력해야 한다. 성경적 설교는 알지 못하여 받아들일 수 없었던(요 1:10-11) 하늘에 계신 주께서 성육신하여 이 땅에 내려와 우리의 삶의 현장 속에 거하심으로 청중들이 그들의 로고스를 삶 속에서 듣고 보고 만나고(요 1:1, 14, 41) 만지고 경험되도록 하는 것(요일 1:1-3)이기 때문이다. 이 점을 구체적으로 시행하지 못하고 설교자의 주장이나 본문의 신학적 지식 자체를 해설하는 것으로 끝나는 설교는 우리가 추구하는 설교의 모습이 아니다. 신앙이라는 것은 그 경험이 그리스도 안에서 생활될 때 형성되는 것이며, 기독교적 삶은 하나의 순전한 지적 분석으로 보거나 교리에 대한 인간 자체의 지적 동의로 볼 수 없는 것이기 때문이다.

공동체의 형성

설교할 때 당신이 원하는 바가 무엇인가? 청중을, 양떼를 사랑하는 것이어야 한다. 그들을 위로하기 원하는 설교자의 사역 결과는 교회가 세워지고 사람들이 성숙하는 것이다. 그래서 좋은 설교의 장기적 결과는 공동체가 형성되는 것이라고 말할 수 있다. 당신의 설교가 진정 성경적 설교라면 그 말씀을 들은 사람들 사이에 교회가 세워져 가고 그들이 거하는 사회가 변할 것이다. 즉 우리의 설교가 효과적인가 아닌가는 그 설교의 결과로 성경적 공동체가 형성되었는가 아닌가로 판단되어야 한다. 아무리 청중이 우리의 설교를 좋아하고 설교자를 따라다닌다고 해도 듣는 이의 삶에 변화가 없을 뿐 아니라 그로 인해 건강한 공동체, 곧 그리스도의 몸이 형성되지 못한다면 이는 성경적인 설교라고 말할 수 없다.

복음주의 교회사 학자인 러브리스는 떼야르(P. Teilhard)의 비유를 인용하며 오늘날 설교 사역에 따라 몰려들어 형성된 대형교회를 자석에 달라붙은 철가루로 묘사한다. 자력이 없어지면 우수수 떨어져 쌓이는 그 철가루 퇴적물에는 참된 생명이 없으며, 아무리 많이 쌓여도 세상을 변화시키지 못한다. 우리의 설교 사역을 통해 대형교회는 세웠는지는 몰라도 진정한 공동체를 세우지 못했다면, 그것은 설교자로서의 소명과 관계없는 일이며 나의 왕국을 건설한 것일 뿐이다.

또한 좋은 설교는 개인적 신앙 성숙을 위한 권면만이 아니라 목회의 방향이 제시되는 설교이다. 공동체 전체가 가야할 길이 제시되고, 모두가 함께 나아가야 할 비전이 세워지고, 일꾼과 리더십이 세워지는 설교이다. 신앙의 개인적 측면과 함께, 이런 공동체성이 강하게 나타나는 설교가 좋은 설교이다.

좋은 설교의 결과로서 개인 삶의 변화와 교회 공동체의 변화는 성경적 설교를 제대로 배운 설교자의 최선을 통해 일어나지만, 궁극적인 변화 힘의 근원은 성령님의 역사함이라고 말할 수밖에 없다. 설교에 성령의 기름 부으심이 없다면, 그것은 인간의 웅변으로 남을 뿐이다.

성령의 기름 부음과 설교

똑같은 원고를 가지고 두 사람이 설교해도 차이가 난다. 그 이유는 무엇 때문일까? 물론 설교자 개인차 때문이고, 또한 장소와 대상 등 설교의 정황이 다르기 때문이기도 하다. 그러나 또 다른 중요한 이유는 성령의 기름 부으심이 다르기 때문이다. 그래서 존 녹스(John Knox)는 참된 설교는 처음부터 끝까지 성령의 역사임을 강조했다.

워런 위어스비(Wiersbe)는 20세기 선지자라 일컬어지는 토저(A W Tozer)가 한 말, "만일 하나님께서 이 세상에서 성령을 취하여 가신다 할지라도 교회가 하고 있는 일의 대부분은 그냥 그대로 진행될 것입니다. 그러나 아무도 그 차이를 발견하지 못할 것입니다"에 동의하며 속으로 울 수밖에 없었다고 고백한 적이 있다.

우리는 설교에서 성령의 역할의 중요성을 다시 한 번 되새겨야 할 것이다. 그러나 현실은 설교하는 동안의 능력을 위해 성령의 기름 부으심을 사모할 뿐, 설교의 총체적인 면에서 성령의 역사에는 아직도 둔감하다.

이에 반해 다니엘 보만(Daniel Bauman)은 설교의 준비, 설교의 시행, 그리고 설교의 결과 세 가지 측면 모두에 있어서 성령의 기름 부으심이 중요함을 잘 지적한 설교학자이다. 설교를 준비할 때는 성령이 안 계셔도 되고, 내가 설교할 때만 오셔서 역사해 주기를 기대하는 것은 얌삽빠른 태도라 아니할 수 없다. 그리고 설교 후에는 성령께서 함께 하시든 안 하시든 아무 상관이 없는가? 진지한 말씀의 종은 설교의 다음 세 가지 측면 모두에서 성령의 기름 부으심을 사모해야 한다.

첫째로 **설교 준비**에서 성령의 역사하심이 필요하나.

성령께서 함께 하시고 성경을 조명해 주셔야 우리는 성경을 바로 이해하고 바른 설교를 준비할 수 있다. 고린도전서 2:13은 "우리가 이것을 말하거니와 사람의 지혜가 가르친 말로 아니하고 오직 성령께서 가르치신 것으로 하니 영적인 일은 영적인 것으로 분별하느니라"라고 말씀한다. 우리 설교자는 성령께서 전하시고자 하시는 말씀을 듣기 위하여 한 주간 전체를 꼬박 바치는 것이다. 녹스의 지적처럼 우리의 설교라는 것도 성령께서 주시는 음성에 대한 응답 아닌가? 그렇다면 고든콘웰 신학대학원의 전신인 고든신학교(Gordon Divinity School)의 설립자였던 아도니람 저드슨 고든(A.J. Gordon)의 말대로 설교자가 가져야 하는 최대의 질문은 어떤 주제가 사람들의 주의를 끌 수 있는가가 아니라, 어떤 것을 택해야 성령의 증거를 확실히 얻을 수 있는가로 바뀌게 될 것이다. 이처럼 성령님은 우리의 본문 선택, 본문 이해와 본문 연구 과정, 적절한 관련 성구 찾기, 적절한 예화 선택, 본문의 진리를 통해 오늘의 삶에 맞는 적용 만들기 모두에 기름 부으시고 역사하신다.

두 번째로 **설교 현장**에서 성령의 기름 부으심을 우리는 사모해야 한다.

성령은 설교자에게 열정을 부어주시고, 증인들에게 능력을 부어주신다. 베드로전서 1:12은 "하늘로부터 보내신 성령을 힘입어 복음을 전하는 자들로 이제 너희에게 알린 것이요"라고 한다. 사도들의 설교가 다이나믹하고 설득력이 있었던 이유는 인간적 능변과 기술적 수사에서 온 것이 아니라 성령의 기름 부으심 때문이었다. 데살로니가전서 1:5을 보라. "말로만 이른 것이 아니라 또한 능력과 성령과 큰 확신으로 된 것"이라고 증언하지 않는가? 설교를 다른 공중 연설과 구별 지어 주는 것은 성령의 기름 부어주심과 인치심(unction) 때문이다. 그런데 왜 우리 설교자에게 그 일이 잘 나타나지 않는가? 혹시 성령의 기름 부으심을 사모하지도 기대하지도 않기 때문은 아닌가? 설교 중 성령이 말씀하시기만 하면 당신은 설교의 내용도 바꿀 수 있는가? 우리가 설교하는 것은 단순히 설교 원고를 전달하는 것이 아니라 하나님의 목적이 성취되기 원하는 것이 아닌가? 성령님은 우리의 설교 가운데 역사하셔서 청중이 하나님과 만나고 말씀을 경험하게 해준다. 그리고 사람들의 교만이 꺾이고 말씀 앞에 무릎을 꿇게 된다. 킬린저는 "사도들이 강력한 증언을 할 수 있었던 이유는 그들의 삶이 성령에 사로잡혔기 때문이지 그들이 설교학이나 의사 소통법에 대하여 잘 알았기 때문이 아니다. …… 주께서 말씀하시느니라와 같은 음성이 메아리치고 있다는 확신을 가지고 강단으로 향해야 한다"고 말했다. 이 말은 오늘도 유효하다.

셋째로 **설교의 결과**에서도 성령의 역사하심을 기대해야 한다.

우리가 씨를 뿌릴지라도 자라게 하고 열매 맺게 하시는 것은 하나님의 성령이시다. 성령께서 역사하실 때 우리의 설교를 통해 사람들이 구원받고 술

주정뱅이도 변화하며, 사람들은 하나님의 일에 헌신하고 성도들은 사역으로 소명을 받으며, 교회가 달라지고 공동체가 새롭게 된다. 기도한 후에 아무런 기대도 생각도 없이 지내는 어떤 사람들처럼, 혹시 우리는 설교 후 아무런 기대가 없지는 않은가? 설교 후에 말씀이 열매 맺기 위해 성령의 역사하심을 기대해야 할 것이다.

설교에서 성령의 기름 부으심을 받기 위해서는 자신의 연약함을 인정하기에 자신을 의지하지 않고 하나님만 바라야 한다. 설교를 준비할 때는 최선을 다하고, 그 후에는 원고 자체만 의지하지 말고 성령의 기름 부으심을 사모하고 간구해야 한다. 그리고 성령의 함께 하심을 믿으며 설교하자. 이때 성령의 움직임에 민감하게 반응해야 한다. 매체인(Robert Murray M'Cheyne)은 그의 설교 원고에 '주여, 도우소서!'라고 써 놓음으로써 설교하는 동안에 성령의 권능을 잊지 않기 위해 몸부림쳤다. 그것이 바로 우리의 설교를 통해 말씀이 '살았고 운동력'을 보일 수 있는 길이다(히 4:12).

그럴 때에 사람들 사이에는 진정한 놀라움이 있을 것이다. "다 놀라 서로 물어 이르되 이는 어쩜이냐 권세 있는 새 교훈이로다. 더러운 귀신들에게 명한즉 순종하는도다 하더라"(막 1:27)는 고백이 청중 가운데 나와야 한다. 무디(DL Moody)의 시역에 능력이 있었던 것도 그가 성령의 기름 부으심 속에서 설교했기 때문이었다. 그는 고백했다. "나는 하나님께서 그의 성령을 내게 부어주실 때, 내내 울었다. 뉴욕시에서의 그날, 어떻게 표현할 수가 없었다. 하나님은 내게 그 자신을 계시해 주셨고, 나는 그의 사랑을 경험했으며, 그의 손이 내게 계속 머물기를 구할 수밖에 없었다. 나는 다시 가서 설교를 했다. 그 설교는 전과 그리 다른 설교가 아니었다. 나는 어떤 새로운 진리를 전한 게 아니었다. 그렇지만 수백 명이 거듭났다. 그렇지만 이전의 내 모습으로 다시 돌아갈 수 없게 되었다." 나도 당신도 동일한 고백을 할 수 있기 바란다.

시인이며 건축가인 함성호는 '편한 집은 어떤 것인가', '이 시대에 좋은 집이란 무엇인가'를 고민하며 『건축의 스트레스』(문학과지성사)란 책을 썼다. 그는 모든 예술은 스트레스에 대한 반력(反力)에서 나오는데, 한계를 뛰어넘어야 '작품'을 완성할 수 있다는 것을 잘 알고 있었다. 그 건축가는 "정답은 항상 한계 속에 있어요. 문학은 표현의 한계를, 건축은 땅에서 주어진 조건을 극복해야 하는 숙명에 놓인 것 아닐까요?"라고 말한다. 설교도 마찬가지다. 좋은 설교를 한다는 것은 쉬운 일이 아니다. 매주 해야 할 설교가 너무 많고, 그 외에도 해야할 일이 너무 많다. 그래서 때로는 좋은 설교가 아니라 그때 그때 때우기 형식의 설교를 할 수밖에 없을 것이다. 그러나 현재의 사역의 한계 속에서 더 나은, 더 바른 하나님의 말씀을 전하기 위해 주어진 한계를 극복해야 하는 것이 설교자의 숙명일지 모른다. 시인이요 건축가인 그는 "사회가 부여하는 가치 기준이 아니라, 비좁고 볼품없더라도 자기에게 맞는 게 좋고 편한 집이다"라고 확신하고 있다. 그리고 건축할 때 "자연을 '이용 대상'이 아니라 '적응과 경외의 대상'으로 생각했던 예전의 가치로 돌아가야 합니다"라고 주장한다. 마찬가지로 세상과 무리가 제시하는 기준에 따르는 설교가 아니라, 조금 어리석어 보여도 십자가가 선명하며 그리스도에게 맞는 설교가 좋은 설교이다. 게다가 성경은 내가 세우고 싶은 것을 짓기 위해 써먹는 이용 대상이 아니다. 성경은 경외로 대하고 이 시대에 적용해야 할 절대 진리라는 성경적 설교의 옛 기준으로 돌아가야 한다. 그리고 그 설교를 통해 사람들이 변하고 성경적 공동체가 세워져 가는 것을 봐야 할 것이다.

개인 삶의 변화와 공동체가 세워짐, 이 두 가지를 설교자는 잊지 말자. 설교를 잘했다면 이 두 가지 특성이 나타나야 한다. 그렇지 않다면 당신이 사람들에게 아무리 인기 있는 설교자라할지라도 당신의 설교사역을 근본적으로 재점검해 봐야 할 것이다.

그리고 삶의 변화를 일으키는 설교를 하고 싶다면 권세가 있어야 한다. 메시지와 함께 메신저(설교자) 모두에게 신뢰성이 있어야 한다. 전하는 자의 인격과 영성에 하늘로부터 부여받은 권세가 있어야 하고, 메시지 자체에 하나님 말씀으로서의 권위가 있어야 한다. 그런 의미에서 권위주의와 타파와 함께 말씀의 권위까지 가볍게 여기는 일부 신설교학파의 자세는 바람직하지 않다. 설교자에게는 영적권위가 있고, 메시지 속에는 말씀의 권위가 있고, 설교자가 말씀을 전달할 때는 성령의 능력이 나타나야 한다. 그럴 때만이 "이 세상의 신이 믿지 아니하는 자들의 마음을 혼미하게 하여 그리스도의 영광의 복음의 광채가 비치지 못하게"(고후 4:4) 하는 사태를 깨뜨릴 수 있고, 성도들이 "마음을 새롭게 함으로 변화를 받아 하나님의 선하시고 기뻐하시고 온전하신 뜻이 무엇인지 분별"(롬 12:2)하여 변화된 삶을 살 수 있는 것이다.

inductive expository preaching

책을 덮는 말

| 책을 덮는 말

청중의 삶을 변화시키는 변혁적 설교

성경적인 설교에 대해 가르치면 어떤 설교자들은 "우리 한국교회처럼 목회자들이 바쁜 일정과 수많은 설교를 요구 받는 상황 속에서 과연 이런 설교를 준비할 수 있다고 생각하는가?"라는 질문으로 도전한다.

누구도 부인할 수 없는 이런 현실 앞에 나 역시 함께 고뇌하며, 28살로 생을 마감한 '서시'의 시인 윤동주가 남긴 마지막 시를 당신과 함께 읽고 싶다.

窓(창)밖에 밤비가 속살거려

六疊房(육첩방)은 남의 나라,

詩人(시인)이란 슬픈 天命(천명)인줄 알면서도

한줄 詩(시)를 적어 볼가,

땀내와 사랑내 포근히 품긴

보내주신 學費封套(학비봉투)를 받어

大學(대학)노―트를 끼고

늙은 敎授(교수)의 講義(강의) 들으려 간다.

생각해 보면 어린 때 동무를

하나, 둘, 죄다 잃어버리고

나는 무얼 바라

나는 다만, 홀로 沈澱(침전)하는 것일가?

人生(인생)은 살기 어렵다는데

詩(시)가 이렇게 쉽게 씌워지는 것은
부끄러운 일이다.
六疊房(육첩방)은 남의 나라
窓(창)밖에 밤비가 속살거리는데,
등불을 밝혀 어둠을 조금 내몰고,
時代(시대)처럼 올 아침을 기다리는 最後(최후)의 나,
나는 나에게 적은 손을 내밀어
눈물과 慰安(위안)으로 잡는 最初(최초)의 握手(악수).

'쉽게 쓰여진 詩'란 제목의 이 시는 1942년 4월 윤동주가 동경의 입교대학 영문과에 입학한 지 얼마 지나지 않아 쓴 것으로 알려져 있다. 실상 부끄러운 것은 그 당시 시대 상황 전체였지만, 그는 시를 쉽게 쓴다는 사실을 아파하고 있다. 힘들게 인생을 살아가는 사람들 앞에서 시가 쉽게 쓰여서는 안 된다는 것을 깊이 통감하고 있던 그는 진정한 시인이었던 것이다. 시인이란 슬픈 천명이라고 그는 말했지만 오늘날 우리 설교자에게도 목회는 힘든 일임이 틀림없다. 그러나 교인들 역시 힘들게, 아주 힘들게 살아가고 있음을 잊지 말자. 그들 앞에서 쉽게 설교를 써내려간다는 것은 진정으로 부끄러운 일이 아닐까? 시인의 삶이 슬픈 천명일지라도 한 줄 시를 적어 내려가는 것이 시인의 기쁨인 것처럼, 제대로 설교한다는 것이 조금 힘들어도 성경적인 설교를 위해 석의의 땀을 흘리고 본문에서 하나님께서 전하기 원하는 그 말씀을 타협하지 않고 외쳐야 하는 것이 우리 설교자들을 향한 하나님의 부르심이다. 설교 원고를 쉽게 써내려가는 설교자를 부러워하지 말고, 설교가 쉽게 쓰여진다는 사실 앞에 부끄러워하자.

포사이스(P.T. Forsyth)는 역사상 단 하나의 위대한 설교자는 다른 어떤 사람이 아니라 바로 교회라고 주장했다. 설교자는 교회에 설교를 함으로써 또한 교회를 통해 세상에 설교를 하는 셈이 된다면서 그는 "설교자는 교회에

바쳐지는 하나의 제물이 되어야 한다"고 했다. 그가 맞다. 제대로 설교 준비하는 것이 조금 힘들어도, 때로 고통스러워도 설교자는 교회에 바쳐지는 하나의 제물이 되고자 하는 마음으로 사역해야 할 것이다. 설교가 쉽게 써진다는 것은 결코 자랑거리가 아니다.

앞 장에서 언급한 시인이자 건축가인 그는 "건축가에게 습작은 없고 성공한 작품과 실패한 작품 두 갈래만 있다"는 사실을 잘 알고 있었다. 설교자에게도 습작은 없고, 제대로 한 설교와 실패한 설교 두 가지만 있을 뿐이다. 그 성공과 실패의 기준은 성경 말씀을 통해 하나님께서 영광을 받고 사람들과 교회가 변화되는 것이다.

그래서 이 책에서 강조한 사람을 움직이는, 사람을 변화시키는, 삶의 변화를 일으키는 설교란 본질적으로 성경 본문을 통해 하나님께서 역사하는 설교였다. 다른 어떤 것이 아니었다. 또 다르게 표현하자면, 하나님의 역사하심이 있는 설교란 삶의 변화가 일어나는 설교란 것이다. 당신은 청중의 삶을 변화시키는 설교를 하기 원하는가, 아니면 관객의 호평만 얻고 끝나는 설교를 하기 원하는가?

원고를 들고 강단으로 향하기 전에, 당신은 이 질문에 먼저 대답해야 할 것이다.

inductive expository preaching

부록
DSK 설교분석표

DSK 설교분석표

다음 표는 설교 실습을 할 경우 자신의 설교를 다른 사람이 평가할 때 사용할 수 있고, 다른 사람의 설교를 듣고 피드백을 해줄 때도 사용할 수 있다. 각 설교에 모든 항목이 다 적용되지는 않지만 해당되는 항목들을 점검해 보라.

설교자	본문:		제목:
설교 시간	시작 시간: 끝난 시간:		총 _____ 분
설교 정황	주일 오전/오후/저녁, 수요 낮/저녁		절기: 기타:
제목	적절성:		관심도:
	표현성:		주제 함축도:
서론	주제와 초점 제시		
	분량은 적절한가?		(너무 길다, 짧다) 기타:
	본문에 초점 맞추기		
	청중의 관심 집중과 흥미 유발		
	본문 전개 암시		
석의	성경 원저자의 의도 파악		
	성경은 어떻게 사용되었나?		(직접, 간접) 기타:
	역사적, 문화적, 신학적 문맥 이해		
	본문에 대한 통찰력		
해석적 관점	본문의 현대적 의미로의 전이		
	오늘날 우리(청중)에게 주는 의미		
	설교 중심 아이디어와의 연결		

설교 개요	명료성	
	각 개요는 본문에 의거한 것인가?	
	논리적 연결성	
	개요가 너무 많지는 않은가?	
	몇 개인가?	
	주제와의 연계성:	전개성:
	기억의 용이성	
주 아이디어	설교 주제의 명료성	
	삶에의 연관성:	성경적 근거:
설교의 목적	명료한가? 성취되었는가?	
전환문	전환이 명료히 보이는가?	
	질문 형태/서술 형태	
결론	요약・정리가 잘 되었나?	
	그냥 끝났나? 결론을 냈는가?	
	너무 길었나?	
	너무 짧고 급작스러운가?	
	도전이 되었나?	
	적용은 영속적? 실제적? 구체적?	
	개요와의 연계성	
예화, 인용	예화나 인용의 적절성	
	주제와 연관성이 있는가?	
	적용성이 있는가?	
	모델과 본이 되는가?	
	설교 전체에의 영향력, 효과는?	
	비유적 표현은 이해 용이한가?	
	인용의 정확성	

설교자:		
전달	대화형인가, 선포형인가?	
	설교자의 자세, 태도는?	
	소리, 톤, 속도의 적절성:	
	의사 전달이 잘 되었나?	
	표정, 움직임, 제스처는?	
	언어구사, 표현력은?	
	설교자의 의상, 깔끔함 등은?	
	발음, 휴지, 속도, 강렬함	(너무 크다/부드럽다) 기타:
	듣기 어려운 점은?	
	흔들린다, 어미가 모호한가?	
	전달의 열정	
	청중 Eye-Contact	
	이해의 용이성	
	하나님 의존성과 성령의 역사	
설교 전체적 평가	청중의 필요가 제시 되었나?	
	청중이 문제 해결 느낌을 받았나?	
	청중 수준 파악이 된 상태인가?	설교자의 청중 이해도:
	설득적인가 감화적인가?	
	설교의 창조성	
	시의 적절성	
	흥미 혹은 지루함, 진부함은?	
	특별히 거슬리는 점	
	다른 설교에 비해 강점으로 보이는 점:	
	성경적 건전성	
	초점 - 하나님 중심, 인간 중심, 상황 중심	
	다시 종종 듣고 싶은 설교인가?	아니면 이유는?
	감동은? - 지적, 정서적, 의지적	
	전체적 구성과 클라이맥스	

설교자의 현실, 문화 상황 이해도	
설교자의 본문 이해도	
예배적 요소와의 관계는?	
설교에 전개성, 움직임	
설교의 통일성, 질서	
주장과 전개의 일관성	
설교에서 기억나는 것 (본문, 제목, 주제, 대지, 예화, 서론, 적용, 결론)	
당신이 본 설교의 특징